Die extraterritoriale Anwendbarkeit der EMRK

Studien zum Internationalen, Europäischen und Öffentlichen Recht

Herausgegeben von Eibe Riedel

Band 29

PETER LANG

Annika Bleier

Die extraterritoriale Anwendbarkeit der EMRK

Zugleich ein Beitrag zur menschenrechtlichen Verantwortlichkeit der Mitgliedstaaten für das transnationale Verhalten im Inland belegener Unternehmen

PETER LANG

Bibliografische Information der Deutschen Nationalbibliothek
Die Deutsche Nationalbibliothek verzeichnet diese Publikation in der Deutschen Nationalbibliografie; detaillierte bibliografische Daten sind im Internet über http://dnb.d-nb.de abrufbar.

Zugl.: Mannheim, Univ., Diss., 2019

D 180
ISSN 1430-5380
ISBN 978-3-631-78885-1 (Print)
E-ISBN 978-3-631-79172-1 (E-PDF)
E-ISBN 978-3-631-79173-8 (EPUB)
E-ISBN 978-3-631-79174-5 (MOBI)
DOI 10.3726/b15708

Peter Lang – Berlin · Bern · Bruxelles · New York · Oxford · Warszawa · Wien

Diese Publikation wurde begutachtet.

www.peterlang.com

Meinen Eltern

Abkürzungsverzeichnis

a. A.	andere Ansicht
Abs.	Absatz
a. F.	alte Fassung
AfCRMV	Afrikanische Charta der Menschenrechte und Rechte der Völker
AG	Aktiengesellschaft
AJIL	The American Journal of International Law
AktG	Aktiengesetz
allg.	allgemein
AMRK	Amerikanische Menschenrechtskonvention
AnwBl	Anwaltsblatt
a. o.	and others
AöR	Archiv des öffentlichen Rechts
Art.	Artikel
AT	Allgemeiner Teil
ATCA	Alien Tort Claims Act
AUILR	American University International Law Review
AuR	Arbeit und Recht
BDGV	Berichte der Deutschen Gesellschaft für Völkerrecht
BGB	Bürgerliches Gesetzbuch
BJALS	British Journal of American Legal Studies
BJM	Basler Juristische Mitteilungen
BMJV	Bundesministerium der Justiz und für Verbraucherschutz
BMWi	Bundesministerium für Wirtschaft und Energie
bspw.	beispielsweise
BT-Drucksache	Bundestags-Drucksache
Buff. Hum. Rts. L. Rev.	Buffalo Human Rights Law Review
BUILJ	Boston University International Law Journal
BVerfG	Bundesverfassungsgericht
BVerfGG	Bundesverfassungsgerichtsgesetz
BVerwG	Bundesverwaltungsgericht
bzgl.	bezüglich
bzw.	beziehungsweise
CESCR	Committee on Economic, Social and Cultural Rights

Chap. L. Rev.	Chapman Law Review
C.M.L.Rev.	Common Market Law Review
Conn. J. Int'l L.	Connecticut Journal of International Law
ders.	derselbe
dies.	dieselbe
DLJ	Duke Law Journal
DÖV	Die öffentliche Verwaltung
dt.	deutsche
Duke J. Comp. & Int'l L.	Duke Journal of Comparative and International Law
DVBl	Das Deutsche Verwaltungsblatt
ECCHR	European Center for Constitutional and Human Rights
ECOSOC	United Nations Economic and Social Council
EGMR	Europäischer Gerichtshof für Menschenrechte
EIA	Environmental Impact Assessment
EJIL	The European Journal of International Law
EKMR	Europäische Kommission für Menschenrechte
EMRK	Europäische Menschenrechtskonvention
Ents.	Entscheidung
EStG	Einkommensteuergesetz
ETO (Consortium)	Extraterritorial Obligations Consortium
EU	Europäische Union
EuGRZ	Europäische Grundrechte Zeitschrift
EuR	Europarecht (Zeitschrift)
f.	folgend(e)
ff.	folgende (Seiten, Randnummern, Paragraphen)
FIAN	FoodFirst Informations- & Aktions-Netzwerk
FS	Festschrift
GATT	General Agreement on Tariffs and Trade
GG	Grundgesetz
GmbH	Gesellschaft mit beschränkter Haftung
GRC	Charta der Grundrechte der Europäischen Union
GV	Generalversammlung (der Vereinten Nationen)
HIV	Humane Immundefizienz-Virus
HPE	Hitachi Power Europe
HRC	Human Rights Council
HRLR	Human Rights Law Review
HRQ	Human Rights Quarterly
HStR	Handbuch des Staatsrechts

ICC	International Criminal Court
ICESCR	International Covenant on Economic, Social and Cultural Rights
ICISS	International Commission on Intervention and State Sovereignty
ICJ	International Court of Justice
ICLQ	International and Comparative Law Quarterly
ICLR	International Criminal Law Review
IFC	International Finance Corporation
IfM	Institut für Mittelstandsforschung
IGH	Internationaler Gerichtshof
ILC	International Law Commission
ILC	International Labour Conference
ILO	International Laber Organisation
IMA	Interministerieller Ausschuss
INEF	Institut für Entwicklung und Frieden
insb.	insbesondere
IPbpR	Internationaler Pakt über bürgerliche und politische Rechte (auch Zivilpakt)
IPRax	Praxis des Internationalen Privat- und Verfahrensrechts
IPwskR	Internationaler Pakt über wirtschaftliche, soziale und kulturelle Rechte (auch Sozialpakt)
i.S.d.	im Sinne des/der
Isr. L. Rev.	Israel Law Review
IWF	Internationaler Währungsfonds
JA	Juristische Arbeitsblätter
JIEL	Journal of International Economic Law
JöR	Jahrbuch des öffentlichen Rechts
JRP	Journal für Rechtspolitik
JZ	Juristenzeitung
KfW	Kreditanstalt für Wiederaufbau
KMU	Kleine und mittlere Unternehmen
lit.	littera
LJIL	Leiden Journal of International Law
LLR	Loyola Law Review
Ltd.	Limited (Company)
Melbourne J. of Int'l Law	Melbourne Journal of International Law
MLR	The Modern Law Review

MPEPIL	Max Planck Encyclopedia of Public International Law
MRM	MenschenRechtsMagazin
m.w.N.	mit weiteren Nachweisen
NATO	North Atlantic Treaty Organization
NGO	Non-Governmental Organisation
NILR	Netherlands International Law Review
NJIL	Nordic Journal of International Law
NYIL	Netherlands Yearbook of International Law
OECD	Organisation for Economic Cooperation and Development
OHCHR	United Nations Human Rights Office of the High Commissioner
PCIJ	Permanent Court of International Justice
RabelsZ	Rabels Zeitschrift für ausländisches und internationals Privatrecht
RdC	Recueil des Cours, Académie de Droit International
Rn.	Randnummer(n)
S.	Seite(n)
SE	Societas Europaea
SOE	state-owned enterprise
sog.	sogenannte/n
stellv.	stellvertretend
StGB	Strafgesetzbuch
TNC	Transnational Corporation
u. a.	unter anderen
UK	United Kingdom
UN	United Nations/Vereinte Nationen
UNCTAD	United Nations Conference on Trade and Development
UN Doc.	United Nations Document
UNFICYP	United Nations Peacekeeping Force in Cyprus
Urt.	Urteil
USA	United States of America
v.	vom
Var.	Variante
Verf.	Verfasser(in)
vgl.	vergleiche
Vol.	Volume

vs.	versus
WVK	Wiener Vertragsrechtskonvention (Wiener Übereinkommen über das Recht der Verträge)
Yale H.R. & Dev. L.J.	Yale Human Rights & Development Law Journal
YILC	Yearbook of the International Law Commission
ZaöRV	Zeitschrift für ausländisches öffentliches Recht und Völkerrecht
ZEuS	Zeitschrift für Europarechtliche Studien
ZfMR	Zeitschrift für Menschenrechte
Ziff.	Ziffer(n)
ZP	Zusatzprotokoll (zur EMRK)
ZRP	Zeitschrift für Rechtspolitik
ZSE	Zeitschrift für Staats- und Europawissenschaften

A. Einführung

I. Anlass der Untersuchung

Seit dem Inkrafttreten der Europäischen Menschenrechtskonvention am 4. November 1950 hat sich die menschenrechtliche Lage in Europa stark verändert. Was zu Beginn dazu bestimmt war, sich den Unrechtsregimen des Zweiten Weltkriegs entgegenzustellen und die Missachtung der Menschenrechte durch Staaten zu bekämpfen,[1] entwickelte sich zu einem Institut, das sich stets der sich ändernden menschenrechtlichen Gefährdungslage anzupassen versuchte.[2] In den vergangenen Jahrzehnten hat sich nicht nur die Politik internationalisiert. Durch die Globalisierung und die damit einhergehende Zunahme der weltweiten wirtschaftlichen Betätigung (auch) der Staaten, nimmt die Relevanz von völkerrechtlichen Verträgen beziehungsweise des Völkerrechts stetig zu. Menschenrechte werden deshalb aber nicht mehr nur bei kriegerischen Auseinandersetzungen oder innerhalb staatlicher Unrechtsregime verletzt. Vermehrt treten neue Akteure hinzu, zumeist Wirtschaftsunternehmen, die Menschenrechte bei der Ausübung ihrer unternehmerischen Tätigkeit missachten.[3] Unternehmen werden vermehrt transnational tätig und gewinnen auf gesellschaftliche, politische und soziale Entwicklungen vermehrt Einfluss.[4] Diese sogenannten „Global Player" sind beispielsweise durch Tochterunternehmen oder Betriebsstätten in einer Vielzahl von Staaten tätig und erzielen oftmals einen Umsatz der über dem Bruttoinlandsprodukt vieler Staaten liegt.[5] Auch wenn es diese transnationalen Unternehmen schon seit mehreren Jahrhunderten gibt; auf die Bühne der völkerrechtlichen Akteure drängten sie vor allem nach dem Ende des

---

1 *Grabenwarter/Pabel*, Europäische Menschenrechtskonvention, § 1 Rn. 1.

2 Der EGMR spricht von einem „lebenden Instrument", das im Lichte der heutigen Verhältnisse auszulegen sei *(„the Convention is a living instrument which […] must be interpreted in the light of present-day conditions")* vgl. EGMR, *Tyrer* vs. UK, Urt. v. 25.4.1978, No. 5856/72, § 31.

3 *Kaleck/Saage-Maaß*, Transnationale Unternehmen vor Gericht, im Hinblick auf europäische Unternehmen in Lateinamerika; *Weilert*, Transnationale Unternehmen im rechtsfreien Raum, ZaöRV 69 (2009), S. 883–917 (884 f.).

4 *Coni-Zimmer/Flohr*, Transnationale Unternehmen, 1. Abschnitt (bpb-Artikel).

5 *Weilert*, Transnationale Unternehmen im rechtsfreien Raum, ZaöRV 69 (2009), S. 883–917 (884); *Coni-Zimmer/Flohr*, Transnationale Unternehmen, 1. Abschnitt (bpb-Artikel).

Zweiten Weltkriegs.[6] Durch die Liberalisierung des Welthandels, die sich seit dem Inkrafttreten des General Agreement on Tarrifs and Trade (GATT) im Jahr 1947 beobachten ließ, und durch die Schaffung von internationalen Finanzinstitutionen wie dem Internationalen Währungsfonds (IWF) oder der Weltbank nahm die Bedeutung transnationaler Unternehmen kontinuierlich zu.[7] Transnationale Unternehmen internationalisieren ihre Aktivitäten und von dieser wirtschaftlichen Expansion der Unternehmen profitieren auch die Staaten, denn durch den internationalen Export der Produkte steigt beispielsweise auch die Außenhandelsbilanz.[8] Das Zusammenspiel von privatwirtschaftlichen Unternehmen und staatlichen Akteuren ist vermehrt Gegenstand von rechtlichen und vor allem auch von politischen Diskussionen geworden, oftmals unter dem Begriff der „Corporate Social Responsibility".[9]

Transnationale Unternehmen sind schon längst nicht mehr nur Teilnehmer der politischen und wirtschaftlichen internationalen Systeme, sondern aufgrund ihrer wirtschaftlichen und politischen Macht einer der Hauptakteure.[10] Doch nicht nur transnationale Unternehmen in Gestalt von rein privatwirtschaftlichen Akteuren beanspruchen diese Rolle für sich, auch Unternehmen in staatlicher Hand haben eine enorme Bedeutung für viele Wirtschaftsordnungen. Insbesondere in China, Indien und Russland ist die Zahl der Staatsunternehmen[11] hoch, in China waren es beispielsweise im Jahr 2005 über 160.000.[12] In Indien ist das staatliche Unternehmen „Indian Railways" mit 1,6 Millionen Arbeitnehmern der wichtigste und gleichzeitig der größte kommerzielle Arbeitgeber weltweit.[13] Durch die internationale wirtschaftliche Verflechtung interagieren transnationale und staatliche Unternehmen oftmals bei Investitionsprojekten miteinander.[14] Bei Betrachtung einer möglichen menschenrechtlichen Verantwortlichkeit

---

6 *Dahm/Delbrück/Wolfrum*, Völkerrecht, Band I/2, § 108 Ziff. I.3.a); zur Entwicklung transnationaler Unternehmen seit dem Ende des Zweiten Weltkriegs siehe *Nowrot*, Normative Ordnungsstruktur und private Wirkungsmacht, S. 125 ff.

7 *Nowrot*, Normative Ordnungsstruktur und private Wirkungsmacht, S. 126.

8 *Coni-Zimmer/Flohr*, Transnationale Unternehmen, 1. Abschnitt (bpb-Artikel).

9 Vgl. anstatt Vieler *Von Bernstorff*, Extraterritoriale menschenrechtliche Staatenpflichten, AdVR 49 (2011), S. 34–63 (35).

10 *Coni-Zimmer/Flohr*, Transnationale Unternehmen, 1. Abschnitt (bpb-Artikel).

11 Vgl. für die genaue rechtliche Definition des Begriffs Kapitel A.VI.4.c).

12 *OECD*, Corporate Governance of State-Owned Enterprises, 2005, S. 38.

13 *OECD*, Corporate Governance of State-Owned Enterprises, 2005, S. 38.

14 *Dereje*, Staatsnahe Unternehmen, S. 84.

muss klar zwischen den Aktivitäten von staatlichen und nicht-staatlichen Akteuren differenziert werden.

Transnationale Unternehmen bestehen aus in der Regel mehreren, aber mindestens einer rechtlich selbständigen Gesellschaft (Tochterunternehmen) mit Sitz in mindestens einem anderen Staat und einem zentralen Entscheidungszentrum in einem zumeist westlichen (Heimat-)Staat (Mutterunternehmen).[15] Dies ist für das Unternehmen auch sinnvoll, denn dort besteht ein ausreichender politischer und rechtlicher Schutz des Gesellschaftsvermögens.[16] Die Produktion oder die Dienstleistungen werden aber in andere Länder verlegt. Tochtergesellschaften siedeln sich in für sie günstigeren Rechtsordnungen an, in denen geringere arbeitsrechtliche Standards und weniger rechtliche Voraussetzungen bei Sozial- und Umweltanforderungen bestehen, an die sich die Unternehmen halten müssen.[17] Zudem ist der zu zahlende Lohn niedriger. Alles in allem hat die Muttergesellschaft ein großes Interesse an der Standortverlagerung.[18] Aber auch die westlichen Heimatstaaten haben ein eigenes Interesse an dieser Expansion, sei es aus steuerlichen oder anderen wirtschaftlichen Gründen.[19] Die Staaten, in die die Unternehmen ihre Tätigkeit verlagern, werden als Gaststaaten bezeichnet. Die Gaststaaten haben Interesse an diesen ausländischen Investitionen, um ihre Entwicklung und die Wirtschaft anzukurbeln.[20] Um im internationalen Standortwettbewerb mithalten zu können, werden oftmals ausländische Investitionen durch Senkung der sozialen, ökologischen oder anderer Produktionskosten angelockt.[21] Und weil beispielsweise eine schwache Umwelt- und Sozialgesetzgebung Investitionen durch transnationale Unternehmen noch attraktiver macht,

15 Angelehnt an *Nowrot*, Normative Ordnungsstruktur und private Wirkungsmacht, S. 98; vgl. für eine exakte Definition des Begriffs unter Kapitel A.VI.4.a).

16 *Weilert*, Transnationale Unternehmen im rechtsfreien Raum, ZaöRV 69 (2009), S. 883–917 (890 f.).

17 *Burkard*, Zum Spannungsverhältnis von Investitions- und Menschenrechtsschutz, S. 25, 210. *Griebel*, Transnationale Unternehmen, in: *Schöbener*, Völkerrecht, S. 473.

18 *Korten*, When Corporations Rule the World, S. 128, der die Situation pointiert ausdrückt: „*This means arranging its global operations to produce products where costs are lowest, sell them in more affluent markets, and shift the resulting profits to where tax rates are least burdensome.*".

19 Vgl. beispielsweise die Antwort der Bundesregierung auf eine kleine Anfrage: „*Die starke außenwirtschaftliche Stellung unseres Landes und die Tatsache, dass Deutschland Exportweltmeister ist, haben wir nicht zuletzt auch den Finanzierungsinstrumenten der Außenwirtschaftsförderung zu verdanken*", BT-Drucksache 16/1366, 3.5.2006, S. 2.

20 *Burkard*, Zum Spannungsverhältnis von Investitions- und Menschenrechtsschutz, S. 25.

21 *Korten*, When Corporations Rule the World, S. 128.

haben die Staaten oftmals nur wenig Anreiz, etwas an der Situation zu verändern.[22] Darunter leidet die Menschenrechtslage in den Gaststaaten.[23] *„The ability to shift production from one country to another weakens the bargaining power of any given locality and shifts the balance of power from the local human interest to the global corporate interest.“*[24]

Die Menschen im Gaststaat sind die „Verlierer“ in dieser Situation. Sie arbeiten oftmals ohne Arbeitsverträge zu geringen Löhnen und wer sich gegen die Bedingungen wehren möchte, riskiert nicht selten seinen Arbeitsplatz.[25] Hinzu tritt, dass die Betroffenen vielleicht nicht immer über ein Unrechtsempfinden verfügen, das unserer „Deutschen Sichtweise“ hinsichtlich menschenrechtswidriger Situationen entspricht. Teilweise werden vielleicht Situationen als „gewöhnlich“ oder „normal“ empfunden, die von außen als unbillig bewertet werden.[26]

In vielen Ländern der Welt, insbesondere in den Staaten, in denen es für die großen Unternehmen aufgrund der geringen Personalkosten reizvoll ist ihre Ware zu produzieren, sind die inländischen Rechtsschutzsysteme mangelhaft.[27] Die Opfer von Menschenrechtsverletzungen verfügen oftmals nicht über ausreichende Möglichkeiten um eine Klage anzustreben oder die Sicherheitslage in den Gaststaaten erlaubt eine Rechtsdurchsetzung nicht.[28] Die Chancen für Arbeitnehmer, sich gegen schlechte Arbeitsbedingungen zur Wehr zu setzen, sind fast aussichtlos, weil oft das staatliche Interesse an wirtschaftlicher Investition das Interesse an ordentlicher Rechtsdurchsetzung überwiegt.[29] Und auch auf internationaler Ebene bestehen oftmals keine Beschwerdemechanismen, weil die Gastgeberländer zwar die einschlägigen (Menschenrechts-)Abkommen

---

22 *Burkard*, Zum Spannungsverhältnis von Investitions- und Menschenrechtsschutz, S. 25.

23 *Burkard*, Zum Spannungsverhältnis von Investitions- und Menschenrechtsschutz, S. 25.

24 *Korten*, When Corporations Rule the World, S. 128.

25 *Saage-Maaß*, Arbeitsbedingungen in der globalen Zulieferkette, S. 2.

26 So bereits *Jellinek*, Allgemeine Staatslehre, S. 342: *„Wo aber einmal das Gegebene durch die in Form der Gewohnheit sich äußernde Anerkennung zur Norm erhoben ist, da werden die dem außen Stehenden selbst noch so unbillig dünkenden Zustände als rechtmäßig empfunden“*.

27 *Emmerich-Fritsche*, Zur Verbindlichkeit der Menschenrechte, AdVR 45 (2007), S. 541–565 (545).

28 *Saage-Maaß*, Unternehmen zur Verantwortung ziehen, S. 7.

29 *Weilert* spricht davon, dass das *„politische Wollen der Staaten hinter dem rechtlichen Können zurückbleibt“*, *Weilert*, Transnationale Unternehmen im rechtsfreien Raum, ZaöRV 69 (2009), S. 883–917 (897 f.).

ratifiziert haben, aber nicht die Zusatzprotokolle, die eine Individualbeschwerdemöglichkeit festschreiben.[30] Teilweise gründen die Unternehmen auch ganz bewusst Tochterunternehmen in diesen Staaten, um heimatstaatliche nationale Vorschriften zu umgehen.[31] Deshalb bewegt sich der Fokus der aktuellen Diskussion weg von den sogenannten Gaststaaten der international tätigen Unternehmen, hin zu deren Heimatstaaten.[32]

Können die Heimatstaaten der transnational tätigen Unternehmen für Menschenrechtsverletzungen verantwortlich gemacht werden, die diese im In- und Ausland begehen? Bisher ist die Frage noch unbeantwortet, ob und wie die Menschenrechte auch im Bereich von faktischen Beeinträchtigungen durch private Wirtschaftssubjekte zu einer umfassenden Anwendung gelangen können. Insbesondere ist fraglich, ob die Gesamtheit der Staaten einen solch weitreichenden Menschenrechtsschutz überhaupt anstrebt. Erschwert werden internationale Einigungsprozesse durch divergierende kulturelle und gesellschaftspolitische Vorstellungen.[33] Die Staatengemeinschaft versucht durch internationale Verträge ein gemeinsames menschenrechtliches Schutzniveau festzulegen, beispielsweise durch den Pakt über bürgerliche und politische Rechte und den Pakt über wirtschaftliche, soziale und kulturelle Rechte. Am besten gelingt dies jedoch in der Regel auf regionaler Ebene.[34] Ein gelungenes Ergebnis eines solchen Prozesses stellt die Europäische Menschenrechtskonvention dar. Deshalb versucht diese Arbeit das Rechtsschutzsystem der EMRK für den Menschenrechtsschutz im Zusammenhang mit transnationalen Wirtschaftsaktivitäten von Unternehmen fruchtbar zu machen. Im Folgenden wird untersucht, ob die Konvention ihren Mitgliedstaaten die Pflicht auferlegt, ihre im Inland belegenen Unternehmen bei ihren Auslandsaktivitäten von menschenrechtlichen Schädigungen abzuhalten.

30 Vgl. dazu die Übersicht über den Stand der Ratifikationen *OHCHR*, Status of Ratifications, abrufbar unter: http://indicators.ohchr.org/ (zuletzt abgerufen am 2.10.2017).

31 *Weilert*, Transnationale Unternehmen im rechtsfreien Raum, ZaöRV 69 (2009), S. 883–917 (890 f.).

32 *Von Bernstorff*, Extraterritoriale menschenrechtliche Staatenpflichten, AdVR 49 (2011), S. 34–63 (35).

33 *Gollwitzer*, Menschenrechte im Strafverfahren, S. 103 f. Rn. 7 f.

34 *Gollwitzer*, Menschenrechte im Strafverfahren, S. 103 f. Rn. 7 f.

II. Einführendes Fallbeispiel: Menschenrechte in extraktiven Industrien – die Kohlekraftwerke *Kusile* und *Medupi* in Südafrika

Die komplexe rechtliche Ausgangssituation dieser Arbeit soll anhand eines Fallbeispiels dargestellt werden. Das Beispiel beruht auf einer Studie, die 2016 veröffentlicht wurde und ist im Bereich der extraktiven Industrien angesiedelt. Auf dieses Beispiel wird am Ende der Arbeit nochmals einzugehen sein.

Das Fallbeispiel beschäftigt sich mit dem Bau der beiden Kohlekraftwerke *Kusile* und *Medupi* in Südafrika. Die Kraftwerke befinden sich in zwei ländlichen Regionen Südafrikas. *Kusile* in der Provinz Mpumalanga, das Werk *Medupi* in Limpopo. Der Bau der Kraftwerke ist ein technisches und finanzielles Großprojekt, an dem 19 deutsche Unternehmen sowie der deutsche Staat beteiligt sind. Im Rahmen einer groß angelegten Studie von Misereor, die im April 2016 erschienen ist, wurden menschenrechtliche Aspekte des Projekts untersucht, insbesondere die unternehmerische und staatliche Mitverantwortung Deutschlands.[35] Im Mittelpunkt der Untersuchung standen dabei umweltbezogene Menschenrechte wie das Recht auf Wasser, Nahrung und Gesundheit.[36] Südafrika ist der siebtgrößte Kohleproduzent der Welt.[37] Die meisten Kraftwerke (ca. 80%) werden durch große, in der Regel transnationale Unternehmen betrieben. Eskom, ein staatliches Unternehmen, ist dabei einer der wichtigsten Energieversorger in Südafrika und betreibt sowohl das Kraftwerk *Kusile* als auch *Medupi*.[38] Das Projekt ist großer Kritik ausgesetzt, weil Bedenken hinsichtlich verschiedener menschenrechtlicher und ökologischer Aspekte beim Kohleabbau und der Kohlestromversorgung bestehen: Durch die Versickerung der sauren Grubenabwässer beim Kohlebergbau (das sind mit Schwermetallen angereicherte Säuren) gelangen diese in Seen und Flüsse. Da nur 55% der Bevölkerung über einen

---

35 *Müller/Paasch*, „Wenn nur die Kohle zählt – deutsche Mitverantwortung für Menschenrechte im südafrikanischen Kohlesektor", Misereor, April 2016.

36 *Müller/Paasch*, Wenn nur die Kohle zählt, Studie von April 2016, S. 6; während das Recht auf Nahrung und das Recht auf Gesundheit völkerrechtlich unter anderem in den Art. 11 und Art. 12 IPwskR garantiert sind, ist das Recht auf Wasser nicht ausdrücklich festgeschrieben vgl. *Craven*, in: *Riedel/Rothen*, The Human Right to Water, S. 39. Die UN Generalversammlung hat das Recht auf Wasser als Menschenrecht im Jahr 2010 anerkannt, vgl. *UN General Assembly*, UN Doc. A/RES/64/292; vgl. allg. zur Thematik *Riedel/Rothen*, The Human Right to Water.

37 *World Coal Association*, Coal Mining Informations.

38 *Müller/Paasch*, Wenn nur die Kohle zählt, Studie von April 2016, S. 22.

eigenen Wasseranschluss verfügen, sind die Seen und Flüsse aber oftmals Trinkwasserquellen. Aufgrund dessen sehen viele das Recht auf Wasser und Nahrung als beeinträchtigt an.[39] Das verschmutzte Wasser kann insbesondere bei Kindern zu Hautausschlägen, Hautverätzungen oder Schäden am Gehirn führen.[40] Daneben werden auch immer wieder Beeinträchtigungen des Rechts auf Gesundheit dokumentiert. Viele Menschen, insbesondere die Bewohner der umliegenden Siedlungen und die Arbeiter selbst, leiden unter der sogenannten Staublunge (Pneumokoniose), darüber hinaus haben die Kohlepartikel negative Auswirkungen auf die Atmung, das Nerven- und das Herz-Kreislauf-System und können zu Krebs, Schlaganfällen und Herzerkrankungen führen.[41] Insbesondere die hohe HIV/Aids-Rate in den Gemeinden ruft zusätzliche Bedenken hervor, da an HIV erkrankte Menschen eine höhere Anfälligkeit für Atemwegserkrankungen aufweisen und der Zugang zu medizinischen Einrichtungen sehr schlecht ist.[42] Zudem seien insbesondere beim Bau des Werkes *Medupi* kulturelle Rechte verletzt worden, weil sich auf dem Gebiet, auf dem das Kraftwerk errichtet wurde, Grabstätten der lokalen Bevölkerung befanden, die dadurch zerstört wurden.[43] Die betroffene Bevölkerungsgruppe hat keine Beschwerde eingelegt, um die Verletzung ihrer Rechte zu rügen.[44] Folglich wurde die Rechtsverletzung durch keinen nationalen oder internationalen Spruchkörper positiv festgestellt. Die Studie bezieht sich jedoch auf den National Heritage Resources Act von 1999, der in Art. 36 („burial grounds and graves") die Zerstörung von Grabstätten verbietet.[45] Daneben schützt auch Art. 15 IPwskR das kulturelle Erbe.

Am Kraftwerk *Medupi* sind mindestens acht deutsche Unternehmen nachweislich beteiligt, am Standort *Kusile* sind es sogar mindestens neun, wobei die Beteiligung von insgesamt 19 deutschen Unternehmen nachgewiesen werden konnte, deren Zuordnung zu einem der Kraftwerke nicht bei allen möglich ist.[46] Der wichtigste deutsche Akteur ist Hitachi Power Europe (HPE) mit Sitz in Duisburg, der inzwischen unter Mitsubishi Hitachi Power Systems Europe GmbH firmiert und deutsches Tochterunternehmen des japanischen Konzerns

---

39 *Müller/Paasch*, Wenn nur die Kohle zählt, Studie von April 2016, S. 29 f.
40 *Müller/Paasch*, Wenn nur die Kohle zählt, Studie von April 2016, S. 30.
41 *Müller/Paasch*, Wenn nur die Kohle zählt, Studie von April 2016, S. 32 m.w.N.
42 *Müller/Paasch*, Wenn nur die Kohle zählt, Studie von April 2016, S. 44.
43 Siehe dazu im Detail *Müller/Paasch*, Wenn nur die Kohle zählt, Studie von April 2016, S. 40 f.
44 *Müller/Paasch*, Wenn nur die Kohle zählt, Studie von April 2016, S. 40.
45 *Müller/Paasch*, Wenn nur die Kohle zählt, Studie von April 2016, S. 40.
46 *Müller/Paasch*, Wenn nur die Kohle zählt, Studie von April 2016, S. 27, 38.

Mitsubishi Hitachi Power System Ltd., früher Hitachi Power Systems, ist.[47] Hitachi lieferte jeweils sechs Kraftwerkblöcke an beide Werke mit einem Auftragsvolumen von vier Milliarden Euro, wobei die Aufgabe von Hitachi im Engineering, in der Beschaffung und Montage sowie in der Inbetriebnahme der Kessel bestand. Zudem hat Hitachi an einige weitere deutsche Unternehmen Unteraufträge in Milliardenhöhe vergeben.[48] Daneben ist auch Siemens an dem Großprojekt beteiligt, indem es einzelne Komponenten für den Bau der Kraftwerke liefert und installiert. Zeitweise sind sechzehn deutsche Siemens Mitarbeiter am Standort *Kusile* beschäftigt.[49] Daneben sind weitere Unternehmen wie beispielsweise Rheinmetall aus Bremen, Bilfiger Berger mit Sitz in Mannheim, IMR Anlagenbau aus Hamburg, die BWF Group aus Offingen oder die Pro Therm aus Castrop-Rauxel durch Lieferung von Komponenten oder Zurverfügungstellung von deutschen Arbeitskräften vor Ort involviert.[50]

Auch die Bundesrepublik Deutschland ist am Bau der beiden Kraftwerke beteiligt. Im Jahre 2008 vergab die Bundesregierung zwei Exportgarantien – auch Hermes Bürgschaften genannt – der Kategorie 5 (über 200 Millionen Euro) an Hitachi, um die Kessellieferung abzusichern.[51] Die Bundesregierung gibt selbst an, bei der Vergabe von Hermesbürgschaften insbesondere auf Umwelt- und Sozialauswirkungen der Projekte zu achten und gegebenenfalls keine Förderung für Projekte zu bewilligen, die *„mit schwerwiegenden negativen ökologischen, sozialen oder entwicklungspolitischen Konsequenzen verbunden sind"*.[52] Die Garantien vergibt der Interministerielle Ausschuss (IMA) für Exportgarantien, der aus Vertretern des Bundesministeriums für Wirtschaft und Energie, des Finanzministeriums, des Auswärtigen Amts und des Ministeriums für wirtschaftliche Zusammenarbeit und Entwicklung besteht.[53] Ferner nehmen an den Sitzungen beratend aber auch die geschäftsführenden Mandatare Euler Hermes AG und PricewaterhouseCoopers WPA AG sowie Sachverständige aus der Wirtschaft teil.[54]

---

47 *Müller/Paasch*, Wenn nur die Kohle zählt, Studie von April 2016, S. 57.

48 *Müller/Paasch*, Wenn nur die Kohle zählt, Studie von April 2016, S. 57.

49 *Müller/Paasch*, Wenn nur die Kohle zählt, Studie von April 2016, S. 58.

50 Siehe zur detaillierten Erläuterung der unternehmerischen Beteiligungen am Kraftwerksbau, *Müller/Paasch*, Wenn nur die Kohle zählt, Studie von April 2016, S. 57 ff.

51 *Müller/Paasch*, Wenn nur die Kohle zählt, Studie von April 2016, S. 50.

52 *BMWi*, Exportkreditgarantien (Nachhaltige Entwicklung und Exportkredite).

53 *AGA-Portal*, Exportkreditgarantien und IMA (Internetartikel).

54 *AGA-Portal*, Exportkreditgarantien und IMA (Internetartikel).

Zudem ist die KfW IPEX-Bank an dem Kraftwerksbau beteiligt, indem sie einen Gesamtkredit für Kessel-Lieferungen in Höhe von 1,485 Milliarden Euro zur Verfügung stellte.[55] Die KfW IPEX-Bank ist eine hundertprozentige Tochtergesellschaft der bundeseigenen KfW-Bankengruppe. Sowohl der Bund als auch die KfW IPEX-Bank stützen sich für ihre Bewilligungsentscheidung auf eine umfangreiche Umweltstudie, die Eskom von Experten erarbeiten ließ und auf unabhängige Umwelt- und Sozialverträglichkeitsgutachten (Environmental and Social Due Diligence), welche die Konformität mit den International Finance Corporation (IFC)- Perfomance-Standards einschätzten.[56] Die Umweltgutachten sind großer Kritik durch NGOs ausgesetzt. Sie seien allgemein gehalten und gäben keine klare Richtung vor. Auch die Einhaltung der IFC-Standards wird in Frage gestellt, weil weder KfW IPEX noch der Bund die angegliederten Einrichtungen der Kraftwerke in ihre Überlegungen miteinbezogen hätten. Gerade aber die zuliefernden Minen sowie die notwendigen Wassertransportsysteme hätten im Vorfeld überprüft werden müssen.[57]

Bereits zu Beginn des Baus der Kraftwerke wurde in dem Gutachten zur Umweltfolgenabschätzung,[58] das Eskom bereits 2006 erstellen ließ, dargelegt, dass *Medupi* die erlaubten Höchstwerte für Schwefeldioxidemissionen nicht einhalten kann, weil bereits das Kraftwerk *Matimba*, welches sich ebenfalls in der Region befindet, die Werte überschreite.[59] Deshalb sollte eine Rauchgasentschwefelungsanlage eingebaut werden, welche die Emissionen um 90 Prozent senken könnte.[60] Bereits jetzt ist offenkundig, dass sich der Einbau vermutlich bis zum Jahre 2025 verzögern könnte, weil zumindest für *Medupi* erst zu diesem Zeitpunkt die gesetzlichen Grenzwerte eingehalten werden müssen.[61] Aufgrund dieser Gesamtsituation kam das Inspection Panel der Weltbank 2011 zu dem Schluss, dass *„erhebliche Defizite in der Wahrnehmung der Sorgfaltspflichten der Geschäftsführung im Hinblick auf Fragen der anzuwendenden Qualitätsstandards*

---

55 *Müller/Paasch*, Wenn nur die Kohle zählt, Studie von April 2016, S. 53.

56 *Müller/Paasch*, Wenn nur die Kohle zählt, Studie von April 2016, S. 54.

57 *Müller/Paasch*, Wenn nur die Kohle zählt, Studie von April 2016, S. 54.

58 Ein sogenanntes „Environmental Impact Assessment“ (EIA), vgl. für das Kraftwerk Medupi: *Eskom*, Medupi Final Impact Assessment (Internetseite). Für das Kraftwerk *Kusile*: *Eskom*, Kusile Environmental Impact Report (Internetseite).

59 *Müller/Paasch*, Wenn nur die Kohle zählt, Studie von April 2016, S. 41.

60 *Müller/Paasch*, Wenn nur die Kohle zählt, Studie von April 2016, S. 42.

61 *Müller/Paasch*, Wenn nur die Kohle zählt, Studie von April 2016, S. 43.

und der Ausarbeitung reaktiver und rechtzeitiger Minderungsmaßnahmen bestehen, um der Gefahr eines ernsthaften Schadens entgegenzuwirken".[62]

Südafrika ist nicht Mitglied der EMRK, hat aber den IPbpR und den IPwskR (diesen im Jahre 2015), die UN-Frauenrechtskonvention und die UN-Kinderrechtskonvention ratifiziert.[63] Eine Vorreiterrolle nimmt Südafrika bezüglich der in der Verfassung verankerten Menschenrechte ein. Dazu zählt das Recht auf Zugang zu Wasser und Nahrung sowie auf Zugang zu Gesundheitsdienstleitungen.[64]

Das gewählte Beispiel eignet sich besonders gut, um die komplexen wirtschaftlichen Verflechtungen deutlich zu machen, die regelmäßig bei transnationalen Großprojekten vorzufinden sind. Siemens sieht sich selbst nur als Komponentenlieferant der Kraftwerke und deshalb Eskom als Kraftwerksbetreiber in der menschenrechtlichen Hauptverantwortung.[65] Daraus ergibt sich die grundsätzliche Frage, wie unmittelbar ein Unternehmen an einer menschenrechtsbeeinträchtigenden Situation beteiligt sein muss, um dafür verantwortlich zu sein. Außerdem muss ein Blick auf die durch den Betrieb der Kohlekraftwerke beeinträchtigten Menschenrechte gerichtet werden, denn insbesondere kulturelle Rechte werden nicht durch die EMRK geschützt. Inwieweit hingegen das Recht auf Gesundheit nach Art. 2 und Art. 8 EMRK betroffen sein könnte, bedarf einer näheren Betrachtung.

III. Zielsetzung der Arbeit und Eingrenzung des Untersuchungsgegenstands

Die Arbeit untersucht, ob und inwieweit die EMRK auf Situationen angewendet werden kann, in denen transnationale Unternehmen, wie im einführenden Beispiel, im Ausland faktisch menschenrechtliche Güter beeinträchtigen. Dafür müsste die Konvention in extraterritorialen Sachverhalten zur Anwendung

62 *„The Panel found significant shortcomings in Management's due diligence assessment of air quality issues and the development of responsive mitigation measures to address risks of serious harm.*", *The Inspection Panel, The World Bank*, Investigation Report Eskom Investment, S. xiii und S. 97.

63 Vgl. dazu die Übersicht über den Stand der Ratifikationen *OHCHR*, Status of Ratifications, abrufbar unter: http://indicators.ohchr.org/ (zuletzt abgerufen am 2.10.2017).

64 Constitution of the Republic of South Africa, 1996, Chapter 2: Bill of Rights, No. 27, abrufbar unter: http://www.gov.za/documents/constitution/chapter-2-bill-rights (zuletzt abgerufen am 2.10.2017).

65 *Müller/Paasch*, Wenn nur die Kohle zählt, Studie von April 2016, S. 61.

gelangen. Ein extraterritorialer Sachverhalt ist gegeben, wenn sich die Situation, die durch die EMRK erfasst werden soll, im Ausland ereignet hat.[66] Die Konvention findet also dann extraterritoriale Anwendung, wenn sie an eine staatliche Handlung anknüpft, die außerhalb des eigenen Staatsgebiets vorgenommen beziehungsweise nicht vorgenommen wurde. Davon zu trennen ist die reine extraterritoriale Wirkung einer Handlung, wenn der Staat also im Inland handelt, sich die Handlung aber extraterritorial auswirkt (so wie bei der Bewilligung eines Reisepasses von einem im Ausland wohnenden Staatsbürger).[67]

Der Anwendungsbereich der EMRK ist seit langem Gegenstand vieler Diskussionen.[68] Im Mittelpunkt steht dabei die Frage, ob und inwieweit staatliche Pflichten auch außerhalb des eigenen Staatsgebiets begründet werden können. Die Arbeit möchte grundlegend untersuchen, ob und inwieweit die EMRK extraterritoriale Anwendung finden kann. Dies steht im Mittelpunkt der Abhandlung (Teil C.). Hierfür untersucht die Arbeit im Schwerpunkt den Jurisdiktionsbegriff in Art. 1 EMRK und nimmt eine Auslegung des Begriffs vor.

Daneben werden die Verpflichtungsstrukturen der Konvention im In- und Ausland betrachtet, stets im Zusammenhang mit unternehmerischen Aktivitäten. Das Ziel dieser Betrachtung ist vor allem herauszufinden, inwieweit die Verpflichtungsstrukturen durch den EGMR mitgeprägt und entwickelt werden. Dabei wird der Schwerpunkt der Darstellungen auf die Pflichtenbegründung und weniger auf die nachgelagerte Pflichtenerfüllung gelegt. Die hiesige Untersuchung dient dazu herauszufinden, ob die Mitgliedstaaten der EMRK eine konventionsrechtliche Verpflichtung dazu haben, im Inland belegene Unternehmen bei deren transnationalen Tätigkeiten (durch Normen) zu reglementieren – aufgrund einer extraterritorialen Anwendbarkeit der Konvention. Die Arbeit streitet für eine, die Unternehmen bei ihren transnationalen Wirtschaftsaktivitäten reglementierende, Rechtsetzungspflicht der EMRK-Heimatstaaten, die sich in Form einer „stellvertretenden Menschenrechtspflege“ als Ausdruck menschenrechtlicher Solidarität konstituiert.

Um den Umfang der Arbeit angemessen zu halten, müssen einige thematische Einschränkungen gemacht werden. Nicht im Detail betrachtet wird die eigene Verantwortlichkeit von transnationalen Unternehmen für

---

66 So bspw. auch *Jankowska-Gilberg*, Extraterritorialität der Menschenrechte, S. 23.

67 *Jankowska-Gilberg*, Extraterritorialität der Menschenrechte, S. 24.

68 Bspw. *Gondek*, Extraterritorial Application of the European Convention on Human Rights, NILR 52 (2005), S. 349–387; *Altiparmak*, Bankovic, Journal of Conflict & Security Law 9 (2004), S. 213–251; *Koenen*, Wirtschaft und Menschenrechte, S. 83 ff.; *Roxstrom/Gibney/Einarsen*, The NATO Bombing Case, BUILJ 55 (2005), S. 55–136.

Menschenrechtsverletzungen aufgrund einer innerstaatlichen Rechtsordnung. Die Arbeit beschäftigt sich im Anfangsteil zwar mit der Frage, ob private Unternehmen selbst völkerrechtlich zur Verantwortung gezogen werden können und lehnt dies im Ergebnis ab. Für die genauere Auseinandersetzung mit der Thematik wird jedoch weiterverwiesen.

Eine weitere Annahme trifft die Arbeit bei der Staatszugehörigkeit eines transnationalen Unternehmens. Es wird davon ausgegangen, dass die Zuordnung einer Muttergesellschaft zu einem Heimatstaat ohne Probleme möglich ist. Gesellschaftsrechtliche Fragen, die sich in diesem Zusammenhang ergeben, muss die Abhandlung ausklammern. Auch wenn an einigen Stellen dieser Arbeit auf rechtliche Besonderheiten hinsichtlich der Unternehmensstruktur hingewiesen wird, erfolgt dies nur, um die Komplexität der Thematik zu verdeutlichen. Die gesellschaftsrechtlichen Fragen der „Mutter-Tochter-Beziehung" eines transnationalen Unternehmens, insbesondere die notwendigen rechtlichen Anforderungen und Besonderheiten einer solchen Verbindung, können ebenfalls aufgrund der Komplexität der Thematik nicht Gegenstand der Betrachtung sein.

Die Arbeit geht zudem nicht auf rechtliche Fragen ein, die sich nach einem Beitritt der EU zur EMRK stellen könnten. Insbesondere sei hier auch an die Europäische Aktiengesellschaft gedacht, deren gesellschaftsrechtlichen Besonderheiten nicht Gegenstand der Abhandlung sein können. Auch prozessuale Aspekte der Thematik, insbesondere die Frage, ob und wie ein potenzielles Opfer vor dem EGMR Beschwerde erheben kann, können im Hinblick auf die notwendige Begrenzung des Umfangs der Arbeit nicht untersucht werden. Die letzte Annahme trifft die Arbeit, wenn sie von „nationaler Rechtsordnung" spricht. Damit ist durchgängig, außer wenn ausdrücklich abweichend bestimmt, exemplarisch für die Rechtsordnung eines EMRK-Staates die deutsche Rechtsordnung gemeint.

IV. Gegenwärtiger Stand der Forschung

Der Untersuchungsgegenstand dieser Arbeit erlangt nicht nur seit einigen Jahren in politischen und gesellschaftlichen Diskussionen vermehrt Aufmerksamkeit,[69] sondern wird auch immer mehr zum Gegenstand rechtlicher

69 Bspw. *Müller/Paasch*, Wenn nur die Kohle zählt (Studie 2016); *Saage-Maaß*, Unternehmen zur Verantwortung ziehen. Erfahrungen aus transnationalen Menschenrechtsklagen (Studie 2014); *Auswärtiges Amt*, Informationen zum Nationalen Aktionsplan „Wirtschaft und Menschenrechte".

Auseinandersetzungen.[70] Trotz der Anstrengungen die Materie zu erfassen, die sich nicht nur an der Schnittstelle zu anderen Rechtsgebieten wie dem Gesellschaftsrecht bewegt, sondern auch mit politischen, sozioökonomischen und gesellschaftlichen Zielvorstellungen interagiert, erinnern einen die wissenschaftlichen Beiträge[71] eher an Versuche, den weißen Fleck auf der Landkarte Stück für Stück zu erkunden. Als zu komplex stellt sich die Thematik dar, um alle Ebenen und Zusammenhänge in ein sinnvolles Ganzes zusammenführen zu können. Dies zeigt sich auch an der Vielfältigkeit der bereits existierenden wissenschaftlichen Arbeiten.[72] Ein großer Teil der Arbeiten beschäftigt sich mit der extraterritorialen Anwendbarkeit von menschenrechtlichen Verträgen im Zusammenhang mit militärischen Operationen oder Streitkräfteeinsätzen, da dies eine unmittelbare extraterritoriale Betätigung der Staaten darstellt.[73] Oder es werden Versuche unternommen, um die transnational agierenden Unternehmen selbst (völkerrechtlich) zur Verantwortung zu ziehen.[74] Es wird über weltweite Lieferketten oder die Rohstoffgewinnung unter Einbeziehung menschenrechtlicher

---

70 Für die Vielzahl der wissenschaftlichen Arbeiten, die in diesem Bereich in den letzten Jahren veröffentlicht wurden, sei auf die nachfolgenden Fußnoten verwiesen.

71 Bspw. *Papp*, Extraterritoriale Schutzpflichten. Völkerrechtlicher Menschenrechtsschutz und die deutsche Außenwirtschaftsförderung (2013); *Jankowska-Gilberg*, Extraterritorialität der Menschenrechte. Der Begriff der Jurisdiktion im Sinne von Art. 1 EMRK (2008); *Thallinger*, Grundrechte und extraterritoriale Hoheitsakte. Auslandseinsätze des Bundesheeres und Europäische Menschenrechtskonvention (2008); *Lorenz*, Der territoriale Anwendungsbereich der Grund- und Menschenrechte. Zugleich ein Beitrag zum Individualschutz in bewaffneten Konflikten (2005). Für weitere Werke vgl. die nachfolgenden Fußnoten.

72 Die nachfolgende Nennung der einschlägigen Arbeiten auf dem Gebiet erhebt keinen Anspruch auf Vollständigkeit.

73 Bspw. *Thallinger*, Grundrechte und extraterritoriale Hoheitsakte. Auslandseinsätze des Bundesheeres und Europäische Menschenrechtskonvention (2008); *Lorenz*, Der territoriale Anwendungsbereich der Grund- und Menschenrechte. Zugleich ein Beitrag zum Individualschutz in bewaffneten Konflikten (2005); *Erberich*, Auslandseinsätze der Bundeswehr und Europäische Menschenrechtskonvention (2004); *Von Arnauld*, Das (Menschen-)Recht im Auslandseinsatz, in: *Weingärtner*, Streitkräfte und Menschenrechte, S. 61–90; *Krieger*, Die Verantwortlichkeit Deutschlands nach der EMRK, ZaöRV 62 (2002), S. 669–702.

74 Bspw. *Köster*, Die völkerrechtliche Verantwortlichkeit privater (multinationaler) Unternehmen für Menschenrechtsverletzungen (2010); *Geldermann*, Völkerrechtliche Pflichten multinationaler Unternehmen (2009); *Hofstetter*, Sachgerechte Haftungsregeln für multinationale Konzerne. Zur zivilrechtlichen Verantwortlichkeit von Muttergesellschaften im Kontext internationaler Märkte (1995).

Probleme gesprochen.[75] Staatsnahe Unternehmen, die transnational agieren, werden genauso zum Gegenstand von juristischen Abhandlungen gemacht wie das Verhältnis von Investitionsschutzrecht und Menschenrechten.[76] Ferner wird versucht, von der Beeinflussung des Konsumenten- und Unternehmensverhaltens durch von einem Staat aufgestellte Offenlegungsrichtlinien[77] bis zum schlichten Verweis auf unverbindliche, freiwillige Verhaltenskodizes den Problemkreis „Wirtschaft und Menschenrechte" anzugehen.[78]

Diese exemplarische Aufzählung möglicher Aspekte verdeutlicht bereits die Vielschichtigkeit und Vielseitigkeit der Thematik und der damit verbundenen Fragestellungen; eine vollständige Auseinandersetzung im Rahmen dieser Arbeit ist geradezu unmöglich. Bereits die Frage, ob und inwieweit Menschenrechtsverträge extraterritorial anwendbar sind, wird bisher nur in Ansätzen durch das rechtswissenschaftliche Schrifttum behandelt, obschon die wissenschaftlichen Beiträge in den vergangenen Jahren dazu konstant angestiegen sind. Die Beiträge stammen zumeist aus dem englischsprachigen Raum und konzentrieren sich weniger auf die EMRK im Speziellen als auf alle Arten von Menschenrechtspakten.[79] Im deutschsprachigen Raum finden sich nur einige wenige Werke und

---

75 *Müller/Paasch*, Wenn nur die Kohle zählt (Studie 2016); *Saage-Maaß*, Unternehmen zur Verantwortung ziehen. Erfahrungen aus transnationalen Menschenrechtsklagen (Studie 2014).

76 Bspw. *Dereje*, Staatsnahe Unternehmen. Die Zurechnungsproblematik im Internationalen Investitionsrecht und weiteren Bereichen des Völkerrechts (2016); *Burkard*, Zum Spannungsverhältnis von Investitions- und Menschenrechtsschutz. Verantwortlichkeiten im Bereich bilateraler Investitionsschutzabkommen für menschenrechtliche Standards (2013).

77 Bspw. wurde in den USA der *Dodd-Frank Act* 2010 verabschiedet, der eigentlich das Finanzmarktrecht reformieren sollte, aber auch einen Absatz enthält, der börsennotierte amerikanische Unternehmen, die bestimmte „Konfliktmineralien" verwenden, zur Offenlegung zwingt, um sicherzustellen, dass keine Rohstoffe verwendet werden, die den Konflikt im Kongo finanzieren, siehe dazu bspw.: *Thrul/Heydenreich/Lincoln*, Menschenrechtliche Sorgfalt ist machbar (2016), S. 20 f. Und auch das Europäische Parlament berät aktuell über eine Verordnung zur Schaffung eines Unionssystems zur Selbstzertifizierung der Erfüllung der Sorgfaltspflicht in der Lieferkette von Konfliktmineralien, abrufbar unter: http://eur-lex.europa.eu/legal-content/EN/TXT/?uri = celex:52015AP0204 (zuletzt abgerufen am 2.10.2017).

78 *Coomans*, Die Verortung der Maastrichter Prinzipien, ZfMR 2 (2012), S. 27–47; *Brankamp*, Die OECD-Leitsätze für multinationale Unternehmen, MRM 2010, S. 41–50.

79 Unter anderen: *Milanovic*, Extraterritorial Application of Human Rights Treaties: Law, Principles and Policy (2011); *Kälin/Künzli*, The Law of International Human Rights Protection (2009); *Skogly*, Beyond National Borders. States' Human Rights Obligations

Beiträge, die sich mit der extraterritorialen Reichweite der EMRK beschäftigen.[80] Darunter finden sich zwei Arbeiten, welche die Thematik mit wirtschaftlichen Aktivitäten verknüpfen, zum einen mit der Außenwirtschaftsförderung[81] und zum anderen mit der Tätigkeit von transnationalen Unternehmen[82]. Beide Arbeiten nehmen sowohl regionale als auch internationale Menschenrechtsverträge in den Blick und beschränken sich bei ihren Ausführungen auf die Frage extraterritorialer Schutzpflichten. Dadurch werden extraterritoriale Achtungspflichten ausgeklammert, die im Zusammenhang mit staatsnahen Unternehmen relevant werden könnten. Auch wenn transnationale Unternehmen sicherlich die wichtigste Fallgruppe von Wirtschaftsakteuren für die Thematik darstellen, darf nicht übersehen werden, dass auch sonstige Unternehmen zunehmend transnational agieren. Schlussendlich gibt es noch kein Werk, das sich mit der extraterritorialen Anwendbarkeit der EMRK im Zusammenspiel mit transnationaler Unternehmenstätigkeit beschäftigt. In diese Forschungslücke will die Arbeit stoßen. Aufgrund der Vielschichtigkeit der Thematik kann diese Arbeit keinen Anspruch auf Vollständigkeit erheben.

---

in International Cooperation (2006); *Zerk*, Multinationals and Corporate Social Responsibility. Limitations and Opportunities in International Law (2006); *Miller*, Revisiting Extraterritorial Jurisdiction, EJIL 20 (2009), S. 1223–1246; *McCorquodale/ Simons*, Responsibility Beyond Borders, MLR 70 (2007), S. 598-625; *Gondek*, Extraterritorial Application of the European Convention on Human Rights, NILR 52 (2005), S. 349–387; *Ress*, State Responsibility for Extraterritorial Human Rights Violations, ZEuS 1 (2003), S. 73–89.

80 *Papp*, Extraterritoriale Schutzpflichten. Völkerrechtlicher Menschenrechtsschutz und die deutsche Außenwirtschaftsförderung (2013); *Jankowska-Gilberg*, Extraterritorialität der Menschenrechte. Der Begriff der Jurisdiktion im Sinne von Art. 1 EMRK (2008); *Thallinger*, Grundrechte und extraterritoriale Hoheitsakte. Auslandseinsätze des Bundesheeres und Europäische Menschenrechtskonvention (2008); *Lorenz*, Der territoriale Anwendungsbereich der Grund- und Menschenrechte. Zugleich ein Beitrag zum Individualschutz in bewaffneten Konflikten (2005); *Künzli*, Zwischen Rigidität und Flexibilität: der Verpflichtungsgrad internationaler Menschenrechte (2001); *Von Bernstorff*, Extraterritoriale menschenrechtliche Staatenpflichten, AdVR 49 (2011), S. 34–63; *Peters*, Die Anwendbarkeit der EMRK in Zeiten komplexer Hoheitsgewalt, AdVR 48 (2010), S. 1–57; *Matscher*, Die Bemerkungen zur extraterritorialen oder indirekten Wirkung der EMRK, in: *Donatsch/Forster/Schwarzenegger*, FS für Stefan Trechsel, S. 25–45.

81 *Papp*, Extraterritoriale Schutzpflichten. Völkerrechtlicher Menschenrechtsschutz und die deutsche Außenwirtschaftsförderung (2013).

82 *Koenen*, Wirtschaft und Menschenrechte. Staatliche Schutzpflichten auf der Basis regionaler und internationaler Menschenrechtsverträge (2012).

V. Gang der Untersuchung

Die Arbeit besteht aus drei Teilen, wobei Kapitel A. der Hinführung an die Thematik dient. Die wichtigsten Begrifflichkeiten werden geklärt, bestehende Mechanismen zum Menschenrechtsschutz im Völkerrecht dargelegt und deren Defizite bei der Ahndung von Menschenrechtsverletzungen durch private Akteure aufgezeigt. Die Sonderstellung der EMRK im Menschenrechtsschutz wird untersucht bevor schließlich die bisherige völkerrechtliche Verantwortung bei faktischen Rechtsbeeinträchtigungen durch transnational tätige Unternehmen dargestellt wird. Kapitel B. nimmt die Verpflichtungsstrukturen der EMRK im nationalen Bereich in den Blick. Staatliche Verantwortlichkeit für transnationale Unternehmenstätigkeit kann auf zwei Wegen begründet werden. Entweder die privaten Handlungen werden dem Staat als eigene zugerechnet, wodurch eine internationale Verantwortlichkeit nach den Regeln der Staatenverantwortlichkeit folgen kann. Oder der Staat wird für eine Schutzpflichtverletzung zur Verantwortung gezogen, weil er Private nicht ausreichend vor schädigenden Handlungen privater Unternehmen geschützt hat. Beide Verpflichtungsstrukturen werden in Kapitel B. anhand einer Analyse der grundlegenden EMRK-Urteile untersucht. Kapitel C. stellt das Kernstück der Arbeit dar. Im Zentrum steht die Frage inwieweit die EMRK extraterritorial zur Anwendung gelangen kann. Dafür ist die Auslegung des Jurisdiktionsbegriffs in Art. 1 EMRK notwendig, insbesondere im Hinblick auf die transnationale Wirtschaftstätigkeit privater Marktsubjekte. Hierzu werden die einschlägige Rechtsprechung sowie die im Schrifttum vertretenen Ansichten ausgewertet. Eigene Vorschläge zur Lösung der aufgeworfenen Rechtsfragen finden sich ebenfalls in Kapitel C. Die Auslegung des Jurisdiktionsbegriffs in Art. 1 EMRK bildet die Kernthematik dieser Abhandlung. Die Ausführungen münden in einer Zusammenfassung der erlangten Erkenntnisse in Kapitel D.

VI. Begriffserklärungen

1. Der extraterritoriale Anwendungsbereich der EMRK

Der Anwendungsbereich der EMRK ist seit langem, insbesondere seit der umstrittenen *Banković*-Entscheidung[83] des EGMR, Gegenstand vieler Diskussionen.[84]

83 EGMR *Banković* a. o. v. Belgium & 16 other NATO-States, Ents. v. 12.12.2001, No. 52207/99.

84 Bspw. *Gondek*, Extraterritorial Application of the European Convention on Human Rights, NILR 52 (2005), S. 349–387; *Altiparmak*, Bankovic, Journal of Conflict &

Im Mittelpunkt steht dabei die Frage, ob und wenn ja inwieweit staatliche Pflichten auch außerhalb des eigenen Staatsgebiets begründet werden können.

Der Anwendungsbereich einer Regelung ist dabei vom Geltungsbereich derselben zu differenzieren. Letzterer bestimmt den territorialen Raum, in dem die Regelung Geltung beanspruchen kann und ist dabei in der Regel identisch mit dem Staatsgebiet, muss aber darauf nicht beschränkt sein; kann mithin weiter oder enger gefasst sein.[85] Im Geltungsbereich einer Norm sind beispielsweise Gerichte und Behörden an die Norm gebunden und gegenüber Bürgern kann die Norm durchgesetzt werden.[86] Der Anwendungsbereich bestimmt hingegen, auf welche Sachverhalte sich eine Regelung bezieht; mithin welche Sachverhalte durch sie geregelt werden.[87] Der Anwendungsbereich ist dabei nicht auf das staatliche Territorium beschränkt, sondern kann sich auch auf Sachverhalte beziehen, die ganz oder teilweise im Ausland belegen sind.[88] Wenn es also um die Anwendung und Geltung eigenen Rechts (also bspw. des Heimatstaates) im Ausland geht, so gilt: das eigene Recht kann auf fremdem Hoheitsgebiet keine Geltung beanspruchen (für eine Geltung müsste der fremde Staat auf die Ausübung eigener Hoheitsgewalt verzichten beziehungsweise Hoheitsgewalt übertragen),[89] aber es kann zur Anwendung berufen werden.[90] Ein Staat kann auf fremdem Hoheitsgebiet keine Norm gegenüber Bürgern, an die sich

---

Security Law 9 (2004), S. 213–251; *Koenen*, Wirtschaft und Menschenrechte, S. 83 ff.; *Roxstrom/Gibney/Einarsen*, The NATO Bombing Case, BUILJ 55 (2005), S. 55–136.

85 *Meessen*, Völkerrechtliche Grundsätze des internationalen Kartellrechts, S. 15, der von der „*Territorialität des Geltungsbereichs staatlicher Hoheitsakte*" spricht; *Matscher*, Die Bemerkungen zur extraterritorialen oder indirekten Wirkung der EMRK, in: *Donatsch/Forster/Schwarzenegger*, FS für Stefan Trechsel, S. 25–45 (25); dazu auch *Meng*, Extraterritoriale Jurisdiktion, S. 10 ff.; *Ohler*, Die Entwicklung eines Internationalen Verwaltungsrechts, DVBl 17 (2007), S. 1083–1093 (1088) mit Beispielen; *Rudolf*, Territoriale Grenzen der staatlichen Rechtsetzung, in: BDGV 11 (1973), S. 7–45 (9 ff.).

86 *Gerontas*, Europäisierung und Internationalisierung des Verwaltungshandelns, S. 34.

87 Zu den unterschiedlichen Begrifflichkeiten, die verwendet werden vgl. *Meessen*, Völkerrechtliche Grundsätze des internationalen Kartellrechts, S. 15 (insb. Fn. 2); *Jankowska-Gilberg*, Extraterritorialität der Menschenrechte, S. 23; *Gerontas*, Europäisierung und Internationalisierung des Verwaltungshandelns, S. 34.

88 *Meessen*, Völkerrechtliche Grundsätze des internationalen Kartellrechts, S. 18. Damit können der Anwendungs- und Geltungsbereich einer Regelung durchaus auseinanderfallen.

89 *Ohler*, Die Kollisionsordnung des Allgemeinen Verwaltungsrechts, S. 142 f.

90 *Gerontas*, Europäisierung und Internationalisierung des Verwaltungshandelns, S. 36 m.w.N.

die Regelung richtet, durchsetzen, wenn nicht eine Zustimmung oder eine völkerrechtliche Ermächtigung vorliegt, selbst wenn eine Norm auf einen Sachverhalt im Ausland angewandt werden kann.[91] In der amerikanischen Lehre würde dies der Unterscheidung *jurisdiction to prescribe* und der *jurisdiction to enforce* entsprechen – die Rechtsetzungshoheit und Rechtsanwendungshoheit (jurisdiction to prescribe) sowie die Rechtsdurchsetzungshoheit (jurisdiction to enforce) müssen voneinander unterschieden werden.[92]

An dieser Stelle sei angemerkt, dass sowohl um die Begrifflichkeiten des Geltungs- und Anwendungsbereichs als auch um das Verständnis über deren Bedeutung im rechtswissenschaftlichen Schrifttum eine ständige Debatte geführt wird, auf die an dieser Stelle nicht näher eingegangen werden kann.[93] Der Geltungsbereich der EMRK besteht nach dem hiesigen Verständnis aus den jeweiligen Staatsgebieten der Mitgliedstaaten sowie aus den Gebieten, für die ein Staat eine Erstreckungserklärung nach Art. 56 EMRK abgegeben hat.[94]

Extraterritorialität beschreibt Sachverhalte, die sich zumindest teilweise außerhalb des staatlichen Territoriums ereignen. Unter Territorium wird oftmals zunächst nur das Landgebiet eines Staates verstanden, insgesamt umfasst es aber auch beispielsweise Gewässer und Küstenmeere.[95] Extraterritorial belegene Gebiete sind also solche anderer Staaten und auch staatsfreies Territorium wie die Hohe See.[96] Extraterritoriale Sachverhalte können zum einen durch eine staatliche Handlung entstehen, die auf dem eigenen Hoheitsgebiet erfolgt, aber außerhalb des eigenen Territoriums (auch) eine Wirkung entfaltet. Erfasst sind davon Situationen, in denen der staatliche Hoheitsakt und das Schutzgut örtlich auseinanderfallen. Während der Hoheitsakt im eigenen Territorium vorgenommen wird, befindet sich das zu schützende Rechtsgut im Ausland; beispielsweise wenn ein Staat über die Verlängerung der Staatsbürgerschaft einer Person entscheidet, die im Ausland lebt.[97] Darunter fallen aber im weiteren Sinne auch

---

91 *Gerontas*, Europäisierung und Internationalisierung des Verwaltungshandelns, S. 37.

92 *Gerontas*, Europäisierung und Internationalisierung des Verwaltungshandelns, S. 36 f.

93 Siehe dazu bspw. *Rudolf*, Territoriale Grenzen der staatlichen Rechtsetzung, in: BDGV 11 (1973), S. 7–45, der bspw. hinsichtlich des territorialen Geltungsbereichs den Zwang nicht als Wesensmerkmal des Rechts ansieht. Hingegen versteht *Meng* unter Geltungsbereich den Bereich, in dem der Staat seine Hoheitsakte aus eigenem Vermögen gerade durchsetzen kann, *Meng*, Extraterritoriale Jurisdiktion, S. 10 f.

94 *Künzli* spricht hingegen von einem unbeschränkten territorialen Geltungsbereich im Hinblick auf die EMRK, *Künzli*, Zwischen Rigidität und Flexibilität, S. 114 ff.

95 Dazu *Volz*, Extraterritoriale Terrorismusbekämpfung, S. 45.

96 *Papp*, Extraterritoriale Schutzpflichten, S. 53 f.

97 Beispiel von *Jankowska-Gilberg*, Extraterritorialität der Menschenrechte, S. 24 f.

Situationen, in denen sich sowohl der Hoheitsakt als auch die Person, deren Rechtsgut beeinträchtigt wird, im Hoheitsgebiet eines Staates befinden, sich die Gefahr für das Rechtsgut aber aus einer extraterritorialen Sachlage ergibt. Beispielsweise können Auslieferungs- und Ausweisungsentscheidungen angeführt werden.[98] Zum anderen sind mit extraterritorialen Sachverhalten Hoheitsakte gemeint, die der Staat im Ausland vornimmt oder auch pflichtwidrig unterlässt.[99] Sowohl die staatliche Handlung als auch das zu schützende Rechtsgut können somit extraterritorial belegen sein. Als Beispiel kann hier die Bombardierung der Radiostation in der *Banković*-Entscheidung angeführt werden.[100] Es bedarf somit der genauen Differenzierung zwischen dem Vornahmeort des staatlichen Hoheitsaktes und dem Belegenheitsort des zu schützenden menschenrechtlichen Rechtsguts.

Der extraterritoriale Anwendungsbereich der EMRK beschreibt also alle menschenrechtlichen Sachverhalte mit Auslandsbezug, auf welche die Konvention Anwendung findet. Der Anwendungsbereich der Konvention bestimmt sich dabei nach Art. 1 EMRK.[101] Die Extraterritorialität des Sachverhalts kann sich hierbei auf die EMRK im Ganzen beziehen – dann fallen darunter Situationen,

---

98 EGMR, *Soering* vs. UK, Urt. v. 7.7.1989, No. 14038/88, siehe zur bekannten *Soering*-Entscheidung Kapitel C.II.2.c)cc).

99 So auch *McGoldrick*, Extraterritorial Application of Human Rights Treaties, in: *Coomans/Kamminga*, Extraterritorial Application of Human Rights Treaties, S. 41–72 (41 f.); *Jankowska-Gilberg*, Extraterritorialität der Menschenrechte, S. 23 f.

100 EGMR *Banković* a. o. v. Belgium & 16 other NATO-States, Ents. v. 12.12.2001, No. 52207/99. Zu der umstrittenen Entscheidung siehe unter Kapitel C.II.2.c).

101 *Matscher* stellt auf Art. 35 Abs. 3 EMRK ab, um den Anwendungsbereich zu bestimmen, vgl. *Matscher*, Die Bemerkungen zur extraterritorialen oder indirekten Wirkung der EMRK, in: *Donatsch/Forster/Schwarzenegger*, FS für Stefan Trechsel, S. 25–45 (26); *Lorenz* spricht davon, dass die *„menschenrechtlichen Verträge in Form von Zuständigkeitsklauseln einen Fingerzeig in Bezug auf ihren Anwendungsbereich [enthalten]"* und bezieht sich dabei auf Art. 1 EMRK, vgl. *Lorenz*, Der territoriale Anwendungsbereich der Grund- und Menschenrechte, S. 7. Nach der hier vertretenen Ansicht wird der Begriff der „Zuständigkeitsklauseln" nicht der Verpflichtungskategorie der menschenrechtlichen Verträge gerecht. Zuständigkeit spiegelt primär den normativen Jurisdiktionsbegriff wieder, vgl. dazu Kapitel C.II.2a) und b). Nach *Von Arnauld* bestimmt Art. 1 EMRK den örtlichen Geltungsbereich der EMRK vgl. *Von Arnauld*, Völkerrecht, § 9 Rn. 637 ff. Da Art. 1 EMRK aber nicht an das Territorium, sondern an die Jurisdiktion der Staaten anknüpft, wird – nach der hier vertretenen Auffassung – gerade nicht nur der Geltungsbereich, sondern der Anwendungsbereich geregelt.

die sich insgesamt außerhalb des *espace juridique*[102] der EMRK, also außerhalb des „Rechtsraums" der Konvention,[103] abspielen. Andererseits kann sich die Extraterritorialität auch nur hinsichtlich des Hoheitsgebiets eines einzelnen (handelnden) Mitgliedstaates ergeben.

2. Der Begriff der Jurisdiktion

In Art. 1 EMRK des deutschen Vertragstextes heißt es: *„Die Hohen Vertragsparteien sichern allen ihrer Hoheitsgewalt unterstehenden Personen die in Abschnitt I bestimmten Rechte und Freiheiten zu."*[104] Entscheidendes Merkmal für die Eröffnung des Anwendungsbereichs der Konvention ist somit die Hoheitsgewalt der einzelnen Vertragsstaaten.

In der englischen Originalfassung wird nicht von Hoheitsgewalt, sondern von „jurisdiction" gesprochen.[105] Die Übersetzung dieses Begriffs ins Deutsche erfährt, auch wenn in der amtlichen Fassung des Art. 1 EMRK Hoheitsgewalt verwendet wird,[106] keine einheitliche Übersetzung.[107] Anstatt Hoheitsgewalt werden auch Herrschaftsgewalt[108], Kompetenz[109], Jurisdiktionshoheit[110] oder Zuständigkeitsbereich[111] als Begrifflichkeiten benutzt, um „jurisdiction" zu übersetzen. Diese Uneinigkeit bezüglich der genauen Übersetzung des Begriffs verdeutlicht, dass der „jurisdiction" im Englischen eine umfassendere Bedeutung zukommt, der kein deutsches Wort exakt entspricht, außer Jurisdiktion. Da gemäß Art. 59 Nr. 5, 2. Abschnitt EMRK nur die englische und die französische Fassung des Vertragstextes völkerrechtlich verbindlich ist und sich der englische

---

102 Oder auch *„legal space"*, vgl. EGMR *Banković* a. o. vs. Belgium & 16 other NATO-States, Ents. v. 12.12.2001, No. 52207/99, § 80.

103 *Von Arnauld*, Völkerrecht, § 9 Rn. 639.

104 Der Originaltext im Englischen lautet: *„The High Contracting Parties shall secure to everyone within their jurisdiction the rights and freedoms defined in Section I of this Convention."*.

105 Die Übersetzung der Schweiz verwendet auch den Begriff der „Hoheitsgewalt", die österreichische Fassung hingegen „Jurisdiktion".

106 Amtliche Übersetzung der EMRK v. 17.5.2002, BGBl. 2002, Nr. 18 v. 27.5.2002, Teil II, S. 1056.

107 *Krieger*, Die Verantwortlichkeit Deutschlands nach der EMRK, ZaöRV 62 (2002), S. 669–702 (671).

108 Amtliche Übersetzung der EMRK v. 22.8.1952, BGBl. 1952, Nr. 14 v. 22.8.1952, Teil II, S. 686.

109 *Bleckmann*, Völkerrecht, S. 149 ff.

110 Vgl. *Tietje*, in: *Tietje*, Internationales Wirtschaftsrecht, § 1 Rn. 105.

111 *Dahm/Delbrück/Wolfrum*, Völkerrecht, Band I/1, § 47 Ziff. I.1.

Begriff „jurisdiction" und der französische Begriff „juridiction" entsprechen, ist der Begriff Jurisdiktion im Deutschen vorzugswürdig. Auch in der Völkerrechtswissenschaft ist ein Trend erkennbar, den Begriff der Jurisdiktion als deutsche Übersetzung zu verwenden, wenn über den Anwendungsbereich menschenrechtlicher Verträge gesprochen wird.[112] Deshalb soll im Folgenden der deutsche Begriff „Jurisdiktion" verwendet werden.[113]

3. Die Strukturierung der Staatenpflichten

Der Menschenrechtsschutz nach der EMRK ähnelt in manchen Aspekten der Dogmatik des Grundgesetzes.[114] Neben dem Schutz vor Eingriffen in menschenrechtliche Rechtspositionen (den Abwehrrechten) kennt auch die EMRK die Pflicht der Staaten zum Handeln (positive Staatenpflichten), also beispielsweise notwendige Maßnahmen zu ergreifen.[115] Während die negativen Pflichten die originäre Grund- und Menschenrechtsfunktion bilden, die den Einzelnen vor staatlichen Eingriffen schützen soll, sind die positiven Pflichtendimensionen nicht so einfach greifbar. Teilweise werden sie als Leistungsrechte im weiteren Sinne bezeichnet.[116] Andere verstehen sie als Gewährleistungspflichten.[117] In der deutschsprachigen Literatur werden zumeist vier Kategorien von positiven Staatenpflichten unterschieden: Das Recht auf Organisation und Verfahren sowie soziale (Teilhabe-) Rechte, mögliche staatliche Verpflichtungen auf Normerlass und zuletzt die Kategorie der Schutzpflichten.[118] Dabei bilden im Grundgesetz die Abwehrrechte und die staatlichen Schutzpflichten beziehungsweise der Anspruch auf staatlichen Schutz vor Rechtsbeeinträchtigung durch Dritte konträre Funktionen eines Freiheitsgrundrechts.[119] Das gleiche grundrechtliche

112 So bspw. auch *Frowein* in: *Frowein/Peukert*, Europäische Menschenrechtskonvention, S. 16 ff.; *Schwarze*, Die Jurisdiktionsabgrenzung im Völkerrecht, S. 13; *Papp*, Extraterritoriale Schutzpflichten, S. 63; *Jankowska-Gilberg*, Extraterritorialität der Menschenrechte, S. 25 ff.; *Künzli*, Zwischen Rigidität und Flexibilität, S. 114.

113 Wenn die Arbeit an einigen Stellen doch von Hoheitsgewalt spricht, dann um sprachliche Abwechslung zu erreichen. Es ist davon auszugehen, dass in diesem Fall Hoheitsgewalt dem Begriff der Jurisdiktion inhaltlich entspricht.

114 Im Hinblick auf die Prüfung einer Rechtsbeeinträchtigung durch den EGMR vgl. *Peters/Altwicker*, Europäische Menschenrechtskonvention, § 3 Rn. 1.

115 *Grabenwarter/Pabel*, Europäische Menschenrechtskonvention, § 19 Rn. 1 f.

116 *Alexy*, Theorie der Grundrechte, S. 395 ff.

117 *Holoubek*, Grundrechtliche Gewährleistungspflichten, S. 7 ff.

118 Vergleiche dazu im Detail *Dröge*, Positive Verpflichtungen der Staaten, S. 5 ff.

119 *Isensee*, Das Grundrecht, in: *Isensee/Kirchhof*, HStR Band IX, § 191 Rn. 1.

Gut wird einmal *vor* dem Staat geschützt und sichert dem Einzelnen dadurch eine gewisse Freiheitssphäre zu, in welche die öffentliche Gewalt nicht eingreifen darf. Zum anderen wird das Gut *durch* den Staat geschützt, nämlich dann, wenn Eingriffe von privaten Dritten drohen und der Staat aktiv in das Geschehen eingreifen muss.[120] Die dritte Kategorie bilden die Teilhaberechte im weiteren Sinne.[121]

Die abwehrrechtliche Dimension der Freiheitsrechte stellt sowohl für die Grundrechte des Grundgesetzes als auch für die Menschenrechte der EMRK die vorrangige Funktion dar.[122] Die Möglichkeit des Einzelnen, staatliche Eingriffe abwehren zu können, kennzeichnet nach den Erfahrungen mit den Unrechtsregimen Anfang des 20. Jahrhunderts den Ausgangspunkt der grund- und menschenrechtlichen Entwicklung.[123] Die teilweise negatorische Formulierung und die sich daraus ergebende wortlautentsprechende abwehrrechtliche Grund- und Menschenrechtsfunktion verdeutlicht somit den geschichtlichen Entstehungskontext des Grundgesetzes und der Konvention.[124] Neben diese klassisch-liberale Freiheitsidee ist vor allem im kontinentaleuropäischen Raum ein positives Verständnis vom Grundrechtsschutz hinzugetreten.[125] Um dem Einzelnen einen tatsächlichen Raum von Freiheit zu gewähren, genügt es nicht, staatlich Eingriffe abzuwehren, sondern es bedarf eben auch des (aktiven) Schutzes des Staates, wenn andere Gefahren die Freiheitssphäre beeinträchtigen. Sowohl im Grundgesetz als auch in der EMRK sind die positiven Staatenpflichten inzwischen anerkannt.[126]

---

120 *Isensee*, Das Grundrecht, in: *Isensee/Kirchhof*, HStR Band IX, § 191 Rn. 1.

121 Beispielsweise das aktive und passive Wahlrecht nach Art. 38 Abs. 2 GG, *Murswiek*, Grundrechte als Teilhaberechte, in: *Isensee/Kirchhof*, HStR Band IX, § 192 Rn. 16 f., siehe dort auch zur umstrittenen Kategorie der Teilhaberechte im Ganzen, die nicht Bestandteil der Arbeit ist.

122 Für die EMRK: in Bezug auf Art. 8 EMRK, EGMR, *Belgischer Sprachenfall*, Urt. v. 23.7.1968, No. 1474/62 a. o., § 7; *Streuer*, Die positiven Verpflichtungen des Staates, S. 197; Für das GG: *Dreier*, in: *Dreier*, GG, Band I, Vorb. zu Art. 1 Rn. 84.

123 *Krieger*, in: *Dörr/Grote/Marauhn*, EMRK/GG, Band I, Kap. 6 Rn. 11.

124 *Stahl*, Schutzpflichten im Völkerrecht, S. 39.

125 *Krieger*, in: *Dörr/Grote/Marauhn*, EMRK/GG, Band I, Kap. 6 Rn. 21.

126 Beispielhaft für das GG: *Dreier*, in: *Dreier*, GG, Band I, Vorb. zu Art. 1 Rn. 101 m.w.N.; *Szczekalla*, Die sogenannten grundrechtlichen Schutzpflichten, S. 92 ff. Beispielhaft für die EMRK: *Streuer*, Die positiven Verpflichtungen des Staates, S. 197 f.; *Frowein*, in: *Frowein/Peukert*, Europäische Menschenrechtskonvention, S. 20 ff.; EGMR, *X & Y* vs. The Netherlands, Urt v. 26.3.1985, No. 8978/80, § 23; EGMR, *Airey* vs. Ireland, 9.10.1979, No. 6289/73, § 32.

Während bei den *„negative obligations“*, also der Pflicht des Staates rechtsbeeinträchtigende Eingriffe in ein Grundrechts-/Menschenrechtsgut zu unterlassen, strukturell zwischen dem Grundrechtsschutz des Grundgesetzes und dem Menschenrechtsschutz durch die Konventionsrechte kaum Unterschiede bestehen, muss zwischen der Dogmatik der positiven Pflichten und der deutschen Schutzpflichten genau differenziert werden. Die Straßburger Judikatur verwendet ausschließlich den von ihr selbst entwickelten Begriff der *„positive obligations“*.[127] Darunter fasst der Gerichtshof alle aktiven Maßnahmen, die ein Staat ergreifen muss, um die Konventionsrechte zu sichern.[128] Bereits in einem Urteil aus dem Jahr 1988 lehnte es der EGMR aber ausdrücklich ab, eine generelle Theorie zu positiven Verpflichtungen zu entwickeln.[129]

Deshalb sind positive Konventionspflichten Gegenstand vieler Auseinandersetzungen im rechtswissenschaftlichen Schrifttum.[130] Trotz der begrifflichen Unterschiede trifft die Kategorie der deutschen grundrechtlichen Schutzpflichten am ehesten die Bedeutung der vom EGMR als positive Staatenpflichten bezeichneten Konventionsrechtsdimension im Verhältnis zwischen Privaten.[131] Das ist wohl der Grund, warum das deutschsprachige Schrifttum überwiegend von „Schutzpflichten“ spricht, wenn es um Pflichten des Staates im Zusammenhang mit privatem Handeln geht.[132] Und auch in der internationalen Debatte

---

127 So schon in EGMR, *Marckx* vs. Belgium, Urt. v. 13.6.1979, No. 6833/74, § 31.

128 *Dröge*, Positive Verpflichtungen der Staaten, S. 1.

129 *„The Court does not have to develop a general theory of the positive obligations which may flow from the Convention“*, EGMR *Plattform „Ärzte für das Leben“* vs. Austria, Urt. v. 21.6.1988, No. 10126/82, § 31.

130 Bspw. *Stahl*, Schutzpflichten im Völkerrecht, S. 205 ff., 255 ff.; *Streuer*, Die positiven Verpflichtungen des Staates, S. 191 ff.; *Jaeckel*, Schutzpflichten im deutschen und europäischen Recht, S. 124 ff.; *Dröge*, Positive Verpflichtungen der Staaten; *Koenen*, Wirtschaft und Menschenrechte, S. 54 ff.; *Klatt*, Positive Obligations, ZaöRV 71 (2011), S. 691–718; *Krieger*, Positive Verpflichtungen unter der EMRK, ZaöRV 74 (2014), S. 187–213.

131 Vgl. dazu EGMR, *Plattform „Ärzte für das Leben“* vs. Austria, Urt. v. 21.6.1988, No. 10126/82, § 32: *„a purely negative conception would not be compatible with the object and purpose of Article 11. Article 11 sometimes requires positive measures to be taken, even in the sphere of relations between individuals, if need be.“*.

132 Bspw. *Jaeckel*, Schutzpflichten im deutschen und europäischen Recht, S. 107 ff. (insb. 124 f.); *Papp*, Extraterritoriale Schutzpflichten, S. 58 f.; *Von Bernstorff*, Extraterritoriale menschenrechtliche Staatenpflichten, AdVR 49 (2011), S. 34–63 (37 ff.); *Wiesbrock*, Internationaler Schutz der Menschenrechte, S. 84 ff.; *Ehlers*, in: *Ehlers*, Europäische Grundrechte und Grundfreiheiten, § 2 Rn. 31; *Koenen*, Wirtschaft und

wird in diesem Zusammenhang der Begriff der „obligation to protect" verwendet, der zwar aus der allgemeinen völkerrechtlichen Menschenrechtsdiskussion hervorgeht,[133] der aber ins Deutsche auch mit „Schutzpflicht" übersetzt wird.[134] Dies führt zu einigen Ungenauigkeiten. Der EGMR selbst fasst jede Art von aktiven Handlungspflichten unter die Rechtskategorie der positiven Pflichten, also auch institutionelle und verfahrensrechtliche Pflichten.[135] Dieser strukturelle Unterschied hinsichtlich positiver Verpflichtungen muss bei der Analyse der Rechtsprechung des Gerichtshofs bedacht werden; die Schablonen des deutschen Rechtsverständnisses können nicht ohne Weiteres auf die konventionsrechtliche Dogmatik übertragen werden.

Spricht man über konventionsrechtliche Schutzpflichten, nimmt der Staat die Rolle eines Garanten der konventionsrechtlichen Freiheiten ein.[136] Obschon der Staat die Beschränkung des Rechts nicht verursacht hat, trifft ihn die Verpflichtung bei der Rechtsverwirklichung mitzuwirken. Diese Rechtsverwirklichung kann in der Ausgestaltung privatrechtlicher Rechtsverhältnisse durch entsprechende Normen bestehen oder kann konkrete Maßnahmen umfassen, die der Staat gegenüber dem störenden Dritten oder zugunsten der Opfer vornehmen muss. Oder der Staat muss rechtsetzend tätig werden und beispielsweise strafrechtliche oder polizeirechtliche Normen schaffen. Aber auch Informationspflichten gegenüber der Bevölkerung hat der EGMR als positive Verpflichtungen anerkannt. Insbesondere letztere betreffen nicht das klassische Schutzpflichtendreieck, in dem der Staat zwei Rechtspositionen miteinander in Ausgleich zu bringen hat mit der möglichen Folge, dass die eine Rechtsposition zugunsten der

---

Menschenrechte, S. 54 ff.; *Szczekalla*, Die sogenannten grundrechtlichen Schutzpflichten, S. 712 ff.

133 Stellv. *De Schutter*, International Human Rights Law, S. 365 ff.

134 Bspw. in den Maastrichter Prinzipien *FIAN*, Die Maastrichter Prinzipien zu den Extraterritorialen Staatenpflichten, S. 8. Teilweise wird auch von „Sorgfaltspflichten" gesprochen, die sich dann aber eher auf die Art der Pflichtenerfüllung beziehen, vgl. *Seibert-Fohr*, Die völkerrechtliche Verantwortung des Staates, ZaöRV 73 (2013), S. 37–60 (50 f.). Sorgfaltspflichten werden im Deutschen Rechtsraum als zivilrechtliche Pflichtenkategorie verstanden. Für größere Klarheit soll im Folgenden deshalb von Schutzpflichten gesprochen werden.

135 *Jaeckel*, Schutzpflichten im deutschen und europäischen Recht, S. 125; siehe dazu insgesamt *Akandji-Kombe*, Positive obligations under the European Convention on Human Rights.

136 *Dröge*, Positive Verpflichtungen der Staaten, S. 1; *Murswiek*, Die Pflicht des Staates zum Schutz vor Eingriffen Dritter nach der EMRK, in: *Konrad*, Internationaler Menschenrechtsschutz, S. 213–242 (214).

anderen eingeschränkt werden muss. Denn Informationspflichten können zwar aus einer privaten Verursachungsquelle herrühren (wie beispielsweise einem Betrieb mit gesundheitsgefährdenden Emissionen), bei staatlicher Pflichtenerfüllung wird aber nicht zwangsläufig ein privates Rechtsverhältnis in Ausgleich gebracht.

Bei dem hiesigen Untersuchungsgegenstand – der Beeinträchtigung konventionsrechtlicher Menschenrechtspositionen durch Unternehmen – können sowohl negative als auch positive Staatenpflichten aktiviert sein. Wenn die Arbeit von Schutzpflichten spricht, dann ist damit die besondere Unterkategorie der positiven Verpflichtungen gemeint, in denen der Staat aktiv handelnd in ein Rechtsverhältnis eingreifen muss. Wenn von positiven Pflichten gesprochen wird, dann ist damit die Pflichtenkategorie des EGMR gemeint, die insoweit einen Überbegriff zu den staatlichen Schutzpflichten bildet.

4. Der Begriff der „Unternehmen"

a) Transnationale Unternehmen

Die Versuche, eine allgemein anerkannte Definition für transnationale Unternehmen zu finden, sind bislang gescheitert.[137] Schon bei der Bezeichnung besteht Uneinigkeit. So werden für den gleichen Sachverhalt Termini wie „transnational tätige Unternehmen"[138], „transnationale Wirtschaftsunternehmen"[139],

---

137 *Geldermann*, Völkerrechtliche Pflichten multinationaler Unternehmen, S. 28; vgl. zum Überblick über unterschiedliche Definitionsansätze sowie den Stand der Diskussion *Nowrot*, Normative Ordnungsstruktur und private Wirkungsmacht, S. 39. Die OECD umschreibt multinationale Unternehmen in ihren Leitsätzen von 2011 wie folgt: *„Es handelt sich gewöhnlich um Unternehmen oder andere in mehreren Ländern niedergelassene Unternehmensteile, die so miteinander verbunden sind, dass sie ihre Geschäftstätigkeit auf unterschiedliche Art und Weise koordinieren können. Einer oder mehrere dieser Unternehmensteile können u.U. in der Lage sein, einen wesentlichen Einfluss auf die Geschäftstätigkeit der anderen Unternehmensteile auszuüben, doch wird ihr Autonomiegrad innerhalb des Gesamtunternehmens je nach den betreffenden multinationalen Unternehmen sehr unterschiedlich sein. Das Gesellschaftskapital kann privat, öffentlich oder gemischt sein.“*, betont aber zugleich, dass eine genaue Definition für die Leitsätze nicht erforderlich sei, *OECD*, Leitsätze für multinationale Unternehmen, 2011, Teil I, I. Begriffe und Grundsätze, Rn. 4.

138 *Isensee*, Die vielen Staaten in der einen Welt, ZSE 1 (2003), S. 7–31 (10 f.); *Klein*, Menschenrechte im Spiegel der Globalisierung, MRM 10 (2005), S. 125–135 (131); *Herdegen*, Völkerrecht, § 13 Rn. 1.

139 *Neuhold*, BDGV Heft 18 (1978), S. 397–399 (397).

„globale Unternehmen"[140], „internationale Unternehmen"[141], „multinationale Konzerne"[142] oder „multinational cooperations"[143] verwendet.[144] Der EGMR spricht in einer Entscheidung aus dem Jahr 2016 von einer „multinational company"[145]. Der Ausdruck „transnationale Unternehmen" hat in der deutschsprachigen Diskussion bisher den größten Zuspruch erfahren.[146] Das Grundproblem einer einheitlichen Bezeichnung und Definition ist zunächst der strukturellen Vielfalt eines solchen transnationalen Unternehmens geschuldet.[147]

Die grundlegende Gesellschaftsstruktur bei transnational agierenden Unternehmen setzt sich in der Regel aus einem kontrollierenden, zentralisierten Mutterunternehmen zusammen, das verschiedene Gesellschaften oder Beteiligungen

---

140 *Fleiner/Basta Fleiner*, Allgemeine Staatslehre, S. 72; *Kramer*, Unternehmen zwischen Globalisierung und Nachhaltigkeit, S. 34, der zwischen „globalen Unternehmen", „transnational tätigen Unternehmen" und „multinationalen Unternehmen" differenziert.

141 *Böckenförde*, Staat, Nation, Europa, S. 104; *Koppensteiner*, Internationale Unternehmen im deutschen Gesellschaftsrecht, S. 31; *Dahm/Delbrück/Wolfrum*, Völkerrecht, Band I/2, § 108 Ziff. I, dort werden die Begriffe „internationale Unternehmen" oder „multinationale Unternehmen" verwendet.

142 *Peters*, Elemente einer Theorie der Verfassung Europas, S. 130; *Hofstetter*, Sachgerechte Haftungsregeln für multinationale Konzerne, S. 3; *Oeter*, Souveränität, in: *Cremer/Giegerich/Richter/Zimmermann*, FS für Helmut Steinberger, S. 259–290 (259).

143 UNCTAD, World Investment Report 2016, die aber in vorherigen Berichten von „transnational cooperations" („TNC's") sprechen, bspw. UNCTAD, World Investment Report 2008.

144 Vgl. zu der Vielzahl an unterschiedlichen Begrifflichkeiten *Nowrot*, Normative Ordnungsstruktur und private Wirkungsmacht, S. 41 ff; Die Menschenrechtskommission bezeichnet die international tätigen Unternehmen als „international corporations", vgl. *ECOSOC*, Norms on the Responsibility of Transnational Corporations, E/CN.4/Sub.2/2003/12/Rev.2.

145 EGMR, *Predescu* vs. Romania, Ents. v. 3.5.2016, No. 72417/10, § 4.

146 *Nowrot*, in: *Tietje*, Internationales Wirtschaftsrecht, § 2 Rn. 26; *Ruffert*, Die Globalisierung als Herausforderung, S. 30; *Ipsen*, Völkerrecht, § 9 Rn. 16; *Hobe*, Einführung in das Völkerrecht, S. 163; *Riedel*, Theorie der Menschenrechtsstandards, S. 287; *Hailbronner*, Völkerrechtliche und staatsrechtliche Überlegungen zu Verhaltenskodizes, in: *Münch*, FS für Hans-Jürgen Schlochauer, S. 329–362 (329); *Wolfrum*, Das internationale Recht für den Austausch von Waren und Dienstleistungen, in: *Schmidt*, Öffentliches Wirtschaftsrecht Besonderer Teil 2, § 15 II Ziff. 31; *Tietje*, Grundstrukturen und aktuelle Entwicklungen des Rechts der Beilegung internationaler Investitionsstreitigkeiten, S. 16; *Peters*, Wie funktioniert Völkerrecht?, BJM 1 (2004), S. 1–24 (20).

147 *Nowrot*, Normative Ordnungsstruktur und private Wirkungsmacht, S. 39 f.

im Ausland unterhält.[148] Charakteristisch und Voraussetzung hierfür ist demnach eine grenzüberschreitende Aktivität.[149] Dafür muss die Gesellschaft in mindestens zwei verschiedenen Ländern agieren und zwar mit mindestens einem rechtlich selbständigen Tochterunternehmen.[150] Das Mutterunternehmen untersteht einer nationalen Rechtsordnung und wirkt durch ein gewisses Maß an Kontrolle und durch die Festlegung einer einheitlichen Konzernstrategie auf ihre Tochterunternehmen im Ausland ein.[151] Die rechtlich selbständigen Tochterunternehmen stehen unter der einheitlichen Leitung des Mutterunternehmens.[152] Legt man dem Begriffsverständnis deutsches Recht zugrunde, so handelt es sich bei transnationalen Unternehmen in aller Regel um Konzerne im Sinne von § 18 AktG.[153] Die rechtliche Struktur der transnationalen Unternehmen wird aber zunehmend komplexer[154] und so haben inzwischen 60% der Konzernunternehmen der großen transnationalen Unternehmen verschiedene grenzüberschreitende Eigentumsverhältnisse zur Muttergesellschaft. Mehr als 40% der ausländischen Tochtergesellschaften („foreign affiliates") weltweit weisen solch eine verzweigte Eigentümerstruktur auf, sodass in der Regel mindestens drei Rechtsordnungen einen Anknüpfungspunkt zu dem Unternehmen haben.[155]

---

148 *Nowrot*, Normative Ordnungsstruktur und private Wirkungsmacht, S. 49 m.w.N.

149 *Weilert*, Transnationale Unternehmen im rechtsfreien Raum, ZaöRV 69 (2009), S. 883–917 (886).

150 *Krajewski*, Menschenrechte und transnationale Unternehmen, in: *Möseneder*, Menschenrechte, S. 49–74 (54).

151 *Ipsen*, Völkerrecht, § 9 Rn. 16; *Nowrot*, Normative Ordnungsstruktur und private Wirkungsmacht, S. 80 f.; Diese gesellschaftsrechtliche Beteiligungsstruktur nennt man auch „Direktinvestition" im Gegensatz zu „Portfolioinvestitionen", bei denen es sich um Minderheitsbeteiligungen handelt, die keinerlei Kontrollbefugnisse erzeugen, vgl. zu den verschiedenen Investitionsformen *Hofstetter*, Sachgerechte Haftungsregeln für Multinationale Konzerne, S. 3 ff. (insb. Fn. 19); *Kruse*, Aussenwirtschaft, S. 133; *Koppensteiner*, Internationale Unternehmen im deutschen Gesellschaftsrecht, S. 32.

152 *Emmerich*, in: *Emmerich/Habersack*, Aktien- und GmbH-Konzernrecht, § 18 Rn. 14a, 27. Vgl. insgesamt zu den Details des Konzernrechts, insbesondere zu den unterschiedlichen Abhängigkeitsverhältnissen im Unter- und Gleichordnungskonzern *Emmerich*, in: *Emmerich/Habersack*, Aktien- und GmbH-Konzernrecht, § 18.

153 In diesem Sinne wohl auch *Weller/Kaller/Schulz*, Haftung deutscher Unternehmen für Menschenrechtsverletzungen im Ausland, AcP 216 (2016), S. 387–420, die von der *„Konzernobergesellschaft"* sprechen.

154 Eine anschauliche Grafik über die komplexen Strukturen eines transnationalen Unternehmens findet sich im UNCTAD, World Investment Report 2016, S. 130.

155 UNCTAD, World Investment Report 2016, S. xii. *Mann* sieht die zunehmend komplexe Struktur der transnationalen Unternehmen nicht als rechtliches Problem an: *„From a*

Transnationale Unternehmen sind in ihrer rechtlichen Organisationsstruktur flexibel und können sich rechtlichen Gegebenheiten durch beispielsweise der Änderung gesellschaftsrechtlicher Verhältnisse ohne Probleme anpassen. Dadurch besteht aber die Gefahr, dass sie sich durch Umstrukturierung einer für transnationale Unternehmen aufgestellten Definition entziehen und dadurch Regeln und Verhaltenskodizes, die sich speziell an transnationale Unternehmen richten, umgehen könnten.[156]

Die Relevanz einer einheitlichen Definition zeigt sich an der wachsenden Anzahl der transnationalen Unternehmen. Laut Angaben der United Nations Conference on Trade and Development (UNCTAD) haben inzwischen alleine die 100 größten transnationalen Unternehmen im Durchschnitt jeweils 500 Tochtergesellschaften und das in über 50 Ländern.[157] Die Anzahl transnationaler Unternehmen weltweit wurde im Jahr 2014 auf ca. 80.000 geschätzt.[158] Die Zahl ausländischer Direktinvestitionen war seit dem Beginn der Finanzkrise im Jahr 2008 nicht mehr so hoch wie im Jahr 2015.[159]

Für die folgende Abhandlung wird deshalb eine Arbeitsdefinition zu Grunde gelegt. Demnach sind transnationale Unternehmen alle nicht einem maßgeblichen staatlichen Einfluss unterliegenden, primär auf Gewinnerzielung ausgerichteten Wirkungseinheiten, die über in der Regel mehrere, aber mindestens eine rechtlich selbständige Gesellschaft (die Tochterunternehmen) mit Sitz in mindestens einem anderen Staat verfügen, welche durch die Möglichkeit einer zentralisierten Kontrolle (einheitliche Leitung) durch ein Entscheidungszentrum (dem Mutterunternehmen) miteinander verbunden sind.[160]

Durch die verschiedenen selbständigen Betriebseinheiten in unterschiedlichen Staaten knüpfen verschiedene Rechtsordnungen an die transnationalen

---

legal point of view nothing is gained by characterizing a company as multinational. It is always the problem of parent and foreign subsidiary that requires solution. The problem of the multinational company is one of degree rather than legal nature.", *Mann*, The Doctrine of International Jurisdiction, RdC 186 III (1984), S. 9–115 (66).

156 *ECOSOC*, UN Doc. E/CN.4/Sub.2/2001/9, Ziff. 27, *Mr. Weissbrodt*: „*An inadequate definition would permit companies to structure themselves in such a way as to circumvent the definition.*"

157 UNCTAD, World Investment Report 2016, S. 134.

158 *Griebel*, Transnationale Unternehmen, in: *Schöbener*, Völkerrecht, S. 472.

159 UNCTAD, World Investment Report 2016, Preface.

160 Die Definition orientiert sich an der von *Nowrot* entwickelten Definition eines transnationalen Unternehmens, *Nowrot*, Normative Ordnungsstruktur und private Wirkungsmacht, S. 98.

Unternehmen an. Wie lässt sich dann aber der Heimatstaat eines solchen Unternehmens feststellen? Drei Theorien haben sich für die Bestimmung der Nationalität herausgebildet[161]: Die Gründungstheorie ist vor allem im angloamerikanischen Raum vorherrschend und knüpft an den Ort der Gründung des Mutterunternehmens an, unabhängig davon, ob verschiedene Tochtergesellschaften ihren Hauptsitz im Ausland haben und auch unabhängig von einer späteren Sitzverlegung ins Ausland.[162] Daneben, beispielsweise in Deutschland, kommt die Sitztheorie zur Anwendung, die an den tatsächlichen Verwaltungssitz der juristischen Person anknüpft.[163] Zuletzt stellt die im Völkerrecht umstrittene Kontrolltheorie auf die Besitz- und Kontrollverhältnisse in Bezug auf ein Unternehmen ab. Wenn sich das (ausländische) Unternehmen nachweislich unter der Kontrolle eigener Staatsangehöriger befindet, dann unterliegt es dieser Rechtsordnung.[164]

Eine Besonderheit des europäischen Rechtsraums stellt die Europäische Aktiengesellschaft (Societas Europaea (SE)) dar, die seit 2004 als supranationale Unternehmensrechtsform existiert.[165] Die Beweggründe für die Schaffung der SE lagen in den zunehmenden transnationalen Aktivitäten der Unternehmen, denen eine Anknüpfung an nur eine Rechtsordnung nicht gerecht wird.[166] Die SE wird als Aktiengesellschaft durch Umstrukturierung aus bereits bestehenden Gesellschaften gegründet, die ihren Sitz und ihre Hauptverwaltung nach Art. 7 der Verordnung innerhalb der Europäischen Union haben muss. Für die SE gilt eine Vielzahl rechtlicher Vorschriften.[167] Explizit unterliegt die SE nach Art. 10 der Verordnung, vorbehaltlich der Bestimmungen in der Verordnung selbst, den nationalen Gesetzen, die für im Inland gegründete Aktiengesellschaften gelten. Der Gesellschaftssitz der SE ist der Ort, an dem die Gesellschaft ihre Hauptverwaltung hat.[168] Durch das Prinzip der Mehrstaatlichkeit bestehen aber schon

161 *Meng*, Extraterritoriale Jurisdiktion, S. 325.

162 *Von Hoffmann/Thorn*, Internationales Privatrecht, § 7 Rn. 23 ff.

163 *Von Hoffmann/Thorn*, Internationales Privatrecht, § 7 Rn. 23 ff.

164 Die Kontrolle bestimmt sich nach Stimmen- oder Kapitalmehrheiten und Beherrschungsverträgen, siehe dazu *Schmalenbach*, Multinationale Unternehmen und Menschenrechte, AdVR 39 (2001), S. 57–81 (74 f.).

165 Verordnung (EG) Nr. 2157/2001 des Rates vom 8.10.2001 über das Statut der Europäischen Gesellschaft (SE), in Kraft seit 8.10.2004, abrufbar unter: http://eur-lex.europa.eu/legal-content/EN/TXT/PDF/?uri = CELEX:32001R2157&from = DE (zuletzt abgerufen am 2.10.2017).

166 Erwägungsgründe (4) und (6) der Verordnung.

167 Siehe dazu *Tax*, Die Europäische Aktiengesellschaft, S. 6 ff.

168 *Tax*, Die Europäische Aktiengesellschaft, S. 13.

aus der „Natur der Regel“ heraus rechtliche Beziehungen zu diversen staatlichen Rechtsordnungen.[169] Und trotz der Anknüpfung über den Sitz der Gesellschaft an ein Ortsrecht wird die SE als europäische Rechtsform angesehen, die durch europäisches Gemeinschaftsrecht geschaffen wurde. Dennoch hat die SE aber keine „europäische Staatszugehörigkeit“, sondern hat zu einem der europäischen Staaten eine Sonderverbindung über den Ort der Hauptverwaltung – dieser Staat ist der Heimatstaat der Gesellschaft.

b) Sonstige private Unternehmen

Nicht nur transnationale Unternehmen internationalisieren ihre wirtschaftliche Aktivität. Auch Großunternehmen ohne rechtlich selbständige Betriebseinheiten im Ausland sowie kleine und mittlere Unternehmen (KMU) beginnen, Produktionsprozesse in Drittstaaten zu verlagern oder beteiligen sich beispielsweise an internationalen Ausschreibungen und werden projektbezogene Zulieferer für ausländische Unternehmen. In der Regel sind transnationale Unternehmen zugleich auch immer Großunternehmen, teilweise auch ein Zusammenschluss aus mehreren Großunternehmen. Diese werden durch quantitative Kriterien wie dem Jahresumsatz (> 50 Millionen Euro) und der Beschäftigtenzahl (> 500 Mitarbeiter) von kleineren und mittleren Unternehmen abgegrenzt.[170] Nicht transnationale Großunternehmen und KMUs verfügen nicht über verselbständigte Betriebseinheiten im Ausland. Wenn sie sich in Drittstaaten wirtschaftlich betätigen, dann nach der hier vertretenen Ansicht direkt. Damit ist gemeint, dass sie keine rechtlich selbständigen Tochterunternehmen gründen, um im Ausland zu agieren. Ein elementarer Unterschied für die gesellschaftsrechtlichen Aspekte der Thematik.

Allen privaten Unternehmen ist unabhängig von der Größe und der Anzahl der Betriebseinheiten im Rahmen dieser Arbeit gleich, dass sie keinem maßgeblichen staatlichen Einfluss unterliegen, also keine staatsnahen Unternehmen sind.[171] Die unternehmerische Tätigkeit kann dem Staat deshalb, wie noch im Detail zu sehen sein wird, nicht als eigene Handlung zugerechnet werden. Wenn die Arbeit von privaten Unternehmen spricht, dann sind alle privatrechtlichen staatsunabhängigen Unternehmen gemeint.

---

169 *Tax*, Die Europäische Aktiengesellschaft, S. 11.

170 So die Definition des Insituts für Mittelstandsforschung, *IfM Bonn*, KMU-Definition, abrufbar unter: http://www.ifm-bonn.org/definitionen/kmu-definition-des-ifm-bonn/ (zuletzt abgerufen am 2.10.2017).

171 Zur Frage, wann ein maßgeblicher staatlicher Einfluss vorliegt vgl. Kapitel B.II.1.

c) Staatsnahe Unternehmen

Bei der Untersuchung von extraterritorialen Staatenpflichten hinsichtlich unternehmerischer Tätigkeit muss der Blick auch auf staatsnahe Unternehmen gerichtet werden. Staatsnahe Unternehmen kennzeichnen sich durch eine „Sonderverbindung" des Unternehmens zum Staat, die in der Praxis unterschiedlich ausgeprägt sein kann.[172] Angefangen von der Unternehmensgründung und der Rechtsform eines Unternehmens über die staatliche Beteiligung und der Beeinflussung der Unternehmensorgane bis hin zum Bestehen von staatlichen Vetorechten innerhalb von Entscheidungsprozessen – alle Kriterien können in unterschiedlichem Maße dazu dienen, ein Unternehmen als staatsnah zu klassifizieren.[173]

Staatsnahe Unternehmen bestehen in Form von öffentlich-rechtlichen oder privatrechtlichen Unternehmen, wobei die öffentlich-rechtlichen Unternehmen nicht Gegenstand der Betrachtung sein sollen. Privatrechtliche Unternehmen können entweder in Gestalt von staatlichen Eigengesellschaften bestehen, das heißt, dass das Unternehmen unter der alleinigen Kontrolle des Staates steht. Oder privatrechtliche Unternehmen setzen sich gemischt-wirtschaftlich zusammen mit staatlicher Mehr- oder Minderheitsbeteiligung. Ihre Gemeinsamkeit besteht in der eigenen Rechtspersönlichkeit, die sie besitzen und mit der sie im Wirtschaftsleben als (eigene) juristische Personen auftreten.[174]

Staatsnahe Unternehmen entstehen klassischerweise aufgrund einer Privatisierung. So kann der Staat entscheiden, dass er zur Erfüllung einer öffentlichen Aufgabe eine Eigengesellschaft gründet und damit die Organisationsform privatisiert.[175] Der Staat kann eine öffentliche Aufgabe aber auch völlig in privatwirtschaftliche Hand überführen; dann führt er eine sogenannte materielle Privatisierung durch und muss sich, soweit er sich nicht an dem privaten Unternehmen beteiligt, welches fortan die Aufgabe erfüllt, keine Handlungen mehr zurechnen lassen.[176] Die meisten Staatsunternehmen bestehen aber in Form von

---

172 Begrifflichkeit der Sonderverbindung von *Dereje*, Staatsnahe Unternehmen, S. 60 f.

173 *Dereje*, Staatsnahe Unternehmen, S. 141 f.

174 *Dereje*, Staatsnahe Unternehmen, S. 57 ff.

175 Typischerweise findet dies in der kommunalen Daseinsvorsorge statt. Im Bereich der Organisationsprivatisierung im deutschen Rechtsraum kommt die Formel „keine Flucht ins Privatrecht" zur Anwendung – der Staat unterliegt trotz privater Rechtsform den Grundrechten, vgl. bspw. BVerfG, Urt. v. 22.02.2011 – 1 BvR 699/06, BVerfGE 128, 226 (245) – *Fraport*.

176 *Krebs*, Verwaltungsorganisation, in: *Isensee/Kirchhof*, HStR Band V, § 108 Rn. 14.

staatlichen Eigengesellschaften. In den OECD Staaten machen diese mehr als 50% der staatsnahen Unternehmen aus.[177] Gefolgt von gemischt-wirtschaftlichen Unternehmen mit staatlicher Mehrheitsbeteiligung.[178]

Die gemischt-wirtschaftlichen Unternehmen mit staatlicher Mehr- oder Minderheitsbeteiligung stellen die kompliziertеste Fallgruppe dar, wenn es um die Bewertung der Staatsnähe geht. Die Rechtsformen der Unternehmen sind innerhalb der verschiedenen Sektoren und Staaten sehr unterschiedlich.[179] Die Beteiligungsstruktur und die unternehmenspolitische Bedeutung von Mitspracherechten bei strategischen Investitionsentscheidungen, politischen Motiven bei Unternehmensentscheidungen oder die Aufteilung von Stimmrechten variieren von Unternehmen zu Unternehmen und sie bergen Konfliktpotenzial.[180]

Staatsnahe Unternehmen sind zumeist in strategisch wichtigen Wirtschaftssektoren zu finden, wie dem Rohstoffsektor (beispielsweise Ölförderung, Bergbau), dem Versicherungs- und Finanzwesen, der Infrastruktur und der Daseinsvorsorge (beispielsweise Post, Telekommunikation, Transport, Wasser- und Energieversorgung) und in den Bereichen der Bildung und Gesundheit (beispielsweise Krankenhäuser, Universitäten).[181] Im Erdölsektor stammen beispielsweise mit *Gazprom* und vor allem *Rosneft* (Russland), *BP* (Großbritannien) und *Statoil* (Norwegen) vier der größten staatsnahen transnationalen Unternehmen aus dem EMRK-Raum.[182]

Die Bedeutung von staatsnahen Unternehmen erschöpft sich dabei nicht in eigener unternehmerischer Aktivität der EMRK-Staaten, sondern erlangt auch große Bedeutung bei Direktinvestitionen privater Unternehmen in Schwellen- und Entwicklungsländern. Denn oftmals sind staatsnahe Unternehmen in diesen Ländern in Sektoren vorzufinden, die für ausländische Investitionen von Interesse sind, wie beispielsweise dem Rohstoffsektor.[183] In der Praxis ist es nicht

---

177 *OECD*, Corporate Governance of State-Owned Enterprises, 2005, S. 33.

178 20% aller staatsnahen Unternehmen in den OECD Staaten sind solche mit staatlicher Mehrheitsbeteiligung, *OECD*, Corporate Governance of State-Owned Enterprises, 2005, S. 33.

179 *Christiansen*, Size and Composition of the SOE Sector, S. 15.

180 Für den investitionsrechtlichen Bereich sieht das so auch *Dereje*, Staatsnahe Unternehmen, S. 86.

181 Sektorale Einteilung übernommen von *Dereje*, Staatsnahe Unternehmen, S. 81; dazu auch *Christiansen*, Size and Composition of the SOE Sector, S. 15.

182 Siehe dazu *Bremmer*, State Capitalism Comes of Age, Foreign Affairs 88 (2009), S. 40–55 (42).

183 *Dereje*, Staatsnahe Unternehmen, S. 84.

selten, dass ausländische Unternehmen mit den inländischen Unternehmen, in diesem Fall dem staatsnahen Unternehmen des Gaststaates, ein Joint Venture gründen.[184] Wenn nun auch noch die ausländische Investition, also das private Unternehmen, aus Deutschland stammt und mit einem Kredit der staatseigenen KfW Bank (Kreditanstalt für Wiederaufbau) als Mittel zur Außenwirtschaftsförderung unterstützt wird, verkompliziert sich die Situation noch einmal mehr – zumindest aus der Perspektive rechtlicher Verantwortlichkeit.

5. Heimatstaat und Gaststaat

a) Heimatstaat

Diese Arbeit untersucht eine mögliche Verantwortlichkeit der Konventionsstaaten für die Verletzung von Menschenrechten „eigener" Unternehmen. Also von privaten (transnationalen) Unternehmen, bei denen das Mutterunternehmen im jeweiligen Konventionsstaat gegründet wurde oder seinen Sitz hat oder von staatsnahen Unternehmen der Konventionsstaaten. Aus dem Untersuchungsgegenstand ergibt sich die Notwendigkeit festzustellen, welche Kriterien für die rechtliche Zuordnung eines Unternehmens zu einem Staat entscheidend sind. Bei staatsnahen Unternehmen ergibt sich eine Zuordnung aus der Natur der Sache. Die Bestimmung des Belegenheitsortes privater Unternehmen stellt sich hingegen als wesentlich komplexer dar. Die Staats*zu*gehörigkeit von juristischen Personen – das Pendant zur Staats*an*gehörigkeit natürlicher Personen – bestimmt sich nach dem jeweils geltenden innerstaatlichen Recht.[185] Dass dies im Einzelfall zu schwierigen Fragestellungen führen kann, liegt auf der Hand, wenn man alleine an die drei Theorien (Gründungs-, Sitz- und Kontrolltheorie) denkt, die zur Bestimmung der Staatszugehörigkeit angewendet werden.[186] Vereinzelt gibt es sogar Stimmen, die eine Zuordnung zu einem Heimatstaat in Zeiten der Globalisierung als nicht mehr sachgerecht empfinden und transnationale Unternehmen als *„stateless corporations"* begreifen.[187] Diese Diskussion kann nicht Gegenstand der Arbeit sein, weil sie zu sehr von der eigentlichen Thematik der Arbeit ablenken würde. Im Folgenden wird auf Probleme hinsichtlich der

---

184 *Besch*, Schutz von Auslandsinvestitionen, S. 10 m.w.N.; *Dereje*, Staatsnahe Unternehmen, S. 84.

185 *Kau*, Der Staat und der Einzelne als Völkerrechtssubjekte, in: *Vitzthum/Proelß*, Völkerrecht, S. 179 Rn. 116.

186 Vgl. zur Gründungs-, Sitz- und Kontrolltheorie Kapitel A.VI.4.a).

187 *Korten*, When Corporations Rule the World, S. 126, mit Verweis auf einen Artikel in der Business Week; *Reich*, The Work of Nations, S. 137 ff.

Feststellung der Staatszugehörigkeit eines Unternehmens nicht näher eingegangen.[188] Die eindeutige Zuordnung eines Unternehmens zu einem Konventionsstaat wird deshalb für diese Arbeit als Annahme unterstellt. Für die besondere Konstellation eines transnationalen Unternehmens ist für die Bestimmung der Staatszugehörigkeit auf das Mutterunternehmen abzustellen. Der Heimatstaat eines transnationalen Unternehmens ist somit der Konventionsstaat, dessen Staatszugehörigkeit das Mutterunternehmen aufweist. Der Heimatstaat eines staatsnahen Unternehmens bestimmt sich für diese Arbeit anhand des maßgeblichen staatlichen Einflusses, bei den sonstigen privaten Unternehmen anhand deren Staatszugehörigkeit.

b) Gaststaat

Der *Gaststaat* bezeichnet für diese Arbeit den Staat, in dem die menschenrechtsbeeinträchtigende Situation besteht. Der Gaststaat ist nie identisch mit dem Heimatstaat des Unternehmens. Er kann auch Mitgliedstaat der Europäischen Menschenrechtskonvention sein; es kann sich aber auch um einen sogenannten Drittstaat handeln, welcher kein Vertragsstaat der EMRK ist.

Transnationale Unternehmen unterhalten in den Gaststaaten eine oder mehrere ihrer Betriebseinheiten. Die Tochterunternehmen haben sich entweder nach dem Recht des Gaststaates gegründet oder sind durch Akquisition entstanden, bewegen sich bei ihrer unternehmerischen Tätigkeit aber zwingend in der gaststaatlichen Rechtsordnung.[189]

6. Wirtschaftliche, soziale und kulturelle Rechte im Vergleich zu zivilen und bürgerlichen Rechten

Die Staatengemeinschaft hat bei der Entwicklung des universellen und regionalen Menschenrechtsschutzes die einzelnen menschenrechtlichen Verbürgungen in zwei Kategorien unterteilt:[190] in die zivilen und bürgerlichen Rechte sowie in die wirtschaftlichen, sozialen und kulturellen Rechte. Die Freiheitsrechte, beispielsweise das Recht auf Leben (Art. 6), das Folterverbot (Art. 7), die Religions- (Art. 18) oder Meinungsfreiheit (Art. 19), sind auf universeller Ebene im

---

188 Siehe dazu bspw. *Zerk*, Multinationals and Corporate Social Responsibility, S. 146 ff.

189 Das folgt als Umkehrschluss aus der Tatsache, dass ausländische Muttergesellschaften in Deutschland nach deutschem Recht Tochtergesellschaften gründen, vgl. dazu *Leistikow*, in: *Heussen/Hamm*, BeckRA-HdB, § 44 Rn. 142 ff.

190 Zur Frage der Sinnhaftigkeit dieser Normkategorien siehe *Cremer*, in: *Giegerich/Zimmermann/Heinz*, wsk-Rechte im globalen Zeitalter, S. 35–70.

Pakt über bürgerliche und politische Rechte[191] festgeschrieben. Die staatsbürgerlichen Rechte dienen dazu, dass die Menschen ihre Meinungen und Anliegen äußern und am öffentlichen Diskurs durch zum Beispiel der Wahlbeteiligung teilnehmen können.[192] Sie werden auch „Menschenrechte der ersten Dimension" genannt.[193] Der internationale *Pakt über wirtschaftliche, soziale und kulturelle Rechte*[194] enthält hingegen Garantien wie das Recht auf Arbeit (Art. 6), das Recht auf soziale Sicherheit (Art. 9), das Recht auf Gesundheit (Art. 12) oder das Recht auf Bildung (Art. 13) – sogenannte Rechte der „zweiten Generation".[195] Wirtschaftliche, soziale und kulturelle Rechte sichern die Rahmenbedingungen für eine individuelle Existenz.[196] Oder anders formuliert: diese Paktgarantien sichern die (faktische) Grundlage dafür, dass der Einzelne überhaupt in der Lage dazu ist, sich auf bürgerliche und politische Rechte berufen zu können.[197]

Bei Entstehung der EMRK waren sich die Konventionsparteien darüber einig, dass sie zunächst nur Freiheitsrechte, bestimmte Verfahrensgarantien und politische Mitwirkungsrechte gewährleisten wollten.[198] Soziale Rechte in die Konvention aufzunehmen, standen die Gründungsstaaten kritisch gegenüber. So sagte *Teitgen* in einer vorbereitenden Sitzung: *„These [essential] rights and [fundamental] freedoms are the common denominator of our political institutions, the first triumph of democracy […]. Certainly, ‚professional' freedoms and ‚social' rights […] must also, in the future, be defined and protected; but everyone will understand that it is necessary to begin at the beginning and to guarantee political democracy in the European Union, and then to co-ordinate our economies, before undertaking the generalisation of social democracy."*[199] Diese reservierte Haltung gegenüber der Aufnahme von sozialen Rechten in die Charta kann dadurch erklärt werden, dass die Konventionsrechte im Gegensatz zu den universellen

---

191 Im Folgenden auch IPbpR oder Zivilpakt genannt.

192 *Cremer*, in: *Giegerich/Zimmermann/Heinz*, wsk-Rechte im globalen Zeitalter, S. 35–70 (70).

193 *Riedel*, Menschenrechte der dritten Dimension, EuGRZ 16 (1989), S. 9–21 (11).

194 Im Folgenden auch IPwskR oder Sozialpakt genannt.

195 *Riedel*, Menschenrechte der dritten Dimension, EuGRZ 16 (1989), S. 9–21 (11).

196 *Herdegen*, Völkerrecht, § 48 Rn. 6.

197 *Cremer*, in: *Giegerich/Zimmermann/Heinz*, wsk-Rechte im globalen Zeitalter, S. 35–70 (70).

198 *Krieger*, in: *Dörr/Grote/Marauhn*, EMRK/GG, Band I, Kap. 6 Rn. 93; *Rainey/Wicks/Ovey*, The European Convention on Human Rights, S. 7.

199 *Council of Europe*, Collected Edition of the „Travaux Préparatoires" of the ECHR, Vol. I 1975, S. 218.

Paktrechten auch gerichtlich durchsetzbar waren und sind. Es ist zunächst auch eine (sozial-)politische Frage, ob ein Staat derartige Rechte gewähren möchte. Den Staaten war dieser Einschnitt in die soziale Gestaltungsfreiheit ihrer Wirtschaftsordnungen zu gravierend.[200]

In der EMRK sind unter anderen das Recht auf Leben (Art. 2), das Verbot von Folter (Art. 3) und Sklaverei (Art. 4), das Recht auf Freiheit und Sicherheit (Art. 5), das Recht auf ein faires Verfahren (Art. 6), das Recht auf Achtung des Privat- und Familienlebens (Art. 8), die Gedanken-, Gewissens- und Religionsfreiheit (Art. 9), die Freiheit zur Meinungsäußerung (Art. 10) und die Versammlungs- und Vereinigungsfreiheit (Art. 11) garantiert.

In den Zusatzprotokollen, durch welche die Konvention seit ihrem Inkrafttreten ergänzt wurde, sind wirtschaftliche und soziale Verbürgungen durchaus enthalten. Art. 1 des Zusatzprotokolls zur EMRK verbürgt den Schutz des Eigentums, Art. 2 das Recht auf Zugang zu Bildung. Soziale Rechte im Sinne von originären Leistungsrechten sollen nach dem EGMR daraus aber nicht folgen.[201] Es bleibt aber dennoch die Möglichkeit, soziale Aspekte im Rahmen von anderen Konventionsverbürgungen zu schützen. So stellte der EGMR im Fall *Airey* fest: „*Whilst the Convention sets forth what are essentially civil and political rights, many of them have implications of a social or economic nature. The Court therefore considers, like the Commission, that the mere fact that an interpretation of the Convention may extend into the sphere of social and economic rights should not be a decisive factor against such an interpretation, there is no water-tight division separating that sphere from the field covered by the Convention.*“[202] Der Europarat verabschiedete neben der EMRK eine Europäische Sozialcharta, in der sozialstaatliche Rechte garantiert sind – jedoch verleihen diese dem Einzelnen keine

---

200 *Krieger*, in: *Dörr/Grote/Marauhn*, EMRK/GG, Band I, Kap. 6 Rn. 94; *Riedel*, Zur Durchsetzung, in: *Giegerich/Zimmermann*, wsk-Rechte im globalen Zeitalter, S. 71–93 (74).

201 *Krieger*, in: *Dörr/Grote/Marauhn*, EMRK/GG, Band I, Kap. 6 Rn. 94 f., dort auch mit den Nachweisen zur einschlägigen Rechtsprechung.

202 EGMR, *Airey* vs. Ireland, Urt. v. 9.10.1979, No. 6289/73, § 26. Vollständigkeitshalber soll auch auf das EGMR Urteil *Pancenko* verwiesen werden. Darin stellte der EGMR fest: „*The Court recalls that the Convention does not guarantee, as such, socio-economic rights, including the right to charge-free dwelling, the right to work, the right to free medical assistance or the right to claim financial assistance from a State to maintain a certain level of living.*“, EGMR, *Pancenko* vs. Latvia, Ents. v. 28.10.1999, No. 40772/98, § 2. Zur Frage, ob sich der Gerichtshof hier nur gegen die Gewährung von sozialen Mindeststandards richtet und wie das Urteil zu verorten ist siehe *Dröge*, Positive Verpflichtungen der Staaten, S. 103 ff.

subjektive Rechtsposition, vielmehr geht es um allgemeine Verpflichtungen der Staaten, die nicht einklagbar sind.[203]

Die Relevanz dieser Ausführungen zu den unterschiedlichen Rechtskategorien wird im Verlauf der Arbeit weiter verdeutlicht. Grundsätzlich sind nur die materiellen Garantien der EMRK für die Fragestellung von Bedeutung, sodass auch nur aus ihnen Staatenpflichten begründet werden können. Die Opfer von Menschenrechtsverletzungen, insbesondere im Zusammenhang mit der Tätigkeit transnationaler Unternehmen, berufen sich aber oftmals auf die Verletzung von wirtschaftlichen, sozialen und kulturellen Rechten durch unternehmerische Aktivitäten. Hier zeigt sich eine Schwachstelle des EMRK-Systems, um Menschenrechtsverletzungen durch transnationale Unternehmenstätigkeit zu erfassen: die staatsbürgerlichen Rechte sind auf Beeinträchtigungen durch staatliche Akteure zugeschnitten; nur einzelne Konventionsgarantien eignen sich – wie noch zu sehen sein wird – um Betroffene zu schützen. Dass der Gewährleistungsgehalt der einzelnen EMRK-Rechte nicht festgeschrieben ist, zeigt sich jedoch in der Entscheidung zur Rechtssache *Demir und Baykara*.[204] Durch die Bezugnahme auf internationale Arbeitsnormen in der materiellen Prüfung des Schutzbereichs von Art. 11 EMRK habe der EGMR, so eine Ansicht, *„ein neues Kapitel sozialer Grundrechte [aufgeschlagen]“*.[205] Der Gerichtshof möchte in die Auslegung der Konvention gemeinsame Werte der Gemeinschaft miteinbeziehen, die eine *„continuous evolution in the norms and principles“* und einen *„common ground in modern societies“* symbolisieren.[206] Dazu sei ein Rekurs auf andere internationale Regeln notwendig: *„The Court [...]* ***can and must*** *take into account elements of international law other than the Convention, the interpretation of such elements by competent organs, and the practice of European States reflecting their common values.“*[207] Aber auch wenn einzelne Garantien durch den EGMR weiterentwickelt werden würden, könnte das gegenwärtige, auf bürgerliche und politische Freiheit ausgerichtete, „Set an Normen“ eine Vielzahl an Menschenrechtsverletzungen durch Unternehmen wahrscheinlich nicht erfassen.

---

203 *Krieger*, in: *Dörr/Grote/Marauhn*, EMRK/GG, Band I, Kap. 6 Rn. 93.

204 EGMR, *Demir and Baykara* vs. Turkey, Urt v. 12.11.2008, No. 34503/97.

205 *Lörcher*, Soziale Menschenrechte im individuellen Arbeitsrecht, AuR 59 (2011), S. 88–92 (88), dort auch zur Kritik an der Vorgehensweise des EGMR.

206 EGMR, *Demir and Baykara* vs. Turkey, Urt v. 12.11.2008, No. 34503/97, § 86.

207 EGMR, *Demir and Baykara* vs. Turkey, Urt v. 12.11.2008, No. 34503/97, § 85 (Hervorhebung durch die Verf.).

VII. Die Sonderstellung der EMRK als regionales menschenrechtliches Schutzinstitut

Nachdem die wesentlichen Begrifflichkeiten erklärt und die Struktur der Arbeit dargelegt wurde, sollen nun die bestehenden regionalen und internationalen menschenrechtlichen Schutzinstitute untersucht werden. Der internationale Menschenrechtsschutz ist Teil des Völkerrechts und hat das klassische „Westfälische" System des Rechts der Staaten zueinander grundlegend reformiert.[208] Die Allgemeine Erklärung der Menschenrechte, die 1948 von der Generalversammlung der Vereinten Nationen verabschiedet wurde, markierte den Ausgangspunkt hierfür. Die Staaten öffneten vermehrt den bis dahin inneren Bereich staatlicher Angelegenheiten zum Zwecke des Menschenrechtsschutzes, sodass die Rechtsstellung des Einzelnen im Völkerrecht zunehmend gefestigt wurde.

Neben internationalen Verträgen auf Ebene der Vereinten Nationen und regionalen Menschenrechtsabkommen spielen auch „soft-law"-Bestrebungen im Menschenrechtsschutz eine zentrale Rolle. Die EMRK als regionales Abkommen nimmt in diesem Gefüge eine Sonderstellung ein. Die grundlegenden menschenrechtlichen Schutzinstitute sowie die Besonderheiten des konventionsrechtlichen Schutzsystems der EMRK sollen im Folgenden dargestellt werden.

1. Universelle Menschenrechtspakte

In einem insbesondere durch die politischen Herausforderungen des Kalten Krieges geprägten Spannungsfeld bewegte sich die rechtsverbindliche Umsetzung der Allgemeinen Erklärung der Menschenrechte, die von den Staaten lediglich als wegweisendes Ideal ohne juristische Verbindlichkeit verabschiedet wurde.[209] Obwohl die Generalversammlung bereits am selben Tag an dem auch die Allgemeine Erklärung der Menschenrechte verabschiedet wurde, die Menschenrechtskommission aufforderte einen Menschenrechtspakt zu entwerfen,[210] dauerte es bis zum Jahr 1976 bis schließlich der Zivil- und der Sozialpakt in Kraft gesetzt wurden, die gemeinsam mit der Allgemeinen Menschenrechtserklärung den *„Grundrechtskatalog der internationalen Staatengemeinschaft"*[211]

---

208 Dazu auch *Von Arnauld*, Völkerrecht, § 4 Rn. 307 ff.

209 *Kälin/Künzli*, Universeller Menschenrechtsschutz, S. 14 Rn. 33.

210 *Netzwerk Menschenrechte*, Entstehung des UN-Sozialpakts (Internetartikel).

211 *Kälin/Künzli*, Universeller Menschenrechtsschutz, S. 42 Rn. 105.

darstellen.[212] Für die Durchsetzung der in den Pakten garantierten Rechte gibt es für den IPbpR seit 1976 einen Menschenrechtsausschuss, der Staatenberichte und Staatenbeschwerden überprüft.[213] Seit 1985 existiert auch für den IPwskR ein Ausschuss des Wirtschafts- und Sozialrats (ECOSOC), der für die Überprüfung von Staatenberichten zuständig ist.[214] Im Rahmen des Staatenberichtsverfahrens verpflichten sich die Vertragsstaaten, dem Ausschuss regelmäßig, in der Regel alle fünf Jahre, Berichte über den Fortschritt und über etwaige Hindernisse bei der innerstaatlichen Umsetzung der im Pakt garantierten Rechte abzugeben.[215] Zwar unterwerfen sich die Staaten diesem Kontrollmechanismus bereits bei Ratifizierung des Vertrages, das Staatenberichtsverfahren ist aber insgesamt ein schwaches Instrument, um Missstände zu bekämpfen.[216] Der jeweilige Ausschuss richtet lediglich Empfehlungen an den betreffenden Staat, die zwar durchaus konkret sein, allerdings nicht zwangsweise durchgesetzt werden können.[217]

Neben dem Staatenberichtsverfahren existieren auch Individualbeschwerdeverfahren[218] für beide Pakte. Während das Verfahren für den IPbpR bereits 1976 etabliert wurde, gibt es das Verfahren für den IPwskR erst seit Dezember 2008.[219] Das Individualbeschwerdeverfahren ermöglicht es Opfern einer Menschenrechtsverletzung, eine Beschwerde an den Ausschuss für Menschenrechte zu richten.[220] Diese Beschwerde führt aber lediglich zu einer politischen

---

212 Die Generalversammlung hat die Pakte bereits 1966 verabschiedet, es dauerte aber noch zehn weitere Jahre bis die für die Inkraftsetzung notwendigen 35 Ratifizierungen erfolgt waren. Deutschland ratifizierte die Pakte 1976.

213 *Riedel*, Zur Durchsetzung, in: *Giegerich/Zimmermann*, wsk-Rechte im globalen Zeitalter, S. 71–93 (75).

214 *Riedel*, Zur Durchsetzung, in: *Giegerich/Zimmermann*, wsk-Rechte im globalen Zeitalter, S. 71–93 (75).

215 *Simma*, The Examination of State Reports, in: *Klein*, The monitoring system of human rights treaty obligations, S. 31–48 (32); *Kälin/Künzli*, Universeller Menschenrechtsschutz, S. 244 Rn. 621.

216 *Kälin/Künzli*, Universeller Menschenrechtsschutz, S. 244 Rn. 621.

217 *Kälin/Künzli*, Universeller Menschenrechtsschutz, S. 249 ff. Rn. 635 ff., 642; sogenannte „Concluding Observations“ und „General Comments“.

218 *Riedel* nennt es „Individualkommunikationsverfahren“ was dem Verfahren in der Praxis wohl näher kommt, vgl. *Riedel*, Zur Durchsetzung, in: *Giegerich/Zimmermann*, wsk-Rechte im globalen Zeitalter, S. 71–93 (75).

219 *Kälin/Künzli*, Universeller Menschenrechtsschutz, S. 245 Rn. 624 f.

220 *Kälin/Künzli*, Universeller Menschenrechtsschutz, S. 255 Rn. 649 f.

Überprüfung, keineswegs zu einer rechtlichen.[221] Neben dem Aspekt, dass die Vertragsstaaten das Fakultativprotokoll, durch das der Individualbeschwerdemechanismus für den einzelnen Staat aktiviert würde, ratifiziert haben müssten, fehlt den Entscheiden, besser Empfehlungen, die rechtliche Bindungswirkung.[222] Konkrete Abhilfe für die Opfer kann durch diese Verfahren kaum gewährleistet werden.[223] Oder wie *Riedel* sagt: *„Echte Individualbeschwerden gibt es nur im regionalen Menschenrechtsschutz.“*[224]

Neben diesem Dreiklang des Menschenrechtsschutzes gibt es noch eine Vielzahl an Konventionen, die bestimmte Rechte oder Personen zu schützen versuchen.[225] Beispielhaft gehören dazu die Rassendiskriminierungskonvention oder die Folterkonvention, die Genfer Flüchtlingskonvention, die Frauendiskriminierungskonvention sowie eine Vielzahl von Konventionen der Internationalen Arbeitsorganisation (ILO).

2. Regionale Menschenrechtspakte

Neben den internationalen Menschenrechtspakten existieren verschiedene regionale Verträge, denen jeweils unterschiedliche Bedeutung zukommt. Die wichtigste Konvention ist sicherlich die Europäische Menschenrechtskonvention, die in den europäischen Ländern die universellen Pakte an Relevanz übertrifft.[226] Daneben existieren die Amerikanische Menschenrechtskonvention (AMRK), die Afrikanische Charta der Rechte der Menschen und Völker sowie die Arabische Charta der Menschenrechte.

Die AMRK trat am 22. November 1969 in Kraft und ähnelt der EMRK, vor dem Inkrafttreten ihres 11. Zusatzprotokolls, inhaltlich und systematisch größtenteils.[227] Nach Art. 33 der AMRK sind die Interamerikanische Kommission für Menschenrechte (IAMRK) und der Interamerikanischen Gerichtshof für Menschenrechte (IAGMR) für die Durchsetzung der AMRK zuständig. Das Beschwerdesystem ist komplexer, die Möglichkeit einer Individualbeschwerde

---

221 *Riedel*, Zur Durchsetzung, in: *Giegerich/Zimmermann*, wsk-Rechte im globalen Zeitalter, S. 71–93 (76).
222 *Kälin/Künzli*, Universeller Menschenrechtsschutz, S. 254 Rn. 647.
223 *Riedel*, Zur Durchsetzung, in: *Giegerich/Zimmermann*, wsk-Rechte im globalen Zeitalter, S. 71–93 (73).
224 *Riedel*, Zur Durchsetzung, in: *Giegerich/Zimmermann*, wsk-Rechte im globalen Zeitalter, S. 71–93 (76).
225 *Kälin/Künzli*, Universeller Menschenrechtsschutz, S. 44 ff. Rn. 115 ff.
226 *Kälin/Künzli*, Universeller Menschenrechtsschutz, S. 51 Rn. 128.
227 *Humanrights.ch/MERS*, Amerikanische Menschenrechtskonvention (Internetartikel).

besteht aber auch. Die USA, Kanada und einige karibische Staaten haben die Konvention jedoch nicht ratifiziert.[228] Die Afrikanische Charta der Menschenrechte und Rechte der Völker (AfCRMV) wurde am 26. Juni 1981 verabschiedet und trat 1986, nach der notwendigen 26. Ratifikation, in Kraft.[229] Zwar können Opfer und sogar Menschenrechtsorganisationen bei der Afrikanischen Kommission für die Rechte der Menschen und Völker Beschwerde einlegen, allerdings entscheidet die Kommission selbst darüber, ob sie sich mit der Problematik beschäftigen möchte. Seit 2004 ist nach ausreichend vielen Ratifikationen das Zusatzprotokoll zur Schaffung eines Afrikanischen Menschengerichtshofs (African Court on Human and Peoples' Rights) in Kraft, jedoch hat das Gericht seine Arbeit noch nicht aufgenommen.[230] Ein Individualbeschwerdeverfahren wie bei der EMRK existiert somit nicht.[231] Die Arabische Charta der Menschenrechte trat erst am 15. März 2008 in Kraft. Die Besonderheit des Paktes stellen die Verbürgungen im Bereich der wirtschaftlichen, sozialen und kulturellen Rechte dar. So ist beispielsweise ein Recht auf Arbeit (Art. 34) verankert. Ein Individualbeschwerdeverfahren kennt die Charta nicht, es gibt als Überprüfungsinstrument lediglich das Staatenberichtsverfahren.[232] Damit wird die exponierte Stellung der EMRK im völkerrechtlichen Menschenrechtsschutz noch einmal deutlich.

3. Sonstige Bestrebungen zur Schaffung von menschenrechtlichen Normen

a) Bestrebungen innerhalb der Vereinten Nationen

Bisher gab es nur zwei Versuche, internationale Regelungen zur Verantwortung von Unternehmen in Bezug auf Menschenrechte aufzustellen. Der erste davon, die sogenannten *Normen der Vereinten Nationen für die Verantwortlichkeit*

---

228 Stand der Ratifikationen abrufbar unter: http://www.oas.org/dil/treaties_B-32_American_Convention_on_Human_Rights_sign.htm (zuletzt abgerufen am 2.10.2017); zur AMRK im Ganzen, *Kälin/Künzli*, Universeller Menschenrechtsschutz, S. 54 ff. Rn. 138 ff.

229 Die Konvention ist abrufbar auf der Internetseite des Gerichts, unter: http://www.aict-ctia.org/courts_conti/achpr/achpr_docs.html (zuletzt abgerufen am 2.10.2017).

230 So die Angaben auf der Internetseite des Gerichts, abrufbar unter: http://www.aict-ctia.org/courts_conti/achpr/achpr_home.html (zuletzt abgerufen am 2.10.2017).

231 Im Ganzen, *Kälin/Künzli*, Universeller Menschenrechtsschutz, S. 56 f. Rn. 141 ff.

232 Im Ganzen insb. auch zur Kritik an der Charta, *Kälin/Künzli*, Universeller Menschenrechtsschutz, S. 57 f. Rn. 145.

transnationaler Unternehmen im Hinblick auf Menschenrechte[233], wurde im Jahr 2003 durch eine Unterkommission der Menschenrechtskommission vorgestellt und daraufhin von der Staatengemeinschaft, aber auch von Unternehmensverbänden kontrovers diskutiert und teilweise strikt abgelehnt.[234] Die Normen wurden von der Menschenrechtskommission nicht angenommen. Eine Ursache dafür war bereits durch die mangelnde Rechtsetzungskompetenz der Menschenrechtskommission gegeben – ein völkerrechtlicher Vertrag wäre notwendig gewesen, um tatsächlich verbindliche Regeln aufzustellen.[235] Die Staaten standen einem solchen Vorhaben aber zurückhaltend gegenüber, aus Angst, dass ihre transnationalen Unternehmen Wettbewerbsnachteile erleiden könnten im Vergleich zu Unternehmen aus Staaten, die den Vertrag nicht gezeichnet hätten.[236] Und somit blieb es vorerst dabei, dass Unternehmen nach dem Völkerrecht nicht für Menschenrechtsverletzungen verantwortlich gemacht werden konnten.

Im Jahr 2005 setzte die UN Menschenrechtskommission den Sonderberichterstatter zur Frage der Menschenrechte und transnationalen Unternehmen *John G. Ruggie* ein. Ruggies dreidimensionales Konzept wurde vom Menschenrechtsrat im Juni 2011 angenommen und ist unter dem Namen *„protect, respect and remedy – framework"*[237] bekannt geworden.[238] Ziel des Programms ist, menschenrechtliche Standards bei unternehmerischer Tätigkeit zu verbessern, ohne dabei durch die aufgestellten Prinzipien neue völkerrechtliche Verpflichtungen zu schaffen. Der Vorschlag traf auf breite Unterstützung, und so wurde 2011 eine Arbeitsgruppe eingesetzt, die an der Umsetzung und Verbreitung der Prinzipien arbeiten sollte.[239] Inzwischen hat sich das Auswärtige Amt mit der Implementierung der Prinzipien in Deutschland befasst und dafür einen „Nationalen

---

233 *ECOSOC*, Norms on the Responsibility of Transnational Corporations, E/CN.4/Sub.2/2003/12/Rev.2.

234 *Krajewski*, Menschenrechte und transnationale Unternehmen, in: *Möseneder*, Menschenrechte, S. 49–74 (58).

235 *Emmerich-Fritsche*, Zur Verbindlichkeit der Menschenrechte, AdVR 45 (2007), S. 541–565 (547).

236 *Weschka*, Human Rights and Multinational Enterprises, ZaöRV 66 (2006), S. 625–661 (657).

237 Auf Deutsch heißt der Rahmen „Schutz, Achtung und Abhilfe".

238 *Ruggie*, Guiding Principles on Business and Human Rights 2011, A/HRC/17/31; *HRC*, Human rights and transnational corporations and other business enterprises, UN Doc. A/HRC/17/L.17/Rev.1.

239 *HRC*, Human rights and transnational corporations and other business enterprises, UN Doc. A/HRC/17/L.17/Rev.1, Ziff. 6.

Aktionsplan Wirtschaft und Menschenrechte" entworfen.[240] Auch in anderen europäischen Staaten, wie beispielsweise in Italien, Litauen und Dänemark, und in der Europäischen Union selbst gibt es entsprechende Entwicklungen.[241] Die Europäische Kommission arbeitet gegenwärtig an der Implementierung der UN Richtlinien auf europäischer Ebene.[242] Dies verdeutlicht vor allem, dass die Frage, wie es gelingt, Menschenrechte im Zeitalter einer global-verflochtenen Wirtschaft besser zu schützen, in den Fokus der politischen Wahrnehmung gerückt ist.

Die Leitprinzipien gehen von einer staatlichen Schutzpflicht aus, der *„state duty to protect human rights"*.[243] Primär ist es die Aufgabe der Staaten, Individuen vor menschenrechtsverletzenden Beeinträchtigungen durch private Dritte zu schützen. Daneben sieht *Ruggie* die Verantwortung aber auch bei den Unternehmen selbst; in den Prinzipien angesprochen durch die *„corporate responsibility to respect human rights"*.[244] Diese sind zwar keine völkerrechtlich Verpflichteten, aber aufgrund ihres faktischen Einflusses auf die menschenrechtliche Situation im wirtschaftlichen Bereich wird an ihr Verantwortungsbewusstsein appelliert.[245] Den letzten Aspekt bildet der Zugang zu wirksamer Abhilfe für die Opfer, der *„access to remedy"*.[246] Dafür sollen die Staaten ein gerichtliches, administratives oder ein anderes geeignetes Abhilfesystem errichten. Die Abhilfe kann in vielerlei Formen bestehen: Von einer Entschuldigung, über eine Entschädigung bis hin zu einer Nichtwiederholungsgarantie.[247] Die Leitprinzipien erheben nicht den Anspruch, verbindliche Regeln aufzustellen, sondern versuchen vielmehr realisierbare Lösungen zu entwickeln und Anregungen zu geben – sie sind ein

---

240 *DGCN*, Leitprinzipien für Wirtschaft und Menschenrechte.

241 *European Commission*, Corporate social responsibility in practice, National Action Plans.

242 *European Commission*, Commission Staff Working Document on Implementing the UN Guiding Principles, Doc. SWD (2015) 144 final.

243 *Ruggie*, Guiding Principles on Business and Human Rights 2011, A/HRC/17/31, Ziff. I Nr. 1–10.

244 *Ruggie*, Guiding Principles on Business and Human Rights 2011, A/HRC/17/31, Ziff. II Nr. 11–24.

245 *Krajewski*, Menschenrechte und transnationale Unternehmen, in: *Möseneder*, Menschenrechte, S. 49–74 (62).

246 *Ruggie*, Guiding Principles on Business and Human Rights 2011, A/HRC/17/31, Ziff. III Nr. 25–31.

247 *Ruggie*, Guiding Principles on Business and Human Rights 2011, A/HRC/17/31, Ziff. III Nr. 25–31.

Diskussionsrahmen, der den öffentlichen Diskurs über das Thema Wirtschaft und Menschenrechte anregen soll.[248]

Im Juli 2014 brachte Ecuador zusammen mit einigen Unterstützerländern einen erneuten Vorschlag für eine verbindliche Konvention über transnationale Unternehmen und Menschenrechte in den Menschenrechtsrat ein.[249] Die Resolution regelt die Einsetzung einer Arbeitsgruppe, die einen Vorschlag erarbeiten soll, wie eine verbindliche Konvention aussehen könnte. Bei 20 Ja-Stimmen, 14 Nein-Stimmen und 13 Enthaltungen traf der Vorschlag Ecuadors auf keine breite Unterstützung, wurde aber trotzdem angenommen. Insbesondere die westlichen Staaten – beispielsweise Deutschland, Großbritannien, die USA oder Frankreich – stimmten gegen die Resolution. Im Oktober 2017 führte die intergouvernementale Arbeitsgruppe ihre dritte Sitzung durch.[250]

Wie schwer es für die internationale Gemeinschaft ist, sich auf gemeinsame Standards zu einigen, zeigt auch der Versuch der ILO, eine Resolution zu anständiger Arbeit in weltweiten Lieferketten („Decent Work in Global Supply Chains") zu entwerfen und zu verabschieden. Das Komitee beziehungsweise die internationale Arbeitskonferenz (International Labour Conference) konnte keine gemeinsame Position finden und letztlich keinen einheitlichen verbindlichen Rahmen erarbeiten.[251] Und so wurden im Juni dieses Jahres (2016) lediglich sogenannte „Conclusions" verabschiedet.[252]

b) Bestrebungen durch die OECD

1976 entstanden die OECD Leitsätze für multinationale Unternehmen (OECD Guidelines for Multinational Enterprises), die sowohl im Jahre 2000 als auch 2011 überarbeitet wurden.[253] Die Leitsätze richten sich unmittelbar an transnationale Unternehmen und beinhalten unverbindliche Empfehlungen unter anderen in den Bereichen Verbraucherschutz, Wettbewerb, Umwelt und Bestechungsbekämpfung. Aufgrund der Unverbindlichkeit handelt es sich bei den

---

248 *Krajewski*, Menschenrechte und transnationale Unternehmen, in: *Möseneder*, Menschenrechte, S. 9–74 (63).

249 *HRC*, Elaboration of an international legally binding instrument, A/HRC/RES/26/9.

250 http://www.ohchr.org/EN/HRBodies/HRC/WGTransCorp/Pages/IGWGOnTNC.aspx (zuletzt abgerufen am 2.10.2017).

251 Siehe dazu *ILC*, Reports of the Committee on Decent Work, ILC105-PR14-2(Rev.).

252 *ILC*, Resolution and conclusions, ILC105-PR14-1.

253 *OECD*, Leitsätze für multinationale Unternehmen, 2011.

Leitsätzen um völkerrechtliches *soft law*.[254] 46 Staaten haben die Leitsätze inzwischen angenommen, darunter die 35 Mitgliedstaaten der OECD[255] sowie 13 Nicht-Mitgliedstaaten[256].[257]

Trotz ihres unverbindlichen Charakters schufen die Staaten einen eigenen Überwachungs- und Implementierungsmechanismus.[258] Die sogenannten Nationalen Kontaktstellen wurden in jedem Mitgliedstaat eingerichtet und sind, wie die Bezeichnung schon vorgibt, weniger Institutionen, die einen Verstoß gegen die Leitsätze in rechtlicher Hinsicht feststellen, sondern eher ein Forum zur Vermittlung zwischen den Parteien.[259] Jede Person kann eine Beschwerde bei der jeweils zuständigen Kontaktstelle einlegen. Die Zuständigkeit bestimmt sich nach dem Land, in dem das Unternehmen vermeintlich gegen einen Leitsatz verstoßen hat oder in dem das Unternehmen seinen Hauptsitz hat.[260]

Seit der Überarbeitung im Jahr 2011 findet sich ein eigenes Kapitel zum Thema Menschenrechte in den Leitsätzen. Bei der Konzeption der menschenrechtlichen Erwartungen an transnationale Unternehmen hat man sich an *John Ruggies* „protect, respect, remedy"-Bericht orientiert.[261] Dies verdeutlicht zwar, dass die internationale Gemeinschaft darum bemüht ist, menschenrechtliche Standards weltweit zu implementieren und festzusetzen, mangels rechtlicher

254 *Krajewski*, Menschenrechte und transnationale Unternehmen, in: *Möseneder*, Menschenrechte, S. 49–74 (64).

255 Australien, Belgien, Chile, Dänemark, Deutschland, Estland, Finnland, Frankreich, Griechenland, Irland, Island, Israel, Italien, Japan, Kanada, Korea, Luxemburg, Mexiko, Niederlande, Neuseeland, Norwegen, Österreich, Polen, Portugal, Slowakei, Slowenien, Spanien, Schweden, Schweiz, Tschechische Republik, Türkei, Ungarn, USA und Vereinigtes Königreich (Stand: September 2017).

256 Ägypten, Argentinien, Brasilien, Costa Rica, Jordanien, Kasachstan, Kolumbien, Litauen, Marokko, Peru, Rumänien,Tunesien und Ukraine (Stand: September 2017).

257 *OECD*, Declaration on Multinational Enterprises, Adhering Countries (Stand: September 2017).

258 *Krajewski*, Menschenrechte und transnationale Unternehmen, in: *Möseneder*, Menschenrechte, S. 49–74 (65).

259 *BMWi*, Informationsseite zur OECD und zu Nationalen Kontaktstellen (Verfahren bei Beschwerden).

260 *BMWi*, Informationsseite zur OECD und zu Nationalen Kontaktstellen (Verfahren bei Beschwerden).

261 *Krajewski*, Menschenrechte und transnationale Unternehmen, in: *Möseneder*, Menschenrechte, S. 49–74 (68).

Bindungswirkung wird aber lediglich an ein moralisches Verantwortungsgefühl der Unternehmen appelliert.[262]

c) Die Maastrichter Prinzipien

Die Maastrichter Prinzipien zu den extraterritorialen Staatenpflichten im Bereich der wirtschaftlichen, sozialen und kulturellen Rechte wurden im September 2011 auf einem Expertentreffen an der Universität Maastricht von 40 Völkerrechtlerinnen und Völkerrechtlern verabschiedet.[263] Organisiert wurde das Treffen von der Universität Maastricht und der Internationalen Juristenkommission und vereinte Mitglieder von internationalen und regionalen Menschenrechtsorganen, frühere und aktuelle Sonderberichterstatter des Menschenrechtsrates der Vereinten Nationen sowie Professoren von Universitäten der ganzen Welt.[264] 44 Prinzipien wurden in das Dokument mit aufgenommen, die alle darauf abzielen, die schon bestehenden Menschenrechtsnormen neu zu formulieren und zu erläutern und damit den normativen Rahmen klar abzustecken.[265] In der Präambel heißt es: *„Aus dem internationalen Recht hergeleitet, zielen diese Prinzipien darauf ab, den Inhalt der extraterritorialen Staatenpflichten zur Verwirklichung der wirtschaftlichen, sozialen und kulturellen Rechte zu klären, im Hinblick auf die Förderung und volle Umsetzung der Charta der Vereinten Nationen und der internationalen Menschenrechte."*[266]

Die Maastrichter Prinzipien differenzieren zwischen staatlichen Achtungs-, Schutz- und Gewährleistungspflichten. Die Prinzipien sind sehr weit gefasst und vermitteln den Eindruck einer Verpflichtung der Staaten, indem sie Formulierungen wie „müssen ergreifen" wählen. So heißt es im Bereich extraterritorialer Schutzpflichten: *„Alle Staaten müssen Maßnahmen ergreifen, um die wirtschaftlichen, sozialen und kulturellen Rechte der Personen innerhalb und außerhalb ihres Territoriums zu schützen […]. Alle Staaten müssen die notwendigen Maßnahmen ergreifen, um sicherzustellen, dass nicht-staatliche Akteure […] wie Privatpersonen oder Organisationen, transnationale Konzerne und andere Firmen, den Genuss von wirtschaftlichen, sozialen und kulturellen Rechten nicht unmöglich machen*

262 Siehe zu den OECD-Leitsätzen und deren Rolle zum Schutz der Menschenrechte *Krajewski/Bozorgzad/Heß*, Menschenrechtliche Pflichten von multinationalen Unternehmen, ZaöRV 76 (2016), S. 309–340.
263 *Coomans*, Die Verortung der Maastrichter Prinzipien, ZfMR 2 (2012), S. 27–47 (29).
264 *Coomans*, Die Verortung der Maastrichter Prinzipien, ZfMR 2 (2012), S. 27–47 (29).
265 *Coomans*, Die Verortung der Maastrichter Prinzipien, ZfMR 2 (2012), S. 27–47 (30).
266 *FIAN*, Die Maastrichter Prinzipien zu den Extraterritorialen Staatenpflichten.

oder beeinträchtigen. Diese Maßnahmen schließen Verwaltungs-, Gesetzgebungs-, Untersuchungs-, Rechtsprechungs- und andere Maßnahmen ein.“[267]

Die Maastrichter Prinzipien sind jedoch lediglich ein „Menschenrechtsdokument“, welches keinerlei verbindlichen Charakter hat.[268] Es kann als Vorstoß von einigen Völkerrechtlerinnen und Völkerrechtlern gewertet werden, die Staaten dazu zu bringen, verbindliche Regeln in Bezug auf extraterritoriale menschenrechtliche Staatenpflichten zu schaffen. Die Sichtweise, dass die Menschenrechtspakte, welche nach dem 6. Prinzip als Quelle dienen, selbst schon die von den Maastrichter Prinzipien geforderten Verpflichtungen beinhalten, ist höchst umstritten.[269]

Für die folgende Abhandlung können die Prinzipien als Rechtsquelle weitestgehend vernachlässigt werden. Relevanz können die darin enthaltenen Rechtsüberzeugungen im Rahmen von Art. 38 Abs. 1 lit. d) des Statuts des International Court of Justice (ICJ) als sogenannte Lehrmeinung der fähigsten Völkerrechtler als Hilfsmittel zur Feststellung von Rechtsnormen erhalten.[270] Auch wenn es in der vorliegenden Arbeit um den EGMR als entscheidendes Organ geht, verdeutlicht dieser Artikel, dass stark verbreitete Rechtsüberzeugungen durchaus als Auslegungshilfe herangezogen werden können, um den Schutzgehalt eines Konventionsrechts zu ermitteln. In diesem Rahmen sind die Maastrichter Prinzipien zu verorten.

4. Die Sonderstellung der EMRK

Die Europäische Menschenrechtskonvention wurde kurz nach der Verkündung der Allgemeinen Erklärung der Menschenrechte durch die Vereinten Nationen am 4. November 1950 in Rom unterzeichnet und trat am 3. September 1953 in Kraft.[271] Im Gegensatz zu den internationalen Menschenrechtspakten sollte die Konvention, so der Wille der Mitglieder des Europarates, gerichtlich durchsetzbare Verpflichtungen begründen.[272] Für die vergleichsweise homogenen

267 Prinzipien 23 und 24.

268 *Coomans*, Die Verortung der Maastrichter Prinzipien, ZfMR 2 (2012), S. 27–47 (46 f.).

269 Siehe dazu insgesamt Kapitel C.II.

270 Der englische Wortlaut lautet *„teachings of the most highly qualified publicists“*.

271 *Frowein*, in: *Frowein/Peukert*, Europäische Menschenrechtskonvention, S. 1 f.

272 *Partsch* spricht davon, dass die *„Schöpfer des Europaratstatuts den Willen hatten, rechtliche Verpflichtungen zu begründen“* und dass sie damit *„wesentlich über das hinausgegangen [sind], was in anderen Organisationen bereits zur Übung gehörte“*, *Partsch*, Die Entstehung der europäischen Menschenrechtskonvention, ZaöRV 15 (1953), S. 631–660 (638).

westeuropäischen Staaten war es sehr viel einfacher, sich auf einen gemeinsamen Vertragstext zu einigen, als für die Staatengemeinschaft der Vereinten Nationen, wo Unterschiede bei den wirtschaftlichen, kulturellen und politischen Vorstellungen eine Einigung erschwerten.[273] Jeder Mitgliedstaat der EMRK sollte die Menschrechte achten und sich nicht darauf berufen können, dass der Schutz dieser zu den inneren Staatsangelegenheiten zähle, in die sich kein anderer Staat einzumischen habe.[274] Im Gegensatz zur UN-Charta sieht die Satzung des Europarates in Art. 3 sogar ausdrücklich vor, dass alle Mitgliedstaaten die Menschenrechte und fundamentalen Freiheiten als Grundsatz akzeptieren müssen. Dadurch vollzog sich auch ein politischer Wechsel, weil die Beachtung der Rechte zu einer Voraussetzung für die Mitarbeit im Europarat und eine Angelegenheit der Organisation als Ganzes wurde.[275]

Alle universellen und regionalen Menschenrechtspakte erfordern die strikte Trennung von materiell-rechtlichen Garantien, wie dem Recht auf Leben nach Art. 6 IPbpR und Art. 2 EMRK, und der prozessrechtlichen Dimension der gewährten Rechte. In materieller Hinsicht sind die Gewährleistungen der EMRK mit denen des IPbpR vergleichbar, begründen jedoch teilweise unterschiedlich weitreichende Verpflichtungen für die Staaten.[276] Auch bei den Rechten der EMRK lassen sich die Verpflichtungen in Unterlassungspflichten (duty to respect), Schutzpflichten (duty to protect) und Gewährleistungspflichten (duty to fulfill) untergliedern.[277] Wenn sich aber die Paktgarantien in materiell-rechtlicher Hinsicht ähneln, bleibt die Frage offen, was die Sonderstellung der EMRK unter den internationalen Menschenrechtsabkommen ausmacht. Was macht die Konvention für den Menschenrechtsschutz so bedeutsam?

Eine umfassende Beantwortung dieser Frage erfordert einen kurzen Exkurs zu *subjektiven Rechten* im Völkerrecht. Zu Beginn lohnt sich ein Blick auf die nationale deutsche Rechtsordnung, anhand derer sich die auf völkerrechtlicher Ebene geführte Diskussion besser nachvollziehen lässt. Als subjektives (öffentliches)

---

273 *Gollwitzer*, Menschenrechte im Strafverfahren, S. 103 f. Rn. 7 f.

274 *Partsch*, Die Entstehung der europäischen Menschenrechtskonvention, ZaöRV 15 (1953), S. 631–660 (639); *Gollwitzer*, Menschenrechte im Strafverfahren, S. 100 Rn. 2.

275 *Grote*, in: *Dörr/Grote/Marauhn*, EMRK/GG, Band I, Kap.1 Rn. 11; *Partsch*, Die Entstehung der europäischen Menschenrechtskonvention, ZaöRV 15 (1953), S. 631–660 (639).

276 Zum Verhältnis der Garantien des IPbpR und der EMRK siehe *Kälin/Künzli*, Universeller Menschenrechtsschutz, S. 52 Rn. 131; *Gollwitzer*, Menschenrechte im Strafverfahren, S. 124 Rn. 51.

277 *Kälin/Künzli*, Universeller Menschenrechtsschutz, S. 103 f. Rn. 262 ff.

Recht wird in der deutschen Rechtsordnung die Macht des Einzelnen verstanden, vom Staat zur Verfolgung eigener Interessen ein bestimmtes Tun, Dulden oder Unterlassen verlangen zu können.[278] Konkretisiert wird diese Formel durch die sogenannte Schutznormlehre, die besagt, dass dann ein subjektives Recht vorliegt, wenn eine objektiv-rechtliche Norm den Einzelnen begünstigen will und es ihm möglich sein soll, sich auf diese Begünstigung zu berufen.[279] Aber welche Rolle nimmt diese Befugnis ein bestimmtes Tun verlangen zu können ein? Könnte die formelle Durchsetzbarkeit zwingender Bestandteil eines subjektiven Rechts sein?[280] Im nationalen Recht wäre dies ein zumindest erklärbarer Rückschluss, wenn man bedenkt, dass alle subjektiven öffentlichen Rechte über Art. 19 Abs. 4 GG auf dem Rechtsweg einklagbar sind. Aber gerade Art. 19 Abs. 4 GG verdeutlicht, dass es geradezu abwegig wäre, die rechtliche Durchsetzbarkeit zur Voraussetzung eines subjektiven Rechts zu machen – dann wäre Art. 19 Abs. 4 GG nämlich obsolet, wird die Durchsetzbarkeit einer subjektiven Rechtsposition doch gerade dadurch erst begründet.[281] Auch *Jellinek* war der Ansicht, *„dass das Bestehen wirksamen Rechtsschutzes des individuellen Interesses zwar stets ein Kriterium formellen individuellen Rechts ist, dass aber aus dem Fehlen des entwickelten Rechtsschutzes […] noch nicht auf das Fehlen des Individualanspruches überhaupt geschlossen werden darf“*.[282]

Wenn ein materiell-rechtlicher Anspruch unabhängig von einer formellen Durchsetzbarkeit bestehen kann, ist zu untersuchen, welche Bedeutung die gerichtliche Durchsetzbarkeit überhaupt einnimmt. Auch an dieser Stelle kann auf *Jellinek* verwiesen werden, der sagte: *„Wo staatliche Exekution zur Verwirklichung bereit steht, ist allerdings das Recht am besten geschützt, aber auch minderer Schutz ist bereits als Garantie aufzufassen. Es gibt demnach mehr oder minder geschützte Rechte […].“*[283]. Somit existieren „bessere“ subjektive Rechte, wenn

---

278 *Maurer/Waldhoff*, Allgemeines Verwaltungsrecht, § 8 Rn. 2.

279 *Sachs*, in: *Stelkens/Bonk/Sachs*, Verwaltungsverfahrensgesetz, § 40 Rn. 133.

280 In diese Richtung könnte man die Aussage des BVerwG verstehen, *BVerwG*, Urt. v. 24.9.1998 – 4 CN 2–98, BVerwGE 107, 215 (221): *„Ein privater Belang […] wird durch den drittschützenden Charakter des Abwägungsgebots nicht selbst zum subjektiven Recht und ist auch als solcher nicht wehrfähig in dem Sinne, dass der Private* ***die Durchsetzung*** *seines Belangs –* ***wie bei einem subjektiven Recht*** *– verlangen könnte. Der Private hat lediglich ein subjektives Recht darauf, dass sein Belang in der Abwägung seinem Gewicht entsprechend ‚abgearbeitet‘ wird.“* (Hervorhebungen durch die Verf.).

281 *Peters*, Jenseits der Menschenrechte, S. 39.

282 *Jellinek*, System der subjektiven öffentlichen Rechte, S. 351.

283 *Jellinek*, System der subjektiven öffentlichen Rechte, S. 350. Als anschauliches Beispiel kann die aus dem Privatrecht kommende „Naturalobligation“ angeführt werden.

diese vor Gerichten durchgesetzt werden können und „schlechtere“ subjektive Rechte, wenn sie zwar begünstigend für den Einzelnen wirken, aber gerichtlich nicht durchsetzbar sind.

Auf überstaatlicher Ebene kann man die Unterteilung in prozessual „schlechtere“ und „bessere“ (Menschen-)Rechte durch die Begriffe *Geltung* und *Wirksamkeit* ausdrücken.[284] Für die Geltung der völkerrechtlichen Rechtssätze kommt es auf einen wirksamen Vertragsschluss der Staaten an, durch den sie rechtliche Verpflichtungen entstehen lassen wollen.[285] Für die Wirksamkeit sind hingegen Durchsetzungsmechanismen entscheidend, die sich im Zweifel auch gegen den Willen der Rechtsunterworfenen durchsetzen können.[286] Dieses Merkmal nationaler Rechtsordnungen fehlt dem Völkerrecht in weiten Teilen. Es ist vielmehr auf die Akzeptanz der Rechtsunterworfenen angewiesen und muss sich viel stärker den politischen Gegebenheiten fügen.[287] Dies ist einer der Gründe, weshalb viele Völkerrechtler davon ausgehen, dass auf völkerrechtlicher Ebene die prozessuale Durchsetzbarkeit eine zwingende Voraussetzung für ein subjektives Recht darstellt.[288] *Ipsen* verlangt in diesem Sinne die Begegnung von Staat und Individuum auf Augenhöhe, was nur in einem völkerrechtlichen Verfahren möglich wäre.[289] Für diese Ansicht könnte die Tatsache sprechen, dass im internationalen Recht keine dem Art. 19 Abs. 4 GG vergleichbare Vorschrift existiert. Weder Art. 2 Abs. 3 IPbpR noch Art. 13 EMRK sichern dem Einzelnen unmittelbar den Rechtsweg zu.[290] Beide Vorschriften zielen vielmehr darauf ab,

---

Diese stellt eine nicht gerichtlich durchsetzbare Verbindlichkeit dar, die jedoch bei freiwilliger Leistung trotzdem einen Rechtsgrund darstellt und damit dem Inhaber eine Rechtsposition mit „minderem Schutz“ vermittelt, vgl. dazu *Mansel*, in: *Jauernig*, Kommentar zum BGB, § 241 Rn. 20.

284 *Kadelbach*, in: *Dörr/Grote/Marauhn*, EMRK/GG, Band II, Kap. 30 Rn. 1 m.w.N.

285 *Cremer*, Verpflichtungsstrukturen der Menschenrechte, in: *Demko/Brudermüller/Seelmann*, Menschenrechte, S. 107–183 (109 f.).

286 *Dahm/Delbrück/Wolfrum*, Völkerrecht, Band I/1, § 8 Ziff. I.1.

287 *Dahm/Delbrück/Wolfrum*, Völkerrecht, Band I/1, § 8 Ziff. I.1.

288 *Ipsen*, Völkerrecht, § 7 Rn. 5; andeutend *Seidel*, Die Völkerrechtsordnung, AdVR 38 (2000), S. 23–47 (33 f.); *Verdross/Simma*, Universelles Völkerrecht, § 424, sehen die Durchsetzbarkeit als Voraussetzung einer *„völkerrechtlichen Berechtigung von Individuen im eigentlichen Sinn“*; *Kau* verknüpft eine Durchsetzbarkeit vor einem internationalen Ausschuss oder Gerichtshof mit der Völkerrechtssubjektivität, *Kau*, Der Staat und der Einzelne als Völkerrechtssubjekte, in: *Vitzthum/Proelß*, Völkerrecht, S. 141 Rn. 3.

289 *Ipsen*, Völkerrecht, § 7 Rn. 5.

290 *Gollwitzer*, Menschenrechte im Strafverfahren, S. 542 Rn. 2; *Richter*, in: *Dörr/Grote/Marauhn*, EMRK/GG, Band II, Kap. 20 Rn. 12, 14.

dass die Staaten wirksame Beschwerdemöglichkeiten schaffen, also ein geeignetes innerstaatliches System errichten, was in Gestalt von Behörden, Gerichten oder sonstigen Stellen bestehen kann.[291] Da keine mit Art. 19 Abs. 4 GG vergleichbare Vorschrift auf völkerrechtlicher Ebene existiert, könnte man folglich argumentieren, dass die gerichtliche Durchsetzbarkeit eine zwingende Voraussetzung für ein subjektives Recht im Völkerrecht sein müsste. Aber auch auf völkerrechtlicher Ebene erscheint diese Forderung als nicht überzeugend und ist deshalb abzulehnen.[292] Denn würde man die Existenz von subjektiven Rechten von der Rechtsmacht zur Durchsetzung abhängig machen, würde es auf universeller Ebene im Prinzip fast keine subjektiven Rechte geben. Es widerspricht aber der tatsächlichen Situation, dass nur das als subjektives Recht betrachtet wird, was auch durchgesetzt werden kann.[293] Wenn klar ersichtlich ist, dass die völkerrechtlichen Verträge an bestimmten Stellen vom Individuum als Rechtsträger ausgehen, so kann ein fehlender Durchsetzungsmechanismus nicht dazu führen, dass es sich bei der betreffenden Regelung lediglich um einen „Rechtsreflex“ handelt.[294] Als Zwischenergebnis kann somit festgehalten werden, dass sowohl auf nationaler als auch auf internationaler Ebene ein subjektives Recht nicht von der Möglichkeit seiner prozessualen Durchsetzbarkeit abhängt. Zudem existiert nur in der nationalen Rechtsordnung mit Art. 19 Abs. 4 GG eine umfassende Rechtsweggarantie.[295]

Um zur Ursprungsfrage zurück zu kommen, was die EMRK für den Menschenrechtsschutz so bedeutsam macht, ist zunächst festzustellen, dass die

---

291 *Gollwitzer*, Menschenrechte im Strafverfahren, S. 542 Rn. 2; *Richter*, in: *Dörr/Grote/Marauhn*, EMRK/GG, Band II, Kap. 20 Rn. 12; zu beachten ist in diesem Zusammenhang, dass Art. 13 EMRK die Akzessorietät des Rechtswegs zum EGMR sicherstellen soll und damit Art. 13 EMRK selbst nicht einklagbar ist.

292 In diesem Sinne auch *Cremer*, Fünf Thesen zur subjektiven Rechtsqualität, in: *Hanschel/Kielmansegg/Kischel/Koenig/Lorz*, FS für Eibe Riedel, S. 33–48 (36 ff.); *Peters*, Das subjektive internationale Recht, JöR 59 (2011), S. 411–456 (426); *Doehring*, Völkerrecht, § 2 Rn. 246 f.

293 In Bezug auf die Rechtsnatur des Völkerrechts allg. Vgl. *Dahm/Delbrück/Wolfrum*, Völkerrecht, Band I/1, § 3 Ziff. II. 3.

294 *Dahm/Delbrück/Wolfrum*, Völkerrecht, Band I/2, § 109 Ziff. II 1., *„Aber auch diese sind Rechte und machen den einzelnen Menschen zu einem – gewiß beschränkten – Rechtssubjekt auch des Völkerrechts […].“*.

295 Die Individualbeschwerde in Art. 34 EMRK begründet zwar auch einen Rechtsweg, aber nur den zu einem (zuständigen) Gericht und ist daher eher vergleichbar mit der Verfassungsbeschwerde im Deutschen Recht nach Art. 93 Abs. 1 Nr. 4a GG.

Garantien der EMRK unstreitig subjektive Rechtsqualität besitzen.[296] An dieser Stelle ergibt sich damit noch kein gravierender Unterschied zu den sonstigen internationalen Pakten. Zur Durchsetzung dieser materiellen Garantien in der EMRK gibt es, genauso wie beim Zivil- oder Sozialpakt, keine Rechtsweggarantie. Dafür müssen sich alle Konventionsstaaten, und dies ist der große Unterschied zu den universellen Menschenrechtspakten, seit dem Inkrafttreten des 11. Zusatzprotokolls zur EMRK, der Gerichtsbarkeit des EGMR unterwerfen.[297] Es existiert damit eine sogenannte obligatorische Gerichtsbarkeit. Der EGMR hat in seinem Urteil *Irland gegen Großbritannien* festgestellt: *„Unlike international treaties of the classic kind, the Convention comprises more than mere reciprocal engagements between contracting States. It creates, over and above a network of mutual, bilateral undertakings, objective obligations which, in the words of the Preamble, benefit from a ‚collective enforcement'.“*[298] Daneben existiert mit Art. 46 EMRK eine Norm, welche die verbindliche Wirkung der Urteile des Gerichtshofs festschreibt und die Konventionsstaaten dazu verpflichtet die Entscheidungen zu befolgen. Somit handelt es sich bei den Konventionsrechten um „bessere Rechte“ für den Einzelnen oder wie *Jellinek* sagte um *„am besten geschützte Rechte“*[299].

Hierin liegt für den über staatliche Grenzen hinausgehenden Menschenrechtsschutz eine echte Chance. Der EGMR trifft in Form von Feststellungs- oder ausnahmsweise Leistungsurteilen im Sinne von Art. 44 Abs. 2 EMRK eine endgültige Entscheidung in der Sache.[300] In den Feststellungsurteilen spricht der Gerichtshof (ausschließlich) eine Verletzung der Konventionsrechte aus, in den Leistungsurteilen kann der EGMR nach Art. 41 EMRK dem Beschwerdeführer eine gerechte Entschädigung zusprechen.[301] Darüber hinaus sind die Urteile des EGMR gemäß Art. 46 Abs. 1 EMRK verbindlich und für die Staaten resultiert

296 *Cremer*, Fünf Thesen zur subjektiven Rechtsqualität, in: *Hanschel/Kielmansegg/Kischel/Koenig/Lorz*, FS für Eibe Riedel, S. 33–48 (46).

297 *Kadelbach*, in: *Dörr/Grote/Marauhn*, EMRK/GG, Band II, Kap. 30 Rn. 7; siehe dazu im Ganzen *Schlette*, Das neue Rechtsschutzsystem der Europäischen Menschenrechtskonvention, ZaöRV 56 (1996), S. 905–976.

298 EGMR, *Ireland vs.* UK, No. 5310/71, Urt. v. 18.1.1978, § 239.

299 *Jellinek*, System der subjektiven öffentlichen Rechte, S. 350.

300 *Haß*, Die Urteile des Europäischen Gerichtshofs für Menschenrechte, S. 55 f.

301 Daneben existiert als weiteres Sachurteil das Auslegungsurteil nach Art. 79 der Verfahrensordnung des EGMR; vgl. dazu insgesamt *Haß*, Die Urteile des Europäischen Gerichtshofs für Menschenrechte, S. 55 ff.; zur Entscheidungswirkung auch *Cremer*, in: *Dörr/Grote/Marauhn*, EMRK/GG, Band II, Kap. 32 Rn. 45 ff.

daraus eine Befolgungspflicht. Das bedeutet, dass sie die Konventionsverletzung beenden und die Folgen der Verletzung beseitigen, also einen insgesamt konventionsgemäßen Zustand herstellen müssen.[302] Darüber hinaus können Gerichtsverfahren wichtige Impulse für den zivilgesellschaftlichen Diskurs zu Menschenrechtsfragen geben und Veränderungsprozesse in Gang setzen, die weit über den konkreten Rechtsstreit hinausgehen.[303] Zwar hat auch eine unverbindliche Stellungnahme eines aus Staatenvertretern zusammengesetzten Menschenrechtsgremiums eine nicht zu unterschätzende Wirkung; auch hier entsteht ein öffentlicher Druck. Aber bei einem Urteil des Gerichtshofs wird das menschenrechtsverletzende Verhalten des Staates nicht nur bekannt, sondern die Durchführung der Urteile wird nach Art. 46 Abs. 2 EMRK durch das Ministerkomitee überwacht – im schlimmsten Fall könnte ein Ausschluss des betreffenden Staates aus dem Europarat nach Art. 7 und Art. 3 der Satzung des Europarates die Folge sein, wenn sich ein Staat weigert, die Konventionsrechte im Sinne der Interpretation durch den EGMR zu garantieren. Ob diese *ultima ratio* in der Praxis tatsächlich sinnvoll ist, kann durchaus bezweifelt werden, würde ein Ausschluss wohl eher zu einer Entfremdung führen als zu einer effektiven Rechtsdurchsetzung.[304] Ungeachtet dessen haben die Mitgliedstaaten ein Interesse daran, nicht vom EGMR verurteilt zu werden.

Unter Berücksichtigung dieser unumstrittenen Vorteile des Verfahrens vor dem EGMR wirft ein realistischer Blick auf die Arbeitsweise des EGMR allerdings auch Bedenken auf, wenn sich der Gerichtshof mit der Verantwortlichkeit der Staaten für Konventionsverletzungen durch Unternehmen beschäftigen soll. Insbesondere besteht die Gefahr einer infrastrukturellen und administrativen Überforderung bei der Ermittlung der Sachverhalte. Das Verfahren vor dem EGMR ist in der Regel ein schriftliches; nur aufgrund eines Beschlusses kann eine mündliche Verhandlung stattfinden.[305] Der Verfahrensgegenstand ergibt sich aus dem vom Beschwerdeführer in einer schriftlichen Stellungnahme (Art. 47 Abs. 1 lit. d), lit. e) VerfO) vorgetragenen Sachverhalt und aus der korrespondierenden staatlichen Erklärung. Zwar kann der Gerichtshof nach Art. 38 EMRK weiter ermitteln, es gilt der sogenannte Amtsermittlungsgrundsatz, und er ist an die

302 Siehe hierzu eingehend *Haß*, Die Urteile des Europäischen Gerichtshofs für Menschenrechte, S. 70 ff.

303 Für zivilrechtliche Verfahren *Saage-Maaß*, Deutsches Zivilrecht, in: *Amnesty International/Oxfam*, Fachgespräch Wirtschaft und Menschenrechte, 2009, S. 27–33 (28).

304 *Tomuschat*, Menschenrechtsschutz und innere Angelegenheiten, in: *Tomuschat/Stein/Caflisch*, Eingriff in die inneren Angelegenheiten fremder Staaten, S. 5–20 (16).

305 *Gollwitzer*, Menschenrechte im Strafverfahren, S. 649 f. Rn. 64.

Stellungnahmen der Beteiligten nicht gebunden. Jedoch überlässt das Gericht die Beweisermittlung und sogar die Beweiswürdigung in der Regel den nationalen Gerichten.[306] Aufgrund seiner subsidiären Rolle sieht er es als primäre Aufgabe der nationalen Behörden an, den zu klärenden Sachverhalt zu ermitteln.[307] Abgesehen von diesen verfahrensrechtlichen Besonderheiten ist der EGMR mit einer immensen Arbeitsbelastung konfrontiert.[308] Im Jahr 2010 waren ungefähr 163.000 Beschwerden anhängig – Tendenz steigend.[309] Dem Ministerkomitee wurden alleine im Jahr 2014 1.389 neue Fälle zur Überwachung und Umsetzung zugeleitet, womit die Gesamtzahl der zu überwachenden Fälle auf 10.904 anstieg.[310] Wenn es gelingen sollte, eine Verantwortlichkeit der Konventionsstaaten aus der EMRK für Menschenrechtsverletzungen ihrer Unternehmen herzuleiten, wären die Verfahren vor dem EGMR weniger dazu da, den Opfern Entschädigungen zuzusprechen (das macht der EGMR nach Art. 41 EMRK ohnehin nur, wenn das innerstaatliche Recht keine ausreichende Entschädigung vorsieht), sondern wären vielmehr eine Signalfunktion für alle Beteiligten. Gerade im Bereich des Menschenrechtsschutzes ist diese Signalfunktion aber von großer Bedeutung. Häufig sind es Menschenrechtsorganisationen, die sich vor Ort für die Opfer einsetzen und die Missstände an die Öffentlichkeit bringen. Deshalb geht es oftmals bereits darum, die Zivilbevölkerung zu mobilisieren, nicht zuletzt weil dann die transnationalen Unternehmen selbst einen Anreiz haben, an der menschenrechtsbeeinträchtigenden Situation etwas zu ändern;

---

306 *Meyer-Ladewig/Ebert*, in: *Meyer-Ladewig/Nettesheim/Raumer*, EMRK, Art. 38 Rn. 2, 5 f.

307 *Meyer-Ladewig/Ebert*, in: *Meyer-Ladewig/Nettesheim/Raumer*, EMRK, Art. 38 Rn. 6, diese gehen sogar so weit zu sagen, dass die staatlichen Behörden für die Sachverhaltsermittlung besser geeignet sind und *„früheren und unmittelbaren Zugriff zu Beweismitteln haben"*.

308 *Grabenwarter/Pabel*, Europäische Menschenrechtskonvention, § 6 Rn. 3 f.; *Wildhaber*, Der Menschenrechtsgerichtshof für Europa, in: 9. Hermann und Marianne Straniak-Vorlesung 2011, S. 9–26 (13 ff.).

309 *Wildhaber*, Der Menschenrechtsgerichtshof für Europa, in: 9. Hermann und Marianne Straniak-Vorlesung 2011, S. 9–26 (13), der zudem angibt, dass mehr als 18.000 Beschwerden seit mehr als drei Jahren nicht behandelt wurden.

310 *BMJV*, Bericht über die Rechtsprechung des EGMR und die Umsetzung seiner Urteile, 2014, S. 34.

einen Imageverlust wollen alle Unternehmen, aber insbesondere die, die auf den Endkonsumenten als Abnehmer angewiesen sind, vermeiden.[311]

5. Zwischenergebnis

Die Darstellung der einschlägigen Menschenrechtsabkommen auf regionaler und internationaler Ebene hat die exponierte Stellung der EMRK verdeutlicht. In der obligatorischen Gerichtsbarkeit liegt eine echte Chance für den Menschenrechtsschutz, weil sich die Staaten den Urteilen des Gerichtshofs wesentlich schwerer entziehen können als bei den Entscheidungen im Rahmen sonstiger Beschwerdemechanismen. Der Druck auf die (Heimat-)Staaten könnte das menschenrechtliche Schutzniveau insgesamt anheben, wenn diese auf ihre Unternehmen aus Angst vor einer Verurteilung einwirken würden. Dies würde wiederum dazu führen, dass nicht jedes einzelne Opfer den langen und oft kostspieligen Gerichtsweg bestreiten müsste. Diese Wirkungskette könnten Urteile des EGMR durchaus auslösen, wäre eine rechtskräftige Verurteilung für die Opfer und die sie in der Regel unterstützenden Menschenrechtsorganisationen doch ein echter Erfolg, wenn man daran denkt, welche öffentliche Aufmerksamkeit und welchen Zuspruch bereits die (bloße) Gewährung von Prozesskostenhilfe für die Kläger im August 2016 in der anhängigen Klage gegen KIK vor dem Landgericht Dortmund wegen des Brandes in einer Textilfabrik in Pakistan erfahren hat.[312]

VIII. Bisherige völkerrechtliche Verantwortlichkeit: Notwendigkeit einer Lösung

Nachdem ein einführendes Fallbeispiel die tatsächliche Ausgangssituation der Arbeit verdeutlicht hat und die bestehenden rechtlichen Institute dargestellt wurden, soll nun aufgezeigt werden, dass die bisherige völkerrechtliche Verantwortlichkeit die Entwicklung neuer Lösungsansätze notwendig macht. Sowohl bei dem Versuch die transnationalen Unternehmen in die Verantwortung zu nehmen als auch bei der Begründung einer staatlichen Verantwortlichkeit werden die Defizite deutlich, die bei der rechtlichen Verfolgung von

---

311 *Schäfer*, Gesellschaftsrechtliche Implikationen bei der Durchsetzung einer menschenrechtskonformen Geschäftspolitik im Konzern, in: *Amnesty International/Oxfam*, Fachgespräch Wirtschaft und Menschenrechte, 2009, S. 6–18 (9 f.).

312 Das ECCHR bezeichnet die Gewährung von Prozesskostenhilfe als „*Etappensieg*“, vgl. *ECCHR*, Der Preis der Katastrophen in der Textilindustrie Südasiens (Internetartikel).

Menschenrechtsverletzungen durch transnationale Unternehmen gegenwärtig bestehen.

1. Verantwortlichkeit des transnationalen Unternehmens

a) Klage in den Gaststaaten der transnationalen Unternehmen

Transnationale Unternehmen bewegen sich in einem juristischen Mehr-Ebenen-System. Eine international einheitliche Gesellschaftsrechtsordnung existiert nicht, sodass sich die Rechtspersönlichkeit und Staatszugehörigkeit eines Unternehmens nach den jeweiligen nationalen Regeln bestimmen.[313] Typischerweise unterliegen die verschiedenen Betriebseinheiten (Mutter- und Tochterunternehmen), die in unterschiedlichen Staaten angesiedelt sind, deshalb mehreren nationalen Rechtsordnungen und keine dieser Rechtsordnungen hat den alleinigen (rechtlichen) Zugriff auf die Gesamtheit des Konzerns.[314] Dies legt den Schluss nahe, zunächst jede Unternehmenseinheit unter der jeweiligen Rechtsordnung zu verklagen; also beispielsweise die deutsche Muttergesellschaft vor deutschen Zivilgerichten, die türkische Tochter vor den zuständigen Gerichten in der Türkei. Die Opfer würden somit vor den Gerichten in den Gaststaaten klagen. Ein Gericht in Ecuador verurteilte das Unternehmen Chevron Corporation, einen Energiekonzern mit Unternehmenssitzen in USA und Brasilien, zu einer Zahlung von 9,51 Milliarden US-Dollar für Gesundheitsschäden der Opfer, die durch die Ölförderung des Unternehmens verursacht worden waren.[315] Die Anzahl von Klagen vor nationalen Gerichten im Verhältnis zu den Menschenrechtsverletzungen, die begangen werden, ist aber verschwindend gering.[316] Dafür gibt es zahlreiche Ursachen. Teilweise lässt es die Sicherheitslage der Opfer nicht zu, gegen heimische Unternehmen zu klagen.[317] Sozialer Protest wird in politisch instabilen Ländern oft kriminalisiert und mit Gewalt bekämpft.[318] Beispielsweise wurde im September 2005 in Kolumbien der Gewerkschaftsführer und Menschenrechtsaktivist Luciano Romero von einer paramilitärischen Gruppe entführt, gefoltert und ermordet. Dieser war Mitarbeiter der Nestlé-Tochter *Cicolac*,

---

313 *Krajewski*, Menschenrechte und transnationale Unternehmen, in: *Möseneder*, Menschenrechte, S. 49–74 (55).

314 *Krajewski*, Menschenrechte und transnationale Unternehmen, in: *Möseneder*, Menschenrechte, S. 49–74 (55).

315 *Business & Human Rights Ressource Centre*, Texaxo/Chevron lawsuits (Internetartikel).

316 *Saage-Maaß*, Unternehmen zur Verantwortung ziehen, S. 7.

317 *Saage-Maaß*, Unternehmen zur Verantwortung ziehen, S. 7.

318 *Saage-Maaß*, Unternehmen zur Verantwortung ziehen, S. 16.

die in einem langjährigen Konflikt mit der Gewerkschaft Romero's *Sinaltrainal* stand.[319]

Auch pragmatische Gründe verhindern das juristische Vorgehen in den Gaststaaten. Die Opfer haben oftmals keine ausreichenden Möglichkeiten Beweismittel zu sammeln, einen Anwalt zu finden oder ein Expertengutachten, welches vor allem in umweltrechtlichen Streitigkeiten von großer Bedeutung ist, erstellen zu lassen.[320] Ohne die Unterstützung von Hilfsorganisationen haben die Opfer kaum eine Chance, das Unternehmen vor Gericht zu bringen.[321] Zudem werden wichtige Konzernentscheidungen in der Regel durch die Muttergesellschaft im Heimatstaat getroffen – die Verantwortlichkeit der heimatstaatlichen Manager nachzuweisen, kann bei einer Klage im Gaststaat, aufgrund der benötigten internen Informationen, eine unlösbare Aufgabe darstellen.[322] Die Opfer sind darüber hinaus darauf angewiesen, dass die örtlichen Behörden den Sachverhalt umfassend ermitteln. Wenn die staatlichen Stellen daran aber kein Interesse haben oder aus Kapazitätsgründen nicht dazu in der Lage sind, haben Klagen keine Aussicht auf Erfolg.[323]

Letztlich können finanzielle Gründe einer Rechtsdurchsetzung im Wege stehen. Die Opfer oder die Hinterbliebenen müssen einen Anwalt und die Gerichtskosten zahlen, und das bei ungewissem Prozessausgang. Ohne die Unterstützung durch zivilgesellschaftliche Organisationen werden die Opfer oftmals nicht in der Lage sein, ihren Fall vor örtlichen Gerichten geltend zu machen.[324] Insgesamt bieten Klagen in den Gaststaaten zum gegenwärtigen Zeitpunkt noch unzureichenden Schutz für die Betroffenen.

b) Klage in den Heimatstaaten der transnationalen Unternehmen

Neben der Möglichkeit, die Unternehmen in den Gaststaaten zu verklagen, könnten die Opfer auch vor Gerichte in den Heimatstaaten der Konzerne ziehen. Der US-amerikanische *Alien Tort Claims Act (ATCA)* nimmt dabei eine juristische Vorreiterrolle ein.[325] Das Gesetz aus dem Jahr 1798 regelt lediglich

---

319 *ECCHR*, Die Ermordung des Nestlé-Arbeiters Romero (Internetartikel).

320 *Saage-Maaß*, Unternehmen zur Verantwortung ziehen, S. 16.

321 *Saage-Maaß*, Transnationale Unternehmen, ZfMR 2 (2009), S. 102–122 (112).

322 *Saage-Maaß*, Transnationale Unternehmen, ZfMR 2 (2009), S. 102–122 (115).

323 *Saage-Maaß*, Unternehmen zur Verantwortung ziehen, S. 16; *Burkard*, Zum Spannungsverhältnis von Investitions- und Menschenrechtsschutz, S. 210.

324 *Saage-Maaß*, Transnationale Unternehmen, ZfMR 2 (2009), S. 102–122 (112).

325 Zum ATCA insgesamt siehe: *Seibert-Fohr*, United States Alien Tort Statute, in: *Wolfrum*, MPEPIL, dort auch mit weiterführenden Verweisen.

die sachliche Zuständigkeit der US-amerikanischen Bundesgerichte im Verhältnis zu den Gerichten der Einzelstaaten und stellt insofern selbst keine ausreichende Anspruchsgrundlage dar.[326] Die Bundesgerichte entscheiden bei Klagen auf Grundlage des ATCA über zivilrechtliche deliktische Ansprüche aufgrund einer Verletzung von völkergewohnheitsrechtlichen Normen. Die Besonderheit besteht darin, dass sich der ATCA speziell an ausländische Kläger richtet.[327] Bis in die 1980er Jahre hinein war der ATCA nahezu bedeutungslos, seitdem aber Grundlage vieler Klagen.[328] Zunächst richteten sich die Klagen nur gegen Staaten oder Staatsbedienstete, in jüngerer Zeit wurden aber vermehrt Private, genauer gesagt transnationale Unternehmen, für ihr Wissen und die Beteiligung an im Ausland begangenen Menschenrechtsverletzungen nach dem ATCA zur Verantwortung gezogen.[329] Ausländische Kläger, die Opfer von Menschenrechtsverletzungen geworden sind, können in dieser Weise US-amerikanische Unternehmen in deren Heimatstaat auf Schadensersatz verklagen.[330] Das Gericht überprüft einen möglichen Anspruch auf der Grundlage des common law, zu dem auch völkergewohnheitsrechtliche Normen zählen. Danach können Klagen auf Grundlage des ATCA primär auf schwerwiegende Menschenrechtsverletzungen wie Folter, Völkermord, Verbrechen gegen die Menschlichkeit, Sklaverei oder Kriegsverbrechen gestützt werden.[331] Dies erscheint zunächst systembrüchig, da Unternehmen keine völkerrechtliche Pflichtenstellung innehaben,[332] sie

---

326 Dass es sich bei dem ATCA lediglich um eine Zuständigkeitsnorm handelt hat der Supreme Court im Urteil *Sosa* v. Alvarez entschieden, *Sosa* v. Alvarez-Machain, 542 U.S. 692, 713 f. (29.6.2004); *Rau*, Schadensersatzklagen wegen extraterritorial begangener Menschenrechtsverletzungen, IPRax 20 (2000), S. 558–560 (558).

327 *Wolfrum/Seibert-Fohr*, Die einzelstaatliche Durchsetzung völkerrechtlicher Mindeststandards, AdVR 43 (2005), S. 153–186 (176).

328 *Gaedtke*, Der US-amerikanische Alien Tort Claims Act, AdVR 42 (2004), S. 241–260 (242).

329 *Wolfrum/Seibert-Fohr*, Die einzelstaatliche Durchsetzung völkerrechtlicher Mindeststandards, AdVR 43 (2005), S. 153–186 (155); *Gaedtke*, Der US-amerikanische Alien Tort Claims Act, AdVR 42 (2004), S. 241–260 (242).

330 Für einen Überblick über die genauen Anforderungen an den geforderten Anknüpfungspunkt zur US-amerikanischen Rechtsordnung siehe *Wolfrum/Seibert-Fohr*, Die einzelstaatliche Durchsetzung völkerrechtlicher Mindeststandards, AdVR 43 (2005), S. 153–186 (170 ff.).

331 *Wolfrum/Seibert-Fohr*, Die einzelstaatliche Durchsetzung völkerrechtlicher Mindeststandards, AdVR 43 (2005), S. 153–186 (157).

332 *Nowrot*, Normative Ordnungsstruktur und private Wirkungsmacht, S. 534 ff. m.w.N.; vgl. hierzu auch Kapitel A.VIII.1.c).

folgerichtig damit aber auch kein Völkerrecht verletzen können. Das Völkerrecht kennt lediglich die Staatenverantwortung und ausnahmsweise eine individuelle Verantwortlichkeit im Bereich des Völkerstrafrechts. Der ATCA geht vor diesem Hintergrund davon aus, dass bestimmte schwerwiegende Völkerrechtsverletzungen eine individuelle Haftung nach sich ziehen können, sie also Delikte im nationalen Recht begründen.[333] Dies hat beispielsweise das amerikanische Bundesberufungsgericht des elften Gerichtsbezirks in der Entscheidung ***Sinaltrainal v. Coca-Cola Co.*** bestätigt: *„This Court has also acknowledged private individuals may be liable for a violation of the law of nations [...]. In addition to private individual liablity, we have also recognized corporate defendants are subject to liablity under the ATS and may be liable for violations of the law of nations.*"[334]

Klagen wegen der Verletzung von wirtschaftlichen und sozialen Rechten sind dagegen unter dem ATCA wenig aussichtsreich.[335] Klagen gegen transnationale Unternehmen werden aber weniger Sklaverei oder Kriegsverbrechen zum Gegenstand haben als Beeinträchtigungen des Rechts auf Gesundheit, des Rechts auf Nahrung oder von kulturellen Rechten.

Vergleichsweise einfach stellt sich der Sachverhalt dar, wenn es sich um ein US-amerikanisches Unternehmen handelt, also die juristische Person nach US-amerikanischem Recht gegründet wurde, das selbst im Ausland gegen völkerrechtliche Normen verstoßen hat, die innerstaatlich als Delikt eingestuft werden. Viel schwieriger wird es hingegen, wenn kein US-amerikanisches Unternehmen gehandelt hat, sondern der transnationale Konzern lediglich über (auch) eine amerikanische Tochtergesellschaft verfügt. Oder wenn das ausländische Unternehmen nur an der New Yorker Börse gelistet ist und auf dem amerikanischen Markt tätig ist.[336] Kann dann das Unternehmen auch noch nach dem ATCA verklagt werden oder fehlt insofern ein Anknüpfungspunkt zur amerikanischen Gerichtsbarkeit?

Der in dieser Hinsicht brisanteste vom Supreme Court entschiedene Fall ist *Kiobel gegen Royal Dutch Petroleum* vom 17. April 2013.[337] Die Kläger gehören

---

333 *Seibert-Fohr*, United States Alien Tort Statute, in: *Wolfrum*, MPEPIL, Rn. 15.

334 *Sinaltrainal* v. Coca-Cola Co., 578 U.S. v. 11.8.2009, F.3d S. 1252, 1263 (11th Cir.).

335 *Wolfrum/Seibert-Fohr*, Die einzelstaatliche Durchsetzung völkerrechtlicher Mindeststandards, AdVR 43 (2005), S. 153–186 (160).

336 Vgl. dazu *Wolfrum/Seibert-Fohr*, Die einzelstaatliche Durchsetzung völkerrechtlicher Mindeststandards, AdVR 43 (2005), S. 153–186 (170 ff.).

337 *Kiobel* v. Royal Dutch Petroleum, 596 U.S. v. 17.4.2013, abrufbar unter: http://www.supremecourt.gov/opinions/12pdf/10-1491_l6gn.pdf (zuletzt abgerufen am 2.10.2017).

zu dem Volk der Ogoni, die im Nigerdelta angesiedelt sind. Das Unternehmen Royal Dutch Petroleum beziehungsweise das Tochterunternehmen Shell Petroleum Development Company of Nigeria förderte im Nigerdelta große Mengen an Öl. Dabei kam es zu erheblichen Umweltverschmutzungen. Als die Ogoni dagegen protestierten, versuchte das nigerianische Militär die Proteste gewaltsam zu beenden. Der Höhepunkt der Gewalt war im Jahre 1995 erreicht, als neun Umweltaktivisten hingerichtet wurden. 2002 folgte daraufhin eine Sammelklage nach dem ATCA, die bei einem Bundesbezirksgericht in New York eingereicht wurde. Royal Dutch Petroleum sollte sich nach der Anklage an den Menschenrechtsverletzungen des Militärs durch Anstiftung und Beihilfe beteiligt haben.[338] Der Fall hat in der rechtswissenschaftlichen Diskussion große Aufmerksamkeit erfahren, nicht zuletzt, weil sich der Supreme Court dabei über die extraterritoriale Anwendbarkeit des ATCA geäußert hat.

Der Supreme Court geht in seinem Urteil davon aus, dass der ATCA eine Vermutung *gegen* eine extraterritoriale Anwendbarkeit enthält. Diese sei zwar widerlegbar, aber nur, wenn der Anspruch der geltend gemacht wird das Territorium der Vereinigten Staaten mit ausreichender Stärke berührt und betrifft.[339] Eine erstaunliche Kehrtwende, die der Supreme Court einschlägt, wenn man an das Urteil im Fall *Filartiga vs. Pena-Irala* aus dem Jahr 1980 denkt.[340] Damals verurteilte ein amerikanisches Gericht einen ehemaligen Sicherheitsbeamten aus Paraguay zu einer Schadensersatzzahlung von 10 Millionen US-Dollar wegen Folter. Alle Beteiligten des Falles stammten aus Paraguay, und die Tat selbst wurde auch in Paraguay begangen, es bestand somit weder eine personelle noch örtliche Verbindung zu den USA. Aber selbst, wenn man die Entscheidung im Fall *Kiobel* als eine politische betrachtet,[341] kann das Urteil als Rückkehr zum Territorialitätsprinzip verstanden werden. Zukünftige Kläger müssen also einen hinreichenden Anknüpfungspunkt zu den Vereinigten Staaten aufzeigen, um ein transnationales Unternehmen nach dem ATCA verklagen zu können.

---

338 *Kiobel* v. Royal Dutch Petroleum, 596 U.S. v. 17.4.2013, S. 2.

339 *Kiobel* v. Royal Dutch Petroleum, 596 U.S. v. 17.4.2013, S. 14, „*And even where the claims touch and concern the territory of the United States, they must do so with sufficient force to displace the presumption against extraterritorial application.*"

340 U.S. App., *Filartiga* vs. Pena-Irala, 30.6.1980, 630 F. 2d 876, abrufbar unter: http://www.asser.nl/upload/documents/DomCLIC/Docs/NLP/US/Jimenez_v_Filartiga_Opinion_30-6-1980.pdf (zuletzt abgerufen am 2.10.2017).

341 Dafür plädiert *Johnson*, Kiobel v. Royal Dutch Petroleum Co., LLR 60 (2014), S. 171–203 (203).

Wenn die Voraussetzungen für eine Klage nach dem ATCA nicht vorliegen, bleibt den Opfern von Menschenrechtsverletzungen nur die Möglichkeit, in dem Staat vor Gericht zu ziehen, aus dem die Konzernmutter tatsächlich kommt. Dabei stellt sich aber in der Regel eine große gesellschaftsrechtliche Hürde: Ein transnationales Unternehmen besteht aus verschiedenen Betriebseinheiten, die zwar zu einer Muttergesellschaft gehören, rechtlich aber eigenständige Subjekte bilden. Es besteht nach dem deutschen Gesellschaftsrecht eine rechtliche Trennung von dem im Gaststaat ansässigen Tochterunternehmen und der deutschen Konzernmutter; das sogenannte Trennungsprinzip.[342] Die Muttergesellschaft und die jeweiligen Tochterunternehmen sind also jeweils eigenständige Rechtspersönlichkeiten. Dieses Prinzip gilt nicht nur in der deutschen Rechtsordnung, sondern ist inzwischen Bestandteil vieler Gesellschaftsrechtsordnungen auf der ganzen Welt.[343] Das hat zur Folge, dass die Opfer einer Menschenrechtsverletzung grundsätzlich nur das Tochterunternehmen im Gaststaat verklagen können, auch wenn ein viel größeres Interesse daran bestehen würde, das Mutterunternehmen in einem westlichen Heimatstaat vor einem Gericht zur Verantwortung zu ziehen. Zum einen wegen der schon angesprochenen unzureichenden Rechtsschutz- und Verwaltungssysteme im Gaststaat, zum anderen aber auch, weil die Muttergesellschaft oftmals das Konzernvermögen besitzt, aus dem mögliche Schadensersatzansprüche gezahlt werden könnten.[344] Das Vermögen liegt somit häufig geschützt in einem westlichen Staat und ist dem Zugriff von Gläubigern der Tochterunternehmen entzogen.[345] Die einzige Möglichkeit, doch an das Konzernvermögen zu gelangen beziehungsweise die Muttergesellschaft zur Verantwortung zu ziehen, könnte in der sogenannten Durchgriffshaftung liegen.[346] Bei dieser wird die rechtliche Trennung zwischen Mutter- und Tochterunternehmen durchbrochen und das herrschende Mutterunternehmen trifft eine haftungsrechtliche Einstandspflicht.[347] Ausnahmsweise kann also doch indirekt auf die Rechtsperson Mutterunternehmen zurückgegriffen werden, oder

342 *Schmidt*, Gesellschaftsrecht, § 9, S. 218.

343 *Palombo*, Chandler v. Cape, BJALS 4 (2015), S. 453–471 (456); *Weilert*, Transnationale Unternehmen im rechtsfreien Raum, ZaöRV 69 (2009), S. 883–917 (894 ff.).

344 *Palombo*, Chandler v. Cape, BJALS 4 (2015), S. 453–471 (457); *Weilert*, Transnationale Unternehmen im rechtsfreien Raum, ZaöRV 69 (2009), S. 883–917 (894).

345 Siehe dazu weiterführend *Weilert*, Transnationale Unternehmen im rechtsfreien Raum, ZaöRV 69 (2009), S. 883–917 (894 ff.).

346 Ein Überblick zur Durchgriffshaftung findet sich bei *Schmidt*, Gesellschaftsrecht, § 9, S. 217 ff.

347 *Wagner*, in: MünchKomm, BGB, § 826 Rn. 165.

anders formuliert: der den Rechtsträger schützende Schleier wird gehoben (*piercing the corporate veil*).[348] Ein Durchgriff auf das Mutterunternehmen ist jedoch an hohe Voraussetzungen geknüpft: Das Mutterunternehmen müsste die eigene Rechtspersönlichkeit des Tochterunternehmens bewusst ausgenutzt haben und rechtswidrige Tätigkeiten rechtsmissbräuchlich auf sie verlagert haben.[349] Die Durchgriffshaftung richtet sich nach innerstaatlichen Regeln, sodass es in verschiedenen Staaten zudem zu erheblichen Abweichungen kommen kann.[350] In Deutschland wird die Durchbrechung des Haftungsprivilegs für Deliktsverbindlichkeiten aus Menschenrechtsverletzungen derzeit nicht anerkannt.[351]

Der dritte Aspekt, der eine Klage in den Heimatstaaten bis jetzt noch unzureichend erscheinen lässt, ist die Überforderung der nationalen Behörden mit internationalen Sachverhalten. Der Fall *Lahmeyer*[352] verdeutlicht anschaulich, dass die nationalen Behörden mit der Ermittlung von internationalen Sachverhalten kapazitätsmäßig an ihre Grenzen stoßen. Im Mai 2010 reichte das European Center for Constitutional and Human Rights (ECCHR) und der geschädigte sudanesische Staatsangehörige Ali Khaliefa Askouri bei der Staatsanwaltschaft in Frankfurt am Main eine Strafanzeige gegen zwei leitende Angestellte des Ingenieurbüros Lahmeyer International GmbH ein.[353] Das Unternehmen half beim Bau des Merowe-Staudamms im Nordsudan. Die sudanesische Regierung hatte sich bis zuletzt nicht mit den Anwohnern über die Umsiedlungspläne der von dem Bauprojekt betroffenen Dörfer geeinigt. Trotzdem wurde der Staudamm 2008 in Betrieb genommen und viele Dörfer überflutet.[354] Nach Angaben des ECCHR verloren dadurch über 4.700 Familien ihre Lebensgrundlage.

---

348 *Schmidt*, Gesellschaftsrecht, § 9, S. 218.

349 *Weilert*, Transnationale Unternehmen im rechtsfreien Raum, ZaöRV 69 (2009), S. 883–917 (894 f.).

350 *Weilert*, Transnationale Unternehmen im rechtsfreien Raum, ZaöRV 69 (2009), S. 883–917 (894).

351 *Weller/Kaller/Schulz*, Haftung deutscher Unternehmen für Menschenrechtsverletzungen im Ausland, AcP 216 (2016), S. 387–420 (409).

352 Für einen Überblick über den Fall Lahmeyer und die Strafanzeige vgl. *ECCHR*, Das Unternehmen Lahmeyer und die Vertreibungen beim Staudammbau (Internetartikel); *Saage-Maaß*, Unternehmen zur Verantwortung ziehen, S. 20, zugleich BT-Ausschussdrucksache 18(19)201 a, 15.04.2015.

353 *ECCHR*, Das Unternehmen Lahmeyer und die Vertreibungen beim Staudammbau (Internetartikel).

354 *ECCHR*, Das Unternehmen Lahmeyer und die Vertreibungen beim Staudammbau (Internetartikel).

Das Ermittlungsverfahren dauert immer noch an.[355] Erst nach zwei Jahren hatte die Staatsanwaltschaft Dokumente in den betroffenen Unternehmen beschlagnahmt. Nach Saage-Maaß vom ECCHR *„[ist] die Staatsanwaltschaft dafür überhaupt nicht ausgelegt“*.[356]

Hinzu tritt darüber hinaus ein rechtspolitisches Argument. In einem Strafverfahren in Deutschland werden einzelne Individuen vor Gericht gestellt. In einem Konzern wären das einzelne wichtige Entscheidungsträger, denen das Gericht eine Schuld nachweisen müsste. Ein Unternehmensstrafrecht, bei dem das Unternehmen, also die juristische Person als Ganzes zur Verantwortung gezogen wird, gibt es im Gegensatz zu beispielsweise Großbritannien, Frankreich oder den USA[357] in Deutschland nicht.[358]

c) *Klage vor internationalen Gerichten – Problem der Völkerrechtssubjektivität*

Neben der Möglichkeit, transnationale Unternehmen vor Gerichten des Gast- oder Heimatstaates zu verklagen, muss darüber nachgedacht werden, ob diese nicht auch vor internationalen Gerichten, also solchen, die nach internationalem Recht entstanden sind, verklagt werden können. Bei einem internationalen Sachverhalt würde dies sogar naheliegen.

Als Voraussetzung für die Zulässigkeit einer Beschwerde vor internationalen Gerichten oder Gremien bedarf es eines Beschwerdeführers und eines Beschwerdegegners. Bei transnationalen menschenrechtswidrigen unternehmerischen Aktivitäten müsste das (transnationale) Unternehmen Beschwerdegegner sein, denn dieses soll für die Missachtung von Menschenrechten verantwortlich gemacht werden. Das Unternehmen könnte aber nur dann für eine Pflichtverletzung verantwortlich gemacht werden, wenn es Träger von menschenrechtlichen Pflichten wäre. Ob Unternehmen, zunächst unabhängig davon ob diese transnational agieren, Träger von völkerrechtlichen Rechten und Pflichten sein können und ihr Verhalten durch das Völkerrecht geregelt wird, sie mithin Völkerrechtssubjekt sein können,[359] ist sehr

---

355 *Koch*, Prozess gegen deutsche Firma Lahmeyer (taz.de); *Saage-Maaß*, Unternehmen zur Verantwortung ziehen, S. 20.

356 *Kaufmann*, Klagen gegen internationale Unternehmen (Legal Tribune Online).

357 *Leipold*, Unternehmensstrafrecht, ZRP 46 (2013), S. 34–37 (35).

358 *Saage-Maaß*, Transnationale Unternehmen, ZfMR 2 (2009), S. 102–122 (114).

359 So die in der Literatur verwendete Definition von Völkerrechtssubjektivität, siehe bspw. *Kau*, Der Staat und der Einzelne als Völkerrechtssubjekte, in: *Vitzthum/Proelß*, Völkerrecht, S. 141 Rn. 2.

umstritten.[360] Originäre Völkerrechtssubjekte sind die Staaten.[361] Der Kreis der möglichen Völkerrechtssubjekte ist aber nicht feststehend und auf Staaten begrenzt, wie dies die früher herrschende Lehre vertreten hat,[362] sondern er kann, vor allem durch die Staaten selbst, verändert werden.[363] Im Verlauf des 20. Jahrhunderts kamen weitere Akteure hinzu, denen durch die Staaten zumindest teilweise Völkerrechtssubjektivität verliehen wurde.[364] Internationalen Organisationen, aber auch Individuen wurden zunehmend Rechte gewährt und Pflichten auferlegt.[365] Insbesondere durch die Entwicklung des Menschenrechtsschutzes in der zweiten Hälfte des 20. Jahrhunderts, ausgelöst durch die Verabschiedung der Allgemeinen Erklärung der Menschenrechte durch die Vereinten Nationen, wurde der Mensch und seine Rechte immer mehr in das Zentrum der völkerrechtlichen Aufmerksamkeit gerückt.[366] In den vergangenen Jahrzehnten wurden auch den (transnationalen) Unternehmen verstärkt völkerrechtliche Rechte, wie beispielsweise im Bereich des Investitionsschutzes, verliehen – sie sind also zu *„völkerrechtlichen Berechtigungssubjekten“*[367] geworden.[368] Eine völkerrechtliche Berechtigung sagt aber noch nichts über eine völkerrechtliche Pflichtenstellung von transnationalen Unternehmen aus, die nach überwiegender Ansicht zum gegenwärtigen Zeitpunkt noch nicht besteht.[369]

---

360 Stellv. *Köster*, Die völkerrechtliche Verantwortung privater Unternehmen, S. 32 ff. m.w.N.; *Nowrot*, Normative Ordnungsstruktur und private Wirkungsmacht, S. 528 ff. m.w.N.

361 So schon *Jennings/Watts*, Oppenheim's International Law, S. 16: *„As a rule, the subjects of the rights and duties arising from international law are states solely and exclusively […].“*.

362 *Dahm/Delbrück/Wolfrum*, Völkerrecht, Band I/1, § 2 Ziff. II.2. m.w.N.

363 *Köster*, Die völkerrechtliche Verantwortung privater Unternehmen, S. 25; *Dahm/Delbrück/Wolfrum*, Völkerrecht, Band I/1, § 2 Ziff. I.1. spricht davon, dass Völkerrechtssubjektivität keine „feststehende Größe“ sei.

364 Die sogenannte *abgeleitete* Völkerrechtssubjektivität.

365 *Weilert*, Transnationale Unternehmen im rechtsfreien Raum, ZaöRV 69 (2009), S. 883–917 (885).

366 *Köster*, Die völkerrechtliche Verantwortung privater Unternehmen, S. 26.

367 Begrifflichkeit von *Nowrot*, Normative Ordnungsstruktur und private Wirkungsmacht, S. 531.

368 *Nowrot*, Normative Ordnungsstruktur und private Wirkungsmacht, S. 531 f., der transnationale Unternehmen aufgrund der ihnen zustehenden Individualrechtspositionen im Menschenrechtsschutz als *„partiell-derivative Völkerrechtssubjekte“* qualifiziert (S. 532 m.w.N.).

369 Stellv. *Nowrot*, Normative Ordnungsstruktur und private Wirkungsmacht, S. 534 ff. m.w.N. (insb. 549).

Die völkerrechtlichen Menschenrechtsverträge (Zivil- und Sozialpakt) richten sich an die Vertragsstaaten der jeweiligen Abkommen, nicht an private Unternehmen.[370] Daraus folgt zwingend, dass auch nur Staaten im Rahmen eines vertraglichen Durchsetzungs- oder Kontrollverfahrens auf die Einhaltung der vertraglichen menschenrechtlichen Verpflichtungen hin überprüft werden können.[371] Unternehmen können vor diesen Gremien nach Gesagtem nicht für Menschenrechtsverletzungen verantwortlich gemacht werden.[372] Bemerkenswert ist in diesem Zusammenhang, dass die Staaten durch Änderung der entsprechenden Verträge private Unternehmen völkerrechtlich binden könnten. Gründe, weshalb die Staaten daran kein Interesse haben, sehen Teile der Literatur darin, dass die Unternehmen dadurch zu mächtig würden und sich staatlicher Kontrolle zumindest teilweise entziehen könnten.[373] So lange die Staaten kein Interesse daran haben oder kein Bedürfnis dazu sehen, (transnationalen) Unternehmen durch völkerrechtliche Normen eine unmittelbare Rechtsstellung im Völkerrecht einzuräumen, können diese auch nicht vor Vertragsorganen für Menschenrechtsverletzungen verantwortlich gemacht werden.

Auch vor dem Internationalen Gerichtshof können keine Unternehmen, sondern lediglich Staaten gemäß Art. 35 IGH Statut Partei eines Rechtsstreits sein, sogar mit der Besonderheit, dass der Gerichtshof gemäß Art. 34 IGH Statut einzig von Staaten und nicht von Individuen angerufen werden kann; ein für den Menschenrechtsschutz deshalb nur subsidiär relevantes Organ.[374]

Zuletzt ist der Internationale Strafgerichtshof (International Criminal Court (ICC)) zu nennen, vor dem Individuen gemäß Art. 5 des Römischen Status des ICC wegen Völkermord (Art. 6), Verbrechen gegen die Menschlichkeit (Art. 7), Kriegsverbrechen (Art. 8) und unter Umständen wegen dem Verbrechen der Aggression (Art. 5 Abs. 1 lit. d) verklagt werden können. Nach Art. 25 Abs. 1 des Römischen Statuts des ICC können aber nur natürliche, nicht auch juristische,

---

370 *Burkard*, Zum Spannungsverhältnis von Investitions- und Menschenrechtsschutz, S. 207; *Krajewski*, Menschenrechte und transnationale Unternehmen, in: *Möseneder*, Menschenrechte, S. 49–74 (56); *Saage-Maaß*, Transnationale Unternehmen, ZfMR 2 (2009), S. 102–122 (107).

371 *Kälin/Künzli*, Universeller Menschenrechtsschutz, S. 220 Rn. 569.

372 Vgl. *Nowrot*, Normative Ordnungsstruktur und private Wirkungsmacht, S. 537 m.w.N.

373 *Charney*, Transnational Corporations, DLJ 4 (1983), S. 748–788 (772 f.) sagt dazu schon im Jahr 1983: *„the distribution of world power might shift in ways many consider to be undesirable"*.

374 *Kälin/Künzli*, Universeller Menschenrechtsschutz, S. 233 f. Rn. 599 ff.

Personen angeklagt werden. Eine strafrechtliche Verantwortlichkeit von juristischen Personen gibt es bisher auf völkerrechtlicher Ebene nicht.[375]

Vor internationalen Gerichten können private Unternehmen somit nicht für Menschenrechtsverletzungen zur Verantwortung gezogen werden.

d) Zwischenergebnis

Als Zwischenergebnis lässt sich festhalten, dass transnationale Unternehmen nach dem heutigen Stand nur unzureichend zur Verantwortung gezogen werden können, wenn sie Menschenrechte verletzen. Bei einer Klage in den Gaststaaten ist es für die Opfer schwer effektiven Rechtsschutz zu erhalten. Ohne Menschenrechtsorganisationen, die bei der Vorbereitung der Klage und beim Prozess Unterstützung leisten und die durch öffentlichen Druck die nationalen Behörden zum Einschreiten zwingen, sinkt die Chance der Opfer auf eine angemessene Entschädigung.

Die Aussichten auf ein zügiges Verfahren bei einer Klage gegen das Mutterunternehmen in den Heimatstaaten sind ebenso gering. Selbst wenn das Hindernis des gesellschaftsrechtlichen Trennungsprinzips rechtlich überwunden werden könnte, sind die Behörden mit internationalen Sachverhalten überfordert. Zudem bedarf es auch hier realistisch betrachtet einer großen Unterstützung durch Hilfsorganisationen, damit Opfer aus Entwicklungsländern vor Gerichten in Deutschland überhaupt Klage einreichen.

Auf internationaler Ebene gibt es bisher keine Möglichkeit, (transnationale) Unternehmen zur Verantwortung zu ziehen.[376]

2. Verantwortlichkeit der Staaten

Menschenrechte zu gewährleisten und zu schützen ist Aufgabe der Staaten. Eine echte Alternative zur Sicherung der Menschenrechte durch den Staat gibt es bis jetzt noch nicht.[377] Deshalb muss die Frage aufgeworfen werden, welche Verantwortung die Staaten tragen, wenn Unternehmen Menschenrechte verletzen.

---

375 *Burkard*, Zum Spannungsverhältnis von Investitions- und Menschenrechtsschutz, S. 207 u. Fn. 879.

376 Zu diesem Ergebnis kommt auch *Burkard*, Zum Spannungsverhältnis von Investitions- und Menschenrechtsschutz, S. 224.

377 In Bezug auf den Grundrechtsschutz: *Dröge*, Positive Verpflichtungen der Staaten, S. 2.

a) Verantwortlichkeit des Gaststaates

Bei einer Verletzung von Menschenrechten durch ein Unternehmen liegt es nahe, neben der Verantwortlichkeit des Unternehmens zunächst nach der Verantwortlichkeit des Staates zu fragen, auf dessen Territorium Menschenrechte verletzt wurden; entweder im Sinne einer Zurechnung oder als Verantwortung für privates Handeln in Form einer Schutzpflicht.[378] Der Gaststaat könnte nämlich dazu verpflichtet sein, aktiv – beispielsweise mit Hilfe der nationalen Gesetzgebung – gegen das menschenrechtsverletzende Unternehmen vorzugehen. Im Rahmen einer möglichen Schutzverpflichtung müsste er sich schützend vor seine Bürger stellen, um mögliche Beeinträchtigungen zu verhindern. Es könnte aber auch sein, dass dem Gaststaat die Verletzungshandlung des Unternehmens zuzurechnen ist oder er sich an der Menschenrechtsverletzung beteiligt, beispielsweise indem er durch Polizei- und Militäreinsätze das unternehmerische Vorhaben unterstützt.

Der Gaststaat könnte aufgrund innerstaatlichen Rechts und vor nationalen Gerichten sowohl für sein Unterlassen als auch für sein aktives Tun zur Verantwortung gezogen werden – jedoch nur, wenn dies die jeweilige nationale Rechtsordnung vorsieht. In Deutschland sind die fundamentalen Rechte eines jeden Menschen im Grundgesetz garantiert. Bei Missachtung kann ein Geschädigter beim Bundesverfassungsgericht nach Art. 93 Abs. 1 Nr. 4a GG eine Verfassungsbeschwerde erheben. In den Gaststaaten der transnationalen Unternehmen mangelt es in der Regel schon an einem für das Opfer leicht zugänglichen Rechtsschutzsystem und nicht selten an der politischen Bereitschaft, gegen (eigene) Verstöße rechtlich vorzugehen, weil der Gaststaat eine Abwanderung des Unternehmens befürchten muss.[379] Dazu treten Kapazitäts- und Expertiseprobleme der örtlichen Behörden bei der Durchführung von Gerichtsverfahren, insbesondere in Ländern, in denen die staatlichen Strukturen nicht ausreichend funktionsfähig sind.[380] Die eigene Regierung oder Behördenmitarbeiter vor

---

378 *Weber*, Die rechtliche und politische Dimension von extraterritorialen Staatenpflichten, INEF 2009, S. 13.

379 *Weber*, Die rechtliche und politische Dimension von extraterritorialen Staatenpflichten, INEF 2009, S. 16; *Burkard*, Zum Spannungsverhältnis von Investitions- und Menschenrechtsschutz, S. 214.

380 *Burkard*, Zum Spannungsverhältnis von Investitions- und Menschenrechtsschutz, S. 214.

nationalen Gerichten erfolgreich zu verklagen, gestaltet sich deshalb als sehr schwierig.[381]

Der Gaststaat könnte auch vor internationalen Gerichten zur Rechenschaft gezogen werden. Vor dem Internationalen Gerichtshof können allerdings keine Individuen klagen, sondern nur andere Staaten. So bleibt den Opfern nur die Möglichkeit, ein Individualbeschwerdeverfahren im Rahmen des Paktes für bürgerliche und politische Rechte oder des Paktes über wirtschaftliche, soziale und kulturelle Rechte vor dem Ausschuss für Menschenrechte zu verfolgen. Voraussetzung dafür ist jedoch, dass der jeweilige Gaststaat den Pakt und das entsprechende Fakultativprotokoll, in dem die jeweilige Individualbeschwerde geregelt ist, ratifiziert hat. Momentan haben von 168 Staaten, die den Zivilpakt ratifizierten, nur 115 auch das Fakultativprotokoll ratifiziert.[382] Beim Sozialpakt haben von 164 Staaten lediglich 21 das Fakultativprotokoll ratifiziert.[383] Für potenzielle Opfer ist es folglich vom Ratifikationswillen ihrer Heimatstaaten abhängig, ob überhaupt die Möglichkeit einer Individualbeschwerde besteht. Aber selbst wenn sie eine solche anstreben, dienen die Verfahren eher einer rechtlich unverbindlichen Mediation zwischen Verletzerstaat und Opfer.[384] Das soll nicht heißen, dass die durch den Menschenrechtsausschuss erarbeiteten, das Verfahren abschließenden „Auffassungen“ oder „views“ nicht durchaus bedeutungsvoll wären.[385] Sie sind urteilsähnlich gefasst, geben konkrete Empfehlungen, wie die Menschenrechtsverletzung kompensiert werden sollte und werden als Anhang

381 *Kaufmann*, Klagen gegen internationale Unternehmen (Legal Tribune Online); *Burkard*, Zum Spannungsverhältnis von Investitions- und Menschenrechtsschutz, S. 214.

382 Vgl. dazu die Übersicht über den Stand der Ratifikationen *OHCHR*, Status of Ratifications, abrufbar unter: http://indicators.ohchr.org/ (zuletzt abgerufen am 2.10.2017).

383 Vgl. dazu die Übersicht über den Stand der Ratifikationen *OHCHR*, Status of Ratifications, abrufbar unter: http://indicators.ohchr.org/ (zuletzt abgerufen am 2.10.2017).

384 *Kälin/Künzli*, Universeller Menschenrechtsschutz, S. 254 Rn. 647. *Riedel* sieht das Individualbeschwerdeverfahren als *„Zwischenstufe wirksamer Menschenrechtsverletzung [an], bei der der eindeutige Menschenrechtsstandard durch ein rechtlich verbindliches, aber doch nur schwach verpflichtendes Durchsetzungsinstrument ergänzt wird, dessen praktische Bedeutung vor allem in seiner politischen Wirkung liegt.“*, *Riedel*, Universeller Menschenrechtsschutz, in: *Koenig/Lorz*, Die Universalität der Menschenrechte, S. 105–137 (117).

385 Zum Verfahren im Ganzen: *Riedel*, Universeller Menschenrechtsschutz, in: *Koenig/Lorz*, Die Universalität der Menschenrechte, S. 105–137; *Tomuschat*, Menschenrechte, in: *Wolfrum*, Handbuch Vereinte Nationen 74 (1991), S. 551–558 (556).

zum jährlichen Bericht des Ausschusses an die Generalversammlung veröffentlicht.[386] In einem oder gar mehreren solcher Berichte genannt zu werden, wollen die meisten Staaten verhindern, und so dient diese *„mobilisation of shame"*, wie sie *Riedel* nennt, als ein überwiegend politisches Instrument zur Verfolgung von Menschenrechtsverletzungen.[387] Die betroffenen Staaten versuchen die Empfehlungen des Menschenrechtsausschusses umzusetzen, und so kann ein einzelnes Opfer durchaus von einer Individualbeschwerde profitieren.

b) Verantwortlichkeit des Heimatstaates

Ein einfacher Gedanke steht hinter den Ausführungen dieser Arbeit: Staaten sollen im Ausland nicht das tun oder unterlassen können, was ihnen im Inland ver- beziehungsweise geboten ist. Das kann keinesfalls so verstanden werden, dass jeder Staat weltweit für den Schutz der Menschenrechte jeder einzelnen Person zuständig und verantwortlich wäre.[388] Jede Art von extraterritorialer Verantwortlichkeit strikt abzulehnen, erscheint allerdings auch nicht sachgerecht.

In Parallelität zur Verantwortlichkeit des Gaststaates kann die des Heimatstaates ebenfalls über zwei rechtliche Wege begründet werden: Zum einen könnte der Staat die Pflicht haben, aktiv gegen die Menschenrechtsverletzung eines Unternehmens vorzugehen. Die staatliche Schutzverpflichtung müsste hierfür über das eigene Territorium hinaus auf andere Staatsgebiete ausgedehnt werden können. Grundsätzlich wollen die Staaten die Verpflichtungen der Menschenrechtspakte jedoch nur in den eigenen Staatsgrenzen begründet sehen.[389] Auch der UN-Sonderberichterstatter für Menschenrechte und Unternehmen sieht derzeit keine völkerrechtliche Verpflichtung für Staaten, außerhalb des eigenen Territoriums gegen Menschenrechtsverletzung von privaten Dritten einzuschreiten.[390] Nach

386 *Tomuschat*, Menschenrechte, in: *Wolfrum*, Handbuch Vereinte Nationen 74 (1991), S. 551–558 (556); *Riedel*, Universeller Menschenrechtsschutz, in: *Koenig/Lorz*, Die Universalität der Menschenrechte, S. 105–137 (117).

387 *Riedel*, Universeller Menschenrechtsschutz, in: *Koenig/Lorz*, Die Universalität der Menschenrechte, S. 105–137 (117).

388 So auch der Gedanke für die Maastrichter Prinzipien: *De Schutter/Eide/Khalfan/Orellana/Salomon/Seiderman*, Commentary to the Maastricht Principles on Extraterritorial Obligations of States, HRQ 34 (2012), S. 1084–1169 (1090).

389 *Coomans*, Die Verortung der Maastrichter Prinzipien, ZfMR 2 (2012), S. 27–47 (32); *Weber*, Die rechtliche und politische Dimension von extraterritorialen Staatenpflichten, INEF 2009, S. 15. Siehe dazu insgesamt Kapitel C.

390 Bericht des Sonderberichterstatters der UN für Menschenrechte und Unternehmen *John Ruggie* an den UN-Menschenrechtsrat, *Ruggie*, Promotion and Protection of all Human Rights 2009, A/HRC/11/13, Ziff. 15.

dieser Auffassung wäre der Gaststaat in der menschenrechtlichen Verpflichtung und müsste die Verantwortung übernehmen. Wenn man diese Argumentation zunächst nicht weiter in Frage stellt, bliebe aber auf der anderen Seite nur noch die rechtliche Möglichkeit, Verletzungshandlungen dem Heimatstaat zuzurechnen. Ein Unternehmen müsste also entweder als staatliches Organ handeln oder hoheitliche Funktionen im Ausland ausüben oder es müsste nach Anweisung oder unter Kontrolle des Staates handeln.[391] Diese Konstellation wird aber die wenigstens Fälle von Menschenrechtsverletzungen abdecken. Die transnationalen Unternehmen bewegen sich somit in einer juristischen Grauzone, in der Verantwortlichkeiten noch nicht abschließend geklärt sind.

IX. Zwischenergebnis

Diese in Anbetracht der Komplexität der Thematik kurze Einführung soll einen Überblick über die vielschichtigen Möglichkeiten und Versuche geben, Menschenrechte auf nationaler, regionaler und internationaler Ebene zu schützen. All diesen Ansätzen liegt die in der Allgemeinen Erklärung der Menschenrechte festgeschriebene Überzeugung zu Grunde, dass fundamentale Rechte eines jeden Menschen zu schützen sind. Dass der Diskurs darüber durch unterschiedliche Unrechtserfahrungen, politische Gegebenheiten, wirtschaftliche Überzeugungen, faktische Möglichkeiten und die Veränderung von rechtlichen Anschauungen beeinflusst wird, nimmt dem Grundgedanken des Menschenrechtsschutzes nicht seine Wirkungskraft. Die transnationalen Aktivitäten privater Unternehmen können mit den gegenwärtigen Mitteln nur unzureichend erfasst werden – die Wichtigkeit von Unternehmensinvestitionen wächst jedoch gleichermaßen wie der Einfluss privater Akteure auf staatliche Strukturen. In diesem Spannungsfeld bewegt sich die Arbeit, wenn sie untersucht, inwieweit transnationale Unternehmensaktivitäten von menschenrechtlichen Schutzinstituten (mittelbar) erfasst werden können.

391 Zu den genauen Zurechnungstatbeständen vgl. Kapitel B.II.1.

B. Die Verpflichtungsstrukturen der EMRK

I. Einführung

Der Menschenrechtsschutz in Deutschland ist vielschichtig. Für den Schutz der fundamentalen Rechte eines jeden Menschen interagieren (zumindest in allen Staaten der Europäischen Union), mit zum Teil übereinstimmenden, aber auch sich ergänzenden Verbürgungen, die nationale Verfassung, die Charta der Grundrechte der Europäischen Union (GRC) und die EMRK miteinander. Das Grundgesetz nimmt in diesem Dreiklang die dominierende Position ein. Die EU Grundrechtecharta findet nach Art. 51 Abs. 1 GRC nur bei der Durchführung des Rechts der Union durch die Mitgliedstaaten Anwendung, wobei umstritten ist, wie weit dieser Durchführungsbegriff reicht.[392] Das Zusammenspiel von Grundrechtecharta und Grundgesetz soll an dieser Stelle nicht näher ausgeführt werden, weil dies zu sehr von der Thematik der Arbeit ablenken würde; bedeutsamer ist das Verhältnis der GRC zur EMRK. Art. 52 Abs. 3 GRC sagt diesbezüglich ausdrücklich, dass die in der Charta gewährten Rechte denen der EMRK entsprechen, insbesondere die gleiche Bedeutung und Tragweite wie in der Konvention haben. Die Grundrechtecharta orientiert sich insoweit an der EMRK, die laut dem EuGH eine „besondere Bedeutung"[393] im Grundrechtsschutz der Rechtsordnung der Union innehat.

Das Verhältnis der EMRK zum Grundgesetz wird vor allem durch das subsidiäre Verhältnis der Gerichte zueinander bestimmt. Nach Art. 35 Abs. 1 EMRK ist eine Beschwerde an den EGMR von der Erschöpfung aller innerstaatlichen Rechtsbehelfe abhängig. Ein potenzielles Opfer einer Menschenrechtverletzung muss somit den Rechtsweg vor den deutschen Gerichten durchlaufen, bevor es sich überhaupt an den EGMR wegen einer Konventionsverletzung (durch Deutschland) wenden kann. Auf den ersten Blick widersprüchlich erscheint Art. 35 Abs. 1 EMRK, wenn man § 90 BVerfGG und die Aussage des Bundesverfassungsgerichts im Blick hat, dass Verfassungsbeschwerden nur auf Grundrechte und nicht auf die EMRK gestützt werden können.[394] Eine Individualbeschwerde beim EGMR kann nur nach Erschöpfung des Instanzenzuges

---

392 Zu den unterschiedlichen Ansätzen vgl. *Lenaerts*, Die EU-Grundrechtecharta, EuR 1 (2012), S. 3–17 (4 ff.).

393 EuGH, Urt. v. 21.9.1989, Rs. 46/87, abgedruckt NJW 1989, S. 3080 Rn. 13.

394 BVerfG, Beschl. v. 14.01.1960 – 2 BvR 243/60, BVerfGE 10, 271 (274); BVerfG, Beschl. v. 14.3.1973 – 2 BvR 621, 622, 635, 912/72, BVerfGE 34, 384 (395); BVerfG, Beschl. v. 17.12.1975 – 1 BvR 548/68, BVerfGE 41, 88 (105).

und der Ausschöpfung aller außerordentlichen Rechtsbehelfe (wie der Verfassungsbeschwerde) erhoben werden; zum Bundesverfassungsgericht gelangt man aber nicht mit dem Einwand, eine Konventionsgarantie sei verletzt. Das System ist also nur insofern schlüssig, als sich der materielle Inhalt von Konvention und Grundgesetz deckt, weil nur dann die Erschöpfung der innerstaatlichen Rechtsbehelfe möglich ist. Folglich entscheidet der EGMR nur über Fälle, die bereits von deutschen Gerichten auf ihre Vereinbarkeit mit Grundrechten überprüft wurden.[395] Entsprechend dem hohen grundrechtlichen Schutzniveau sind bisher vergleichsweise wenige Urteile gegen Deutschland gefällt worden.[396] Im Jahr 2012 waren es elf durch den EGMR festgestellte Konventionsverletzungen der Bundesrepublik, im Jahr 2013 drei, im Jahr 2014 vier und zuletzt sechs im Jahr 2015.[397] Die Darstellungen verdeutlichen, welche überragende Stellung das Grundgesetz im Vergleich zur EMRK in Deutschland einnimmt.[398] Die meisten Sachverhalte, die unter den materiellen Anwendungsbereich der EMRK fallen, werden bereits von deutschen Grundrechten erfasst. Nur eine geringe Anzahl an Fällen gelangt überhaupt zum EGMR. Die Bilanz fällt aber nicht für alle EMRK-Staaten gleichermaßen gut aus. Seit der Gründung des EGMR im Jahr 1959 ergingen die meisten Urteile gegen fünf Staaten: die Türkei (3182), Italien (2336), Russland (1720), Rumänien (1197) und Polen (1099).[399] Die Rechtsprechung des EGMR nimmt in den europäischen Staaten für den Menschenrechtsschutz eine zentrale Rolle ein. Der Gerichtshof stellt für die Bevölkerung in den Mitgliedstaaten eine wirksame und menschennahe Rechtsschutzmöglichkeit dar, dies wird schon durch die große Anzahl an anhängigen Individualbeschwerden deutlich.

---

395 *Gusy*, Wirkungen der Rechtsprechung des EGMR in Deutschland, JA 6/2009, S. 406–410 (407).

396 Im Jahr 2014 hat der EGMR in vier Fällen gegen Deutschland eine Konventionsverletzung festgestellt (1128 Beschwerden gegen Deutschland wurden für unzulässig erklärt; 13 Urteile insgesamt gefällt), vgl. dazu *BMJV*, Bericht über die Rechtsprechung des EGMR und die Umsetzung seiner Urteile, 2014, S. 5, 34.

397 *BMJV*, Bericht über die Rechtsprechung des EGMR und die Umsetzung seiner Urteile, 2014, S. 5; *BMJV*, Bericht über die Rechtsprechung des EGMR und die Umsetzung seiner Urteile, 2013, S. 5; *BMJV*, Bericht über die Rechtsprechung des EGMR und die Umsetzung seiner Urteile, 2012, S. 5. Bemerkenswert ist, dass bei sechs Urteilen des EGMR gegen Deutschland im Jahr 2015, in denen eine Konventionsverletzung festgestellt wurde, 913 Beschwerden eingegangen sind, vgl. *ECHR*, Press Country Profile Germany, S. 1.

398 Siehe weiterführend *Röben*, in: *Dörr/Grote/Marauhn*, EMRK/GG, Band I, Kap. 5 Rn. 1 ff.

399 *ECHR*, In Facts & Figures 2015, S. 4.

Die Rechtsprechung des EGMR hat auch bei der Untersuchung der Verpflichtungsstrukturen der EMRK eine elementare Bedeutung. Der EGMR entwickelt die Konventionsgarantien fort und füllt die einzelnen Verbürgungen mit materiellem Gehalt durch seine dynamisch-teleologische Auslegungsmethode.[400] Im Folgenden sollen die Verpflichtungsstrukturen der EMRK untersucht werden, wobei die EGMR-Rechtsprechung dabei einen wichtigen Ausgangspunkt einnimmt.

Ein Staat kann nur für eigenes pflichtwidriges Verhalten (Tun oder Unterlassen) menschenrechtlich zur Verantwortung gezogen werden. Privates unternehmerisches Verhalten müsste dem Staat entweder als eigenes zurechenbar sein, oder der Staat könnte in Verbindung mit der schädigenden Handlung durch den privaten Dritten eigene positive Pflichten verletzt haben. Im ersten Abschnitt werden Zurechnungskonstellationen untersucht.[401] Der handelnde Akteur besteht in Gestalt eines Unternehmens. Wann aber kann unternehmerische Tätigkeit einem Staat als eigenes Verhalten zugerechnet werden? Welche Kriterien sind für die Feststellung der Staatsnähe entscheidend? Welche Rolle spielen staatsnahe Unternehmen in der Rechtsprechung des Gerichtshofs?

Im zweiten Abschnitt wird die Verantwortlichkeit eines Staates wegen der Verletzung einer positiven Verpflichtung im Zusammenhang mit dem Verhalten von privaten Unternehmen untersucht.[402] Was versteht der EGMR überhaupt unter positiven Staatenpflichten? Wie können Schutzverpflichtungen des Staates tatbestandlich konstruiert werden? Wann sind die Grenzen dessen erreicht, was von einem Staat zur Erfüllung einer Schutzverpflichtung verlangt werden kann? Und aus welchen EMRK-Rechten hat der EGMR im Zusammenhang mit unternehmerischer Tätigkeit bereits Schutzpflichten hergeleitet?

II. Verantwortlichkeit der Staaten für das Verhalten von Unternehmen aufgrund eines Zurechnungstatbestands

In der ersten Konstellation, die in den Blick genommen werden soll, stehen sich der Staat als Schädiger und das Opfer in einem Zwei-Personen-Verhältnis gegenüber. Durch die Zurechnung der schädigenden Handlung an den Staat tritt das Unternehmen als Akteur in den Hintergrund. Hierin liegt der Unterschied zu einer Verantwortlichkeit der Staaten im Zusammenhang mit privater

---

400 *Peters/Altwicker*, Europäische Menschenrechtskonvention, § 2 Rn. 41 f.
401 Siehe Kapitel B.II.
402 Siehe Kapitel B.III.

unternehmerischer Tätigkeit, bei der ein Drei-Personen-Verhältnis aus schädigendem Dritten, Opfer und Staat oder anders ausgedrückt ein „Rechtsdreieck" besteht.[403] Im Folgenden muss deshalb untersucht werden, nach welchen Grundsätzen unternehmerisches Verhalten zugerechnet werden kann und welche Konsequenzen sich daraus für die staatliche Verpflichtung ergeben. Bedeutet eine Zurechnung automatisch die Annahme einer (negativen) Achtungspflicht? Oder können daraus auch positive Pflichten für den Staat resultieren? Auch das Verhältnis von völkerrechtlichen Zurechnungsregeln und dem EMRK-System wird Gegenstand der Betrachtungen sein. Schließlich wird die Rechtsprechung des EGMR im Zusammenhang mit der Zurechnung unternehmerischer Tätigkeit analysiert.

1. Zurechnung nach den Regeln der Staatenverantwortlichkeit

Wann ein Verhalten dem Staat zugerechnet wird, ist in der EMRK selbst nicht geregelt. Zurechnungsregeln wurden auch in keinem völkerrechtlichen Vertrag festgeschrieben, anders als das für die Auslegungsregeln[404] für völkerrechtliche Verträge getan wurde.[405] Dennoch existieren auch für die Zurechnung völkerrechtlich anerkannte Regeln.[406] Die International Law Commission (ILC) hat in

---

403 Begrifflichkeit von *Isensee*, Das Grundrecht auf Sicherheit, S. 34; so auch *Cremer*, Der Schutz vor den Auslandsfolgen aufenthaltsbeendender Maßnahmen, S. 240; siehe dazu Kapitel B.III.

404 Das Wiener Übereinkommen über das Recht der Verträge wurde am 23.5.1969 gezeichnet und trat am 27.1.1980 in Kraft, derzeit haben 114 Staaten das Abkommen ratifiziert (Stand: Oktober 2017), abrufbar unter: https://treaties.un.org/doc/Publication/UNTS/Volume%201155/volume-1155-I-18232-English.pdf (zuletzt abgerufen am 2.10.2017).

405 *Burkard*, Zum Spannungsverhältnis von Investitions- und Menschenrechtsschutz, S. 224.

406 Zunächst haben sich die Straßburger Organe an nationalen Maßstäben zur Unterscheidung zwischen öffentlich-rechtlichem und privatem Handeln orientiert, vgl. bspw. EKMR, E. & G. R. vs. Austria, Ents. v. 14.5.1984, No. 9781/82, S. 44 f.; also hinsichtlich der Regeln, nach denen Handlungen dem Staat (möglicherweise) zugerechnet werden können, vgl. *Wiesbrock*, Internationaler Schutz der Menschenrechte, S. 201. Inzwischen wird übereinstimmend mit anderen internationalen Spruchkörpern auf den gewohnheitsrechtlich anerkannten Inhalt der Normen des ILC-Entwurfs abgestellt, siehe dazu m.w.N.: *Dereje*, Staatsnahe Unternehmen, S. 89 ff.; *Ipsen*, Völkerrecht, § 17 Rn. 50 ff., dort auch zum Hintergrund der ILC; *Epiney*, Die völkerrechtliche Verantwortlichkeit von Staaten, S. 21 ff.; *Wiesbrock*, Internationaler Schutz der Menschenrechte, S. 201 ff.; *Burkard*, Zum Spannungsverhältnis von Investitions- und Menschenrechtsschutz, S. 224; *Weber*, Die rechtliche und politische Dimension von

einem zuletzt im Jahr 2001 verabschiedeten Entwurf zur Staatenverantwortlichkeit Zurechnungsregeln formuliert („Draft Articles on Responsibility of States for Internationally Wrongful Acts").[407] Der ILC-Entwurf stellt kein völkerrechtliches Gewohnheitsrecht dar, sondern kann lediglich als eine Lehrmeinung im Sinne von Art. 38 Abs. 1 lit. d) ICJ-Statut kategorisiert werden; er ist also eine Rechtserkenntnisquelle, die dabei hilft, Völkergewohnheitsrecht festzustellen.[408]

Die Normen des ILC-Entwurfs sind keine materiell-rechtlichen völkerrechtlichen Normen, die den Staaten Handlungspflichten auferlegen, sondern sie versuchen abstrakt zu bestimmen, wann ein *„internationally wrongful act"*, also ein völkerrechtswidriges staatliches Verhalten, vorliegt und welche Konsequenzen daraus folgen.[409] Diese Feststellung vollzieht sich nach Art. 2 ILC-Entwurf in zwei Schritten. Zunächst wird überprüft, ob das Handeln dem Staat als eigenes zugerechnet werden kann (subjektives Element), bevor dann eine Verletzung von völkerrechtlichen Normen untersucht wird (objektives Element).[410] Die ILC-Normen gehen davon aus, dass dieses subjektive Element immer ein menschliches Tun oder Unterlassen beschreibt, das nach den Artikeln 4–11 des

---

extraterritorialen Staatenpflichten, INEF 2009, S. 14; *Kaleck/Saage-Maaß*, Transnationale Unternehmen vor Gericht, S. 35; in Bezug auf die Anwendbarkeit im Bereich der Menschenrechte *McCorquodale/Simons*, Responsibility Beyond Borders, MLR 70 (2007), S. 598–625 (601).

407 Im Folgenden auch „ILC-Entwurf" oder „ILC-Artikel" genannt; vgl. mit Kommentierung *ILC*, UN-RES A 56/10; *Dereje*, Staatsnahe Unternehmen, S. 94 ff.

408 Siehe dazu *Dereje*, Staatsnahe Unternehmen, S. 104 ff.; *Schweisfurth*, Völkerrecht, Kap. 7 Rn. 17; *Ipsen*, Völkerrecht, § 28 Rn. 2; *Jankowska-Gilberg*, Extraterritorialität der Menschenrechte, S. 108; a. A.: *Griebel*, Die Zurechnungskategorie der de-facto Organe, S. 47 f., der darauf verweist, dass die ILC formal betrachtet als Unterorgan der Generalversammlung genauso wie die GV selbst nicht im Quellenregister des Art. 38 ICJ Statut erfasst ist; *Kranz*, Die völkerrechtliche Verantwortlichkeit, AdVR 48 (2010), S. 281–337 (284), beschreibt die ILC-Artikel als wichtiges Instrument für die Rechtsinterpretation, aber sie würden nicht das allgemeine Völkergewohnheitsrecht widerspiegeln.

409 *Dahm/Delbrück/Wolfrum*, Völkerrecht, Band I/3, § 173 Ziff. II.1.; *Weber*, Die rechtliche und politische Dimension von extraterritorialen Staatenpflichten, INEF 2009, S. 14; die Normen des ILC-Entwurfs werden deshalb auch als „Sekundärnormen" bezeichnet, vgl. bspw. *Burkard*, Zum Spannungsverhältnis von Investitions- und Menschenrechtsschutz, S. 224; *Kranz*, Die völkerrechtliche Verantwortlichkeit, AdVR 48 (2010), S. 281–337 (283).

410 *Wolf*, Zurechnungsfragen bei Handlungen von Privatpersonen, ZaöRV 45 (1985), S. 232–264 (244); *Epiney*, Die völkerrechtliche Verantwortlichkeit von Staaten, S. 97.

ILC-Entwurfs als „act of state“ im Sinne des Art. 3 dem jeweiligen Staat zugerechnet wird.[411]

Für die Verantwortlichkeit von Staaten im Zusammenhang mit Handlungen von privaten Unternehmen sind Art. 4 (Organe des Staates), Art. 5 (Übertragung von Elementen hoheitlicher Gewalt) und Art. 8 ILC-Entwurf (staatliche Beauftragung, Leitung oder Kontrolle) besonders relevant und werden deshalb in diesem Abschnitt näher betrachtet.[412]

a) Anwendbarkeit der Regeln der Staatenverantwortlichkeit auf die EMRK

Bereits die Anwendbarkeit der im ILC-Entwurf kodifizierten Regeln bei Zurechnungsfragen im Rahmen der EMRK ist umstritten. Die ablehnende Literaturansicht argumentiert mit dem in sich abgeschlossenen System des europäischen Menschenrechtsschutzes, das insbesondere im Hinblick auf die Individualbeschwerde eine Anwendung allgemeiner Zurechnungsregeln ausschließe.[413] Diese Argumentation fußt auf der Überlegung, dass das internationale Menschenrechtsregime durch andere dogmatische Strukturen als das sonstige Völkerrecht geprägt sei und ein in sich abgeschlossenes System darstelle.[414] Das Völkerrecht sei das Recht der Staaten, in dem sie ihr Verhältnis zueinander selbst durch völkerrechtliche Verträge festlegen würden. Der Menschenrechtsschutz stelle in diesem System eine Art Fremdkörper dar, nicht zuletzt weil Individuen die

---

411 *Wolf*, Zurechnungsfragen bei Handlungen von Privatpersonen, ZaöRV 45 (1985), S. 232–264 (248).

412 Siehe zu den ILC-Artikeln im Ganzen *Crawford*, Commentaries; *Wolf*, Die Haftung der Staaten für Privatpersonen, S. 142 ff.; *Stahl*, Schutzpflichten im Völkerrecht, S. 125 ff.; *Dereje*, Staatsnahe Unternehmen, S. 91 ff. m.w.N.; *Wiesbrock*, Internationaler Schutz der Menschenrechte, S. 205 ff.

413 *Klinke*, Bestimmungsmerkmale von Hoheitsgewalt im Völkerrecht, S. 101 Fn. 345; *Clapham*, The ‚Drittwirkung‘ of the Convention, in: *Macdonald*, The European System, S. 163–206 (170) Fn. 32; *Clapham*, Human Rights in the Private Sphere, S. 188 Fn. 29, auch mit dem Verweis auf den „European ordre public“ und dem Hinweis auf die Möglichkeit anderer Staaten Gegenmaßnahmen zu ergreifen, wenn ein Staat für einen „internationally wrongful act“ verantwortlich ist; eine solche Wechselwirkung wäre der EMRK gerade nicht immanent.

414 Diskutiert wird die Problematik zumeist unter dem Begriff des *„self-contained regimes“*, vgl. dazu *Dahm/Delbrück/Wolfrum*, Völkerrecht, Band I/3, § 173 Ziff. III.1.; *Simma*, Self-contained regimes, NYIL 16 (1985), S. 111–136 (129 ff.).

Möglichkeit gegeben werde, ihre Rechte auf internationaler Ebene durchzusetzen.[415] Die menschenrechtlichen Pakte und Konventionen sind zwar auch völkerrechtliche Verträge, darin werde jedoch das Verhältnis zwischen einem Staat und einem Individuum oder einer Gruppe von Individuen geregelt – was ursprünglich Regelungsmaterie jeder nationalen Rechtsordnung war. Zudem könne insgesamt auf die Unterscheidung zwischen staatlichem und privatem Handeln verzichtet und im Zweifel eine Verantwortlichkeit über die Schutzpflicht des Staates hergeleitet werden, sodass keine Notwendigkeit für die Anwendung der Regeln zur Staatenverantwortlichkeit bestehe.[416] Diese Ansicht verkennt, dass die EMRK, sowie die anderen relevanten Menschenrechtspakte, keine Zurechnungsregeln enthalten, die im Sinne einer *lex specialis* allgemeine (gewohnheitsrechtlich anerkannte) Regeln insgesamt verdrängen.[417] Die Regime stehen nach herrschender Meinung in der Literatur nebeneinander und ergänzen sich, soweit keine Sonderregelungen für das streitige Rechtsverhältnis gelten.[418] Für diese Ansicht spricht schon Art. 55 des ILC-Entwurfs, der bestimmt, dass die Artikel keine Anwendung finden, wenn speziellere Regeln des Völkerrechts greifen – also auch die der EMRK.

Die Rechtsprechung des EGMR wurde bis zur Entscheidung im Fall *Banković* im Jahr 2001 dahingehend interpretiert, dass der Gerichtshof von einer Anwendbarkeit der Regeln der Staatenverantwortlichkeit im Rahmen des Konventionssystems ausging. Die Straßburger Richter sprachen bereits in der Entscheidung *Drozd und Janousek* im Jahr 1992 über eine notwendige

---

415 *Chirwa*, The Doctrine of State Responsibility, Melbourne J. of Int'l Law 5 (2004), S. 1–36 (10 f.); *Clapham*, The ‚Drittwirkung' of the Convention, in: *Macdonald*, The European System, S. 163–206 (170) Fn. 32.

416 *Clapham*, Human Rights in the Private Sphere, S. 129, „*[…] then the solution which results in the best 'fit' is one which disregards public and private law distinctions at the national level, and examines all violations whosoever commits them, and then decides whether the Member State will be held responsible for failing to prevent (or grand redress for) such a violation*".

417 *McCorquodale/Simons*, Responsibility Beyond Borders, MLR 70 (2007), S. 598–625 (601 f.); *Chirwa*, The Doctrine of State Responsibility, Melbourne J. of Int'l Law 5 (2004), S. 1–36 (10 f.), der davon ausgeht, dass im Konfliktfall die ILC-Regeln zurücktreten; *Dereje*, Staatsnahe Unternehmen, S. 207.

418 *Dahm/Delbrück/Wolfrum*, Völkerrecht, Band I/3, § 173 Ziff. III.1.; *Wiesbrock*, Internationaler Schutz der Menschenrechte, S. 200 ff.; *Jankowska-Gilberg*, Extraterritorialität der Menschenrechte, S. 118 ff.; *Burkard*, Zum Spannungsverhältnis von Investitions- und Menschenrechtsschutz, S. 225 ff.; *Kamchibekova*, State Responsibility, Buff. Hum. Rts. L. Rev.13 (2007), S. 87–149 (102 ff.).

Handlungszurechnung: *„The question to be decided here is whether the acts complained of by Mr. Drozd and Mr. Janousek* ***can be attributed*** *to France or Spain or both, even though they were not performed on the territory of those States.“*[419] Deutlicher wurde der EGMR in der *Loizidou*-Entscheidung aus dem Jahr 1996. Darin stellte er ausdrücklich auf die *„relevant principles of international law governing State responsibility“* zur Herleitung einer staatlichen Verantwortung ab.[420] Eine scheinbare Kehrtwende zu dieser Praxis machte der Gerichtshof, so die Ansicht einiger Stimmen im Schrifttum, im Fall *Banković*.[421] Gegenstand der Entscheidung war die Bombardierung einer serbischen Radiostation durch NATO-Truppen während des Kosovokonflikts im Jahr 1999.[422] Dabei wurden ein Beschwerdeführer verletzt und Verwandte der übrigen Beschwerdeführer getötet. Gerügt wurde nach dem Vortrag der Beschwerdeführer die Verletzung von Art. 2 (Recht auf Leben), Art. 10 (Meinungsäußerungsfreiheit) und Art. 13 (Recht auf eine wirksame Beschwerde) EMRK. Gegenstand der gerichtlichen Entscheidung war aber nicht die materielle Prüfung der Verletzung der geltend gemachten EMRK-Rechte, sondern die Zulässigkeit der Beschwerde. Die Beschwerdegegner argumentierten, dass die Beschwerdeführer zum Zeitpunkt der Bombardierung nicht unter der Jurisdiktion der beklagten Staaten standen, also nicht „within their jurisdiction“ im Sinne von Art. 1 EMRK waren und die Beschwerde somit *ratione personae*[423] unzulässig gewesen sei.[424] Der EGMR wies die Beschwerde im Ergebnis ab und kam zu dem Schluss, dass ein „jurisdictional link“ zwischen den Opfern der Bombardierung und der beklagten Staaten fehle. Die Beschwerdeführer seien deshalb bezüglich des extraterritorialen Aktes der Staaten nicht unter die Jurisdiktion derselben gelangt.[425] Nach dem EGMR sei Jurisdiktion in Art. 1 EMRK primär territorial zu verstehen; extraterritoriale

---

419 EGMR *Drozd and Janousek* vs. France and Spain, Urt. v. 26.6.1992, No. 12747/87, § 91 (Hervorhebung durch die Verf.).

420 EGMR *Loizidou* vs. Turkey (Merits), Urt. v. 18.12.1996, No. 15318/89, § 52; Für weitere Rechtsprechungsnachweise vgl. *Jankowska-Gilberg*, Extraterritorialität der Menschenrechte, S. 111 ff.

421 Siehe ausführlich zur *Banković*-Entscheidung Kapitel C.II.2.c).

422 EGMR *Banković* a. o. vs. Belgium & 16 other NATO-States, Ents. v. 12.12.2001, No. 52207/99.

423 Zu der Frage, ob dies wirklich ein Aspekt der Unvereinbarkeit *ratione personae* ist siehe Kapitel C.II.1.a).

424 EGMR *Banković* a. o. vs. Belgium & 16 other NATO-States, Ents. v. 12.12.2001, No. 52207/99, §§ 35 ff. mit Ausführungen.

425 EGMR *Banković* a. o. vs. Belgium & 16 other NATO-States, Ents. v. 12.12.2001, No. 52207/99, § 82.

Jurisdiktion sei hingegen eine begründungsbedürftige Ausnahme.[426] Der Gerichtshof ergänzte seine Argumentation noch um ein weiteres Kriterium: *„In addition, a State may not actually exercise jurisdiction on the territory of another without the latter's consent, invitation or acquiescence, unless the former is an occupying State in which case it can be found to exercise jurisdiction in that territory, at least in certain respects.“*[427]

Das Verständnis von Jurisdiktion im Sinne von Art. 1 EMRK fußt nach der Begründung des EGMR folglich auf zwei Aspekten. Zum einen auf der territorialen Prägung des Begriffs – weil die Bombardierung auf dem Gebiet der ehemaligen Föderativen Republik Jugoslawiens stattfand, die nicht zum EMRK-Gebiet gehörte, lehnte er diesen territorialen Aspekt ab – zum anderen auf der Rechtmäßigkeit der extraterritorialen Jurisdiktionsausübung. Nur mit der Einwilligung des Territorialstaates könne überhaupt extraterritoriale Jurisdiktion ausgeübt werden, weil ansonsten die Gebietshoheit und die Souveränität dieses Staates verletzt werden würden.[428]

Viele Stimmen in der Literatur verstanden die Vorgehensweise des EGMR als Abkehr von seiner bisherigen Rechtsprechungspraxis. Durch das Abstellen auf das strenge Territorialitätsprinzip hätte er die Anwendbarkeit der Regeln der Staatenverantwortlichkeit implizit abgelehnt.[429] Der Gerichtshof hätte demnach nicht mehr auf die Zurechnung der Verletzungshandlung nach den Regeln der

---

426 EGMR *Banković* a. o. vs. Belgium & 16 other NATO-States, Ents. v. 12.12.2001, No. 52207/99, § 61.

427 EGMR *Banković* a. o. vs. Belgium & 16 other NATO-States, Ents. v. 12.12.2001, No. 52207/99, § 60.

428 EGMR *Banković* a. o. vs. Belgium & 16 other NATO-States, Ents. v. 12.12.2001, No. 52207/99, § 60.

429 *Schäfer*, Der Fall Banković, MRM 3 (2002), S. 149–163 (160), der den *„jurisdictional link“* und die Zurechnung der Bombardierung implizit gleich setzt: *„Denn, wem, wenn nicht den Staaten, die die beklagte Handlung ausüben, sollte dieses Verhalten im vorliegenden Fall zugerechnet werden?[…] Vielmehr ist auf den beklagten Akt abzustellen und wer hierfür verantwortlich ist.“*; *Breuer*, Völkerrechtliche Implikationen des Falles Öcalan, EuGRZ 30 (2003), S. 449–454 (451), *„[…] so belegt dies letztlich nichts anderes, als dass das in Banković aufgestellte Kriterium der Territorialität verfehlt ist und durch das Kriterium der Zurechenbarkeit ersetzt werden sollte“*; *Orakhelashvili*, Restrictive Interpretation of Human Rights Treaties, EJIL 14 (2003), S. 529–568 (540), *„Thus ‚jurisdiction‘ under Article 1 is a tool for identifying whether alleged violations of the Convention may be imputable to one or another contracting state.“* Von der *Banković*-Entscheidung unabhängig, aber in gleicher Weise argumentiert *Künzli*, Zwischen Rigidität und Flexibilität, S. 115 ff.

Staatenverantwortlichkeit abgestellt, sondern einzig und allein auf die Frage, in wessen Territorium sich der schädigende Akt ereignete.

Die Vertreter dieser Ansicht verkennen, dass der EGMR in der *Banković*-Entscheidung überhaupt keine Aussage zu den Regeln der Staatenverantwortlichkeit getroffen hat. Der EGMR beschäftigte sich mit der Frage, ob zwischen den Opfern und den Beschwerdegegnern eine Verbindung dergestalt bestand, dass die Opfer unter die Jurisdiktion der handelnden Staaten gelangten. Seine Aufmerksamkeit galt der Frage, ob Jurisdiktion außerhalb des eigenen Territoriums ausgeübt werden kann und gerade nicht der Überlegung, ob die Bombardierung den handelnden Staaten zurechenbar ist. Die Zurechenbarkeit war vielmehr offensichtlich gegeben und brauchte keiner näheren Betrachtung durch den EGMR. Aus der Zurechnung eines schädigenden Aktes zu einem Staat kann aber umgekehrt nicht ohne Weiteres geschlussfolgert werden, dass den Staat die Verantwortlichkeit im Sinne von Art. 1 EMRK trifft. Dazu müssten die betroffenen Personen zusätzlich unter die Jurisdiktion der handelnden Staaten gelangt sein.[430] Der EGMR bestätigte diese Zweiteilung der Voraussetzungen zuletzt in einem Urteil aus dem Jahr 2016: „*[…] the test for establishing the existence of ‚jurisdiction' under Article 1 of the Convention has never been equated with the test for establishing a State's responsibility for an internationally wrongful act under international law.*"[431] Somit kann zusammenfassend festgehalten werden: Die Feststellung, dass eine Person nach Art. 1 EMRK unter die Jurisdiktion eines Staates gelangt, darf nicht mit der Frage gleichgesetzt werden, ob die schädigende Handlung einem Staat zurechenbar ist. Das Vorgehen des Gerichtshofs in *Banković* ist folglich nicht als Abkehr von der Anwendung der Staatenverantwortlichkeitsregeln zu verstehen. Die Frage, ob die verletzende Handlung dem Staat zurechenbar ist, kann weiterhin mit Hilfe der ILC-Artikel beantwortet werden.[432]

b) Verhältnis von Jurisdiktion und Zurechnung

Die Zurechnung einer Handlung nach den Regeln der Staatenverantwortlichkeit ist, wie bereits in Ansätzen aufgezeigt, strikt zu trennen von der Frage,

430 In diesem Sinne auch *Papp*, Extraterritoriale Schutzpflichten, S. 69 f.; *Jankowska-Gilberg*, Extraterritorialität der Menschenrechte, S. 127 ff. Siehe dazu Kapitel C.II.1.

431 EGMR, *Mozer* vs. the Republic of Moldova and Russia, Urt. v. 23.2.2016, No. 11138/10, § 102.

432 In diesem Sinne wohl auch *McCorquodale/Simons*, Responsibility Beyond Borders, MLR 70 (2007), S. 598–625 (601).

ob Jurisdiktion im Sinne von Art. 1 EMRK vorliegt.[433] Ersteres gibt Auskunft darüber, ob überhaupt eine staatliche Handlung vorgelegen hat, die ein Konventionsrecht verletzt haben könnte. Nur wenn die menschenrechtliche Beeinträchtigung durch ein hoheitliches Handeln verursacht wurde, kann in einem zweiten Schritt gefragt werden, ob der Anwendungsbereich der EMRK eröffnet ist. In diesem Sinne liegt nach Art. 2 ILC-Entwurf ein völkerrechtswidriges Handeln eines Staates vor, wenn ein Verhalten a) dem Staat nach dem Völkerrecht zugerechnet werden kann und b) eine Verletzung einer völkerrechtlichen Verpflichtung des Staates begründet. Folglich muss in einem ersten Schritt geprüft werden, ob ein Verhalten (Tun oder Unterlassen) dem Staat zurechenbar ist, um dann in einem zweiten Schritt zu fragen, ob er mit der zugerechneten Handlung auch eine Pflicht, mithin eine völkerrechtliche Norm verletzt. Diese völkerrechtliche Norm ist in der hiesigen Untersuchung die EMRK.

Das Jurisdiktionserfordernis wird in der Prüfung erst relevant, wenn eine Verletzung der völkerrechtlichen Norm untersucht wird. Eine solche Verletzung liegt vor, wenn der Anwendungsbereich der EMRK eröffnet ist und die Beeinträchtigung einer materiellen Norm festgestellt wird. Der Anwendungsbereich der EMRK ist, wie schon gesehen, eröffnet, wenn das Opfer der Jurisdiktion des handelnden Staates nach Art. 1 EMRK unterstand. Nur wenn also zunächst (1) die Handlung eines Akteurs dem Staat zugerechnet werden kann und (2) eine völkerrechtliche Norm verletzt ist, wird die Verantwortlichkeit eines Staates begründet. Die völkerrechtliche Norm stellt in dieser Arbeit die EMRK dar, die nur verletzt ist, wenn (a) der Anwendungsbereich nach Art. 1 EMRK eröffnet („within the jurisdiction") und (b) eine materielle EMRK-Norm durch die Handlung beeinträchtigt ist und diese Beeinträchtigung nicht gerechtfertigt werden kann.[434]

Die häufig ungenaue Abgrenzung von Zurechnung und Jurisdiktion kommt daher, dass der EGMR und die Literatur sowohl für das eine als auch für das andere das Kriterium der effektiven (Gesamt-)Kontrolle heranziehen. Wie noch zu sehen sein wird, muss der Staat in manchen Situationen die effektive Kontrolle über die handelnde Person ausüben, damit eine Handlungszurechnung möglich ist. Die Kontrolle bezieht sich also auf den handelnden Akteur. Wenn der EGMR von effektiver Kontrolle in Bezug auf Jurisdiktion nach Art. 1 EMRK spricht,

---

433 So auch *Dereje*, Staatsnahe Unternehmen, S. 169 f.; *Talmon*, The Responsibilty of Outside Powers, ICLQ 58 (2009), S. 493–517 (508).

434 In diesem Sinne auch: *Jankowska-Gilberg*, Extraterritorialität der Menschenrechte, S. 133 ff.; *Thallinger*, Grundrechte und extraterritoriale Hoheitsakte, S. 144 f., insb. 147.

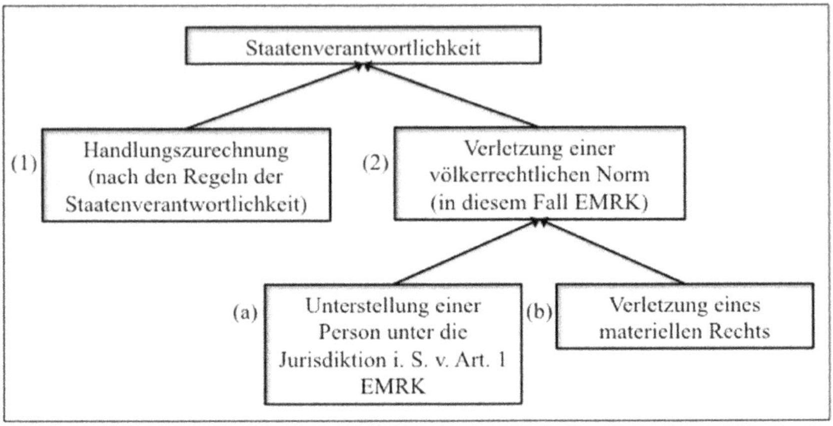

Abbildung 1: Das Prinzip der Staatenverantwortlichkeit[435]

dann bezieht sich die Kontrolle auf ein Gebiet oder Personen.[436] Diese Personen sind die Begünstigten, die Opfer einer möglichen Konventionsverletzung – und nicht die schädigenden Akteure wie im Falle einer Zurechnung. Somit erlangt der Begriff der effektiven Kontrolle eine doppelte Bedeutung, die eine genaue Prüfung des Kontrollbezugspunktes im Einzelfall erforderlich macht.[437]

c) Zurechnung nach Art. 4, Art. 5 und Art. 8 ILC-Entwurf

Die Zurechnungstatbestände des ILC-Entwurfs stehen im zweiten Kapitel (Art. 4–11) und bestimmen, wann die Handlung eines Akteurs als staatlich zu qualifizieren ist. Der typischste Fall der Zurechnung bildet das Handeln von Staatsorganen. Als (staatsrechtliche) Körperschaft kann der Staat nicht selbst handeln, sondern bedarf dazu natürlicher Personen.[438] Jede Staatshandlung setzt also eine Handlungszurechnung voraus, welche eine menschliche Handlung zu

---

435 Darstellung angelehnt an *Jankowska-Gilberg*, Extraterritorialität der Menschenrechte, S. 134.

436 So auch *Dereje*, Staatsnahe Unternehmen, S. 177 f.

437 So auch *Thallinger*, Grundrechte und extraterritoriale Hoheitsakte, S. 152 f.; zu den weiteren Bereichen, in denen die effektive Kontrolle als Kriterium herangezogen wird vgl. *Milanovic*, From Compromise to Principle, HRLR 8 (2008), S. 411–448 (446 f.).

438 *Wolf*, Die Haftung der Staaten für Privatpersonen nach Völkerrecht, S. 62.

einer Entscheidung des Staates werden lässt.[439] Im Zusammenhang mit unternehmerischen Aktivitäten sind insbesondere Art. 4, 5 und 8 ILC-Entwurf von Relevanz, sodass auch nur diese Gegenstand der Betrachtung sein werden. Art. 4 ILC-Entwurf stellt dabei den Ausgangspunkt der Zurechnungsnormen dar:[440]

> **Conduct of organs of a State**
> *1. The conduct of any State organ shall be considered an act of that State under international law, whether the organ exercises legislative, executive, judicial or any other functions, whatever position it holds in the organization of the State, and whatever its character as an organ of the central Government or of a territorial unit of the State. 2. An organ includes any person or entity which has that status in accordance with the internal law of the State.*

Staatsorgane können als *de jure*- und *de facto*-Organe kategorisiert werden. *De jure*-Organe sind bereits nach der innerstaatlichen Rechtsordnung formale Staatsorgane und sind unter Art. 4 zu subsumieren.[441] *De facto*-Organen fehlt diese formale nationale Organeigenschaft. Daraus kann aber nicht der Schluss gezogen werden, dass eine Einordnung der Privatperson als Organ damit grundsätzlich ausgeschlossen ist. Für die Bestimmung der Organeigenschaft kann sekundär auf das Völkerrecht zurückgegriffen werden.[442] Die Begrifflichkeit des *de facto*-Organs wird weder vom ILC-Entwurf noch von der Kommentierung des Entwurfs verwendet. Der Sinn, der hinter der terminologischen Unterscheidung von *de jure*- und *de facto*-Organen steht, wird aber sehr wohl aus der Kommentierung deutlich. Zunächst kann das innerstaatliche Recht bestimmen, wer ein staatliches Organ darstellt. Diese Organe fallen unter Art. 4 und bereiten keinerlei Schwierigkeiten. Manche nationalen Rechtsordnungen regeln aber nicht so umfassend wie andere, ob und unter welchen Voraussetzungen ein staatliches Organ handelt. Oftmals ergibt sich die Zuordnung in der Praxis durch faktische Merkmale. Dann wäre es aber verfehlt, für die Bestimmung von Staatsorganen

---

439 *Dereje*, Staatsnahe Unternehmen, S. 112 f.; *Wolf*, Die Haftung der Staaten für Privatpersonen nach Völkerrecht, S. 62.

440 So auch die *ILC*, Draft Articles with Commentaries, YILC 2001 II, S. 31–143, Art. 4 Ziff. 2.

441 Auch hier fordern manche Autoren eine Bestimmung primär nach völkerrechtlichen Grundsätzen, vgl. dazu eingehend *Petrochilos*, Attribution, in: *Yannaca-Small*, Arbitration under International Investment Agreements, S. 287–322 (292 f.); *Sasson*, Substantive Law in Investment Treaty Arbitration, S. 203, die sich zur Bestimmung der de-jure Organe zumindest auch auf das Völkerrecht stützen will.

442 *Palchetti*, De Facto Organs of a State, in: *Wolfrum*, MPEPIL, Rn. 1; *Dereje*, Staatsnahe Unternehmen, S. 123; so auch der fünfte und letzte Sonderberichterstatter der ILC zur Staatenverantwortlichkeit (u. a. des ILC-Entwurfs von 2001) *Crawford*, State Responsibility, S. 124 ff.

nur auf das nationale Recht der Staaten zu verweisen.[443] Ein Staat könnte sich durch Zuhilfenahme eines nicht durch die Rechtsordnung berufenen Organs seiner internationalen Verantwortlichkeit entziehen.[444] Dass nicht nur formale Staatsorgane unter Art. 4 ILC-Entwurf fallen, spiegelt auch Art. 4 Abs. 2 ILC-Entwurf wider, wenn er von „includes" spricht. Dies lässt zumindest den Schluss zu, dass eben nicht nur die Organe gemeint sind, die aus der nationalen Rechtsordnung heraus zu solchen werden. Die Regelung begrenzt die Frage der Organeigenschaft nicht auf innerstaatliches Recht, sondern macht deutlich, dass solche Organe eben auf jeden Fall unter Art. 4 ILC-Entwurf zu subsumieren sind. Art. 4 ILC-Entwurf erfasst damit jede Art von staatlichen Organen – unabhängig davon, ob diese die Organstellung durch eine nationale Rechtsnorm oder durch einen faktischen (völkerrechtlichen) Anknüpfungspunkt erlangt haben. Folglich ist die terminologische Zuordnung sowohl der *de jure*- als auch der *de facto*-Organe unter Art. 4 ILC-Entwurf nur konsequent.[445]

Trotzdem wollen einige Stimmen in der Literatur die *de facto*-Organe unter Art. 8 ILC-Entwurf subsumieren; diese also als Akteure verstehen, die unter staatlicher Beauftragung, Leitung oder Kontrolle agieren.[446] In Art. 8 heißt es:

> **Conduct directed or controlled by a State**
> *The conduct of a person or group of persons shall be considered an act of a State under international law if the person or group of persons is in fact acting on the instructions of, or under the direction or control of that State in carrying out the conduct.*

---

443 *ILC*, Draft Articles with Commentaries, YILC 2001, S. 31–143, Art. 4 Ziff. 11.

444 In diesem Sinne ICJ, *Bosnia and Herzegovina* v. Serbia and Montenegro (Genocide), 26.2.2007, § 392.

445 In diesem Sinne auch *Dereje*, Staatsnahe Unternehmen, S. 121 ff; *Kees*, Responsibility of States for Private Actors, in: *Wolfrum*, MPEPIL, Rn. 2; *Epiney* argumentiert in gleicher Weise, subsumiert die de facto-Organe aber unter Art. 8 ILC-Entwurf, *Epiney*, Die völkerrechtliche Verantwortlichkeit für Staaten, S. 100 ff.

446 Für eine Subsumtion der de facto-Organe unter Art. 8 ILC-Entwurf: *Wiesbrock*, Internationaler Schutz der Menschenrechte, S. 206 ff.; *Epiney*, Die völkerrechtliche Verantwortlichkeit von Staaten, S. 102 f.; *Griebel*, Die Zurechnungskategorie der de-facto Organe, S. 6 ff. und S. 34 ff.; *Cassese*, International Law, S. 247 f.; *Hobe*, Einführung in das Völkerrecht, S. 315; *Simma*, Grundfragen der Staatenverantwortlichkeit, AdVR 24 (1986), S. 357–407 (371); *Wolf*, Die Haftung der Staaten für Privatpersonen, S. 147; *Crawford*, Commentaries, Art. 8 Ziff. 9, der im Zusammenhang von Art. 8 ILC-Entwurf von einem „de facto" Handeln von privaten Unternehmen spricht. *Von Arnauld* verwendet den Begriff der de facto-Organe sogar im Rahmen von Art. 5 ILC-Entwurf, *Von Arnauld*, Völkerrecht, § 5 Rn. 400; so auch *Kempen/Hillgruber*, Völkerrecht, S. 186; *Schöbener*, Völkerrechtliche Verantwortlichkeit, in: *ders.*, Völkerrecht, S. 486; *Stein/Von Buttlar/Kotzur*, Völkerrecht, § 69 Rn. 1115 f.; *Kees*, Privatisierung im Völkerrecht, S. 78.

Neben der begrifflichen Zuordnung der *de facto*-Organe sind vor allem die materiellen Unterschiede ausschlaggebend, die zwischen einer Zurechnung nach Art. 4 ILC Entwurf und nach Art. 8 ILC-Entwurf bestehen. Kriterien für die Zuordnung finden sich in der *Nicaragua* und der *Genocide*-Entscheidung des ICJ. Im *Nicaragua*-Urteil beschäftigte sich der ICJ mit der Frage, ob die Handlungen der militärischen Rebellengruppe *Contras* den USA zurechenbar waren.[447] Die Contras bildeten sich 1979 mit dem Ziel, die Sandinisten in Nicaragua, die nach dem Fall der konservativen Regierung die Macht an sich zogen, zu stürzen. Sie führten den Kampf aus den Nachbarstaaten heraus und wurden durch die USA finanziell, logistisch und geheimdienstlich unterstützt. Die staatliche Unterstützung von privaten Gruppen auf fremdem Territorium war der Kern der Entscheidung. Der Gerichtshof musste prüfen, ob die Handlungen der Contras den USA als eigene zurechenbar waren. Dazu stellte er auf die allgemeinen Regeln zur Staatenverantwortlichkeit ab und überprüfte zunächst die Verbindung der Contras zu den USA. Der ICJ untersuchte, ob die USA die Gruppierung gegründet hatte, lehnte dies aber aufgrund von Mangel an Beweisen ab.[448] Er stellte jedoch fest, dass die USA bei der Finanzierung, Ausbildung, Ausrüstung und Organisierung der Contras geholfen hatten.[449] Schließlich überprüfte er die tatsächliche Abhängigkeit der Contras von den USA und kam zu dem Schluss, „*what the Court has to determine at this point is whether or not the relationship of the Contras to the United States Government was so much one of **dependence** on the one side and **control** on the other that it would be right to equate the Contras, for legal purposes, with an **organ** of the United States Government, or as **acting on behalf** of that Government.*“[450]

Der Internationale Gerichtshof stellte folglich auf zwei maßgebliche Kriterien für eine mögliche Zurechnung ab. Zum einen auf die Abhängigkeit der Gruppierung von den USA und zum anderen auf die Kontrolle durch die USA. Diese Kriterien bezieht der ICJ allerdings sowohl auf die Zurechnung als (*de facto*)

447 ICJ, *Nicaragua* vs. United States of America, Urt. v. 27.6.1986, ICJ Reports 1986, S. 14.

448 ICJ, *Nicaragua* vs. United States of America, Urt. v. 27.6.1986, ICJ Reports 1986, S. 14, § 108, „*Despite the large quantity of documentary evidence and testimony which it has examined, the Court has not been able to satisfy itself that the respondent State ‚created' the contra force in Nicaragua*“.

449 ICJ, *Nicaragua* vs. United States of America, Urt. v. 27.6.1986, ICJ Reports 1986, S. 14, § 108.

450 ICJ, *Nicaragua* vs. United States of America, Urt. v. 27.6.1986, ICJ Reports 1986, S. 14, § 109 (Hervorhebungen durch die Verf.).

Organ als auch auf das Handeln im Auftrag des Staates, sodass das Urteil nur bedingt weiterhilft, um Abgrenzungsmerkmale zwischen der Zurechnung nach Art. 4 und Art. 8 ILC-Entwurf zu identifizieren. Der ICJ lehnte im Ergebnis eine Zurechnung der Handlungen der Contras ab, weil das Maß der Abhängigkeit und eine generelle Kontrolle („general control") nicht ausgereicht hätten. Erforderlich wäre eine effektive Kontrolle über die militärischen Operationen gewesen, die zu einer Völkerrechtsverletzung geführt haben.[451]

Wesentlich differenzierter in Bezug auf die Regeln der Staatenverantwortlichkeit entschied der ICJ in seiner *Genocide*-Entscheidung aus dem Jahr 2007.[452] Darin urteilte er über ein Massaker in Srebrenica im Juli 1995, das von der Armee der Republika Srpska (Vojska Republike Srpske – VRS)[453] verübt wurde. Bosnien-Herzegowina machte Jugoslawien[454] für das Massaker verantwortlich. Auch hier musste der ICJ die Zurechnung der Gruppierung zum ehemaligen Jugoslawien prüfen, ging dabei aber strukturierter vor als in der *Nicaragua*-Entscheidung. Beginnend mit der Prüfung des Art. 4 ILC-Entwurf fragte sich der ICJ, ob die VRS als *de jure*-Organ Jugoslawiens angesehen werden konnte. Das lehnte er mit Verweis auf die innerstaatlichen Regeln ab.[455] Danach setzte er sich mit dem *de facto*-Organstatus der VRS auseinander. Der Gerichtshof bestätigte in seiner *Genocide*-Entscheidung also ausdrücklich die terminologische Einordnung des *de facto*-Organs unter Art. 4 ILC-Entwurf; knüpfte die Subsumtion aber an hohe Voraussetzungen („complete dependence").[456] Aber auch die Einordnung der VRS als *de facto*-Organ lehnte der ICJ im Ergebnis ab, weil er nicht feststellen konnte, dass die VRS einzig als Instrument Jugoslawiens ohne eigene Autonomie gehandelt hatte.[457] Danach ging der ICJ zu der Prüfung des Art. 8 ILC-Entwurfs

451 ICJ, *Nicaragua* vs. United States of America, Urt. v. 27.6.1986, ICJ Reports 1986, S. 14, § 115.

452 ICJ, *Bosnia and Herzegovina* vs. Serbia and Montenegro (Genocide), Urt. 26.2.2007, ICJ Reports 2007, S. 43.

453 Die Armee bestand aus Teilen der jugoslawischen Volksarmee und wurde von Slobodan Milošević unterstützt.

454 Die Klage wurde ursprünglich gegen die Bundesrepublik Jugoslawien (zusammengesetzt aus Serbien und Montenegro) erhoben. Seit 2006 ist Montenegro von Serbien unabhängig.

455 ICJ, *Bosnia and Herzegovina* vs. Serbia and Montenegro, Urt. 26.2.2007, ICJ Reports 2007, S. 43, § 386.

456 ICJ, *Bosnia and Herzegovina* vs. Serbia and Montenegro, Urt. 26.2.2007, ICJ Reports 2007, S. 43, § 393.

457 ICJ, *Bosnia and Herzegovina* vs. Serbia and Montenegro, Urt. 26.2.2007, ICJ Reports 2007, S. 43, § 394.

über, wobei er zu dem Ergebnis gelangte, dass das Massaker mangels effektiver Kontrolle über die Operationen Jugoslawien nicht zurechenbar war.[458]

Nach Analyse der beiden Entscheidungen können somit Kriterien sowohl für die Zurechnung nach Art. 4 als auch nach Art. 8 ILC-Entwurf bestimmt werden.[459]

aa) Kriterien für die Bestimmung eines de facto-Organs

Aus der Rechtsprechung ergeben sich für die Bestimmung eines *de facto*-Organs zwei kumulative Voraussetzungen: Die vollständige Abhängigkeit zwischen Handelnden und Staat, durch die der Staat eine Kontrolle über die Handelnden erlangt (1)[460] sowie die tatsächliche Ausübung der Kontrolle (2).[461,462] Vollständige Abhängigkeit meint im Sinne des Gerichts, dass die Handelnden zum bloßen Instrument des Staates gemacht werden und jegliche eigene Autonomie verlieren.[463] Unterstützungshandlungen durch den Staat in Form von Finanzierung, Ausrüstung oder Organisation reichen für die Begründung dieser Abhängigkeit nicht aus.[464] Entscheidend ist also das Maß der Kontrolle, welche der Staat über die Handelnden ausübt. Wenn dem Handelnden noch Selbständigkeit verbleibt, spricht das gegen eine ausreichende Kontrolle.[465] Daneben muss der Staat dieses

---

458 ICJ, *Bosnia and Herzegovina* vs. Serbia and Montenegro, Urt. 26.2.2007, ICJ Reports 2007, S. 43, § 413.

459 Es ist unbeachtlich, dass der ILC-Entwurf vor der *Genocide*-Entscheidung des ICJ verabschiedet wurde, da der ILC-Entwurf das bestehende Völkergewohnheitsrecht lediglich in einem Werk zusammenfasst.

460 ICJ, *Bosnia and Herzegovina* vs. Serbia and Montenegro, Urt. v. 26.2.2007, ICJ Reports 2007, S. 43, §§ 392, 393; ICJ, *Nicaragua* vs. United States of America, Urt. v. 27.6.1986, ICJ Reports 1986, S. 14, §§ 110, 111.

461 ICJ, *Nicaragua* vs. United States of America, Urt. v. 27.6.1986, ICJ Reports 1986, S. 14, § 109, „*[…] there is no clear evidence of the United States having actually exercised such a degree of control […]*“, § 110, “*[…] depends on the extent to which the United States made use of the potential for control inherent in that dependence*“; *Crawford*, First Report on State Responsibility (1998), UN Doc. A/CN.4/490, Ziff. 2 zu Art. 8, „*for the purposes of attribution, the control must actually be exercised so as to produce the desired conduct*“.

462 So auch *Dereje*, Staatsnahe Unternehmen, S. 133 ff.

463 ICJ, *Bosnia and Herzegovina* vs. Serbia and Montenegro, Urt. v. 26.2.2007, ICJ Reports 2007, S. 43, § 394.

464 ICJ, *Nicaragua* vs. United States of America, Urt. v. 27.6.1986, ICJ Reports 1986, S. 14, § 108 f.

465 ICJ, *Bosnia and Herzegovina* vs. Serbia and Montenegro, Urt. v. 26.2.2007, ICJ Reports 2007, S. 43, § 394, „*it is even true that differences over strategic options emerged at the time between Yugoslav authorities and Bosnian Serb leaders; […] these are evidence that the latter had some qualified, but real, margin of independence*“.

Kontrollpotenzial auch ausnutzen, in dem er das Handeln der Akteure strikt kontrolliert.[466] Aus der Rechtsprechung wird zudem deutlich, dass alle Handlungen eines *de facto*-Organs zugerechnet werden, also nicht nur einzelne Akte.[467] Deshalb darf sich die strikte Kontrolle nicht auf einzelne Aktivitäten, sondern muss sich auf den Akteur in seiner Gesamtheit beziehen.[468] Man könnte somit von einer Gesamtkontrolle sprechen, die der Staat ausüben muss.[469]

bb) Kriterien für die Bestimmung der Handlung unter staatlicher Beauftragung, Leitung oder Kontrolle

In Abgrenzung zu den soeben dargestellten Voraussetzungen der *de facto*-Organe ergeben sich die Merkmale einer Zurechnung nach Art. 8 ILC-Entwurf. Unter Art. 8 wird das Handeln solcher Personen subsumiert, die nicht funktional in den Staat eingegliedert, sondern als vorübergehende Erfüllungsgehilfen oder Beauftragte anzusehen sind.[470] Diese können als „agents"[471] bezeichnet werden. In diesem Sinne regelt Art. 8 ILC-Entwurf die Zurechnung also in zwei Fällen: wenn eine Person oder Personengruppe auf Anweisung des Staates agiert oder wenn eine Person oder Personengruppe unter der Leitung oder der Kontrolle eines Staates handelt.

Auch hier erscheint wieder der Begriff der Kontrolle. Im Unterschied zur Gesamtkontrolle bei Art. 4 ILC-Entwurf ist aber eine effektive Kontrolle gemeint,

466 ICJ, *Bosnia and Herzegovina* vs. Serbia and Montenegro, Urt. v. 26.2.2007, ICJ Reports 2007, S. 43, § 391, „*The first issue raised [...] is whether it is possible in principle to attribute to a State conduct of persons – or groups of persons – who, while they do not have the legal status of State organs, in fact act under such* ***strict control*** *by the State that they must be treated as its organs for purposes of the necessary attribution leading to the State's responsibility for an internationally wrongful act.*" (Hervorhebung durch die Verf.).

467 ICJ, *Bosnia and Herzegovina* vs. Serbia and Montenegro, Urt. v. 26.2.2007, ICJ Reports 2007, S. 43, § 397, „*The answer [...] depends [...] on whether those persons were in a relationship of such complete dependence on the State that they cannot be considered otherwise than as organs of the State, so that all their actions performed in such capacity would be attributable to the State for purposes of international responsibility*".

468 In diesem Sinne auch *Dereje*, Staatsnahe Unternehmen, S. 134 f.

469 So auch *Dereje*, Staatsnahe Unternehmen, S. 175 ff., dort auch eine ausführliche Auseinandersetzung mit der Rechtsprechung zum maßgeblichen Kontrollbegriff im Rahmen von Art. 4 und Art. 8 ILC Entwurf, auf die an dieser Stelle verwiesen werden soll, siehe dazu S. 163 ff.

470 *Dereje*, Staatsnahe Unternehmen, S. 123 f.

471 So bspw. *Schicho*, State Entities, S. 92; *De Hoogh*, Articles 4 and 8, BYIL 72 (2002), S. 255–292 (268); *Higgins*, Problems and Process, S. 154; *Dereje*, Staatsnahe Unternehmen, S. 121 ff.

die der Staat in Bezug auf eine einzelne Handlung ausüben muss.[472] In der fraglichen Handlung muss also der Wille des Staates eindeutig in den Vordergrund treten.[473]

cc) Kriterien für die Ausübung von Elementen hoheitlicher Gewalt (Art. 5)

Neben einer Zurechnung aufgrund einer *de jure-* oder *de facto*-Organstellung oder aber aufgrund der effektiven Kontrolle einer konkreten Handlung eines Privaten durch den Staat, nimmt auch die Zurechnung im Sinne von Art. 5 ILC-Entwurf im Zusammenhang mit der Tätigkeit privater Unternehmen eine wichtige Rolle ein. Erfasst sind Fälle, in denen der Staat einen Privaten zur Erledigung hoheitlicher Aufgaben ermächtigt.

> *Conduct of persons or entities exercising elements of governmental authority*
> *The conduct of a person or entity which is not an organ of the State under article 4 but which is empowered by the law of that State to exercise elements of governmental authority shall be considered an act of the State under international law, provided the person or entity is acting in that capacity in the particular instance.*

Die Vorschrift soll primär Fälle der Privatisierung und Beleihung erfassen, in denen die Durchführung einer staatlichen Aufgabe beziehungsweise die Wahrnehmung hoheitlicher Befugnisse einem (privaten) Unternehmen übertragen wird.[474] Der Staat soll sich durch die Aufgabendelegierung nicht seiner Verantwortlichkeit entziehen können. Nicht ganz unumstritten ist die Frage, wann eine solche „governmental authority" überhaupt vorliegt, mithin wann es sich um eine hoheitliche Befugnis handelt, die nicht nur im öffentlichen Interesse liegt, sondern eine Sonderbefugnis des Staates überträgt.[475] Gemeint sind damit hoheitliche Befugnisse, die der Allgemeinheit grundsätzlich nicht zustehen, wie die Ausübung von physischem Zwang im Rahmen eines Polizeieinsatzes.[476] Von Art. 5 ILC-Entwurf sollen nach der Kommentierung explizit klassische Staatsunternehmen, gemischtwirtschaftliche Unternehmen und in Ausnahmefällen private Unternehmen erfasst werden.[477] Die Fälle, die sich im Zusammenhang

---

472 So auch *Dereje*, Staatsnahe Unternehmen, S. 173 f.; *Papp*, Extraterritoriale Schutzpflichten, S. 296; *Jankowska-Gilberg*, Extraterritorialität der Menschenrechte, S. 108 ff., spricht nur von „Kontrolle".

473 *Papp*, Extraterritoriale Schutzpflichten, S. 296.

474 *Crawford*, Commentaries, Art. 5 Ziff. 1.

475 Siehe dazu ausführlich *Dereje*, Staatsnahe Unternehmen, S. 144 ff.; *Kees*, Privatisierung im Völkerrecht, S. 79.

476 Weitere Beispiele bei *Crawford*, Commentaries, Art. 5 Ziff. 2, 5; *Dereje*, Staatsnahe Unternehmen, S. 145.

477 *Crawford*, Commentaries, Art. 5 Ziff. 2, „*public corporations, semi-public entities [...] and even, in special cases, private companies*".

mit einer Zurechnung nach Art. 5 ILC-Entwurf ergeben, betreffen oftmals private Schulen oder sonstige Einrichtungen, für die der Staat eine institutionelle Garantie innehat.[478] Für diese Arbeit spielt Art. 5 ILC-Entwurf deshalb nur eine untergeordnete Rolle; für eine ausführliche Auseinandersetzung mit dieser Zurechnungsfallgruppe sei daher auf andere Arbeiten verwiesen.[479]

dd) Zwischenergebnis

Eine Handlungszurechnung findet nach den Regeln der Staatenverantwortlichkeit statt. Diese gewohnheitsrechtlichen Regeln hat die ILC in einem Artikel-Entwurf zusammengefasst, der weitestgehend auf Anerkennung gestoßen ist. Die Zurechnungsregeln können nach Aussagen des EGMR auch im Rahmen der EMRK angewendet werden. Für den Untersuchungsgegenstand sind die Artikel 4, 5 und 8 ILC-Entwurf maßgeblich. Unternehmen sind keine *de jure*-Organe, weil die innerstaatlichen Rechtsordnungen ihnen dazu einen formalen Organstatus zuerkennen müssten. Sie können aber *de facto*-Organe sein. Genauso könnte ihr Verhalten aufgrund der Ausübung von hoheitlichen Befugnissen dem Staat zugerechnet werden. Schließlich kann die unternehmerische Tätigkeit zugerechnet werden, wenn das Unternehmen unter staatlicher Beauftragung, Leitung oder Kontrolle agiert.

d) Übertragung der Ergebnisse auf Unternehmen

Die Zurechnungsregeln bewirken, dass eine unternehmerische Handlung dem Staat als eigene zugerechnet wird. Ihn trifft in der Folge die Verantwortlichkeit. Demnach können einzelne Schädigungsakte eines Unternehmens zugerechnet werden, wenn der Staat über die einzelne Handlung die effektive Kontrolle innehat. Oder der Staat kann hoheitliche Befugnisse auf private Unternehmen übertragen. Die mit Abstand häufigste Konstellation stellt jedoch die Zurechnung aufgrund einer Gesamtkontrolle des Unternehmens dar – das Unternehmen gilt dadurch als „staatsnah".

Die Zurechnungsregeln des ILC-Entwurfs gelten für die Handlungen von natürlichen Personen. Deshalb könnten sich bei der Zurechnung von unternehmerischer Tätigkeit Besonderheiten ergeben. Bereits der Wortlaut von Art. 8 ILC-Entwurf „person or group of persons" im Unterschied zu „person or entity" in Art. 4 und Art. 5 ILC-Entwurf könnte ein Anhaltspunkt dafür sein, dass Art. 8 ILC-Entwurf lediglich Personenzusammenschlüsse ohne eigene Rechtspersönlichkeit erfasst.[480] Damit würden alle staatsnahen Unternehmen in der Rechtsform

---

478 Siehe dazu Kapitel B.II.2.a).

479 Vgl. dazu *Dereje*, Staatsnahe Unternehmen, S. 143 ff.; *Kees*, Privatisierung im Völkerrecht, S. 78 ff.; *Schicho*, State Entities, S. 120 ff., insb. 123.

480 *Dereje*, Staatnahe Unternehmen, S. 181.

einer juristischen Person des Privatrechts aus dem Anwendungsbereich der ILC-Norm fallen. Eine ähnliche Diskussion wird im Rahmen von Art. 4 ILC-Entwurf geführt. Einige Stimmen in der Literatur wollen eigenständige juristische Rechtspersönlichkeiten davon ausklammern, weil eine strukturelle Einbindung in den Staatsaufbau sowie eine hohe Abhängigkeit vom Staat – die ja begründen, dass keine Kontrolle über die konkrete Handlung notwendig ist – bei einer eigenständigen juristischen Person generell nicht so stark sein könnten, als dass sie einen Organstatus nach Art. 4 ILC-Entwurf zu begründen vermöchten.[481]

Dieser Rückschluss kann aber weder für Art. 4 ILC-Entwurf noch für Art. 8 ILC-Entwurf gezogen werden. Denn die Entstehungsgeschichte der Normen spricht dafür, dass Art. 8 ILC-Entwurf primär Fälle zu Grunde lagen, in denen keine juristischen, sondern natürliche Personen gehandelt hatten und der gewählte Wortlaut „persons or group of persons" somit historisch bedingt ist. Das starre Festhalten an den Begrifflichkeiten ist nicht geboten; so kann mit „Person" durchaus auch eine juristische Person gemeint sein und das sowohl bei Art. 4 als auch bei Art. 8 ILC-Entwurf.[482] Zudem sei daran erinnert, dass sich die Rechtspersönlichkeit eines Personenzusammenschlusses nach innerstaatlichem Recht richtet. Es ist also von der innerstaatlichen Rechtsordnung abhängig, ob eine Person als natürlich oder juristisch zu qualifizieren ist. Da ein reiner Rekurs auf nationale Regeln zur Bestimmung eines Organstatus mithin staatliche Umgehungsmöglichkeiten eröffnet, weist der ILC-Entwurf der nationalen Rechtsordnung diesbezüglich gerade keine Alleinentscheidungsmacht zu.[483] Somit kann festgehalten werden, dass das Verhalten staatsnaher Unternehmen sowohl nach Art. 4 als auch nach Art. 8 ILC-Entwurf dem Staat zugerechnet werden kann.

Offen bleibt die Frage, welche Kriterien für eine Zurechnung von Handlungen staatsnaher Unternehmen von Relevanz sind, oder anders formuliert, wie die Sonderverbindung zwischen Unternehmen und Staat konkret ausgestaltet sein muss. Jeder Akteur, dessen Verhalten einem Staat nach den Regeln des ILC-Entwurfs zugerechnet wird, hat eine solche Sonderverbindung. Bei staatsnahen Unternehmen ist der Komplexitätsgrad dieser Verbindung aber um ein

481 So argumentieren *Jones*, Implausible Deniability: State Responsibility, Conn. J. Int'l L. 24 (2009), S. 239–289 (263) m.w.N.; *Chirwa*, The Doctrine of State Responsibility, Melbourne J. of Int'l Law 5 (2004), S. 1–36 (7 f.); *McCorquodale/Simons*, Responsibility Beyond Borders, MLR 70 (2007), S. 598–625 (606 ff.), welche die Zurechnung von staatsnahen Unternehmen im Zusammenhang mit Art. 4 ILC-Entwurf gar nicht erst diskutieren.

482 *Crawford*, Commentaries, Art. 4 Ziff. 12 und Art. 8 Ziff. 1, 9.

483 *Dereje*, Staatsnahe Unternehmen, S. 140.

Vielfaches erhöht. Die Rechtsprechung zu den Artikeln des ILC-Entwurfs hatte zumeist natürliche Personen und Personenzusammenschlüsse zum Gegenstand. Die Zurechnungskriterien wie beispielsweise die Organisation, die Planung und die Durchführung von Operationen und die Zurverfügungstellung von Ausrüstung sind anhand militärischer Sachverhalte entwickelt worden, zumeist wenn es um das Verhalten von separatistischen Bewegungen oder Rebellengruppen ging.[484] Sie können nicht ohne Modifikation auf staatsnahe Unternehmen übertragen werden.[485] Insgesamt bleibt unklar, welche Kriterien für die Zuordnung eines Unternehmens als staatsnah inwieweit ausschlaggebend sind.[486] Für den Anwendungsbereich der EMRK bestimmt der EGMR durch seine Judikatur die Anforderungen an die Sonderverbindung eines Unternehmens zum Staat. Er bezieht sich zwar fast nie ausdrücklich auf die Artikel des ILC-Entwurfs,[487] dennoch können der Rechtsprechung Kriterien entnommen werden, die sich in das Schema der Staatenverantwortlichkeitsregeln einfügen lassen.

2. Die Zurechnung unternehmerischen Verhaltens in der Rechtsprechung des EGMR

Bereits 1971 hatte die Europäische Kommission für Menschenrechte den Fall *X vs. Ireland* zu entscheiden, in dem es um Maßnahmen des Electricity Supply Boards, einem Elektrizitätsunternehmen in irischem Staatseigentum, gegenüber einem klagenden Arbeiter ging.[488] Dieser war Mitglied einer Gewerkschaft und rügte eine Verletzung seiner Vereinigungsfreiheit aus Art. 11 EMRK. Das Unternehmen wurde durch ein Gesetz geschaffen und mit öffentlichen Mitteln finanziert. Zudem wurden die Vorstandsmitglieder durch die Regierung bestimmt und das Unternehmen operierte unter ministerieller Aufsicht.[489] Trotz dieser Verbindungen zum Staat nahm die Kommission keine Zurechnung an. Sie bestätigte zwar die generelle Überwachung des Gremiums durch den Staat, nahm aber an, dass die „day to day administration" ausschließlich in den Händen des Vorstands lag. Alltagsgeschäfte, insbesondere im Verhältnis zu den

484 *Dereje*, Staatsnahe Unternehmen, S. 141.

485 *Dereje*, Staatsnahe Unternehmen, S. 141.

486 Siehe weiterführend, insbesondere zur Judikatur anderer Rechtsprechungsorgane *Dereje*, Staatsnahe Unternehmen.

487 Ein Fall, in dem der EGMR ausdrücklich auf die ILC-Artikel verwiesen hat, ist EGMR, *Ilascu a. o.* v. Moldova and Russia, Urt. v. 8.7.2004, No. 48787/99, § 319.

488 EKMR, *X.* vs. Ireland, Ents. v. 1.2.1971, No.4125/69.

489 EKMR, *X.* vs. Ireland, Ents. v. 1.2.1971, No.4125/69, § 2.

eigenen Mitarbeitern, könnten demnach keine staatliche Verantwortung nach sich ziehen.[490] Die Argumentation der EKMR wurde von einigen als implizite Prüfung des heutigen Art. 5 ILC-Entwurf verstanden.[491] Nur bei einer Übertragung staatlicher Aufgaben und Befugnisse könne eine unternehmerische Handlung dem Staat zugerechnet werden. Arbeitsrechtliche Entscheidungen eines Unternehmens seien eben keine Ausübung von Elementen hoheitlicher Gewalt und deshalb nicht zurechenbar.[492]

Ein Vergleich zu einem internationalen Spruchkörper verdeutlicht die Unsicherheit, die bezüglich der Zurechnungsfragen aufkommen kann. Der UN-Menschenrechtsausschuss hat in seiner Entscheidung *Hertzberg vs. Finnland*[493] das Verhalten der Leitungsebene eines finnischen Fernsehsenders dem Staat zugerechnet – aufgrund einer Anteilseignerschaft von 90% und der Ausübung der Kontrolle über den Sender. Die Programmleitung hatte ihren Mitarbeitern verboten, eine Sendung über Homosexualität zu zeigen, worin die Mitarbeiter eine Verletzung ihrer Meinungsfreiheit sahen. Auch wenn der Menschenrechtsausschuss einen Eingriff in die Rechte der Mitarbeiter verneinte, wurden die Handlungen der Leitungsebene des Senders dem Staat zugerechnet.

Und auch das Bundesverfassungsgericht äußerte sich im Jahr 2011 in einer Entscheidung – aus dem Blickwinkel des Art. 1 Abs. 3 GG – zu gemischtwirtschaftlichen Unternehmen. Im Fall *Fraport* musste das Gericht darüber entscheiden, ob die Verhängung eines Meinungskundgabe- und Demonstrationsverbots durch die Fraport AG verfassungsgemäß war. Die Beschwerdeführerin und fünf weitere Aktivisten der „Initiative gegen Abschiebung" verteilten am Frankfurter Flughafen Flugblätter zu bevorstehenden Abschiebungen, woraufhin sie ein Flughafenverbot erteilt bekamen. Demonstrationen seien aus Gründen eines reibungslosen Betriebsablaufs grundsätzlich nicht möglich.[494] Die Fraport AG

---

490 EKMR, *X.* vs. Ireland, Ents. v. 1.2.1971, No.4125/69.

491 *Dereje*, Staatsnahe Unternehmen, S. 192; mit ähnlichem Verständnis des Urteils *Petrochilos*, Attribution, in: *Yannaca-Small*, Arbitration under International Investment Agreements, S. 287–322 (304).

492 *Dereje*, Staatsnahe Unternehmen, S. 192. Mit ähnlichem Verständnis des Urteils *Petrochilos*, Attribution, in: *Yannaca-Small*, Arbitration under International Investment Agreements, S. 287–322 (304), der weitergehend ausführt, „*In the same way, contractual and commercial activities not specifically mandated by the grant of authority as part of the entity's special function, and on terms no different from those of (or in competition with) private actors, are not attributable*".

493 UN-HRCee, Communication No. R 14/61, *Herzberg* vs. Finland, 2.4.1982, abgedruckt in: HRLJ 3 (1982), S. 174–180.

494 BVerfG, Urt. v. 22.2.2011 – 1 BvR 699/06, BVerfGE 128, 226 (229 f.) – *Fraport*.

stand zu diesem Zeitpunkt zu rund 52% im öffentlichen Streubesitz, gehalten durch die Stadt Frankfurt am Main (diese über eine hundertprozentige Tochter) und das Land Hessen. Der Rest der Anteile befand sich in privatem Streubesitz.[495] Das Bundesverfassungsgericht gab dem Begehren der Beschwerdeführerin statt und bestätigte die Verletzung von Art. 8 Abs. 1 und Art. 5 Abs. 1 S. 1 GG. Die Fraport AG sei an die Grundrechte unmittelbar gebunden. Das Gericht führte aus: *„Von der öffentlichen Hand beherrschte gemischtwirtschaftliche Unternehmen unterliegen ebenso wie im Alleineigentum des Staates stehende öffentliche Unternehmen, die in den Formen des Privatrechts organisiert sind, einer unmittelbaren Grundrechtsbindung."*[496] Eine Beherrschung liegt in der Regel dann vor, wenn mehr als die Hälfte der Anteile im Eigentum der öffentlichen Hand stehen.[497] Daraus folgt, dass alle Unternehmen, bei denen der Staat mehr als 50% der Unternehmensanteile hält, Grundrechtsverpflichtete sind.[498] Das Beherrschungs-Kriterium ist leicht anwendbar und liefert ohne große Schwierigkeiten ein Ergebnis. Die Beherrschung spiegelt aber nicht wider, inwieweit der Staat auf das Unternehmen auch tatsächlich Einfluss nimmt. Dazu müsste man vielmehr Entscheidungsprozesse, Einwirkungs- und Mitbestimmungsrechte analysieren. Diese Vorgehensweise wurde im Rahmen der *Fraport*-Entscheidung durch die Hessische Staatskanzlei gefordert, weil der öffentliche Anteilseigner nach geltendem Aktienrecht gar nicht dazu in der Lage war, Einfluss auf Einzelfallentscheidungen des Vorstands auszuüben.[499] Hinzu kommt, dass die Anteile, die an einem Unternehmen durch öffentliche Anteilseigner gehalten werden, addiert werden. Der Staat wird als Gesamtheit verstanden. Auch wenn es auf der einen Seite überzeugt, dass die staatliche Beteiligung, trotz verschiedener öffentlicher Träger, nicht künstlich aufgespalten wird, kann gerade bei einem öffentlichen Streubesitz der Einfluss der einzelnen öffentlichen Institutionen sehr unterschiedlich sein. Das Bundesverfassungsgericht hat darauf geantwortet, dass es keine quotenweise Grundrechtsbindung geben kann. Der effektive Grundrechtsschutz gebiete es, dass nicht nur die öffentlichen Anteilseigner grundrechtsgebunden seien. Diese müssten grundrechtlich erforderliche Entscheidungen ansonsten über den Umweg der Einwirkungsrechte geltend machen, was zu

495 BVerfG, Urt. v. 22.2.2011 – 1 BvR 699/06, BVerfGE 128, 226 (228) – *Fraport.*
496 BVerfG, Urt. v. 22.2.2011 – 1 BvR 699/06, BVerfGE 128, 226 (244) – *Fraport.*
497 BVerfG, Urt. v. 22.2.2011 – 1 BvR 699/06, BVerfGE 128, 226 (247) – *Fraport.*
498 Die Deutsche Bahn AG ist somit bspw. auch an die Grundrechte gebunden, hier hält der Staat sogar 100% der Anteile.
499 BVerfG, Urt. v. 22.2.2011 – 1 BvR 699/06, BVerfGE 128, 226 (236 f.) – *Fraport.*

kompliziert sei.[500] Die Gesamtverantwortung, und nicht konkrete Einwirkungsbefugnisse, sei deshalb ausschlaggebend.[501]

Diese drei exemplarischen Fälle von grund- und menschenrechtsrelevanten Spruchkörpern verdeutlichen die Uneinigkeit, die in Bezug auf gemischtwirtschaftliche Unternehmen sowohl in der Literatur als auch in der Rechtsprechung besteht. Wann gilt ein Unternehmen als staatsnah? Anhand welcher Kriterien wird eine mögliche Zurechnung bestimmt? Der EGMR hat sich in einigen Entscheidungen zu gemischtwirtschaftlichen Unternehmen geäußert, die im Folgenden untersucht werden. Zunehmend finden sich in den Entscheidungen der jüngeren Zeit Verweise auf die ILC-Artikel zur Bestimmung einer Handlungszurechnung oder zur Staatenverantwortlichkeit insgesamt.[502] In der Judikatur finden sich Entscheidungen zur institutionellen Abhängigkeit (Art. 4) und zur Ausübung von Elementen hoheitlicher Gewalt (Art. 5). Bis zum jetzigen Zeitpunkt existiert noch keine Rechtsprechung zu Fällen konkreter Einflussnahme des Staates auf eine bestimmte Handlung eines privaten Unternehmens (im Sinne von Art. 8 ILC-Entwurf).

a) Ausübung von Elementen hoheitlicher Gewalt

Schon in einigen frühen Urteilen äußerte sich der Gerichtshof zur Zurechnung von Handlungen eines Unternehmens, dem die Ausübung von hoheitlicher Gewalt übertragen wurde. Eine der ersten Entscheidungen war der Fall *Costello-Roberts gegen Großbritannien*.[503] In *Costello-Roberts* ging es um einen siebenjährigen Schüler eines privaten Internats, in dem die Prügelstrafe zum damaligen Zeitpunkt im Gegensatz zu öffentlichen Schulen noch als Disziplinarmaßnahme

---

500 BVerfG, Urt. v. 22.2.2011 – 1 BvR 699/06, BVerfGE 128, 226 (246 f.) – *Fraport*.

501 BVerfG, Urt. v. 22.2.2011 – 1 BvR 699/06, BVerfGE 128, 226 (246 f.) – *Fraport*.

502 Unter „relevant international law" führt der EGMR die ILC-Artikel in seiner *Jaloud*-Entscheidung auf und wendet diese im Rahmen der Zurechnungsprüfung an, EGMR, *Jaloud* vs. The Netherlands, Urt. v. 20.11.2014, No. 47708/08, §§ 98, 151; So bspw. auch bei EGMR, *Behrami und Behrami* vs. France/*Saramati* vs. France, Germany and Norway, Ents. v. 2.5.2007, No. 71412/01/No. 78166/01, § 34; EGMR, *Catan a. o.* vs. Moldova and Russia, Urt. v. 19.10.2012, No. 43370/04 a. o., § 74; EGMR, *Kotov* vs. Russia, Urt. vs. 3.4.2012, No. 54522/00, §§ 30–32; Verweis auf andere Artikel des ILC-Entwurfs wie Art. 35 bspw. in EGMR, *Verein gegen Tierfabriken* vs. Switzerland, Urt. v. 30.6.2009, No. 32772/02, §§ 36, 86; und EGMR, *Laska and Lika* vs. Albania, Urt. v. 20.4.2010, No. 12315/04 und 17605/04, §§ 35, 75.

503 EGMR, *Costello-Roberts* vs. UK, Urt. v. 25.3.1993, No. 13134/87; auch in diesem Sinne bereits EGMR, *Van der Mussele* vs. Belgium, Urt. v. 23.11.1983, No. 8919/80.

anerkannt war. Wegen mehrmaligen Fehlverhaltens erhielt der Junge durch den Schulleiter drei Schläge mit einem Sportschuh auf seinen Hintern.[504] Der EGMR prüfte die Verantwortlichkeit Großbritanniens für das Fehlverhalten des Leiters der privaten Schule: „*The Court notes first that [...] the State has an obligation to secure to children their right to education under Article 2 of Protocol No. 1. [...] That a school's disciplinary system falls within the ambit of the right to education has also been recognized [...]. Secondly, in the United Kingdom, independent schools co-exist with a system of public education. The fundamental right of everyone to education is a right guaranteed equally to pupils in State and independent schools, no distinction being made between the two. Thirdly, the Court agrees [...] that* ***the State cannot absolve itself from responsibility by delegating its obligations to private bodies or individuals****. [...] the treatment complained of* ***although it was the act of a headmaster of an independent school****, is none the less such as* ***may engage the responsibility of the United Kingdom*** *under the Convention.*“[505] Nach den Ausführungen des Gerichtshofs fallen Disziplinarmaßnahmen in Schulen in den Anwendungsbereich des Rechts auf Bildung. Damit handelt es sich um eine öffentliche Angelegenheit und eine hoheitliche Befugnis, derer sich der Staat nicht durch die Übertragung auf einen privaten Dritten entledigen kann.[506] Die staatliche Verantwortlichkeit bleibt in einem Fall bestehen, in dem ein Privater, durch staatliche Ermächtigung, Elemente öffentlicher Gewalt ausübt. Diese Vorgehensweise entspricht einer Zurechnung auf Grundlage des Art. 5 ILC-Entwurf.

Zu diesem Ergebnis gelangte der EGMR auch in *Storck gegen Deutschland*, in der eine Frau auf Wunsch ihres Vaters und ohne richterlichen Beschluss in einer privaten psychiatrischen Klinik über mehrere Jahre festgehalten wurde.[507] Mit direkter Bezugnahme auf die *Costello-Roberts*-Entscheidung nahm der EGMR auch im Falle von psychiatrischen Kliniken eine Koexistenz von öffentlichen und privaten Institutionen an. Er verneinte auch hier die Möglichkeit, dass sich der Staat seiner Verantwortung in diesem Bereich entziehen könne: „*The State*

---

504 EGMR, *Costello-Roberts* vs. UK, Urt. v. 25.3.1993, No. 13134/87, §§ 7 ff.

505 EGMR, *Costello-Roberts* vs. UK, Urt. v. 25.3.1993, No. 13134/87, §§ 27 f. (Hervorhebungen durch die Verf.); so der EGMR auch in EGMR, *Van der Mussele* vs. Belgium, Urt. v. 23.11.1983, No. 8919/80, §§ 28–30.

506 Erst im nächsten Schritt prüfte der Gerichtshof eine mögliche Verletzung der materiellen Konventionsrechte des Schülers.

507 EGMR, *Storck* vs. Germany, Urt. v. 16.6.2005, No. 61603/00, §§ 11 ff.

cannot completely absolve itself of its responsibility by delegating its obligations in this sphere to private bodies or individuals."[508]

Trotz der gleichgelagerten Fallkonstellation prüfte der EGMR die staatliche Verantwortung auf zweierlei Weise: Während der Gerichtshof in *Costello-Roberts* die Handlungszurechnung noch vor jede materielle Prüfung gestellt hatte, bezog er sich in *Storck* erst bei der Feststellung der konkreten Konventionsrechtsverletzung auf die staatliche Verantwortlichkeit. Der Gerichtshof nahm im Ergebnis eine Schutzpflichtverletzung Deutschlands an, weil es die Behörden versäumt hatten, über die private Klinik Kontrolle auszuüben. Dies ist bemerkenswert, weil die Kriterien und Argumente, die der EGMR anführt, denen des Art. 5 ILC-Entwurf ähneln, er aber dennoch im Ergebnis eine positive Verpflichtung des Staates annimmt.[509] In diese Richtung kann die Aussage des Gerichtshofs gedeutet werden, dass es notwendig sei zu prüfen, „*[…] whether **her detention is imputable to the respondent State** in that the State breached **a positive obligation to protect** the applicant against interferences with her liberty by private persons*".[510]

Die Sachverhalte der vom EGMR entschiedenen Fälle zur Ausübung von öffentlicher Gewalt durch Private ähneln sich. Die handelnden privaten Akteure waren jeweils dazu befugt, einseitig Zwang über dritte Personen auszuüben oder ihnen gegenüber bindende Maßnahmen zu erlassen.[511] Lediglich die *Storck*-Entscheidung reiht sich, trotz Anlehnung an die Kriterien der Ausübung von Elementen hoheitlicher Gewalt, nicht in diese Fallgruppe ein, weil die Privatklinik (ohne gerichtliche Anordnung) nicht dazu befugt war, Personen zwangsweise festzuhalten und der EGMR folglich eine positive Pflichtverletzung annahm.[512] In den Entscheidungen koexistierten zur Aufgabenerfüllung in der Regel öffentliche und private Träger. Nach dem EGMR kann sich ein Staat seiner

---

508 EGMR, *Storck* vs. Germany, Urt. v. 16.6.2005, No. 61603/00, § 103.

509 EGMR, *Storck* vs. Germany, Urt. v. 16.6.2005, No. 61603/00, § 108. In der Entscheidung *Costello-Roberts* verneinte der EGMR eine Konventionsrechtsverletzung, ging aber bei der materiellen Prüfung nicht auf positive Pflichten ein, sodass die Annahme einer Eingriffsprüfung nahe liegt.

510 EGMR, *Storck* vs. Germany, Urt. v. 16.6.2005, No. 61603/00, § 100 (Hervorhebungen durch die Verf.).

511 So auch in EGMR, *Buzescu* vs. Romania, Urt. v. 24.5.2005, No. 61302/00, § 78; EGMR, *Bureš* vs. The Czech Republic, Urt. v. 18.10.2012, No. 37679/08, §§ 76 f.; EGMR, *Woś* vs. Poland, Ents. v. 1.3.2005, No. 22860/02, §§ 60, 73.

512 Siehe zu diesem komplexen Fall eingehend *Cremer*, Freiheitsentzug und Zwangsbehandlung in einer Privatklinik, EuGRZ 35 (2008), S. 562–581.

Verantwortlichkeit nicht dadurch entziehen, dass er die Ausübung von Elementen typischer hoheitlicher Gewalt an private Unternehmen überträgt.

b) Institutionelle Abhängigkeit vom Staat – „Staatsnahe" Unternehmen

Für die Kriterien der Zurechnung von Handlungen privater Unternehmen über einen *de facto*-Organstatus können die Ausführungen des EGMR hinsichtlich zweier Prüfungspunkte weiterhelfen. Zum einen äußerte er sich zu den Kriterien im Rahmen der Handlungszurechnung und zum anderen bei Fragen bezüglich der Parteifähigkeit juristischer Personen im Rahmen der Beschwerdebefugnis.[513]

Die ersten Aussagen zu Sonderverbindungen von Unternehmen zu Staaten traf der EGMR im Rahmen des Art. 34 EMRK.[514] Eine Individualbeschwerde kann nur von einer nichtstaatlichen Organisation[515] erhoben werden.[516] Eine Beschwerde von Organisationen, die aufgrund ihrer Sonderverbindung als Teil des Staates erachtet werden, ist unzulässig. In seiner Entscheidung *Radio France gegen Frankreich* stellte der Gerichtshof zwei Prinzipien auf, anhand derer festgestellt werden kann, ob es sich um eine Nichtstaatliche Organisation handelt.[517] Im Fall klagte eine privatrechtliche Rundfunkanstalt. Der EGMR stellte zunächst darauf ab, ob es sich um eine hoheitliche Tätigkeit handelte (insoweit besteht Ähnlichkeit zur Fallgruppe der „Ausübung von Elementen hoheitlicher Gewalt"); in der Folge prüfte er, ob die Aufgabe, die der Private unter staatlicher

---

513 EGMR, *Kotov* vs. Russia, Urt. v. 3.4.2012, No. 54522/00, § 92 f.

514 Bspw. EGMR, *Consejo General* vs. Spain, Ents. v. 28.6.1995, No. 26114/95 und No. 26455/95, § 153; EGMR, *RENFE* vs. Spain, Ents. v. 8.9.1997, No. 35216/97, § 181; EGMR, *Radio France a. o.* vs. France, Ents. v. 23.9.2003, No. 53984/00, § 26; EGMR, *Österreichischer Rundfunk* vs. Austria, Urt. v. 7.12.2006, No. 35841/02, § 46; EGMR, *Islamic Republic of Iran Shipping Lines* vs. Turkey, Urt. v. 13.12.2007, No. 40998/98, § 78; EGMR, *Unedic* vs. France, Urt. v. 18.3.2009, No. 20153/04, § 54; EGMR, *State Holding Company Luganskvugillya* vs. Ukraine, Ents. v. 27.1.2009, No. 23938/05; EGMR, *Transpetrol* vs. Slovakia, Ents. v. 15.11.2011, No. 28502/08, § 60; EGMR, *Východoslovenská* vs. Slovakia, Ents. v. 2.7.2013, No. 40265/07, § 30 f.

515 Die amtliche Übersetzung von „non-governmental Organisation" lautet „nichtstaatliche Organisation"; gemeint sind damit alle staatsunabhängigen zivilgesellschaftlichen Interessenverbände.

516 *Grabenwarter/Pabel*, Europäische Menschenrechtskonvention, § 13 Rn. 11 ff.; EGMR, *Radio France a. o.* vs. France, Ents. v. 23.9.2003, No. 53984/00, § 26.

517 EGMR, *Radio France a. o.* vs. France, Ents. v. 23.9.2003, No. 53984/00.

Kontrolle durchführte, im öffentlichen Interesse lag.[518] Zur Feststellung ob die maßgeblichen Kriterien vorliegen, nahm der EGMR eine Gesamtschau vor: „*In order to determine whether any given legal person other than a territorial authority falls within that category, account must be taken of its* ***legal status*** *and, where appropriate,* ***the rights that status gives it****, the* ***nature of the activity*** *it carries out and the* ***context in which it is carried out****, and the* ***degree of its independence from the political authorities.***"[519]

Obwohl sich Radio France vollständig in staatlicher Hand befand, der Radiosender Aufgaben im großen öffentlichen Interesse wahrnahm und einem hohen Maß staatlicher Kontrolle unterlag, kam der EGMR zu dem Ergebnis, dass die Rundfunkanstalt nicht als Teil des Staates angesehen werden könne.[520] Begründet wurde dies vor allem damit, dass der Rundfunksektor dem Wettbewerb zugänglich sei und dass in weiten Teilen kein Unterschied zu privaten Radiostationen bestünde.[521] Insbesondere stellte der EGMR aber auf die institutionelle Unabhängigkeit ab: „*Thus, although Radio France has been entrusted with public-service missions and depends to a considerable extent on the State for its financing, the legislature has devised a framework which is plainly designed to guarantee its* ***editorial independence and its institutional autonomy.***"[522] Sehr deutlich wurde der EGMR diesbezüglich auch in einer anderen Entscheidung: „*The Court observes that the status of the company has a bearing on the nature of the State's obligations […]. In particular, having regard to the* ***institutional and operational independence of the Izolacja company from the State****, the latter must be taken to*

518 „*[…] the category of ‚governmental organisation' includes legal entities which participate in the exercise of governmental powers or run a public service under government control*", EGMR, *Radio France a. o.* vs. France, Ents. v. 23.9.2003, No. 53984/00, § 26.

519 EGMR, *Radio France a. o.* vs. France, Ents. v. 23.9.2003, No. 53984/00, § 26 (Hervorhebung durch die Verf.).

520 Zum Ergebnis der „Nichtstaatlichkeit" gelangte der EGMR auch in EGMR, *Islamic Republic of Iran Shipping Lines* vs. Turkey, Urt. v. 13.12.2007, No. 40998/98, § 82.

521 EGMR, *Radio France a. o.* vs. France, Ents. v. 23.9.2003, No. 53984/00, § 26.

522 EGMR, *Radio France a. o.* vs. France, Ents. v. 23.9.2003, No. 53984/00, § 26 (Hervorhebung durch die Verf.). So auch in EGMR, *Österreichischer Rundfunk* vs. Austria, Urt. v. 7.12.2006, No. 35841/02, § 53; EGMR, *Mykhaylenky a. o.* vs. Ukraine, Urt. v. 30.11.2004, No. 35091/02 a. o., § 44; EGMR, *Lisyanskiy* vs. Ukraine, Urt. v. 4.4.2006, No. 17899/02, § 20; EGMR, *Yershova* vs. Russia, Urt. v. 8.4.2010, No. 1387/04, §§ 55, 57, „*institutional and operational independence from the State*"; EGMR, *Kotov* vs. Russia, Urt. v. 3.4.2012, No. 54522/00, § 107.

be absolved from responsibility under the Convention for that company's acts and omissions."[523]

Der EGMR bestimmt sehr einzelfallbezogen, ob eine Aufgabe im öffentlichen Interesse ausgeführt wird und der Staat die erforderliche Kontrolle über den privaten Aufgabenerfüller innehat. Der Rechtsform des Unternehmens wird dabei relativ wenig Bedeutung beigemessen. So überprüfte der Gerichtshof die privatrechtliche Rundfunkanstalt Radio France und die Österreichische Rundfunkanstalt, eine Stiftung öffentlichen Rechts, anhand der gleichen Kriterien und mit entsprechender Vorgehensweise auf ihre Staatsnähe.[524] Stärker gewichtet wurden die Zusammensetzung der leitenden Organe und die konkreten Befugnisse, die sich aus der staatlichen Beteiligung ergaben.[525] In Radio France besetzte der Staat nur vier der zwölf Plätze im Vorstand; das verstand der EGMR als Zeichen der Staatsferne.[526] Eine Monopolstellung eines Unternehmens in einem Sektor war nach dem EGMR wiederum ein Indiz für staatliche Kontrolle.[527] Gesetzliche Regeln, die dem Unternehmen Unabhängigkeit vom Staat garantieren sollten, sprachen gegen eine staatliche Kontrolle.[528] Und auch die Finanzierung des Unternehmens sowie die Lohnzahlung aus privaten oder staatlichen Mitteln stellten Faktoren zur Bestimmung des Grades an staatlicher Kontrolle dar.[529]

---

523 EGMR, *Bennich-Zalewski* vs. Poland, Urt. v. 22.4.2008, No. 59857/00, § 94 (Hervorhebung durch die Verf.).

524 EGMR, *Österreichischer Rundfunk* vs. Austria, Urt. v. 7.12.2006, No. 35841/02, §§ 4, 46 ff., sogar mit Verweis auf die *Radio France*-Entscheidung. So auch explizit in EGMR, *Yershova* vs. Russia, Urt. v. 8.4.2010, No. 1387/04, § 56: „*[...] the company's legal status under the domestic law, however important, is not decisive for the determination of the State's responsibility for the company's acts or omissions under the Convention. [...] Accordingly, the applicant company's domestic legal status as a separate legal entity does not, on its own, absolve the State from its responsibility under the Convention for the company's debts*".

525 EGMR, *Islamic Republic of Iran Shipping Lines* vs. Turkey, Urt. v. 13.12.2007, No. 40998/98, § 69.

526 EGMR, *Radio France a. o.* vs. France, Ents. v. 23.9.2003, No. 53984/00, § 26. Hingegen für die Annahme von Kontrolle bei mehrheitlicher Besetzung durch den Staat vgl. EGMR, *Východoslovenská* vs. Slovakia, Ents. v. 2.7.2013, No. 40265/07, § 34.

527 EGMR, *Islamic Republic of Iran Shipping Lines* vs. Turkey, Urt. v. 13.12.2007, No. 40998/98, § 80; EGMR, *Österreichischer Rundfunk* vs. Austria, Urt. v. 7.12.2006, No. 35841/02, § 52.

528 EGMR, *Radio France a. o.* vs. France, Ents. v. 23.9.2003, No. 53984/00, § 26; EGMR, *Österreichischer Rundfunk* vs. Austria, Urt. v. 7.12.2006, No. 35841/02, § 50 f.

529 EGMR, *Islamic Republic of Iran Shipping Lines* vs. Turkey, Urt. v. 13.12.2007, No. 40998/98, § 80; EGMR, *Österreichischer Rundfunk* vs. Austria, Urt. v. 7.12.2006, No. 35841/02,

Das öffentliche Interesse an der Aufgabe, die das private Unternehmen ausführt, wird vor allem durch die Bedeutung der Aufgabe für die Bevölkerung bestimmt.[530] In Abgrenzung zu den Fällen, in denen ein Privater Elemente hoheitlicher Gewalt ausübt, kommt es für das öffentliche Interesse wohl nicht darauf an, dass das Unternehmen Befugnisse, wie die Ausübung von Zwang, gegenüber Dritten hat. Gemeint sind damit eher bestimmte, für die Bevölkerung besonders wichtige Wirtschaftssektoren. So fällt in der Rechtsprechung des EGMR auf, dass die Unternehmen, bezüglich derer der Gerichtshof eine staatliche Abhängigkeit angenommen hat, alle in der Daseinsvorsorge tätig waren.[531]

c) Zwischenergebnis

1. Das Bundesverfassungsgericht stellt in einer Entscheidung zu Art. 1 Abs. 3 GG als einziges Rechtsprechungsorgan hinsichtlich der Feststellung eines staatsnahen Unternehmens, mit der Folge der Handlungszurechnung und der unmittelbaren Grundrechtsbindung, nur auf die Beherrschung durch den Staat ab. Wenn der Staat demnach mehr als 50% der Anteile hält, ist das Unternehmen insgesamt grundrechtsverpflichtet. Konkrete Kontrollbefugnisse

---

§ 52, dort betont der EGMR, dass ein „competitive environment" ein wichtiges Kriterium sei und die Finanzierung des Geschäftsbetriebs nicht allein entscheidend sein könne. EGMR, *Mykhaylenky a. o.* vs. Ukraine, Urt. v. 30.11.2004, No. 35091/02 a. o., § 45; EGMR, *Lisyanskiy* vs. Ukraine, Urt. v. 4.4.2006, No. 17899/02, § 19.

530 In EGMR, *Mykhaylenky* vs. Ukraine, Urt. v. 30.11.2004, No. 35091/02 a. o., § 45 hat der EGMR die „environmental and public health considerations" betont, in EGMR, *Yershova* vs. Russia, Urt. 8.4.2010, No. 1387/04, § 58 führte er aus: „*The company's institutional links with the public administration were particularly strengthened in the instant case by the special nature of its activities. As one of the main heating suppliers […] the company* ***provided a public service of vital importance to the city's population.***" (Hervorhebung durch die Verf.).

531 Für die Kohlewirtschaft bspw. EGMR, *State Holding Company Luganskvugillya* vs. Ukraine, Ents. v. 27.1.2009, No. 23938/05; Für den Ölsektor bspw. EGMR, *Transpetrol* vs. Slovakia, Ents. v. 15.11.2011, No. 28502/08, § 73 ff.; Für die Wasserversorgung vgl. EGMR, *Východoslovenská* vs. Slovakia, Ents. v. 2.7.2013, No. 40265/07, § 37 f. Bei der Frage der Handlungszurechnung hat der EGMR eine Staatlichkeit in folgenden Fällen angenommen: EGMR, *Mykhaylenky* vs. Ukraine, Urt. v. 30.11.2004, No. 35091/02 a. o., § 46; EGMR, *Lisyanskiy* vs. Ukraine, Urt. v. 4.4.2006, No. 17899/02, § 20; Für den Energiesektor EGMR, *Yershova* vs. Russia, Urt. v. 8.4.2010, No. 1387/04, § 62. Diese Beobachtung macht auch *Dereje*, Staatsnahe Unternehmen, S. 213 mit weitergehenden Ausführungen.

oder eine spezifische operative oder institutionelle Abhängigkeit sind hingegen nicht entscheidend.

2. Der EGMR nimmt nur im Ansatz Bezug auf die ILC-Artikel. Trotzdem ähneln insbesondere die Kriterien, die der EGMR bei der Kontrolle eines Unternehmens durch einen Staat entwickelt hat, denen des Art. 4 ILC-Entwurf. Die Kriterien des EGMR hinsichtlich der Übertragung von hoheitlichen Tätigkeiten auf Private weisen hingegen einige Unterschiede zu den Kriterien nach Art. 5 ILC-Entwurf auf.
3. Wenn der Staat einem Privaten eine öffentliche Aufgabe in der Weise überträgt, dass dieser zur Ausübung von Zwang und dem Erlass verbindlicher Maßnahmen befugt ist (hoheitliche Befugnisse), kann dies eine staatliche Verantwortlichkeit nach sich ziehen.
4. Der EGMR prüft die Staatsnähe eines Unternehmens entweder bei der Beschwerdebefugnis im Sinne von Art. 34 EMRK (das Unternehmen als potenzielles Opfer), denn nur eine nichtstaatliche Organisation kann Beschwerde einlegen, oder er prüft sie bei Fragen der Handlungszurechnung (das Unternehmen als potenzieller Täter).
5. Zur Bestimmung des Grads an staatlicher Kontrolle nimmt der EGMR eine Gesamtschau der Kriterien vor, wobei der reinen Beherrschung, also der Anteilsinhaberschaft, vergleichsweise wenig Gewicht zukommt. Der tatsächlichen Beeinflussung der Entscheidungsorgane und der Ausübung einer Tätigkeit im öffentlichen Interesse wird besondere Bedeutung beigemessen.
6. Es existiert bis zum jetzigen Zeitpunkt noch keine Rechtsprechung zu Fällen konkreter Einflussnahme des Staates auf eine bestimmte Handlung eines privaten Unternehmens (im Sinne von Art. 8 ILC-Artikel).

III. Verantwortlichkeit der Staaten wegen der Verletzung einer positiven Pflicht im Zusammenhang mit dem Verhalten von privaten Unternehmen

Die dargestellte staatliche Verantwortlichkeit für unternehmerisches Verhalten aufgrund von Zurechnungstatbeständen zeigt die Komplexität des staatlichen Pflichtenkatalogs. Im Folgenden soll nun der Versuch unternommen werden, die positiven Pflichten näher zu beleuchten und zu kategorisieren. Insbesondere wird untersucht, ob aus den Konventionsrechten auch Schutzpflichten für den Staat folgen können. Gemeint sind damit Fälle eines Drei-Personen-Verhältnisses, in denen der Staat einen rechtlichen Ausgleich zwischen zwei (privaten) Interessen vornehmen muss. Welche tatsächlichen und rechtlichen Voraussetzungen müssen aber bestehen, damit der Tatbestand einer konventionsrechtlichen Schutzpflicht begründet wird? Wie weit reicht diese staatliche Verpflichtung? Und in welchen Fällen hat der EGMR eine Verletzung von positiven Pflichten im Zusammenhang mit unternehmerischer Tätigkeit angenommen?

1. Begründungsansätze für die Herleitung von Schutzpflichten aus der EMRK

Die Existenz von positiven Pflichten in der EMRK ist in Rechtsprechung[532] und Schrifttum[533] anerkannt. Entwickelt und konkretisiert wurden die positiven Pflichten durch eine Vielzahl von Entscheidungen des EGMR. Dieser betonte dabei aber stets, dass er keine genaue Definition aufstellen möchte, sondern einzelfallbezogen über die Existenz positiver Pflichten entscheidet.[534] Deshalb besteht auch noch keine abschließende Sicherheit darüber, wie der EGMR insbesondere Schutzpflichten dogmatisch genau begründet. In der Literatur werden

---

532 Beispielhaft EGMR, *Osman* vs. UK, Urt. v. 28.10.1998, No. 87/1997/871/1083, § 116; EGMR *Plattform „Ärzte für das Leben"* vs. Austria, Urt. v. 21.6.1988, No. 10126/82, §§ 31 f.; *X and Y* vs. The Netherlands, Urt. v. 26.3.1985, No. 8978/80, § 23.

533 Beispielhaft *Bleckmann*, Die Entwicklung staatlicher Schutzpflichten, in: *Beyerlin/Bothe/Hofmann/Petersmann*, FS für Rudolf Bernhardt, S. 309–321 (309); *Frowein*, in: *Frowein/Peukert*, Europäische Menschenrechtskonvention, S. 20 ff.; *Wiesbrock*, Internationaler Schutz der Menschenrechte, S. 84 ff.; *Jaeckel*, Schutzpflichten im deutschen und europäischen Recht, S. 107 ff.; *Streuer*, Die positiven Verpflichtungen des Staates, S. 191 ff.; *Morris-Take*, Die extraterritoriale Anwendbarkeit der Rassendiskriminierungskonvention, S. 54 ff.; *Stahl*, Schutzpflichten im Völkerrecht, S. 104 ff; *Murswiek*, Die Pflicht des Staates zum Schutz vor Eingriffen Dritter nach der EMRK, in: *Konrad*, Internationaler Menschenrechtsschutz, S. 213–242.

534 EGMR, *Guzzardi* vs. Italy, Urt. v. 6.11.1980, No. 7367/76, § 88; EGMR, *Young, James and Webster* vs. UK, Urt. v. 13.8.1981, No. 7601/76, 7806/77, § 53: *„The Court emphasises once again that, in proceedings originating in an individual application, it has, without losing sight of the general context, to confine its attention as far as possible to the issues raised by the concrete case before it."*; EGMR *Plattform „Ärzte für das Leben"* vs. Austria, Urt. v. 21.6.1988, No. 10126/82, § 31: *„The Court does not have to develop a general theory of the positive obligations which may flow from the Convention. "*; EGMR, *VgT Verein gegen Tierfabriken* vs. Switzerland, Urt. v. 28.6.2001, No. 24699/94, § 46, *„The Court does not consider it desirable, let alone necessary, to elaborate a general theory concerning the extent to which the Convention guarantees should be extended to relations between private individuals inter se."*.

dazu verschiedene Ansichten vertreten, die, aufgrund der bereits intensiven Auseinandersetzung mit der Thematik, in gebotener Kürze dargestellt werden.[535]

Bleckmann beispielsweise leitet aus dem Recht auf Leben aus Art. 2 Abs. 1 EMRK eine allgemeine Schutzverpflichtung der Staaten ab.[536] Dieses wichtige Grundprinzip, das am Anfang der Konventionsgarantien steht und Voraussetzung für alle anderen Verbürgungen sei, enthalte demnach ein allgemeines Rechtsprinzip.[537] Von der Stellung des Lebensrechts in erster Position der Konventionsgarantien kann aber noch nicht darauf geschlossen werden, dass dahinter ein allgemeines Rechtsprinzip steht.[538] Trotz der fundamentalen Bedeutung des Rechts auf Leben, was auch die prominente Stellung erklärt, können aus einer einzelnen Garantie keine allgemeinen Rechtsprinzipien für alle anderen Garantien hergeleitet werden. Zudem gibt es noch einen Abschnitt vor den einzelnen Menschenrechten. In diesem Abschnitt steht Art. 1 EMRK und regelt allgemeine Grundsätze.[539]

Einige andere Ansätze sehen überhaupt keine Notwendigkeit, Schutzpflichten herzuleiten. Demnach könnte man alle Fälle auch über die staatsgerichteten Abwehrrechte lösen – denn indem der Staat bestimmte Eingriffe die von Dritten verübt werden, nicht verbiete, erlaube er solche vielmehr; darin liege dann wiederum eine staatliche Einschränkung des betroffenen Konventionsrechts.[540]

---

535 Für eine ausführliche Auseinandersetzung mit der Thematik vgl. *Streuer*, Die positiven Verpflichtungen des Staates, S. 196 ff.; *Wiesbrock*, Internationaler Schutz der Menschenrechte vor Verletzungen durch Private, S. 86 ff.; *Jaeckel*, Schutzpflichten im deutschen und europäischen Recht, S. 107 ff.; *Szczekalla*, Die sogenannten grundrechtlichen Schutzpflichten, S. 712 ff.; *Ress*, The Duty to Protect and to Ensure, in: *Klein*, Colloquium, S. 165–205 (166 ff.).

536 *Bleckmann*, Die Entwicklung staatlicher Schutzpflichten, in: *Beyerlin/Bothe/Hofmann/Petersmann*, FS für Rudolf Bernhardt, S. 309–321 (310).

537 *Bleckmann*, Die Entwicklung staatlicher Schutzpflichten, in: *Beyerlin/Bothe/Hofmann/Petersmann*, FS für Rudolf Bernhardt, S. 309–321 (310).

538 *Wiesbrock*, Internationaler Schutz der Menschenrechte, S. 85.

539 Die Ansicht *Bleckmanns* auch ablehnend *Papp*, Extraterritoriale Schutzpflichten, S. 59; *Wiesbrock*, Internationaler Schutz der Menschenrechte, S. 85; *Streuer*, Die positiven Verpflichtungen des Staates, S. 216.

540 So zum Beispiel *Murswiek*, Die Pflicht des Staates zum Schutz vor Eingriffen Dritter nach der EMRK, in: *Konrad*, Internationaler Menschenrechtsschutz, S. 213–242 (224 ff.); So bezogen auf das Grundgesetz *Schwabe*, Die sogenannte Drittwirkung der Grundrechte, S. 140 ff. (insb. 148); *ders.*, Probleme der Grundrechtsdogmatik, S. 211 ff., 221 ff.; *Holoubek*, Grundrechtliche Gewährleistungspflichten, S. 251 ff. sieht keinen „rechtstechnisch-konstruktiven Unterschied" zwischen der Abwehr- und der Schutzfunktion der Grundrechte (S. 255).

Murswiek argumentiert weitergehend damit, dass der Staat seine Bürger dazu verpflichte, nicht verbotenes Verhalten zu dulden. Diese Duldung stelle dann einen Eingriff in die Rechte der Konvention dar.[541] Die Ansicht verkennt zum einen, dass der Untätigkeit des Staates, entsprechende Verbote erlassen zu haben, wiederum eine Pflicht vorauszugehen hätte, die ein Tätigwerden erfordert. Diese Pflicht wäre aber auch nur über eine Schutzverpflichtung zu begründen, was zu einem Zirkelschluss führen würde.[542] Zum anderen ist die Annahme einer konkludenten Duldungspflicht nicht sachgemäß. Diese Annahme kann schon dadurch entkräftet werden, dass der Staat nicht über alle möglichen Verletzungshandlungen, die durch Dritte vorgenommen werden könnten, nachgedacht hat beziehungsweise diese nicht vorhersehen konnte, da immer wieder neue Gefahrensituationen entstehen können. Die Verpflichtung zur Duldung impliziert aber zumindest eine vorhergehende Willensbildung, die nicht immer unterstellt werden kann.

Die Schutzpflicht könnte auch den einzelnen Rechtsgütern inhärent sein (sogenannte normimmanente Schutzpflichten).[543] Diese Ansicht lehnt sich an den Wortlaut einiger Konventionsrechte an, die einen Begriff wie beispielsweise „wird geschützt"[544] in Art. 2 Abs. 1 EMRK enthalten. Die Mehrheit der Garantien hat einen solchen begrifflichen Anhaltspunkt jedoch nicht, was eine Herleitung schon wesentlich unpräziser werden lässt.[545] Trotzdem haben auch die Straßburger Organe diesen Ansatz in überwiegend älteren Entscheidungen vertreten.[546] In den neueren Entscheidungen stellt der EGMR aber zunehmend auf Art. 1 EMRK in Verbindung mit einem materiellen Konventionsrecht ab, um positive Pflichten zu begründen.[547] Der Gerichtshof sieht die Verantwortlichkeit eines Staates immer dann ausgelöst, wenn eine Verletzung eines Rechts oder einer

---

541 *Murswiek*, Die Pflicht des Staates zum Schutz vor Eingriffen Dritter nach der EMRK, in: *Konrad*, Internationaler Menschenrechtsschutz, S. 213–242 (226).

542 In diesem Sinne auch *Papp*, Extraterritoriale Schutzpflichten, S. 59; *Dröge*, Positive Verpflichtungen der Staaten, S. 78; *Streuer*, Die positiven Verpflichtungen des Staates, S. 86 f.; *Jaeckel*, Schutzpflichten im deutschen und europäischen Recht, S. 39 f.

543 *Stahl*, Schutzpflichten im Völkerrecht, S. 109; *Streuer*, Die positiven Verpflichtungen des Staates, S. 199 ff., 210 f.

544 In der amtlichen Fassung „shall be protected".

545 So auch *Streuer*, Die positiven Verpflichtungen des Staates, S. 221.

546 In diese Richtung bspw. EGMR, *Belgischer Sprachenfall*, No. 2126/64, Urt. v. 23.7.1968, I. B. Ziff. 3.

547 Bspw. EGMR, *Osman* vs. UK, Urt. v. 28.10.1998, No. 87/1997/871/1083, § 116; EGMR, *Hugh Jordan* vs. UK, Urt. v. 4.5.2001, No. 24746/94, § 105; EGMR, *Al-Adsani* vs. UK, Urt. v. 21.11.2001, No. 35763/97, § 38.

Freiheit der Konvention das Ergebnis der Nichteinhaltung der Verpflichtung aus Art. 1 EMRK darstellt.[548] Der Schutzauftrag folgt somit aus der allgemeinen Gewährleistungspflicht des Art. 1 EMRK, der materielle Inhalt aus dem jeweils zu schützenden Recht.[549] Dabei sollen sich die Schutzgüter der Konventionsrechte in der Weise realisieren, dass sie auch im Verhältnis von Privatpersonen untereinander ihre Wirkung entfalten.[550] Dies geht einher mit der dynamisch-evolutiven Auslegungsmethode der Konventionsorgane, die dadurch erreichen wollen, dass die Konvention eine wirkliche und tatsächliche Freiheit gewährleistet.[551] Dieser als vorzugswürdig empfundenen Ansicht folgt diese Arbeit.

2. Kategorisierung der positiven Pflichten

Die Kategorisierung der positiven Staatenpflichten stellt sich mitunter als schwierig dar, nicht zuletzt, weil das deutsche Grundrechtsverständnis nicht eins zu eins auf die Konventionsrechte übertragbar ist. Wenn der EGMR positive Staatenpflichten bejaht, spricht er damit einen viel weitergehenden Pflichtenkatalog an, als wir mit den deutschen Schutzpflichten verbinden. Unter positiven Pflichten sind alle Staatenpflichten zu subsumieren, die ein aktives Tätigwerden des Staates verlangen. Im Folgenden sollen diejenigen positiven Pflichten dargestellt werden, die im Zusammenhang mit unternehmerischer Tätigkeit relevant werden können.

Dazu zählen zunächst *Untersuchungspflichten*, die den Staat dazu verpflichten, aktiv Nachforschungen anzustellen.[552] Wenn eine Person beispielsweise

548 *„The Court has consistently held that the responsibility of a State is engaged if a violation of one of the rights and freedoms defined in the Convention is the result of non-observance by that State of its obligation under Article 1 to secure those rights and freedoms […] to everyone within its jurisdiction"*, EGMR, *Costello-Roberts* vs. UK, Urt. v. 25.3.1993, No. 13134/87, § 26.

549 Vgl. *Krieger*, in: *Dörr/Grote/Marauhn*, EMRK/GG, Band I, Kap. 6 Rn. 47; *Streuer*, Die positiven Verpflichtungen des Staates, S. 206 ff., 328, die kein schematisch einheitliches Vorgehen des EGMR erkennen kann, selbst aber den Rekurs auf Art. 1 EMRK in Verbindung mit einer Konventionsgarantie für überzeugend hält; *Stahl*, Schutzpflichten im Völkerrecht, S. 110; *Papp* stellt für die Herleitung der Schutzpflichten nur auf Art. 1 EMRK ab, übersieht dabei jedoch, dass Art. 1 EMRK keinen eigenen materiellen Inhalt hat und deshalb nicht isoliert betrachtet werden kann, vgl. *Papp*, Extraterritoriale Schutzpflichten, S. 61.

550 *Krieger*, in: *Dörr/Grote/Marauhn*, EMRK/GG, Band I, Kap. 6 Rn. 24.

551 EGMR, *Airey* vs. Ireland, 9.10.1979, No. 6289/73, § 24.

552 *Dröge*, Positive Verpflichtungen der Staaten, S. 62 ff.

durch staatliche Akteure getötet wird oder der Staat von einer Tötung durch eine dritte Person erfährt, dann müsste er, um seiner Verpflichtung aus Art. 2 EMRK nachzukommen, den Sachverhalt untersuchen.[553] Die Untersuchungspflichten können sich aus den materiellen Garantien selbst ergeben oder aus Art. 13 EMRK. Art. 13 EMRK regelt ausdrücklich das Recht auf eine wirksame Beschwerde, aber der EGMR interpretiert in den Schutzbereich auch die Vornahme behördlicher Untersuchungen hinein.[554] Die inhaltlichen Anforderungen an den Pflichtenumfang bei Art. 13 EMRK gleichen den Anforderungen an die Untersuchungspflichten, die sich aus den materiellen Rechten ergeben.[555] Untersuchungspflichten, verstanden als Aufklärungspflichten, werden in der Regel im Nachgang einer Konventionsverletzung relevant. Im unternehmerischen Kontext ist die Situation vorstellbar, dass von einem Unternehmen stark gesundheitsgefährdende Emissionen ausgehen, weil sich das Unternehmen nicht an bestehende präventive Sicherheitsregeln gehalten hat. Die Emissionen rufen bei Anwohnern tödlich verlaufende Krankheiten hervor, sodass der Staat die Verpflichtung hat, den Sachverhalt zu untersuchen.

Regelungspflichten, also die Pflichten zur Ausgestaltung von (Privat-) Rechtsverhältnissen, richten sich primär an die Legislative.[556] Bei den Regelungspflichten muss sehr genau zwischen Normen differenziert werden, die das Verhältnis von Individuen zum Staat regeln und solchen, die Privatrechtsverhältnisse ausgestalten. Während die erste Fallgruppe von ihrer Natur aus eigentlich ein Zwei-Personen-Verhältnis zwischen Bürger und Staat regelt,[557] bezieht

---

553 So in Bezug auf die Tötung durch staatliche Akteure bspw. EGMR, *McCann a. o.* vs. UK, Urt. v. 27.9.1995, No. 18984/91, § 161: „*The obligation to protect the right to life under this provision (Art. 2), read in conjunction with the State's general duty under Article 1 (Art. 2+1) of the Convention […] requires by implication that there should be* ***some form of effective official investigation*** *when individuals have been killed […]*" (Hervorhebung durch die Verf.); *Dröge*, Positive Verpflichtungen der Staaten, S. 62 f. mit weiteren Rechtsprechungsnachweisen; *Koenen*, Wirtschaft und Menschenrechte, S. 60 f.

554 EGMR, *Aksoy* vs. Turkey, Urt. v. 18.12.1996, No. 21987/93, § 98.

555 Siehe dazu im Ganzen *Dröge*, Positive Verpflichtungen der Staaten, S. 65 ff., insb. S. 68.

556 In diesem Sinne auch *Dröge*, Positive Verpflichtungen der Staaten, S. 87.

557 Siehe dazu *Dröge*, Positive Verpflichtungen der Staaten, S. 85 ff., als Beispiel kann dafür das Recht der Eheschließung auf Grundlage von innerstaatlichen Gesetzen gesehen werden, welches in Art. 12 EMRK zugesichert ist. *Koenen* differenziert diesbezüglich nicht vgl. *Koenen*, Wirtschaft und Menschenrechte, S. 59.

sich die Regelung eines privaten Rechtsverhältnisses auf ein „Rechtsdreieck".[558] Nur Letzteres ist bei einem staatlichen Schutzauftrag im Zusammenhang mit unternehmerischer Tätigkeit von unmittelbarer Bedeutung, denn dann muss der Staat einen Ausgleich zwischen zwei widerstreitenden Interessen finden.

Daneben treffen den Staat, vorrangig die Exekutive, *Informationspflichten*. Der Gerichtshof hat insbesondere für Art. 2 und Art. 8 EMRK die Pflicht zur ausreichenden staatlichen Informierung angenommen.[559] Auch bei diesen Pflichten nehmen einige kein Rechtsinteressendreieck an.[560] In manchen Entscheidungen traf dies auch zu, wenn man an den Fall *McMichael* denkt, in dem den Eltern in einem Sorgerechtsstreit die Akteneinsicht verwehrt wurde.[561] Oder an den Fall *McGinley und Egan*, in dem die Beschwerdeführer, ehemalige Mitglieder der britischen Armee, Informationen über Atomversuche erhalten wollten, an denen sie teilgenommen und von denen sie ihrer Ansicht nach schwere gesundheitliche Schäden davongetragen hatten.[562] Inzwischen hat der EGMR aber auch vermehrt Stellung dazu nehmen müssen, ob dem Staat Informationspflichten obliegen, wenn Gefahren (im Sinne von Art. 2 und Art. 8 EMRK) durch Handlungen eines Dritten verursacht werden.[563] Dritte waren in den entschiedenen Fällen mehrheitlich Unternehmen, von denen umweltrechtliche Gefahren ausgingen. Wenn der Staat in einer solchen Konstellation Anwohner oder Angestellte des Unternehmens über mögliche Risiken informieren muss, dann besteht zumindest die Möglichkeit, dass auch eine Rechtsposition des Unternehmens beeinträchtigt

---

558 EGMR, *Köpke* vs. Germany, Ents. v. 5.10.2010, No. 420/07, The Law A. 2.; Begrifflichkeit von *Isensee*, Das Grundrecht auf Sicherheit, S. 34; so auch *Cremer*, Der Schutz vor den Auslandsfolgen aufenthaltsbeendender Maßnahmen, S. 240. Vgl. zu der Konstellation auch die Rechtsprechungsanalyse unter Kapitel B.III.4.

559 Vereinzelt werden auch Informationspflichten hinsichtlich anderer Konventionsrechte bejaht, vgl. dazu *Dröge*, Positive Verpflichtungen der Staaten, S. 158 ff.; *Grabenwarter/Pabel*, Europäische Menschenrechtskonvention, § 19 Rn. 13 und § 22 Rn. 71, der davon spricht, dass Informationspflichten „jedenfalls im Rahmen von Art. 2 und 8 EMRK" anerkannt werden.

560 *Dröge*, Positive Verpflichtungen der Staaten, S. 158 ff.; *Koenen*, Wirtschaft und Menschenrechte, S. 62 f., der keine Differenzierung vornimmt.

561 EGMR, *McMichael* vs. UK, Urt. v. 24.2.1995, No. 16424/90, §§ 80, 92.

562 EGMR, *McGinley und Egan* vs. UK, Urt. v. 9.6.1998, No. 10/1997/794/995–996, § 97.

563 *Guerra a. o.* vs. Italy, Urt. v. 19.2.1998, No. 116/1996/735/932, § 60; EGMR, *Öneryildiz* vs. Turkey, Urt. v. 30.11.2004, No. 48939/99, § 90; EGMR, *Vilnes a. o.* vs. Norway, Urt. v. 5.12.2013, No. 52806/09, 22703/10, § 244.

sein könnte; auch wenn der EGMR sich dazu in den bisherigen Fällen nicht geäußert hat.[564]

Schließlich nimmt der EGMR auch allgemeine staatliche Pflichten an, *aktive Maßnahmen zum Schutz* des Einzelnen zu ergreifen.[565] Der EGMR bleibt bei der Bestimmung der „adequate measures" oft vage und verweist stattdessen auf den Beurteilungsspielraum der Staaten.[566] Der betroffene Staat soll selbst die Wahl des geeigneten Mittels („choice of means") treffen.[567]

Zusammenfassend zeigt sich, dass positive Pflichten an alle drei staatlichen Gewalten gerichtet sein können. Da der EGMR positive Pflichten aber nicht nur in der nach unserem Verständnis „klassischen Schutzpflichtensituation" annimmt, wenn also ein Dreieck zwischen zwei Privaten und dem Staat besteht, sondern auch in Fällen, in denen nur ein einzelnes privates Interesse im Raum steht, müssen die einzelnen Ausprägungen der positiven Pflichten sehr genau differenziert werden. Wenn im Folgenden von Schutzpflichten gesprochen wird, dann sind – angelehnt an die deutsche Grundrechtsdogmatik[568] – nur solche positiven Pflichten gemeint, denen der Staat in einem „Rechtsdreieck" nachkommen muss.

3. Konventionsrechtliche Schutzpflichten

a) Tatbestand eines Schutzrechts

Nach dem kurzen Überblick über verschiedene dogmatische Ansätze zur Begründung der Schutzpflichten aus der EMRK sowie den unterschiedlichen Kategorien positiver Pflichten, soll im Folgenden auf die Voraussetzungen einer solchen Pflicht eingegangen werden.

---

564 Hier kann an die Fälle staatlicher Warnungen im deutschen Verfassungsrecht gedacht werden, in denen sich Informationen über Gefahren so negativ auswirkten, dass ein Eingriff in die Rechtspositionen des Dritten (bspw. Berufsfreiheit nach Art. 12 Abs. 1 GG) geprüft wurde, bspw. BVerfG, Beschluss v. 26.6.2002 – 1 BvR 558 1428/91, BVerfGE 105, 252 – *Glykolwein*.

565 *Koenen* fasst diese unter „sonstige Handlungspflichten" zusammen vgl. *Koenen*, Wirtschaft und Menschenrechte, S. 63 f.

566 EGMR, *Fadeyeva* vs. Russia, Urt. v. 9.6.2005, No. 55723/00, §§ 92, 96.

567 EGMR, *Fadeyeva* vs. Russia, Urt. v. 9.6.2005, No. 55723/00, § 96.

568 *Epping*, Grundrechte, S. 61 Rn. 126, *„In dieser Situation kommt dem Staat die Rolle eines ‚Schiedsrichters' zu, der die verschiedenen Grundrechtspositionen gegeneinander abgrenzen muss."*.

aa) Kein staatlich zurechenbarer Eingriff, stattdessen ein privater Übergriff

Eine staatliche Schutzpflicht wird nur dann begründet, wenn die Beeinträchtigung des Konventionsrechts nicht vom Staat zurechenbar verursacht wurde. Somit schließen sich aber Schutzpflicht und Unterlassungspflicht zwangsweise gegenseitig aus. Der Staat kann in Bezug auf ein bestimmtes Rechtssubjekt immer nur aus einer der Funktionen heraus verpflichtet sein.[569] Deshalb ist es erforderlich, immer zuerst eine mögliche Zurechnung der beeinträchtigenden Handlung zum Staat zu prüfen.[570] Kann ein Verhalten dem Staat zugerechnet werden und verletzt dieses Verhalten ein Konventionsrecht, so liegt ein staatlicher *Eingriff* in das Rechtsgut vor. Muss die Zurechnung hingegen verneint werden, handelt es sich um einen *Übergriff*, also um die Beeinträchtigung eines Rechts durch einen nicht hoheitlichen Akteur.[571] Der nicht-hoheitliche Übergriff ist somit erstes konstitutives Tatbestandsmerkmal eines Schutzrechts und schließt gleichzeitig die negative Menschenrechtsdimension aus.[572]

bb) Dreiecks-Konstellation – Der Adressat der Schutzverpflichtung

Die Schutzpflichten aktivierende Situation erfordert eine Dreiecks-Konstellation zwischen dem Verursacher des Übergriffs, dem Opfer dieses Übergriffs und dem Staat („Rechtsdreieck"). Die Aktivierung einer staatlichen Schutzpflicht braucht folglich einen (nicht staatlichen) Auslöser.[573] Ein Übergriff kann durch eine Handlung von privaten Dritten, durch eine Handlung von Organen eines Nicht-EMRK-Staates[574] oder durch tatsächliche Situationen wie beispielsweise Naturkatastrophen[575] erfolgen. Ein privates Unternehmen ist der ersten Fallgruppe,

---

569 *Stahl*, Schutzpflichten im Völkerrecht, S. 122.

570 Die Zurechnung wurde bereits in Kapitel B.II. behandelt.

571 Begrifflichkeit von *Stahl*, Schutzpflichten im Völkerrecht, S. 122; *Epiney* spricht von einem *„external event"* das zwingend vorliegen muss, *Epiney*, Die völkerrechtliche Verantwortlichkeit von Staaten, S. 112 f.; so auch schon *Ago*, YILC 1970 II, S. 177–197 (194) und die ILC in ihrem Bericht von 1975: *„The acts of private persons [...] then constitute [...] an external event, which serves as a catalyst for the wrongfulness of the State's conduct."*, *ILC*, YILC 1975 II, S. 47–187 (71) (commentary zu Art. 11 ILC-Entwurf).

572 Zum Ganzen siehe *Stahl*, Schutzpflichten im Völkerrecht, S. 122 ff., 137 ff.

573 *Streuer*, Die positiven Verpflichtungen des Staates, S. 226.

574 Zu der nicht ganz unproblematischen Fallgruppe siehe *Stahl*, Schutzpflichten im Völkerrecht, S. 140 f.; *Streuer*, Die positiven Verpflichtungen des Staates, S. 228.

575 Dazu *Jaeckel*, Schutzpflichten im deutschen und europäischen Recht, S. 154 ff.; *Streuer*, Die positiven Verpflichtungen des Staates, S. 228 ff.; *Stahl*, Schutzpflichten

der Handlung von privaten Dritten, zuzuordnen, sodass diese Arbeit die beiden anderen Fallgruppen unbeachtet lässt. Mitunter kann eine exakte Subsumtion der Handlungsbeiträge unter eine der Fallgruppen schwierig sein.[576] Dies hat allerdings dann eine nur untergeordnete Bedeutung, wenn unstreitig ein Übergriff vorliegt.[577] Bei Übergriffen durch Privatpersonen kommt es nicht darauf an, woher die Gefahrenquelle stammt, also welche Staatsangehörigkeit sie beispielsweise besitzen.[578]

Eine Konventionsrechtsverletzung kann immer nur durch einen (EMRK-) Staat verwirklicht werden, der die Konvention gemäß Art. 59 EMRK ratifiziert hat.[579] Für eine Schutzpflichtverletzung muss der Konventionsrechts-Berechtigte durch ein staatliches Unterlassen im Schutzbereich einer seiner konventionsrechtlichen Rechtspositionen betroffen sein.[580] Die faktische Beeinträchtigung eines Rechtsguts durch den „Auslöser" ist dabei Ursache einer möglichen staatlichen Handlungspflicht. Das jeweils betroffene Konventionsrecht muss folglich im Einzelfall durch den Verursacher, vorliegend dem privaten Unternehmen, faktisch verletzbar sein.[581]

Die Schutzpflichten richten sich im System der EMRK grundsätzlich nicht an eine bestimmte Staatsgewalt.[582] So können Legislative, Exekutive und Judikative gleichermaßen dazu berufen sein, im konkreten Fall Schutz zu üben.[583]

---

im Völkerrecht, S. 141 ff., die aber nur tatsächliche, nicht auch rechtliche konventionswidrige Situationen von dieser Fallgruppe erfasst sieht.

576 Wenn man bspw. daran denkt, dass Naturkatastrophen (nach wissenschaftlichen Erkenntnissen) auch durch vorangegangene menschliche Verhaltensweisen verursacht sein können, Beispiel von *Streuer*, Die positiven Verpflichtungen des Staates, S. 226 Fn. 165.

577 So auch *Stahl*, Schutzpflichten im Völkerrecht, S. 150.

578 *Stahl*, Schutzpflichten im Völkerrecht, S. 139.

579 *Meyer-Ladewig/Nettesheim*, in: *Meyer-Ladewig/Nettesheim/Raumer*, EMRK, Art. 1 Rn. 5 f.

580 *Grabenwarter/Pabel*, Europäische Menschenrechtskonvention, § 19 Rn. 5.

581 *Murswiek*, Die Pflicht des Staates zum Schutz vor Eingriffen Dritter nach der EMRK, in: *Konrad*, Internationaler Menschenrechtsschutz, S. 213–242 (233); *Streuer*, Die positiven Verpflichtungen des Staates, S. 227 f.

582 *Grabenwarter/Pabel*, Europäische Menschenrechtskonvention, § 19 Rn. 4, die als Ausnahme die Notwendigkeit der Schaffung von mit Strafe bewehrter Verbote im Bereich des Art. 2 EMRK nennen.

583 *Streuer*, Die positiven Verpflichtungen des Staates, S. 231.

cc) Faktische Einwirkung auf ein Konventionsrecht durch den Verursacher

Die Pflicht zur Einhaltung und zum Schutz der Konventionsrechte trifft nur die Mitgliedstaaten der EMRK.[584] Nur sie können folglich, durch eine aktive Handlung oder durch ein Unterlassen, die Konventionsrechte verletzen. Privaten gegenüber bestehen keine konventionsrechtlichen Verpflichtungen und Bindungen.[585] Private können folglich nicht selbst Konventionsrechte verletzen, sondern lediglich auf sie in schädlicher Weise *einwirken*. Dem Übergriff des Privaten müsste also eine relevante Einwirkung auf ein geschütztes Rechtsgut folgen, um im nächsten Schritt untersuchen zu können, ob und welche staatliche (Schutz-) Pflicht entstanden ist und ob der Staat diese auch verletzt hat.[586] Die *faktische Verletzung* einer geschützten Rechtsposition durch die Einwirkung eines privaten Verursachers muss also strikt von der Schutzpflicht*verletzung* des Konventionsstaates getrennt werden.

Die Einwirkung des Privaten auf ein Konventionsrecht muss erheblich sein. Das bedeutet, dass die faktische Beeinträchtigung so stark sein muss, dass sie eine Schutzverpflichtung des Staates auszulösen vermag.[587] Die Einwirkung ist am stärksten, wenn eine tatsächliche *faktische Verletzung* der in der Konvention geschützten materiellen Rechtsposition vorliegt.[588] So hat der Schulleiter im Fall *Costello-Roberts gegen Großbritannien*[589] durch die Schläge mit dem Sportschuh die Rechtsposition des Kindes faktisch in der Weise verletzt, dass die Einwirkung durch den Schulleiter prinzipiell die Verantwortung Großbritanniens unter der Konvention begründen konnte.[590] Von dieser „vollendeten" faktischen Verletzung müssen andere, weniger intensive Einwirkungen abgegrenzt werden. Der tatsächlichen Verletzung des Rechtsguts steht die bloße *Belästigung* gegenüber, welche die Grenze der erheblichen Einwirkung für die Auslösung einer Schutzpflicht noch nicht überschreitet.[591] Deshalb muss die Schwelle bestimmt werden, ab wann eine Einwirkung auf ein Rechtsgut keine reine Belästigung mehr darstellt, sondern so erheblich ist, dass sie staatliche Pflichten begründen kann. Im Schrifttum wird in Abgrenzung zur Belästigung und zur Verletzung von

---

584 *Grabenwarter/Pabel*, Europäische Menschenrechtskonvention, § 17 Rn. 6.

585 *Grabenwarter/Pabel*, Europäische Menschenrechtskonvention, § 17 Rn. 6.

586 *Stahl*, Schutzpflichten im Völkerrecht, S. 151.

587 *Streuer*, Die positiven Verpflichtungen des Staates, S. 233.

588 *Stahl*, Schutzpflichten im Völkerrecht, S. 153.

589 EGMR, *Costello-Roberts* vs. UK, Urt. v. 25.3.1993, No. 13134/87.

590 EGMR, *Costello-Roberts* vs. UK, Urt. v. 25.3.1993, No. 13134/87, § 28.

591 So auch *Streuer*, Die positiven Verpflichtungen des Staates, S. 234 f.; *Stahl*, Schutzpflichten im Völkerrecht, S. 163 f.

Gefahren für das Rechtsgut gesprochen, der EGMR spricht von *„risk"*.[592] Eine solche Gefahr liegt grundsätzlich vor, wenn bei ungehindertem Geschehensablauf eine faktische Verletzung eines geschützten Rechtsguts beziehungsweise ein Schaden (beispielsweise in Form einer körperlichen Beeinträchtigung) mit hinreichender Wahrscheinlichkeit in absehbarer Zeit eintreten wird.[593]

Der Grad der Gefahr für eine Rechtsgutverletzung wird durch zwei Faktoren bestimmt: Der Wahrscheinlichkeit des Schadenseintritts sowie dem Umfang des potenziellen Schadens.[594] Diese beiden Faktoren beeinflussen sich gegenseitig in der Weise, dass bei einem potenziell hohen Schadensausmaß die Wahrscheinlichkeit des Schadenseintritts entsprechend kleiner sein kann und umgekehrt (im Sinne einer sogenannten umgekehrten Proportionalität[595]).[596] Der EGMR äußerte sich in seiner *Osman*-Entscheidung deutlich zu der notwendigen Gefahrkonkretisierung, dort in Bezug auf Art. 2 EMRK, in der er ein „real and immediate risk" verlangte.[597] Diese „Formel" verwendet der EGMR in vielen

---

592 *Stahl*, Schutzpflichten im Völkerrecht, S. 153 ff.; *Papp*, Extraterritoriale Schutzpflichten, S. 194, der von einem *„pflichtenaktivierenden Gefahrenniveau"* spricht. EGMR, *Osman* vs. UK, Urt. v. 28.10.1998, No. 87/1997/871/1083, § 116.

593 In diesem Sinne für das dt. Polizeirecht *Schenke*, Polizei- und Ordnungsrecht, Rn. 69; *Stahl*, Schutzpflichten im Völkerrecht, S. 159, die in diesem Fall von einer „konkreten Gefahr" ausgeht.

594 *Murswiek*, Die Pflicht des Staates zum Schutz vor Eingriffen Dritter nach der EMRK, in: *Konrad*, Internationaler Menschenrechtsschutz, S. 213–242 (236); *Jaeckel*, Schutzpflichten im deutschen und europäischen Recht, S. 165, die zusätzlich das gefährdete Rechtsgut und die Umkehrbarkeit des potenziellen Schadens in die Wahrscheinlichkeitsberechnung mit einbezieht; *Streuer*, Die positiven Verpflichtungen des Staates, S. 238, die auf die „Beeinträchtigungsnähe" abstellt, die sich aus dem Wahrscheinlichkeitsgrad und einem zeitlichen und örtlichen Faktor bestimme. Die Beeinträchtigungsnähe und der potenzielle Schadensumfang bestimmten so dann die „Beeinträchtigungsintensität".

595 *Jaeckel*, Gefahrenabwehrrecht und Risikodogmatik, S. 89 Fn. 10.

596 Für das dt. Polizeirecht *Schenke*, Polizei- und Ordnungsrecht, Rn. 77; *Murswiek*, Die Pflicht des Staates zum Schutz vor Eingriffen Dritter nach der EMRK, in: *Konrad*, Internationaler Menschenrechtsschutz, S. 213–242 (236); so auch *Stahl*, Schutzpflichten im Völkerrecht, S. 157, die aber nur einen „mittelbaren" Zusammenhang zwischen Wahrscheinlichkeit und Schadensumfang sieht und diesen Zusammenhang als Ausprägung des Verhältnismäßigkeitsgrundsatzes begreift.

597 EGMR, *Osman* vs. UK, Urt. v. 28.10.1998, No. 87/1997/871/1083, § 116.

Entscheidungen, in denen es um Gefahren für Rechtsgüter, insbesondere das Recht auf Leben nach Art. 2 EMRK, ging.[598]

Die Aussage des EGMR kann dahingehend gedeutet werden, dass eine reale Gefahr dann vorliegt, wenn objektive und verifizierbare Hinweise und Informationen auf eine Gefährdung hindeuten.[599] Das Kriterium der Unmittelbarkeit[600] deutet auf ein zeitliches Kriterium hin, das jedoch nach der hier vertretenen Ansicht für eine Schutzpflichtenaktivierung nicht immer gefordert werden kann. Deutlich wird dies, wenn man zwischen legislativen und exekutiven Schutzmaßnahmen differenziert.[601] Deuten objektive Informationen auf eine bald eintretende Gefährdung hin, entsteht ein unmittelbarer Handlungsbedarf, der in der Regel nur durch die Exekutive vorgenommen werden kann.[602] Allerdings darf nicht in jeder Situation, in der ein Rechtsgut verletzt werden könnte, bis zum letzten möglichen Zeitpunkt gewartet werden, um Schutzmaßnahmen zu ergreifen. Gerade legislatives Handeln erfordert teilweise eine längere Vorlaufzeit, um auch komplexe Sachverhalte regeln zu können.[603]

Wann der Gefährdungsgrad so erheblich ist, dass daraus staatliche Handlungspflichten resultieren können, kann nicht anhand einer feststehenden Formel bestimmt werden, sondern muss in jedem Einzelfall gesondert ermittelt werden.[604] Wie an der *Costello-Roberts*-Entscheidung aber deutlich wird, sagt die Bejahung eines „real and immediate risk" oder gar einer faktischen Verletzung noch nichts über das Bestehen einer staatlichen Schutzpflicht aus: „*[...] the treatment complained of although it was the act of a headmaster of an independent school, is none the less such as* ***may engage the responsibility*** *of the United Kingdom under the Convention* ***if it proves to be incompatible*** *with Article 3 or Article 8 or both.*"[605] An dieser Stelle kann also lediglich festgestellt werden, dass

598 EGMR, *Makaratzis* vs. Greece, Urt. v. 20.12.2004, No. 50385/99, § 71; EGMR, *Keenan* vs. UK, Urt. v. 3.4.2001, No. 27229/95, § 93.

599 *Streuer*, Die positiven Verpflichtungen des Staates, S. 237 f.

600 Das im dt. Polizeirecht zur Bestimmung einer erhöhten und qualifizierten Gefahr dient und für bestimmte Maßnahmen (bspw. für eine Versammlungsauflösung) vorausgesetzt wird, vgl. dazu *Schenke*, Polizei- und Ordnungsrecht, § 3 Rn. 78.

601 So auch *Papp*, Extraterritoriale Schutzpflichten, S. 195 f.

602 *Papp*, Extraterritoriale Schutzpflichten, S. 195; *Dröge*, Positive Verpflichtungen der Staaten, S. 296 f.

603 *Papp*, Extraterritoriale Schutzpflichten, S. 196, der als Beispiele „Fortbildungspflichten für bestimmte gefährdungsnahe Berufe oder Risikoanalysen für Atomanlagen" nennt.

604 *Stahl*, Schutzpflichten im Völkerrecht, S. 157.

605 EGMR, *Costello-Roberts* vs. UK, Urt. v. 25.3.1993, No. 13134/87, § 28 (Hervorhebung durch die Verf.).

eine faktische Einwirkung auf ein Konventionsrecht durch einen (privaten) Verursacher vorliegt, die grundsätzlich eine staatliche Schutzpflicht zu begründen vermag.

dd) „Quasi-Kausalität"

Ein weiteres, den Tatbestand begründendes Merkmal stellt die Kausalität dar. Bei Eingriffen des Staates muss die Kausalität im Sinne der *conditio-sine-qua-non*-Formel bestehen, die staatliche Handlung kann also nicht hinweggedacht werden, ohne dass der konkrete (Verletzungs-) Erfolg entfiele.[606] In Schutzpflichtfällen liegt aber gerade kein staatlicher Eingriff, sondern ein staatliches Unterlassen vor. Ein Unterlassen steht nur dann mit dem Verletzungserfolg in einem relevanten Zusammenhang, wenn die unterlassene Handlung – bei unterstellter Vornahme – den Erfolg abgewendet hätte.[607] Ein Eingreifen des Konventionsstaates müsste somit die faktische Verletzung des Opfers verhindern. Zwischen dem Verletzungserfolg und dem tatbestandlichen Unterlassen des Staates muss folglich eine *„quasi-kausale"* Verbindung bestehen.[608]

Im Fall *Botta*[609] sah der EGMR genau diese Voraussetzung als nicht gegeben an. Ein körperlich behinderter Italiener legte Beschwerde wegen der Verletzung des Rechts auf Privatleben nach Art. 8 EMRK ein, weil die italienischen Behörden versäumt hatten, Regelungen durchzusetzen, die einen behindertengerechten Zugang zum Meer und zu den sanitären Anlagen sicherstellen sollten. Aufgrund dessen konnte der Beschwerdeführer an seinem Urlaubsort weder zum Erholen ans Meer noch soziale Kontakte aufbauen. Der Gerichtshof lehnte

606 So für das deutsche Strafrecht *Freund*, in: MünchKomm, StGB, Vorbemerkung zu § 13, Rn. 333.

607 So für das deutsche Strafrecht *Freund*, in: MünchKomm, StGB, Vorbemerkung zu § 13, Rn. 335.

608 So für das deutsche Strafrecht *Freund*, in: MünchKomm, StGB, Vorbemerkung zu § 13, Rn. 332; *Streuer*, Die positiven Verpflichtungen des Staates, S. 240 f. spricht von „Beeinträchtigungsunmittelbarkeitszusammenhang"; *Stahl*, Schutzpflichten im Völkerrecht, S. 170, stellt auf die Kausalität zwischen dem „Übergriff" und dem „Taterfolg" ab. Durchaus muss auch der durch einen Dritten verübte Übergriff kausal für die Beeinträchtigung des Rechtsguts sein; bei der hier angesprochenen Kausalität soll aber die Pflicht des Staates begründet werden, weshalb nach der hier vertretenen Ansicht das staatliche Unterlassen „quasi-ursächlich" für eine Konventionsverletzung gewesen sein muss.

609 EGMR, *Botta* vs. Italy, Urt. v. 24.2.1998, No. 153/1996/772/973.

die Beschwerde mit dem Argument ab, dass ein „direct link“[610] zwischen den Maßnahmen, welche die Behörden hätten unternehmen sollen, und dem verletzten Rechtsgut des Beschwerdeführers fehle.[611]

Der EGMR spricht in seiner Rechtsprechung im Hinblick auf staatliches Unterlassen regelmäßig von einem „direct and immediate link“ zwischen der unterlassenen Handlung und der Konventionsrechtsverletzung, der vorliegen muss.[612] Den Ausdruck „causal link“ verwendet der EGMR hingegen auch, beispielsweise ebenfalls im Urteil *Giuliani and Gaggio*,[613] in dem es um die Polizeieinsätze anlässlich des G8-Gipfels in Genua im Juni 2001 geht. Ein Mann wurde damals von einem Polizisten durch einen Kopfschuss getötet. Gegenstand der Beschwerde war aber gerade nicht diese staatliche (aktive) Handlung, sondern die anschließenden (unzureichenden) Ermittlungen.[614] Im Hinblick darauf stellte der EGMR fest: *„In view of the foregoing, and given that no domestic investigation was conducted in this respect, a fact which it deplores, the Court is unable to establish the existence of a direct and immediate link between the shortcomings that may have affected the preparation and conduct of the public-order operation and the death of Carlo Giuliani.“*[615] Der EGMR spricht somit nur von einem „causal link“, wenn es um eine aktive staatliche Handlung geht. Im Hinblick auf staatliches Unterlassen verwendet er den Ausdruck „direct and immediate link“. Die Differenzierung zwischen Kausalität (in Fällen aktiven Eingreifens) und Quasi-Kausalität (in Fällen des Unterlassens) scheint daher sachgerecht.

An der Rechtsprechung des EGMR lässt sich erkennen, dass das Kriterium vor allem dazu dient, die staatliche Verantwortlichkeit nicht ausufern zu lassen.[616] Leider ist der Gerichtshof in der Subsumtion unter die Tatbestandsmerkmale nicht konsequent. Trotzdem wird deutlich, dass der EGMR die quasi-kausale Verbindung zwischen staatlichem Unterlassen und Konventionsrechtsverletzung

---

610 Oder auch *„direct and immediate link“* wie in EGMR, *Giuliani and Gaggio* vs. Italy, Urt. v. 25.8.2009, No. 23458/02, § 239.

611 EGMR, *Botta* vs. Italy, Urt. v. 24.2.1998, No. 153/1996/772/973, § 35, *„there can be no conceivable direct link between the measures the State was urged to take“*.

612 EGMR, *Giuliani and Gaggio* vs. Italy, Urt. v. 25.8.2009, No. 23458/02, § 239.

613 *„The existence of a causal link between M.P.'s shot and the death of Carlo Giuliani is central to the reasoning of the investigating judge.“*, EGMR, *Giuliani and Gaggio* vs. Italy, Urt. v. 25.8.2009, No. 23458/02, § 217.

614 EGMR, *Giuliani and Gaggio* vs. Italy, Urt. v. 25.8.2009, No. 23458/02, §§ 253 f.

615 EGMR, *Giuliani and Gaggio* vs. Italy, Urt. v. 25.8.2009, No. 23458/02, § 239.

616 So auch *Streuer*, Die positiven Verpflichtungen des Staates, S. 241.

in zweifelhaften Fällen prüft und damit das Kriterium zur Voraussetzung von Schutzpflichten macht.

ee) Völkerrechtliche Garantenstellung

Einige Stimmen in der Literatur verlangen als besondere Voraussetzung einer menschenrechtlichen Schutzpflicht eine „*Garantenstellung*" des Staates, begründen die Notwendigkeit dafür aber unterschiedlich.[617] *Stahl* möchte eine „*Sonderpflichtenstellung*"[618] des Staates begründen, aufgrund derer der Staat „*‚rechtlich' dafür einstehen muss, dass der tatbestandliche Erfolg nicht eintritt*".[619] Einfach gesagt soll damit bestimmt werden können, in welchen Situationen eine Schutzpflicht für den Staat entsteht und wann nicht. Dazu differenziert *Stahl*, angelegt an die deutsche Strafrechtsdogmatik, zwischen Beschützer- und Überwachungsgarantenstellung.[620] Durch dieses zusätzliche Tatbestandsmerkmal soll die Verantwortlichkeit des Staates aufgrund von Schutzpflichten eingegrenzt werden. Allerdings können die Ausführungen, nach der hier vertretenen Ansicht, nicht ganz überzeugen. Bei den Ausführungen bleibt unklar, welche Begrenzung das Tatbestandsmerkmal genau vornimmt. Es bleibt offen, was die Garantenschutzpflicht dem bisher dargelegten Schutzrechtstatbestand inhaltlich noch hinzufügt. Beispielsweise nennt *Stahl* als Fall der Beschützergarantenstellung die staatliche (freiwillige) Übernahme von Beistandspflichten.[621] Für das deutsche Strafrecht überzeugt diese Kategorie, meint sie doch Fälle, in denen beispielsweise eine Schutzpflicht dadurch entsteht, dass jemand eine ärztliche Behandlung übernimmt und der andere ein berechtigtes Vertrauen in die zugesagte Hilfe haben kann.[622] Die Besonderheit, die eine Garantenpflicht in diesem Fall auch

617 *Stahl*, Schutzpflichten im Völkerrecht, S. 182 ff.; *Dröge*, Positive Verpflichtungen der Staaten, S. 294 ff.; zu einer Garantenstellung aus Ingerenz auch *Streuer*, Die positiven Verpflichtungen des Staates, S. 356 ff.; *Papp*, Extraterritoriale Schutzpflichten, S. 203 ff., der eine Garantenstellung ausschließlich bei extraterritorialen Sachverhalten verlangt. Andeutend *Murswiek*, Die Pflicht des Staates zum Schutz vor Eingriffen Dritter nach der EMRK, in: *Konrad*, Internationaler Menschenrechtsschutz, S. 213–242 (214), der vom „*Staat als Garant der Freiheit*" spricht; *Künzli*, Zwischen Rigidität und Flexibilität, S. 245 in Bezug auf Personen in staatlichem Gewahrsam.

618 *Stahl*, Schutzpflichten im Völkerrecht, S. 183.

619 *Stahl*, Schutzpflichten im Völkerrecht, S. 183.

620 *Stahl*, Schutzpflichten im Völkerrecht, S. 185 ff.; so auch *Papp*, Extraterritoriale Schutzpflichten, S. 207.

621 *Stahl*, Schutzpflichten im Völkerrecht, S. 186 unter Verweis auf das deutsche Strafrecht.

622 *Wessels/Beulke/Satzger*, Strafrecht AT, Rn. 1011, auf den auch *Stahl* für diese Fallgruppe verweist.

erforderlich macht, ist das zunächst bestehende prinzipielle Gleichordnungsverhältnis der hilfesuchenden Person und des Arztes, der die Behandlung übernimmt. Erst durch die Übernahme entsteht ein besonderes Pflichtenverhältnis. Der Staat nimmt diese besondere Stellung aber gerade ohne ausdrückliche oder konkludente Übernahme ein. Man könnte sogar so weit gehen zu sagen, der Staat hat bezüglich einer grund- oder konventionsrechtlichen Schutzverpflichtung (soweit die übrigen Voraussetzungen vorliegen) eine natürliche, sich aus dem Über-/Unterordnungsverhältnis ergebende Garantenstellung bezüglich der Personen, die sich unter seiner Hoheitsgewalt befinden.

Trotzdem kann die Idee einer staatlichen Garantenstellung beziehungsweise -pflicht zur Begründung einer tatsächlichen Schutzpflicht insgesamt überzeugen. Denn sie hilft, die staatliche Verantwortlichkeit für fehlendes positives Tun in sachgerechter Weise – und das in Bezug auf territoriale und extraterritoriale Sachverhalte[623] – einzugrenzen. Die Beschützergarantenstellung hat das potenzielle Opfer einer Menschenrechtsverletzung als Bezugspunkt und sieht als staatliche Rechtspflicht die Abwehr von Gefahren für Rechtsgüter des Opfers vor.[624] Die Überwachungsgarantenstellung bezieht sich auf den schädigenden Akteur, also die Überwachung einer möglichen Gefahrenquelle. Die staatliche Pflicht zielt also auf die Verhinderung von Gefahren für Dritte ab.[625]

Allgemein muss zwischen einer Garantenstellung und einer Garantenpflicht differenziert werden.[626] Die Garantenstellung beschreibt die pflichtenbegründende Rechtsposition, die Garantenpflicht folgt aus dieser Stellung und bestimmt die vorzunehmende Schutzhandlung in der konkreten Situation. Die Konkretisierung der Handlungspflicht muss für die Exekutive und Legislative getrennt betrachtet werden, denn letztlich kann der Staat seiner Aufgabe als Garant der Menschenrechte nur gerecht werden, wenn er dazu im Sinne des

---

623 *Papp* sieht bei territorialen Sachverhalten wohl kein Bedürfnis für die Begründung einer Garantenstellung, sondern sieht diese als durch die „Territorialgewalt" implizit gegeben an; erforderlich ist nach ihm nur das „Erreichen eines hinreichenden Gefahrenniveaus", vgl. *Papp*, Extraterritoriale Schutzpflichten, S. 206 f.

624 Für das deutsche Strafrecht *Stree/Bosch*, in: *Schönke/Schröder*, StGB, § 13 Rn. 10.

625 Für das deutsche Strafrecht *Stree/Bosch*, in: *Schönke/Schröder*, StGB, § 13 Rn. 11.

626 *Dröge*, Positive Verpflichtungen der Staaten, S. 295, welche die Garantenpflicht als „Sorgfaltspflicht im eigentlichen Sinne" bezeichnet. Die Garantenstellung bezeichnet im deutschen Strafrecht die rechtliche Einstandspflicht des Garanten (Tatbestandsmerkmal eines Unterlassungsdelikts gemäß § 13 Abs. 1 StGB), die Garantenpflicht bezeichnet die konkrete Pflicht und bestimmt insofern die geforderte Handlungspflicht (allgemeines Verbrechensmerkmal), vgl. *Kühl*, Strafrecht AT, § 18 Rn. 41, 129.

Rechtsgrundsatzes *impossibilium nulla obligatio* in der Lage ist.[627] Diese Möglichkeit oder eben auch Unmöglichkeit Schutz zu üben, kann nicht erst auf der Rechtsfolgenseite beachtet werden, sondern schließt eine Schutzpflicht bereits auf Tatbestandsebene aus.[628] In seiner *Osman*-Entscheidung nahm der EGMR dazu auch ausdrücklich Stellung: „*For the Court […] the unpredictability of human conduct and the operational choices which must be made in terms of priorities and resources, such an obligation must be interpreted in a way* ***which does not impose an impossible or disproportionate burden*** *on the authorities. Accordingly, not every claimed risk to life can entail for the authorities a Convention requirement to take operational measures to prevent that risk from materializing.*“[629]

An den Ausführungen des Gerichtshofs wird außerdem sichtbar, dass die verschiedenen Voraussetzungen für die Genese einer Schutzverpflichtung in einem Verhältnis wechselseitiger Beeinflussung stehen. Die Nähe eines Risikos für ein menschenrechtliches Gut und die Kenntnis darüber beeinflussen exekutive Entscheidungen im Hinblick auf Ressourcen und diesbezügliche Prioritäten.[630] Für die Legislative sind weniger Ressourcen oder die Leistungsfähigkeit von Relevanz, denn es geht um die Beantwortung der Frage, inwieweit ein gesetzlicher Rahmen zur Verhinderung von menschenrechtlichen Beeinträchtigungen grundsätzlich geschaffen werden muss. Hier ist vielmehr entscheidend, ob der Staat bestimmte Situationen überhaupt einer Regelung zuführen muss, was sich nur anhand der materiellen Konventionsgarantien bestimmen lässt.[631]

---

627 *Dröge*, Positive Verpflichtungen der Staaten, S. 295, die dieses Kriterium als „Steuerungsmöglichkeit“ bezeichnet; *Jaeckel* bezeichnet dies als „staatliche Handlungsfähigkeit“ vgl. *Jaeckel*, Schutzpflichten im deutschen und europäischen Recht, S. 173.

628 So auch *Streuer*, Die positiven Verpflichtungen der Staaten, S. 255; wohl auch *Wiesbrock*, Internationaler Schutz der Menschenrechte, S. 168; Anders sieht dies *Papp*, der den Grundsatz der Unmöglichkeit erst auf der Rechtsfolgenseite berücksichtigen will vgl. *Papp*, Extraterritoriale Schutzpflichten, S. 228 f. Dieser übersieht auch, dass auch bei intraterritorialen Sachverhalten der Staat nicht immer die Möglichkeit hat, Schutz zu üben; dieses Problem stellt sich nicht nur bei extraterritorialen Sachverhalten, vgl. dazu *ders.*, S. 207.

629 EGMR, *Osman* vs. UK, Urt. v. 28.10.1998, No. 23452/94, § 116 (Hervorhebung durch die Verf.).

630 Deshalb verwendet *Dröge* wahrscheinlich auch die polizeirechtlichen Gefahrenbegriffe um zu prüfen, ob die Exekutive eine Garantenpflicht hat, vgl. *Dröge*, Positive Verpflichtungen der Staaten, S. 298 ff.

631 *Dröge* bezeichnet dieses Eingrenzungskriterium im Rahmen der Garantenpflicht zutreffend als „staatliche Aufgabe“, vgl. *Dröge*, Positive Verpflichtungen der Staaten, S. 306 f.

Nun wird auch deutlich, weshalb sich eine Differenzierung in eine Garantenstellung und eine daraus resultierende Garantenpflicht als sinnvoll darstellt. Die Beschützergarantenstellung hat ein Staat für die Personen, die sich unter seiner Hoheitsgewalt befinden, aus der Natur der Sache heraus. Eine Person, die einer Demonstration beiwohnt, wird sich regelmäßig darauf verlassen, dass die Polizisten sie vor einem gewaltsamen Übergriff schützen. Ob aus dieser Garantenstellung aber im Einzelfall auch eine konkrete Garantenpflicht resultiert, hängt beispielsweise von der vorhandenen Polizeistärke ab (man denke an eine nicht vorhersehbare gewaltsame Eskalation). Wenn aber beispielsweise eine Person in Haft genommen oder in eine psychiatrische Klinik eingeliefert wird, dann verdichtet sich die Garantenpflicht im Hinblick auf den Schutz persönlicher Rechtsgüter der betroffenen Person schon wesentlich vorhersehbarer. Die Garantenpflicht ist insofern auch ein Maßstab für die konkret geforderte Handlungspflicht und die Reichweite der erforderlichen Schutzhandlungen.[632]

Auch bei extraterritorialen Sachverhalten hilft die Prüfung einer Garantenstellung eine staatliche Verantwortlichkeit in sachgerechter Weise einzugrenzen. Insbesondere wenn der Staat überhaupt nicht in der Lage ist zu handeln, lässt das Kriterium der Garantenpflicht eine Schutzverpflichtung gar nicht erst entstehen. Im Beispielsfall der Demonstration könnte und müsste der Staat auf eigenem Staatsgebiet ausreichend Polizeibeamte zum Schutz zur Verfügung stellen. In einem extraterritorialen Sachverhalt, bei einer Demonstration in einem fremden Staat, wäre er aufgrund des völkerrechtlichen Interventionsverbots dazu nicht berechtigt. Eine Garantenpflicht könnte folglich nicht begründet werden.

ff) Verschulden und Kenntnis

Neben den bereits dargestellten objektiven Tatbestandsmerkmalen könnte es notwendig sein, ein zusätzliches subjektives Element zu fordern. Teilweise wird ein „Wissen und Wollen" des Staates in Bezug auf das pflichtwidrige Unterlassen gefordert, mithin ein Verschulden zur Tatbestandsvoraussetzung erklärt.[633] Abgesehen davon, dass ein Verschulden dem Staat nahezu unmöglich

632 Vgl. für diesen Gedanken aus dem deutschen Strafrecht *Rengier*, Strafrecht AT, § 50 Rn. 39.

633 *Velu/Ergec*, La Convention Européenne des Droits de l'Homme, S. 78 § 93, „*La source directe de cette responsabilité est l'abstention* ***culpeuse*** *de l'Etat*" (Hervorhebung durch die Verf.). In diese Richtung auch *Kranz*, Die völkerrechtliche Verantwortlichkeit, AdVR 48 (2010), S. 281–337 (283 ff.). Die Diskussion um ein staatliches Verschulden ist an das Deliktsrecht angelehnt und greift nicht auf die Kategorie der subjektiven Tatbestandsmerkmale im Strafrecht zu.

nachzuweisen wäre – erforderlich wäre ein Abstellen auf die Motive eines Amtswalters – entspricht es nicht dem Telos des Völkerrechts, einen Einzelnen (der im spezifischen Fall gehandelt hat) zur Verantwortung zu ziehen.[634] Bereits aus diesen Gründen ist ein Verschuldenserfordernis abzulehnen.[635]

Die Kommission äußerte sich bereits 1976 in diesem Sinne: „*‚Responsibility' does not necessarily require any ‚guilt' on behalf of the State, either in a moral, legal or political meaning.*"[636]

Somit bleibt noch die Frage nach einem möglichen Wissenselement, also der Kenntnis, offen. Muss der Staat also von der Gefährdung oder Beeinträchtigung eines Konventionsrechts durch einen Dritten gewusst haben, damit ihn eine Handlungspflicht trifft oder wird das (fehlende) Wissen erst auf der Rechtsfolgenseite, also beim Umfang der Schutzpflicht, berücksichtigt? Der EGMR äußerte sich in einigen Urteilen dazu. So stellte er in seiner *Edwards*-Entscheidung[637] fest: „*For a positive obligation* ***to arise****, it must be established that the authorities* ***knew or ought to have known*** *at the time of the existence of a real and immediate risk to the life of an identified individual from the criminal acts of a third party and that they failed to take measures within the scope of their powers which, judged reasonably, might have been expected to avoid that risk.*"[638] Auch im Fall *Öneryildiz* sprach der Gerichtshof davon, „*that the Turkish authorities at several levels* ***knew or ought to have known*** *that there was a real and immediate risk [...]. They* ***consequently had*** *a positive obligation [...].*"[639] Die Formulierungen, die der EGMR in Verbindung mit der Kenntnis des Staates verwendet – „to arise" und „consequently had" – sprechen dafür, dass er das Wissen oder Wissenmüssen bereits zur Voraussetzung für die Entstehung einer Schutzverpflichtung macht.

Das Wissenserfordernis dient wie das Quasi-Kausalitätskriterium dazu, die Verantwortlichkeit des Staates angemessen einzugrenzen. Dabei muss der

---

634 In diesem Sinne auch *Stahl*, Schutzpflichten im Völkerrecht, S. 191. Ausnahme hierzu ist der ICC, der nur über das (strafrechtliche) Verhalten von Individuen entscheidet.

635 So im Ergebnis auch *Stahl*, Schutzpflichten im Völkerrecht, S. 189; *Wiesbrock*, Internationaler Schutz der Menschenrechte, S. 178, 181.

636 EKMR, *Ireland* vs. UK, No. 5310/71, Decisions and Reports, Report 25.1.1976, S. 383.

637 EGMR, *Paul and Audrey Edwards* vs. UK, Urt. v. 14.3.2002, No. 46477/99.

638 EGMR, *Paul and Audrey Edwards* vs. UK, Urt. v. 14.3.2002, No. 46477/99, § 55 (Hervorhebung durch die Verf.); in diesem Sinne auch schon EGMR, *Osman* vs. UK, Urt. v. 28.10.1998, No. 23452/94, § 116; zuletzt EGMR, *Brincat a. o.* vs. Malta, Urt. v. 24.7.2014, No. 60908/11 a. o., § 105.

639 EGMR, *Öneryildiz* vs. Turkey, Urt. v. 30.11.2004, No. 48939/99, § 101 (Hervorhebung durch die Verf.).

sachgerechte Mittelweg gefunden werden zwischen dem entlastenden Verweis auf die schlichte Unkenntnis der Gefährdungstatsachen und der Annahme eines allwissenden Staates.[640] Von einer bereits eingetretenen Rechtsgutbeeinträchtigung werden die Behörden in der Regel eher Kenntnis haben als von Gefahren, die sich noch nicht konkretisiert haben. Es muss genau geprüft werden, ob der Staat in einer konkreten Situation von einer Beeinträchtigung wissen muss. Insbesondere wenn man in die Betrachtung miteinbezieht, dass staatliche Stellen nur begrenzten Zugang zu privaten Informationen haben. Im Einzelfall muss genau untersucht werden, ob der Staat beispielsweise durch behördliche Genehmigungsverfahren bei gefahrträchtigen Anlagen an das notwendige Wissen gelangen kann oder ob ihn besondere Überwachungs- oder Nachforschungspflichten treffen.[641] Dann kann es auch erforderlich sein, dass der Staat sich das notwendige Wissen einholt, um die Gefährlichkeit der Situation einschätzen zu können, wobei dies primär den Umfang der staatlichen Pflicht betrifft und somit auf Rechtsfolgenseite zu berücksichtigen wäre. Der Staat kann nur handlungsverpflichtet sein, wenn er von der Situation – dem rechtswidrigen Übergriff auf ein durch die Konvention geschütztes Rechtsgut – Kenntnis hat oder bei ausreichender Sorgfalt haben muss.[642]

b) Inhalt und Reichweite der Schutzverpflichtung

Bei der Erfüllung der Schutzverpflichtung wird den Staaten ein weiter „margin of appreciation“ oder im Deutschen „Beurteilungsspielraum“[643] eingeräumt,

640 *Fassbender* spricht hier von einem „common sense-Ansatz“, *Fassbender*, Wissen als Grundlage staatlichen Handelns, in: *Isensee/Kirchhof*, HStR Band IV, § 76 Rn. 6.

641 Im Fall *Öneryildiz* stellte der EGMR bspw. fest, dass es unmöglich war, dass die für die Überwachung zuständigen Behörden von einer Methanbildung nichts wussten: *„[...] it was impossible for the administrative and municipal departments responsible for supervising and managing the tip not to have known of the risks inherent in methanogenesis or of the necessary preventive measures, particularly as there were specific regulations on the matter.“*, EGMR, *Öneryildiz* vs. Turkey, Urt. v. 30.11.2004, No. 48939/99, § 101.

642 So auch *Künzli*, Zwischen Rigidität und Flexibilität, S. 242; *Kälin/Künzli*, Universeller Menschenrechtsschutz, S. 119 Rn. 302 f.; in die andere Richtung argumentierend *Stahl*, Schutzpflichten im Völkerrecht, S. 165 f. *Szczekalla* erwähnt bei seinen Ausführungen zum Tatbestand einer konventionsrechtlichen Schutzpflicht das Merkmal der Kenntnis nicht, *Szczekalla*, Die sogenannten grundrechtlichen Schutzpflichten, S. 171 ff.

643 „Margin of appreciation“ wird auch als Ermessensspielraum oder Gestaltungsspielraum übersetzt, EGMR, *Young, James and Webster* vs. UK, Urt. v. 13.8.1981, No. 7601/76, 7806/77, § 65.

der anhand des konkret zu entscheidenden Sachverhalts ermittelt wird.[644] Der Beurteilungsspielraum kann als Ausprägung des Grundsatzes verstanden werden, dass Staaten im Hinblick auf soziale, gesellschaftliche, wirtschaftliche, kulturelle und politische Fragen Souveränität genießen.[645] Aufgrund ihrer größeren örtlichen und sachlichen Nähe zum Sachverhalt können staatliche Organe in der Regel spezifische Probleme kompetenter einschätzen und beheben.[646] Deshalb soll der Gerichtshof bei der Kontrolle nationaler Hoheitsakte/Nichtakte rechtsstaatliche Entscheidungsprozesse ausreichend respektieren.[647] Der Beurteilungsspielraum ist somit auch Ausdruck der richterlichen Zurückhaltung und der Subsidiarität des EGMR.[648]

Der Gerichtshof nimmt zwar hinsichtlich der staatlichen Maßnahmen einen zu erfüllenden Mindeststandard an, um das betroffene Rechtsgut zu schützen. Zugleich zieht er aber auch eine deutliche Grenze bei einer unverhältnismäßigen Belastung der staatlichen Behörden.[649] Der Beurteilungsspielraum stellt den wichtigsten Grundsatz für die Bestimmung des Inhalts einer Schutzverpflichtung dar. Er garantiert die Beachtung des Demokratieprinzips und der kulturellen Diversität der Konventionsstaaten.[650] Abgesehen von einem Mindestschutz der Rechtsgüter, welcher im Sinne eines Untermaßverbots nicht unterschritten werden darf, müssen die staatlichen Maßnahmen, die der Staat für das gesellschaftliche Zusammenleben vornehmen soll, aus einem politischen Willensbildungsprozess resultieren.[651] Der Gerichtshof kann keinen Standard für alle Konventionsstaaten bestimmen, den die Staaten bei der Erfüllung ihrer Schutzpflichten zu beachten haben. Deshalb sind die konventionsrechtlichen Schutzpflichten nicht darauf gerichtet, jede mögliche Beeinträchtigung

---

644 EGMR, *X and Y* vs. The Netherlands, Urt. v. 26.3.1985, No. 8978/80, § 24; *Jaeckel*, Schutzpflichten im deutschen und europäischen Recht, S. 169 m.w.N.

645 *Streuer*, Die positiven Verpflichtungen des Staates, S. 259; *Baade*, Der Europäische Gerichtshof für Menschenrechte als Diskurswächter, S. 174 f.

646 *Baade*, Der Europäische Gerichtshof für Menschenrechte als Diskurswächter, S. 175 f.; *Streuer*, Die positiven Verpflichtungen des Staates, S. 259.

647 *Baade*, Der Europäische Gerichtshof für Menschenrechte als Diskurswächter, S. 177.

648 *Baade*, Der Europäische Gerichtshof für Menschenrechte als Diskurswächter, S. 177 f.

649 EGMR, *Osman* vs. UK, Urt. v. 28.10.1998, No. 87/1997/871/1083, § 116: *„such an obligation must be interpreted in a way which does not impose an impossible or disproportionate burden on the authorities"*.

650 *Jaeckel*, Schutzpflichten im deutschen und europäischen Recht, S. 171; *Baade*, Der Europäische Gerichtshof für Menschenrechte als Diskurswächter, S. 174 f.

651 *Jaeckel*, Schutzpflichten im deutschen und europäischen Recht, S. 171.

zu verhindern,[652] sondern erlegen dem Staat die Pflicht auf, die erforderlichen schützenden Maßnahmen im Vorfeld (präventive Maßnahmen) und im Nachgang (durch beispielsweise Aufklärungsmaßnahmen) einer Rechtsgutverletzung vorzunehmen.[653] Eine Schutzverpflichtung kann unter bestimmten Voraussetzungen aber auch dann schon bestehen, wenn eine faktische Rechtsbeeinträchtigung nur droht, sich aber noch nicht verwirklicht hat.[654]

Der Inhalt einer positiven Verpflichtung muss anhand des Einzelfalls ermittelt werden und ist abhängig von dem Gefährdungsgrad, der Bedeutung des zu schützenden Rechtsguts, der staatlichen Handlungsmöglichkeiten und auch von einer Verhältnismäßigkeitsprüfung.[655] So sagt der EGMR selbst: „*This is a question which can only be answered in the light of all the circumstances of any particular case.*"[656] In wenigen Ausnahmefällen kann sich der weite staatliche Beurteilungsspielraum aber auch zu einem konkreten Handlungsgebot verdichten, wenn das Ermessen bei der Auswahl und der Beurteilung der geeigneten Schutzmittel auf Null reduziert wurde.[657]

Im Fall *López Ostra* sah der Gerichtshof eine komplette Schließung einer gesundheitsschädlichen Anlage aufgrund des Beurteilungsspielraums bei der Pflichtenerfüllung als nicht unbedingt notwendig an. Er verlangte jedoch von

---

652 *Wiesbrock*, Internationaler Schutz der Menschenrechte, S. 167, „*Weder die Verhinderungs-, noch die Untersuchungskomponente der Schutzpflicht ist mit einer Erfolgsgarantie verbunden.*"; Siehe dazu im Ganzen auch *Streuer*, Die positiven Verpflichtungen des Staates, S. 267 ff. (insb. 272), die eine Differenzierung anhand des Einzelfalls fordert; insgesamt für völkerrechtliche Schutzpflichten vgl. *Seibert-Fohr*, Die völkerrechtliche Verantwortung des Staates, ZaöRV 73 (2013), S. 37–60 (50); *Dröge*, Positive Verpflichtungen der Staaten, S. 289.

653 *Dröge*, Positive Verpflichtungen der Staaten, S. 289.

654 EGMR, *Soering* vs. UK, Urt. v. 7.7.1989, No. 14038/88, § 90; so auch *Jaeckel*, Schutzpfichten im deutschen und europäischen Recht, S. 177; a. A.: *Wiesbrock*, Internationaler Schutz der Menschenrechte, S. 165 ff.; *Stahl*, Schutzpflichten im Völkerrecht, S. 150 ff., die einen Taterfolg fordert, weil sonst nur eine Verletzung von Art. 1 EMRK gefordert wäre, was nicht möglich sei.

655 *Streuer*, Die positiven Verpflichtungen des Staates, S. 266; siehe für eine Auseinandersetzung mit den einzelnen Komponenten *Jaeckel*, Schutzpflichten im deutschen und europäischen Recht, S. 168 ff. (insb. 173); Für eine eingehende Auseinandersetzung mit dem Verhältnismäßigkeitsprinzip im Rahmen der EMRK vgl. *Dröge*, Positive Verpflichtungen der Staaten, S. 309 ff.

656 EGMR, *Osman* vs. UK, Urt. v. 28.10.1998, No. 87/1997/871/1083, § 116.

657 *Papp*, Extraterritoriale Schutzpflichten, S. 226; EGMR, *X and Y* vs. The Netherlands, Urt. v. 26.3.1985, No. 8978/80, § 27: „*Effective deterrence is indispensable in this area and it can be achieved only by criminal-law provisions.*".

den Behörden, andere Maßnahmen als die Bereitstellung einer anderen Wohnung zu ergreifen.[658] Er führte aus: „*[…] the State did not succeed in* ***striking a fair balance*** *between the interest of the town's economic well-being – that of having a waste-treatment plant – and the applicant's effective enjoyment of her right […].*"[659] Die staatlichen Schutzmaßnahmen müssen in diesem Sinne also zu einem angemessenen Interessenausgleich führen. Dabei stehen die Staaten grundsätzlich vor der Herausforderung, dass sich zwei Menschenrechtspositionen gegenüber stehen, die einen Abwägungsvorgang der Rechtsgüter erforderlich machen.[660] Im Fall *López Ostra* stellte der EGMR für die Herstellung eines Interessenausgleichs auf das öffentliche (wirtschaftliche) Interesse am Erhalt der Fabrik ab und nicht auf das private Interesse des Fabrikinhabers.[661] Dass der EGMR in bestimmten Fallgestaltungen aber auch private Interessen, soweit sie in der EMRK gewährleistet sind, in die Abwägung miteinstellt, zeigt die *Köpke*-Entscheidung: „*[…] the Court therefore has to examine whether the State, in the context of its positive obligations under Article 8, has struck a fair balance between the applicant's right to respect for her private life and both her employer's interest in protection of its property rights […] and the public interest in the proper administration of justice.*"[662] Der EGMR prüft einzelfallbezogen, welche öffentlichen und gegebenenfalls privaten Interessen in die Abwägung miteinzubeziehen sind.

Der Gerichtshof verwendet auch in anderen Entscheidungen die Ausführungen zum sogenannten „*fair-balance*"-Test.[663] Der EGMR betonte in der

---

658 EGMR, *López Ostra* vs. Spain, Urt. v. 9.12.1994, No. 16798/90, §§ 57 f.

659 EGMR, *López Ostra* vs. Spain, Urt. v. 9.12.1994, No. 16798/90, § 58 (Hervorhebung durch die Verf.). Den „fair-balance"-Test wendet der EGMR auch bei negativen Pflichten an, dort als Schrankenklausel vgl. EMGR, *Bittó a. o.* vs. Slovakia, Urt. v. 28.1.2014, No. 30255/09, § 97.

660 Dazu *Dröge*, Positive Verpflichtungen der Staaten, S. 315 ff.; *Streuer*, Die positiven Verpflichtungen des Staates, S. 291.

661 So auch in EGMR, *Fadeyeva* vs. Russia, Urt. v. 9.6.2005, No. 55723/00, § 93. Interessant scheint in diesem Zusammenhang das Verhältnis des „community interests" im Rahmen des „fair-balance"-Tests zu den Gemeinschaftsinteressen, die als legitime Beschränkungsziele der materiellen Rechte in der EMRK vorgesehen sind (bspw. Art. 8 Abs. 2 EMRK), vgl. dazu *Van Dijk*, Positive Obligations, in: *Castermans-Hollemann/Van Hoof/Smith*, Essays in Honour of Peter Baehr, S. 17–33 (24 f.).

662 EGMR, *Köpke* vs. Germany, Ents. v. 5.10.2010, No. 420/07, The Law A. 2.; so auch in EGMR, *Eweida a. o.* vs. UK, Urt. v. 15.1.2013, No. 48420/10 a. o., § 91.

663 U. a. EGMR, *Fadeyeva* vs. Russia, Urt. v. 9.6.2005, No. 55723/00, § 93; EGMR, *Keegan* vs. Ireland, Urt. v. 26.5.1994, No. 16969/90, § 49; EGMR, *Palomo Sánchez a. o.* vs. Spain, Urt v. 12.11.2011, No. 28955/06 a. o., § 62; EGMR, *Rees* vs. UK, Urt. v. 17.10.1986, No. 9532/81, § 37. *Van Dijk* bezeichnet die Ausführungen des Gerichtshofs als „*more*

Keegan-Entscheidung, dass die anzuwendenden Prinzipien bei positiven und negativen Pflichten ähnlich sind: „*However, the boundaries between the State's positive and negative obligations under this provision do not lend themselves to precise definition. The applicable principles are, none the less, similar.* ***In both contexts regard must be had to the fair balance that has to be struck between the competing interests of the individual and of the community as a whole;*** *and in both contexts the State enjoys a certain margin of appreciation.*"[664] Während der Gerichtshof das „balancing" im Rahmen der negativen Pflichten jedoch als Schrankenklausel bei der Rechtfertigung verwendet, wendet er den *fair-balance-Test* bei positiven Pflichten bereits bei der Feststellung einer Verletzung an.[665] Folglich verbietet sich auch ein schlichter und pauschaler Verweis auf das (deutsche) Verhältnismäßigkeitsprinzip, um den *fair-balance*-Test zu beschreiben.[666] Insgesamt erfolgt durch den EGMR nur eine unspezifische Grenzziehung zwischen den positiven und negativen Pflichten.[667]

4. Die Rechtsprechung zu positiven Pflichten im Zusammenhang mit territorialer Unternehmenstätigkeit

Der Gerichtshof hat sich in einer Vielzahl von Fällen mit positiven Staatenpflichten beschäftigt, wenn die Menschenrechtsverletzung von einem privaten Unternehmen verursacht wurde. Eines der ersten Urteile überhaupt, in dem der EGMR die Möglichkeit anerkannt hat, dass der Staat auch positive Handlungspflichten in einem Privatrechtsverhältnis haben kann, war der Fall *Young, James and Webster vs. the United Kingdom*.[668] Dabei ging es um britische Eisenbahner, die aufgrund

or less standard phrase in cases where the Court raises the issue of a positive obligation", *Van Dijk*, Positive Obligations, in: *Castermans-Hollemann/Van Hoof/Smith*, Essays in Honour of Peter Baehr, S. 17–33 (24). Vgl. zur Bedeutung des „fair-balance"-Tests auch *Stahl*, Schutzpflichten im Völkerrecht, S. 315 f.

664 EGMR, *Keegan* vs. Ireland, Urt. v. 26.5.1994, No. 16969/90, § 49 (Hervorhebung durch die Verf.).

665 *Cremer*, Human Rights and the Protection of Privacy in Tort Law, S. 138, 141 f.; a. A. *Stahl*, Schutzpflichten im Völkerrecht, S. 315 f.

666 In diese Richtung aber *Papp*, Extraterritoriale Schutzpflichten, S. 227; *Streuer*, Die positiven Verpflichtungen des Staates, S. 263 f.

667 *Cremer*, Human Rights and the Protection of Privacy in Tort Law, S. 134 (in Bezug auf Art. 8 EMRK).

668 *De Schutter*, International Human Rights Law, S. 385; zu der frühen Rechtsprechung im arbeits- und gewerkschaftlichen Bereich vgl. *Streuer*, Die positiven Verpflichtungen des Staates, S. 283 ff.

ihrer Weigerung einer bestimmten Gewerkschaft beizutreten, ihren Arbeitsplatz verloren.[669] Der Gerichtshof nahm eine Verletzung von Art. 11 EMRK an, weil Großbritannien durch das damals geltende innerstaatliche Recht, solche sogenannten „closed-shop-Agreements“ und eine darauf basierende Kündigung erst möglich machte.[670] Auch in der Entscheidung *Palomo Sánchez* ging es um eine Verletzung von Art. 11 EMRK im Zusammenspiel mit Art. 10 EMRK.[671] Die Beschwerdeführer waren als Zusteller in einem Unternehmen angestellt, aber aufgrund der Nichtanerkennung ihres (Fix-)Angestelltenstatus nicht sozialversicherungsberechtigt. Daraufhin organisierten sie sich in einer Gewerkschaft und veröffentlichen kritische Flugblätter über die Unternehmens- beziehungsweise Personalführung, was ihre Kündigung zur Folge hatte. Auch wenn der EGMR im Ergebnis die Entscheidung der spanischen Gerichte nicht als Verletzung der Konventionsrechte ansah,[672] weil sie die Interessen beider Seiten rechtmäßig miteinander abgewogen hatten, veranschaulichen die Urteile, dass der Gerichtshof in faktischen Über-/Unterordnungsverhältnissen (wie in einem Arbeitsverhältnis) beziehungsweise in Fällen strukturierten Ungleichgewichts zwischen Privaten, eine besondere staatliche Schutzverpflichtung anerkennt.[673] Im Fall *Steel and Morris* sprach der EGMR sogar ausdrücklich von einer Waffengleichheit („equality of arms“) die ein Staat zwischen einem multinationalen Unternehmen (in diesem Fall McDonalds) und Privaten herstellen müsse.[674]

---

669 EGMR, *Young, James and Webster* vs. UK, Urt. v. 13.8.1981, No. 7601/76, 7806/77, § 51 ff.

670 EGMR, *Young, James and Webster* vs. UK, Urt. v. 13.8.1981, No. 7601/76, 7806/77, §§ 49, 65.

671 EGMR, *Palomo Sánchez a. o.* vs. Spain, Urt v. 12.11.2011, No. 28955/06 a. o., §§ 63 ff.

672 EGMR, *Palomo Sánchez a. o.* vs. Spain, Urt v. 12.11.2011, No. 28955/06 a. o., §§ 77 ff.

673 EGMR, *Manole a. o.* vs. Moldova, Urt. v. 17.9.2009, No. 13936/02, §§ 107 ff., in Bezug auf eine Verletzung von Art. 10 EMRK, weil es die Republik Moldau versäumte, einen pluralistischen und unbeschränkten Nachrichtenjournalismus zuzusichern und Mitarbeiter eines privaten Radiosenders deswegen in ihrer journalistischen Meinungsfreiheit eingeschränkt wurden. Die Anerkennung einer besonderen staatlichen Schutzpflicht in Fällen eines faktischen Ungleichgewichts sieht auch *Dröge*, Positive Verpflichtungen der Staaten, S. 31; und *Streuer*, Die positiven Verpflichtungen des Staates, S. 295 f., die sogar eine umgekehrte Tendenz dahingehend beobachtet, dass der Gerichtshof in Gleichordnungsverhältnissen zwischen Privaten hingegen nur sehr restriktiv staatliche Schutzpflichten annimmt.

674 EGMR, *Steel and Morris* vs. UK, Urt. v. 15.2.2005, No. 68416/01, § 95.

a) *Umweltrechtlicher Kontext*

Neben den Fällen zu Art. 9, Art. 10 und Art. 11 EMRK existiert die mit Abstand größte Kasuistik zu unternehmerischen Übergriffen und einer daraus resultierenden Schutzverpflichtung des Staates im Bereich der Art. 2 und 8 EMRK. Die Fälle betreffen mehrheitlich umweltrechtliche Belange. Eine Auffälligkeit, die bei der Analyse der Rechtsprechung beobachtet werden kann, ist die wachsende Zahl dieser Fälle seit Beginn des 21. Jahrhunderts. Davor hatte der EGMR eher vereinzelt Entscheidungen getroffen, die im Fall *Powell and Rayner* aus dem Jahr 1990 zunächst Lärmemissionen, verursacht durch den privaten Flughafen London Heathrow, betrafen.[675] Die Beschwerdeführer rügten eine Verletzung von Art. 8 EMRK wegen des Eingriffs in das Recht auf ihr Privatleben und ihre Wohnung durch die Immissionen. Der EGMR lehnte einen Eingriff aufgrund der ordnungsgemäßen und interessengerechten Abwägung der gegenseitigen Belange durch die nationalen Gerichte und mit dem Verweis auf den Beurteilungsspielraum des Staates bei positiven Verpflichtungen ab.[676] Die Beschwerde im Fall *López Ostra* aus dem Jahr 1994 war dagegen erfolgreich.[677] Dort ging es aber nicht um Lärmimmissionen, sondern um Luftverschmutzung, die durch den Betrieb einer privaten Anlage zur Beseitigung von Abfallstoffen einer Gerberei verursacht worden war.[678] Die Verschmutzungen waren so gravierend, dass die umliegend wohnende Bevölkerung evakuiert werden musste. Der Gerichtshof nahm eine Verletzung von Art. 8 EMRK an.[679] Die Umweltverschmutzungen wurden zwar nicht unmittelbar durch Spanien verursacht, aber der Staat gestattete den Betrieb der Anlage auf städtischem Boden und subventionierte das Vorhaben aufgrund wirtschaftlicher Interessen.[680] Die Gemeinde ging sogar mit Rechtsmitteln gegen die vorübergehende Schließung der Anlage vor, sodass der Gerichtshof im Ergebnis einen angemessenen Interessenausgleich verneinte.[681]

Nachdem der EGMR den Grundstein für die Anerkennung von positiven Staatenpflichten im Zusammenhang mit Umweltverschmutzungen gelegt hatte, folgten viele weitere Entscheidungen in diesem Bereich. Im Fall *Taşkin* wurde einem privaten Unternehmen durch türkische Behörden der Betrieb einer

---

675 EGMR, *Powell and Rayner* vs. UK, Urt. v. 21.2.1990, No. 9310/81.
676 EGMR, *Powell and Rayner* vs. UK, Urt. v. 21.2.1990, No. 9310/81, §§ 39–45.
677 EGMR, *López Ostra* vs. Spain, Urt. v. 9.12.1994, No. 16798/90.
678 EGMR, *López Ostra* vs. Spain, Urt. v. 9.12.1994, No. 16798/90, §§ 7 ff.
679 EGMR, *López Ostra* vs. Spain, Urt. v. 9.12.1994, No. 16798/90, § 58.
680 EGMR, *López Ostra* vs. Spain, Urt. v. 9.12.1994, No. 16798/90, § 52.
681 EGMR, *López Ostra* vs. Spain, Urt. v. 9.12.1994, No. 16798/90, §§ 56, 58.

lokalen Goldmine erlaubt und die Verwendung von Zyanid gestattet, einer giftigen Substanz zum Auslaugen von Gold. Nachdem die Beschwerdeführer den nationalen Rechtsweg erfolgreich beschritten hatten und der Betrieb der Mine untersagt wurde, erlaubten der Premierminister und der Ministerrat einige Zeit später die Goldförderung unter Berufung auf die wirtschaftlichen Interessen erneut.[682] Darin sah der EGMR, unter Verweis auf die Anerkennung von staatlichen Schutzpflichten bei starken Umweltverschmutzungen aus Art. 8 EMRK gegenüber den betroffenen Personen im Fall *López Ostra*, eine Verletzung von Art. 8 EMRK als gegeben an.[683] Und auch in *Tatar gegen Rumänien* bestätigte er insofern seine Rechtsprechung, als er die entwickelten Grundsätze auf Luft- und Wasserverschmutzungen, die durch den Betrieb einer Goldmine verursacht worden waren, und die damit einhergehenden Informationspflichten gegenüber der Bevölkerung anwendete.[684]

Eine Entscheidung, die sich daran anschließt und in der sich der EGMR sehr ausführlich mit der Entstehung und dem Umfang staatlicher Schutzpflichten im Zusammenhang mit privaten Unternehmen auseinandersetzte, ist der Fall *Fadeyeva gegen Russland* aus dem Jahr 2005.[685] Dabei ging es um eines der größten Stahlwerke Russlands, von dem nachweislich so starke gesundheitsschädliche Emissionen ausgingen, dass die Behörden eine Sicherheitszone mit einer Fläche von ca. 5.000 Metern errichteten, um das Werk ausreichend von den Wohngebieten zu trennen. Tatsächlich lebten aber Tausende Menschen in dem Zonengebiet, darunter schon seit 1982 die Beschwerdeführerin mit ihrer Familie in einer Entfernung von 450 Metern vom Werk. Das Stahlwerk wurde 1993 privatisiert und die Wohnungen, in denen auch die Beschwerdeführerin lebte, gingen in städtisches Eigentum über. Da die Emissionen die zulässigen Grenzwerte um

682 EGMR, *Taşkin a. o.* vs. Turkey, Urt. v. 10.11.2004, No. 46117/99, §§ 11 ff.

683 EGMR, *Taşkin a. o.* vs. Turkey, Urt. v. 10.11.2004, No. 46117/99, § 113, §§ 122 ff. Zum gleichen Ergebnis kam der EGMR im Fall *Giacomelli* in Bezug auf gefährliche Umweltbelastungen durch den Betrieb einer Aufbewahrungs- und Weiterverarbeitungsanlage für Spezialabfälle durch ein privates Unternehmen, EGMR, *Giacomelli* vs. Italy, Urt. v. 2.11.2006, No. 59909/00. Und auch in der Entscheidung *Öneryildiz* nahm der EGMR eine Schutzpflichtverletzung an, weil der Staat es unterlassen hatte, die Anwohner einer Müllhalde vor den gefährlichen Methangasen zu schützen, von deren Gefährlichkeit die Behörden wussten. Aufgrund einer Methangasexplosion kamen 39 Menschen zu Tode. Der EGMR bejahte eine Verletzung von Art. 2 EMRK, EGMR, *Öneryildiz* vs. Turkey, Urt. v. 30.11.2004, No. 48939/99.

684 EGMR, *Tatar* vs. Romania, Urt v. 6.7.2009, No. 67021/01, §§ 85 ff.

685 EGMR, *Fadeyeva* vs. Russia, Urt. v. 9.6.2005, No. 55723/00.

ein Vielfaches überstiegen, klagte die Beschwerdeführerin 1995 auf Umsiedelung in ein sicheres Gebiet, da die Luftverschmutzungen und Lärmbelästigungen gesundheitsschädlich seien. Trotz einer dem Grunde nach erfolgreichen Klage, blieb das Umsiedlungsbegehren erfolglos, auch nach Einlegung weiterer Rechtsmittel.[686] Obwohl die Beschwerdeführerin keine Beweise für einen unmittelbaren Zusammenhang zwischen den Emissionen und ihren gesundheitlichen Beschwerden vorweisen konnte, bejahte der EGMR eine Verletzung von Art. 8 EMRK aufgrund der über viele Jahre weit über dem Grenzwert liegenden Verschmutzungswerte. Der Gerichtshof konnte nur die Zeit nach 1998 in seine Beurteilung über die Auswirkungen auf die Privatsphäre der Beschwerdeführerin miteinbeziehen, weil Russland erst zu diesem Zeitpunkt der EMRK beigetreten war.[687] Da das Stahlwerk seit 1993 nicht mehr in staatlicher Hand war, stellte der EGMR fest: „*The Court notes that, at the material time, the Severstal steel plant was not owned, controlled or operated by the State. Consequently, the Court considers that the Russian Federation* ***cannot be said to have directly interfered*** *with the applicant's private life or home. At the same time, the Court points out* ***that the State's responsibility in environmental cases may arise from a failure to regulate private industry.***"[688]

Der Gerichtshof erkannte durchaus an, dass das Stahlwerk für den wirtschaftlichen Wohlstand des Landes von enormer Bedeutung war und der Staat dadurch ein legitimes Interesse an dem Betrieb hatte.[689] Im Übrigen gelte bei der Existenz von positiven Pflichten: „*[…] where the State is required to take positive measures, the choice of means is in principle a matter that falls within the Contracting State's margin of appreciation. There are different avenues to ensure ‚respect for private life', and even if the State has failed to apply one particular measure provided by domestic law, it may still fulfill its positive duty by other means.*[690] *It remains to be determined, whether the State, in securing the applicant's rights, has struck a fair balance between the competing interests of the applicant and the community as a whole […].*"[691] Der Gerichtshof sah genau diesen fairen Interessenausgleich im Ergebnis als nicht gegeben an, weil die Behörden nichts unternommen hatten, um die Situation der Beschwerdeführerin zu verbessern; und

686 EGMR, *Fadeyeva* vs. Russia, Urt. v. 9.6.2005, No. 55723/00, §§ 10 ff.

687 EGMR, *Fadeyeva* vs. Russia, Urt. v. 9.6.2005, No. 55723/00, § 82.

688 EGMR, *Fadeyeva* vs. Russia, Urt. v. 9.6.2005, No. 55723/00, § 89 (Hervorhebungen durch die Verf.).

689 EGMR, *Fadeyeva* vs. Russia, Urt. v. 9.6.2005, No. 55723/00, § 101.

690 EGMR, *Fadeyeva* vs. Russia, Urt. v. 9.6.2005, No. 55723/00, § 96.

691 EGMR, *Fadeyeva* vs. Russia, Urt. v. 9.6.2005, No. 55723/00, § 93.

das trotz staatlicher Studien zu der schweren Gesundheitsbelastung durch das Stahlwerk und der entsprechenden Gerichtsurteile zugunsten der Beschwerdeführerin. Folglich hatte Russland seine Schutzpflicht aus Art. 8 EMRK verletzt.[692]

Im Zusammenhang mit den umweltrechtlichen Fällen, wurde noch ein weiterer Aspekt staatlicher Pflichten durch den Gerichtshof aufgegriffen. In einigen Urteilen legte der EGMR den Staaten Informationspflichten gegenüber der Bevölkerung zum Gesundheitsschutz auf, zuletzt in der Entscheidung *Vilnes* aus dem Jahr 2013.[693] Die Beschwerdeführer waren von 1965–1990 als Tiefseetaucher für die Erdölindustrie in der Nordsee beschäftigt. Schwere gesundheitliche Beeinträchtigungen, wie Lungen- und Gehirnerkrankungen oder verringertes Hörvermögen waren die Folge der Taucheinsätze nicht nur bei den Beschwerdeführern, sondern auch bei weiteren ca. 400 Tauchern.[694] Der Gerichtshof prüfte die Beschwerde in zwei Schritten und stellte zunächst keine Verletzung der Schutzpflichten aus Art. 2 und Art. 8 EMRK fest, weil die Behörden viele Maßnahmen getroffen hatten, wie beispielsweise die Schaffung von rechtlichen Rahmenbedingungen, um die Gesundheit der Taucher zu schützen.[695] Danach untersuchte der EGMR eine mögliche Verletzung von Informationspflichten über die Langzeitgefahren des Tauchens aus Art. 8 EMRK.[696] Insbesondere die Geheimhaltung der Dekompressionstabellen, welche die Auftauchzeit für Taucher festlegen, um gesundheitlichen Schäden vorzubeugen, brachte den Ölfirmen Wettbewerbsvorteile durch Kostensenkungen über eine Verkürzung der Auftauchzeit ein und verschleierte mögliche Gefahren. Ohne diese Informationen über zu schnelle Dekompression war es den Tauchern aber nicht möglich, eine Folgenabschätzung für ihre Gesundheit vor Zustimmung zum Tauchvorgang vorzunehmen: „*[...] that the applicants, and other divers like them, receive*

692 EGMR, *Fadeyeva* vs. Russia, Urt. v. 9.6.2005, No. 55723/00, §§ 133 f.

693 So auch bereits in EGMR, *Guerra a. o.* vs. Italy, Urt. v. 19.2.1998, No. 116/1996/735/932, § 60. In dem Fall ging es um versäumte Informationspflichten über Umweltgefahren einer Chemiefabrik für die Anwohner und eine daraus resultierende Schutzpflichtverletzung von Art. 8 EMRK: „*[...] the applicants waited [...] for essential information that would have enabled them to assess the risks they and their families might run [...].*"; und auch in EGMR, *Öneryildiz* vs. Turkey, Urt. v. 30.11.2004, No. 48939/99, § 90, betonte der EGMR die Pflicht zur Information: „*Among these preventive measures, particular emphasis should be placed on the public's right to information [...].*".

694 EGMR, *Vilnes a. o.* vs. Norway, Urt. v. 5.12.2013, No. 52806/09, 22703/10, §§ 14 ff.

695 EGMR, *Vilnes a. o.* vs. Norway, Urt. v. 5.12.2013, No. 52806/09, 22703/10, § 224.

696 EGMR, *Vilnes a. o.* vs. Norway, Urt. v. 5.12.2013, No. 52806/09, 22703/10, §§ 233 ff. (insb. § 244).

information on the differences between tables, as well as on their concerns for the divers' safety and health, which constituted essential information that they needed to be able to assess the risk to their health […]. Had [the authorities] done so they might conceivably have helped to eliminate sooner the use of rapid tables as a means for companies to promote their own commercial interests, potentially adding to the risks to divers' health and safety."[697]

Die Entscheidung kann als richtungsweisend aufgefasst werden. Der Gerichtshof stufte die Informationspflichten zum Gesundheitsschutz als so wichtig ein, dass die sonstigen Schutzmaßnahmen des Staates eine Verletzung von Art. 2 und Art. 8 EMRK nicht abwenden konnten – und das, obwohl der EGMR den Staaten einen sehr weiten Ermessenspielraum bei der Pflichtenerfüllung einräumt.[698] Nicht ganz klar wird durch die Argumentation des EGMR, ob die Informationspflichten generell im Rahmen von Art. 2 und Art. 8 EMRK zur Anwendung gelangen oder ob die Pflichten vor allem im arbeitsrechtlichen Kontext zu verstehen sind.[699]

b) Arbeitsrechtlicher Kontext

Im arbeitsrechtlichen Kontext spielen sich die Entscheidungen *Bărbulescu gegen Rumänien* und *Köpke gegen Deutschland* ab.[700] Während der Fall *Bărbulescu* den Zugriff auf private E-Mails durch den Arbeitgeber zum Gegenstand hatte, stellte

---

697 EGMR, *Vilnes a. o.* vs. Norway, Urt. v. 5.12.2013, No. 52806/09, 22703/10, § 244.

698 Kritisch sehen das Richter Nordén und Richter Lorenzen in einer abweichenden Meinung zum Urteil Vilnes: „*Whilst I do not rule out the possibility that access to information regarding decompression tables for divers at an earlier stage could have contributed to this development, I find the question somewhat hypothetical. […]* ***one should not be too critical****. In sum, I fail to see how the fact of omitting to provide the applicants with information regarding the decompression tables sooner than the Norwegian authorities actually did can justify a finding of a violation of Article 8 of the Convention or, still less, of Article 2. When applying the general principles relating to the right of access to information established in the case-law to the concrete circumstances of the present case,* ***to assign liability would entail a significant expansion of a State's positive obligation under Article 8 in this respect.***", EGMR, *Vilnes a. o.* vs. Norway, Urt. v. 5.12.2013, No. 52806/09, 22703/10, Partly Dissenting Opinion of Judge Nordén, Joined by Judge Lorenzen (Hervorhebungen durch die Verf.).

699 Zur Anwendung und Wirkung der EMRK im Arbeitsrecht vgl. *Lörcher*, Soziale Menschenrechte im individuellen Arbeitsrecht, AuR 59 (2011), S. 88–92.

700 EGMR, *Bărbulescu* vs. Romania, Urt. v. 12.1.2016, No. 61496/08 (am 6.6.2016 an die Große Kammer verwiesen); EGMR, *Köpke* vs. Germany, Ents. v. 5.10.2010, No. 420/07.

sich bei *Köpke* die Frage, ob der Arbeitgeber den Arbeitnehmer am Arbeitsplatz per Videoaufnahme überwachen darf. Der Beschwerdeführer Bărbulescu nutzte seinen nur für geschäftliche Zwecke eingerichteten E-Mail Account auch für private Nachrichten. Daraufhin wurde ihm gekündigt. Der Gerichtshof sah keinen Fehler in der Abwägung der widerstreitenden Interessen des Arbeitnehmers und des Arbeitgebers durch die nationalen Gerichte und verneinte deshalb eine Verletzung von Art. 8 EMRK.[701] Einige Richter, darunter Richter *Pinto de Albuquerque*, bejahten aber gerade in dieser Fallkonstellation eine staatliche Schutzpflicht vor privaten Übergriffen: „*Convention rights and freedoms have a horizontal effect, insofar as they are not only directly binding on public entities in the Contracting Parties to the Convention, but also indirectly binding on private persons or entities,* ***the Contracting State being responsible for preventing and remedying Convention violations by private persons or entities. This is an obligation of result, not merely an obligation of means.***“[702] Die Entscheidung wurde im Juni 2016 an die Große Kammer weiterverwiesen, die im September 2017 eine Konventionsrechtsverletzung feststellte.[703] Die nationalen Gerichte hätten nicht festgestellt, ob der Beschwerdeführer beispielsweise von seinem Arbeitgeber darüber informiert wurde, dass die Möglichkeit besteht, dass seine elektronische Kommunikation ohne sein Wissen überwacht wird.[704] „*[...] The Court considers that the domestic authorities did not afford adequate protection of the applicant's right to respect for his private life and correspondence and that they consequently failed to strike a fair balance between the interests at stake.*“[705]

Der Fall *Köpke* wurde bereits im Jahr 2010 entschieden. Der Arbeitgeber der Beschwerdeführerin stellte Unregelmäßigkeiten bei der Abrechnung hinsichtlich des Flaschenpfands fest, worauf er einige Angestellte verdächtigte, Kassenbelege gefälscht zu haben. Daraufhin ließ er eine Videoüberwachung im Kassenbereich einbauen und kündigte der Beschwerdeführerin, nachdem er ihr die Manipulation der Getränkeabrechnung vorgeworfen hatte. Es existierten zu

---

701 EGMR, *Bărbulescu* vs. Romania, Urt. v. 12.1.2016, No. 61496/08, § 62.

702 EGMR, *Bărbulescu* vs. Romania, Urt. v. 12.1.2016, No. 61496/08, Partly Dissenting Opinion of Judge Pinto De Albuquerque (Hervorhebung durch die Verf.).

703 EGMR (Grand Chamber), *Bărbulescu* vs. Romania, Urt. v. 5.9.2017, No. 61496/08, § 141, allerdings mit einer Joint Dissenting Opinion von den Richtern Raimondi, Dedov, Kjolbro, Mits, Mourou-Vikström und Eicke.

704 EGMR (Grand Chamber), *Bărbulescu* vs. Romania, Urt. v. 5.9.2017, No. 61496/08, § 140.

705 EGMR (Grand Chamber), *Bărbulescu* vs. Romania, Urt. v. 5.9.2017, No. 61496/08, § 141.

dieser Zeit keine gesetzlichen Regelungen, wann eine Videoüberwachung am Arbeitsplatz, insbesondere beim Verdacht des Vorliegens einer Straftat, zulässig ist.[706] Der Gerichtshof führte dazu aus: „*[…] in certain circumstances, the State's positive obligation under Article 8 is only adequately complied with if the State safeguards respect for private life in the relations of individuals between themselves* ***by legislative provisions*** *providing a framework for reconciling the various interests which compete for protection […].*"[707] Im Ergebnis stellte der Gerichtshof jedoch fest, dass der Eingriff in die Privatsphäre durch die Videoüberwachung am Arbeitsplatz nicht so schwerwiegend war und der Arbeitgeber keine andere wirksame Möglichkeit gehabt hatte, dem Verdacht einer Straftat nachzugehen. Deshalb verneinte der Gerichtshof eine Verletzung von Art. 8 EMRK bereits in der Zulässigkeitsentscheidung.[708]

Eine Verletzung positiver Pflichten nahm der EGMR hingegen in der Entscheidung *Eweida* an.[709] Die Beschwerdeführerin war Angestellte im Check-In Bereich bei British Airways, einem privaten Unternehmen. British Airways verweigerte die Lohnzahlung an die Beschwerdeführerin, weil diese nicht dazu bereit war, ein christliches Kreuz, das sie sichtbar trug, abzulegen.[710] Der Gerichtshof kam zu dem Schluss, dass kein fairer Interessenausgleich gefunden wurde: „*On one side of the scales was Ms Eweida's desire to manifest her religious belief. […] on the other side of the scales was the employer's wish to project a certain corporate image. The Court considers that, while this aim was undoubtedly legitimate, the domestic courts accorded it too much weight.*"[711] Folglich nahm der EGMR eine Verletzung der positiven Verpflichtung aus Art. 9 EMRK an, weil die Behörden das Recht der Beschwerdeführerin auf freie Religionsausübung nicht ausreichend geschützt hatten.[712]

Ein Fall, der die verfahrensrechtliche Komponente des Art. 2 EMRK betraf, setzte sich mit einer Beschwerde auseinander, welche die Nichtaufklärung eines tödlichen Arbeitsunfalls zum Gegenstand hatte.[713] Der Ehemann der Beschwerdeführerin war bei einem privaten Unternehmen beschäftigt, das

---

706 EGMR, *Köpke* vs. Germany, Ents. v. 5.10.2010, No. 420/07, The Law A. 2.
707 EGMR, *Köpke* vs. Germany, Ents. v. 5.10.2010, No. 420/07, The Law A. 2. (Hervorhebung durch die Verf.).
708 EGMR, *Köpke* vs. Germany, Ents. v. 5.10.2010, No. 420/07, The Law A. 2.
709 EGMR, *Eweida a. o.* vs. UK, Urt. v. 15.1.2013, No. 48420/10 a. o.
710 EGMR, *Eweida a. o.* vs. UK, Urt. v. 15.1.2013, No. 48420/10 a. o., §§ 9 ff., §§ 89 ff.
711 EGMR, *Eweida a. o.* vs. UK, Urt. v. 15.1.2013, No. 48420/10 a. o., § 94.
712 EGMR, *Eweida a. o.* vs. UK, Urt. v. 15.1.2013, No. 48420/10 a. o., §§ 84, 95.
713 EGMR, *Pereira Henriques* vs. Luxembourg, Urt. v. 9.5.2006, No. 60255/00.

Abbrucharbeiten an einem Gebäude durchführte. Während der Arbeiten stürzte eine Verbindungsmauer ein und verletzte den Ehemann tödlich. Trotz vieler offener Fragen und unterschiedlicher Befunde über die Unfallursache stellte die Staatsanwaltschaft alle Ermittlungen ein. Darin sah der EGMR einen Verstoß der verfahrensrechtlichen Komponente des Art. 2 EMRK. Die Behörden hätten den Sachverhalt effektiver untersuchen müssen.[714]

Eine neuere Entscheidung des Gerichtshofs aus dem Jahr 2014 betrifft eine Verletzung der positiven Verpflichtung aus Art. 2 EMRK, aufgrund unzureichender staatlicher Schutzmaßnahmen am Arbeitsplatz hinsichtlich Asbestgefahren im Fall *Brincat gegen Malta*. Die Beschwerdeführer waren die Witwe und die Kinder von Herrn Attard sowie weitere Arbeiter, die in der staatlichen Malta Drydocks Corporation seit den 1950er Jahren gearbeitet hatten. Während ihrer Tätigkeit in den Trockendocks waren die Arbeiter permanent Asbest ausgesetzt. Durch das Entfernen von Asbestverkleidungen von Schiffen wurden Asbestpartikel freigesetzt und über die Arbeitskleidung mit zu den Familien gebracht, die dadurch auch von den Asbestgefahren betroffen waren. Seit den 1960er Jahren war Malta Mitglied der ILO und der WHO. Beide Organisationen wiesen auf die Gefahren hin, welche durch Asbest verursacht werden. Die Arbeiter wurden aber durch die maltesischen Behörden weder informiert noch vor den Gefahren geschützt. Erst in den 1980er Jahren veröffentlichte Malta Informationen dazu.[715] Die Beschwerdeführer rügten eine Verletzung von Art. 2 und Art. 8 EMRK. Der Gerichtshof führte aus: „*The Court reiterates that* ***Article 2 does not solely concern deaths resulting from the use of unjustified force by agents of the State*** *but also […] lays down a positive obligation on States to take appropriate steps to safeguard the lives of those within their jurisdiction. This obligation is construed as* ***applying in the context of any activity, whether public or not, in which the right to life may be at stake****, and a fortiori in the case of* ***industrial activities which by their very nature are dangerous*** *[…].*“[716] Die Staaten müssten folglich Schutzmaßnahmen für all diejenigen vornehmen, die sich unter ihrer Jurisdiktion befinden. Das gelte selbst dann, wenn, wie im vorliegenden Fall, der Staat der Arbeitgeber ist. Auch hier könnten positive Pflichten entstehen, wie beispielsweise die Pflicht der Legislative, Gesetze zum Schutz des Lebens zu schaffen. Obwohl vorliegend der Staat der Arbeitgeber war, sieht der EGMR hier die

---

714 EGMR, *Pereira Henriques* vs. Luxembourg, Urt. v. 9.5.2006, No. 60255/00, §§ 62 f.

715 EGMR, *Brincat a. o.* vs. Malta, Urt. v. 24.7.2014, No. 60908/11 a. o., §§ 6 ff.

716 EGMR, *Brincat a. o.* vs. Malta, Urt. v. 24.7.2014, No. 60908/11 a. o., §§ 79 f. (Hervorhebungen durch die Verf.).

staatliche Pflicht in Form einer positiven Verpflichtung zur Rechtsetzung und zur ausreichenden Information betroffen.[717] Dazu führte er aus: „*[…] the positive obligation to take all appropriate steps to safeguard life for the purposes of Article 2 entails above all a primary duty on the State to put in place a* ***legislative and administrative framework*** *designed to provide effective deterrence against threats to the right to life. […] In the particular context of dangerous activities special emphasis must be placed on regulations geared to the special features of the activity in question […]. They must govern* ***the licensing, setting up, operation, security and supervision of the activity and must make it compulsory for all those concerned to take practical measures to ensure the effective protection*** *[…]. […] Among these preventive measures particular emphasis should be placed on the* ***public's right to information*** *[…].*“[718]

Die maltesische Regierung, so der Gerichtshof, hatte erst im Jahr 1987, zwei Jahrzehnte nach Beginn der Arbeit der Beschwerdeführer, die ersten Gesetze verabschiedet, welche zudem für den Schutz der Arbeitnehmer unzureichend waren. Erst mit den Gesetzgebungsakten von 2003 und 2006 seien Informationspflichten und umfangreiche praktische Maßnahmen aufgenommen worden.[719] Deshalb kam der EGMR zu dem Schluss: „*[…] in view of the seriousness of the threat at issue, despite the State's margin of appreciation as to the choice of means, the Government have failed to satisfy their positive obligations, to legislate or take other practical measures […].*“[720]

c) Export von Waren/militärischer Kontext

In *Tugar gegen Italien* erhob ein Iraki Beschwerde vor dem Gerichtshof, weil dieser als Minenräumer im Irak während der Arbeit ein Bein verloren hatte.[721] Die Minen stammten aus Italien und es handelte sich um gefährliche Antipersonenminen. Der Beschwerdeführer sah aufgrund seiner lebensgefährlichen Verletzung Art. 2 EMRK als verletzt an, weil die italienische Regierung die Lieferung von besonders gefährlichen Waffen wissentlich erlaubt hatte. Zudem berief er

---

717 Die besondere Situation des Staates als Arbeitgeber wird auch anhand der Aussage des EGMR deutlich: „*In the sphere of work and employment conditions, the Convention cannot impose upon the State obligations that are not incumbent upon private employers.*“, EGMR, *Swedish Engine Drivers' Union* vs. Sweden, Urt. v. 6.2.1976, No. 5614/72, § 36.

718 EGMR, *Brincat a. o.* vs. Malta, Urt. v. 24.7.2014, No. 60908/11 a. o., § 101 (Hervorhebungen durch die Verf.).

719 EGMR, *Brincat a. o.* vs. Malta, Urt. v. 24.7.2014, No. 60908/11 a. o., §§ 107–111.

720 EGMR, *Brincat a. o.* vs. Malta, Urt. v. 24.7.2014, No. 60908/11 a. o., § 116.

721 EKMR, *Tugar* vs. Italy, Ents. v. 18.10.1995, No. 22869/93.

sich darauf, dass Italien ihn nicht durch ein wirksames Waffenlieferungs-Lizenzsystem in Form von Gesetzen vor den körperlichen Schäden, welche durch die Lieferung an und die Benutzung der Waffen durch andere entstanden waren, schützte. Dadurch hätte Italien seine Schutzverpflichtung aus Art. 2 EMRK, dem Recht auf Leben, verletzt. Denn hätten wirksame gesetzliche Regelungen zu der fraglichen Zeit bestanden, dann hätte Italien keine so gefährlichen Waffen wie Antipersonenminen an einen Staat geliefert, der wegen schwerer Menschenrechtsverletzungen und der Missachtung humanitärer Verpflichtungen von der internationalen Gemeinschaft verurteilt wurde. Die Kommission führte dazu aus: „*The Commission observes in this respect that no right to have the transfer of arms regulated or other such measures taken by a High Contracting Party* ***is as such*** *guaranteed by the Convention.*“[722] Der Beschwerdeführer bemühte in seiner Beschwerde deshalb einen Vergleich zur *Soering* Rechtsprechung des EGMR, um eine Parallele zu seinem Sachverhalt herzustellen.[723] So sei auch das „Recht der Nichtauslieferung“ *als solches* nicht durch die Konvention geschützt. Es komme vielmehr darauf an, ob die negativen Auswirkungen einer Handlung auf ein Konventionsrecht nicht zu fernliegen („not too remote“), damit eine staatliche Pflicht begründet werden kann.[724] Die Kommission verneinte aber gerade die Quasi-Kausalität zwischen der Nichtregulierung der Waffenlieferungen durch Italien und der Verletzung des Beschwerdeführers: „*[…] the applicant's injury can not be seen* ***as a direct consequence of the failure of the Italian authorities to legislate on arms transfers.*** *There is* ***no immediate relationship*** *between the mere supply, even if not properly regulated, of weapons and the possible ‚indiscriminate' use thereof in a third country […]. It follows that the ‚adverse consequences' of the failure of Italy to regulate arms transfers to Iraq are* ***‚too remote'*** *to attract the Italian responsibility.*“[725]

Erstaunlich ist bei dieser Entscheidung durch die Kommission nicht unbedingt die Verneinung der Quasi-Kausalität zwischen der unterlassenen italienischen Gesetzgebung und der Verletzung des Beschwerdeführers. Vielmehr überrascht, dass die Kommission unmittelbar die Möglichkeit der materiellen Verletzung von Art. 2 EMRK prüfte, ohne zuvor auf das Jurisdiktionserfordernis

722 EKMR, *Tugar* vs. Italy, Ents. v. 18.10.1995, No. 22869/93 (Hervorhebung durch die Verf.).

723 Siehe ausführlich zur *Soering*-Entscheidung unter Kapitel C.II.2.c)cc).

724 EKMR, *Tugar* vs. Italy, Ents. v. 18.10.1995, No. 22869/93.

725 EKMR, *Tugar* vs. Italy, Ents. v. 18.10.1995, No. 22869/93 (Hervorhebung durch die Verf.).

aus Art. 1 EMRK einzugehen.[726] Art. 1 EMRK verlangt als Zulässigkeitsvoraussetzung einer Beschwerde, dass der Beschwerdeführer durch den besagten Hoheitsakt (Tun oder Unterlassen) unter die Jurisdiktion des handelnden Staates gelangt ist. In *Tugar* berief sich ein Iraki auf eine Rechtsbeeinträchtigung auf irakischem Staatsgebiet durch die Unterlassung der Regulierung der Waffenexporte aus Italien. Aber anstatt die Zulässigkeit bereits wegen fehlender italienischer Jurisdiktion abzulehnen, prüfte die Kommission eine materielle Konventionsrechtsverletzung und lehnte die Zulässigkeit im Ergebnis wegen fehlender Quasi-Kausalität ab.[727] Ob die Kommission tatsächlich die Ausübung von Hoheitsgewalt durch Italien annahm, erscheint dennoch als fraglich. Denn in ihrer Begründung verwies sie in einem Satz auf die *Soering*-Entscheidung und stellte fest, dass es sich bei einer Auslieferung eindeutig um einen Hoheitsakt handele („clearly an act of jurisdiction"). Stimmen, die einer extraterritorialen Anwendbarkeit der Konvention kritisch gegenüber stehen, könnten hierin die Verneinung der Ausübung von italienischer Jurisdiktion durch die Kommission sehen.[728]

d) Ergebnisse der Rechtsprechungsanalyse

1. Die Rechtsprechung des EGMR zu positiven Staatenpflichten im Kontext von unternehmerischer Tätigkeit hat seit Beginn des 21. Jahrhunderts deutlich zugenommen.
2. Der Gerichtshof spricht ausschließlich von positiven Pflichten und meint damit alle staatlichen Pflichten, die eine aktive Handlungskomponente umfassen. Um herauszufinden, ob ein Fall einer (deutschen) Schutzpflichtverletzung vorliegt, muss das streitige Rechtsverhältnis untersucht werden. Voraussetzung hierfür ist das Vorliegen eines „Rechtsdreiecks" aus dem schädigenden Privaten, dem Opfer und dem Staat.
3. Der Gerichtshof nimmt in Über-/Unterordnungsverhältnissen zwischen Privaten an, dass der Staat zwischen den Privaten Waffengleichheit („equality

726 Vereinzelte Stimmen in der Literatur verneinen die Zulässigkeit der Beschwerde aufgrund der fehlenden Quasi-Kausalität und der deswegen fehlenden Jurisdiktion Italiens, vgl. *Engle*, Private Law Remedies for Extraterritorial Human Rights Violations, S. 193 f. Dies würde aber nur insoweit zutreffen, als Kausalität zugleich Jurisdiktion begündet. Zu dieser (zu weiten) Ansicht siehe Kapitel C.II.2.e) dort unter dem Begriff „direct and immediate link".

727 EKMR, *Tugar* vs. Italy, Ents. v. 18.10.1995, No. 22869/93.

728 Siehe zur extraterritorialen Anwendbarkeit insgesamt Kapitel C.

of arms") herstellen muss. Die Anerkennung einer Schutzverpflichtung des Staates kann verstärkt in Fällen beobachtet werden, bei denen zwischen Privatrechtssubjekten und deren Interessen ein Ungleichgewicht besteht.

4. Der EGMR muss zwischen widerstreitenden Interessen einen angemessenen Ausgleich vornehmen (*fair-balance*-Test). Diesen Test wendet der EGMR bei der Prüfung von positiven und negativen Pflichten an. Insbesondere bei der Annahme von positiven Pflichten des Staates in Bezug auf ein Privatrechtsverhältnis erlangt der Abwägungsvorgang für die Feststellung einer Konventionsverletzung eine wichtige Bedeutung. Bei negativen Pflichten findet der *fair-balance*-Test als Schrankenklausel Anwendung. Der Gerichtshof wägt aber nicht nur private Interessen gegeneinander ab, sondern bezieht öffentliche Interessen gleichermaßen in die Abwägung mit ein. Dies gewinnt vor allem an Bedeutung, wenn konfigurierende Rechte Privater in den EMRK-Garantien nicht gewährleistet sind. Auch hierin spiegelt sich die Aussage des EGMR wider, dass er keine Theorie zu den positiven Staatenpflichten aufstellen möchte und einzelfallbezogen entscheidet.
5. Der Gerichtshof hat in mehreren Entscheidungen ausdrücklich dazu Stellung genommen, dass die staatliche Pflicht Konventionsrechte zu sichern („to secure") auch darin bestehen kann, einen gesetzlichen Rahmen zu schaffen. Die Anerkennung einer Verpflichtung zum Erlass von Gesetzen kann überhaupt nur begründet werden, so die Kommission in *Tugar gegen Italien*, wenn die Quasi-Kausalität zwischen der (unterlassenen) Rechtsetzung und der Verletzung der Konventionsrechte des Betroffen so unmittelbar ist, dass letztere als direkte Auswirkung der unterlassenen Regelung angesehen werden kann. Oder anders formuliert, wenn die Verletzung nicht eingetreten wäre, wenn entsprechende Gesetze in Kraft gewesen wären.
6. Die Rechtsprechungsanalyse zeigt, dass der Gerichtshof trotz Anerkennung eines weiten Beurteilungsspielraums („margin of appreciation"), der den Staaten bei der Erfüllung von positiven Pflichten und bei der Abwägung widerstreitender Interessen zusteht, staatliche Handlungspflichten in seinen Entscheidungen durchaus spezifiziert. Die Verpflichtungen können sich, wie in den umweltrechtlichen Fällen gesehen, auf aktive Maßnahmen wie eine Umsiedelung beziehen; wobei auch die Beurteilung der Wirksamkeit einer Maßnahme dem Staat obliegt. Ebenso kann das Tätigwerden der Legislative zur Schaffung eines gesetzlichen Rahmens erforderlich sein. Bei unzureichenden behördlichen Ermittlungen kann zudem die verfahrensrechtliche Komponente der Konventionsrechte verletzt sein. Den Gerichten obliegt die Verpflichtung, private Interessen sachgerecht abzuwägen und in Ausgleich zu bringen. Die konkreteste Rechtsprechung zum Inhalt von Staatenpflichten

existiert im Bereich staatlicher Informationspflichten. Zusammenfassend wird deutlich, dass sich staatliche Pflichten auf die *jurisdiction to enforce*, die *jurisdiction to prescribe* und die *jurisdiction to adjucate* beziehen können.
7. Insbesondere bei industriellen Aktivitäten, die von Natur aus gefährlich sind, obliegt den Staaten die Verpflichtung, Schutzmaßnahmen (im Hinblick auf Art. 2 und Art. 8 EMRK) vorzunehmen.
8. Der EGMR erkennt vereinzelt staatliche Pflichten in Bezug auf Rechtsgüter an, die nicht ausdrücklich in einem Konventionsrecht der EMRK genannt werden (wie in Fällen des Verbots der Auslieferung). Dies jedoch nur, wenn eine ausreichende Kausalverknüpfung (oder Quasi-Kausalverknüpfung) zwischen dem fraglichen Hoheitsakt (oder auch Nichtakt) und der Konventionsverletzung vorliegt.
9. Schließlich kann festgehalten werden, dass der EGMR Schutzpflichten im Zusammenhang mit unternehmerischer Tätigkeit bisher in Bezug auf Art. 2, Art. 8, Art. 9, Art. 10 und Art. 11 EMRK anerkannt hat. Mehrheitlich handelte es sich dabei um umweltrechtliche Fallgestaltungen, in denen die Gesundheit der Opfer betroffen war. Zu den sonstigen Konventionsgarantien existiert bis zum jetzigen Zeitpunkt noch keine Rechtsprechung im unternehmerischen Kontext.

5. Zwischenergebnis

Der EGMR unterscheidet staatliche Pflichten in zwei Kategorien, die negativen und die positiven Verpflichtungen. Während die negative Konventionsrechtsdimension der grundrechtlichen Achtungspflicht entspricht und einen Eingriff des Staates in geschützte Rechtspositionen verhindern soll, sind unter die positiven Verpflichtungen alle aktiven Handlungen zu subsumieren, die der Staat vornehmen muss.

Der Gerichtshof prüft in Fällen privaten unternehmerischen Handelns, in denen Anhaltspunkte für eine Sonderverbindung des privaten Akteurs zum Staat bestehen, die Staatsnähe des Unternehmens. Er prüft dies entweder bereits im Rahmen der Beschwerdebefugnis (Art. 34 EMRK), weil nur nichtstaatliche Organisationen wirksam Beschwerde einlegen können. Oder er prüft eine mögliche Handlungszurechnung an den Staat. Dabei bezieht er sich teilweise ausdrücklich auf die Regeln der Staatenverantwortlichkeit, die im ILC-Entwurf zusammengefasst sind. Die Kriterien des EGMR für eine Zurechnung variieren dabei von den Voraussetzungen, die andere Spruchkörper (unter anderem das Bundesverfassungsgericht in Bezug auf die Grundrechte des Grundgesetzes) aufgestellt haben. Für den EGMR sind (im Hinblick auf die Konventionsrechte) vor allem eine institutionelle Unabhängigkeit und tatsächliche Beeinflussungsmöglichkeiten durch den Staat von Bedeutung. Das Bundesverfassungsgericht entscheidet hingegen ausschließlich nach Unternehmensanteilen. Sobald mehr als 50% der Anteile in staatlicher Hand (auch staatlichem Streubesitz) liegen, ist das Unternehmen Grundrechtsverpflichteter. Bei der Rechtsprechung im arbeitsrechtlichen Kontext fällt auf, dass der EGMR verstärkt positive Staatenpflichten angenommen hat, auch wenn das staatsnahe Unternehmen als Arbeitgeber aufgetreten ist. Wie er selbst in der Entscheidung *Swedish Engine Drivers' Union* betonte, sollen dem Staat als Arbeitgeber keine weitergehenden Pflichten obliegen als einem privaten Arbeitgeber, weil die Konvention den Einzelnen primär vor dem Staat als öffentliche Gewalt schützen soll.[729]

Der EGMR hat daneben über viele Fälle eines privaten Übergriffs auf Rechtsgüter eines Dritten entschieden. Der Staat musste einen Ausgleich zwischen den widerstreitenden privaten und teilweise öffentlichen Belangen finden. Nach deutscher Grundrechtsterminologie hat der Staat in diesen Situationen eine Schutzverpflichtung. Der Gerichtshof spricht aber auch hier generell von positiven Pflichten. Die Rechtsprechungsanalyse zeigt deutlich, dass die bisherigen Fälle im Zusammenhang mit unternehmerischer Tätigkeit primär umweltrechtliche Belange zum Gegenstand hatten. Die Sachverhalte sind fast ausschließlich in den Schutzbereichen der Art. 2 und Art. 8 EMRK verortet. Hier wird eine systemische Schwäche der EMRK deutlich. Die Konvention kann nur vergleichsweise wenige Menschenrechtsverletzungen durch (transnationale) Unternehmen erfassen. Die Konventionsrechte sind primär staatsbürgerlicher Natur und haben nur eine begrenzte oder sogar überhaupt keine soziale oder kulturelle Prägung. Bemerkenswert ist, dass bereits die bisher entschiedenen Fälle des EGMR von manchen Staaten als zu ausufernd angesehen werden. Russland wirft dem Gerichtshof vor, er verkenne die Grenzen zwischen Politik und Recht, und nationale Gerichte fordern weniger Aktivismus des Menschenrechtsgerichtshofs.[730] Um die Wirksamkeit des EMRK-Systems und insbesondere die Befolgungsbereitschaft der Mitgliedstaaten nicht zu gefährden, sollte der Gerichtshof nicht über das Ziel hinausschießen, wenn er die Konventionsgarantien dynamisch auslegt.[731]

---

729 „*[...] The applicant union was attacking not the Swedish legislative, executive or judicial authorities, but rather the National Collective Bargaining Office and thus the ‚State as employer'. In the sphere of work and employment conditions, the Convention cannot impose upon the State obligations that are not incumbent upon private employers.*", EGMR, *Swedish Engine Drivers' Union* vs. Sweden, Urt. v. 6.2.1976, No. 5614/72, § 36.

730 *Wildhaber*, Der Menschenrechtsgerichtshof für Europa, in: 9. Hermann und Marianne Straniak-Vorlesung 2011, S. 9–26 (12).

731 *Papier*, Dokumentation, EuGRZ 37 (2010), S. 368; *Cremer*, Konventionsinterpretation, in: *Dörr/Grote/Marauhn*, EMRK/GG, Band I, Kap. 4 Rn. 110.

C. Der extraterritoriale Anwendungsbereich der Konventionsrechte

Die Diskussion um die extraterritoriale Anwendbarkeit von menschenrechtlichen Verträgen konzentriert sich auf die Bestimmung ihres jeweiligen Anwendungsbereichs, der sich nicht nur für die EMRK auf den Begriff der Jurisdiktion stützt. So spricht auch die AMRK in Art. 1 Abs. 1 von *„all persons subject to their jurisdiction"*.[732] Der IPbpR nennt neben der Jurisdiktion auch das Territorium, in Art. 2 Abs. 1 heißt es: *„all individuals within its territory and subject to its jurisdiction"*.[733] Und auch Art. 1 EMRK spricht von *„everyone within their jurisdiction"*.

Der Begriff der Jurisdiktion ist ein Schwellenkriterium, wie der EGMR immer wieder betont. Nur wenn dieses „threshold criterion" überwunden werden kann, prüft der Gerichtshof eine mögliche materielle Konventionsrechtsverletzung. In Sachverhalten, die sich auf dem eigenen Staatsgebiet ereignen, stellt das Jurisdiktionserfordernis in der weit überwiegenden Anzahl der Fälle keine Hürde für eine Anwendbarkeit der Konvention dar.[734] Bei Fällen, in denen das Schutzgut extraterritorial belegen ist, das heißt, sich außerhalb des eigenen Territoriums befindet, bedarf es der Feststellung von extraterritorialer Jurisdiktionsausübung im Sinne von Art. 1 EMRK. Die Unklarheiten beginnen bereits bei der Auslegung des Jurisdiktionsbegriffs im Sinne von Art. 1. Ist dieser in Anlehnung an das Verständnis von Jurisdiktion im allgemeinen Völkerrecht zu verstehen? Oder muss ein autonomes Begriffsverständnis für die EMRK gefunden werden? Wie geht der EGMR mit dem Schwellenkriterium in seiner Rechtsprechung um, und welche Ansätze bemüht das Schrifttum, um zu sachgerechten Ergebnissen zu gelangen? Kann eine konventionsrechtliche Verpflichtung der Staaten begründet werden, „eigene" Wirtschaftssubjekte davon abzuhalten, außerhalb

---

732 Art. 1 Abs. 1 der Amerikanischen Menschenrechtskonvention, Vertragstext abrufbar unter: http://www.oas.org/dil/treaties_B-32_American_Convention_on_Human_Rights.pdf (zuletzt abgerufen am 2.10.2017).

733 Art. 2 Abs. 1 des Internationalen Pakts über bürgerliche und politische Rechte, Vertragstext abrufbar unter: http://www.ohchr.org/Documents/ProfessionalInterest/ccpr.pdf (zuletzt abgerufen am 2.10.2017).

734 Ausgenommen sind bspw. Fälle prekärer Hoheitsgewalt, also Situationen, in denen die Staatsstrukturen erheblich geschwächt sind und bspw. Rebellengruppen die tatsächliche Kontrolle über ein Gebiet ausüben; siehe dazu *Peters*, Die Anwendbarkeit der EMRK in Zeiten komplexer Hoheitsgewalt, AdVR 48 (2010), S. 1–57 (17 f.).

des eigenen Staatsgebiets Menschenrechte zu verletzen? Wie könnte eine solche Schutzverpflichtung ausgestaltet sein und wie interagiert eine heimatstaatliche Verpflichtung mit den Angelegenheiten und Pflichten des Gaststaates? Diese Fragestellungen sollen nachfolgend untersucht werden.

I. Art. 56 Abs. 1 EMRK als Aussage zum räumlichen Anwendungsbereich der Konvention

Art. 56 EMRK ist der einzige Artikel, der auf den territorialen Anwendungsbereich der Konvention Bezug nimmt. Als sogenannte „Kolonialklausel" regelt er die Möglichkeit der Staaten, die Geltung der Konvention auf Gebiete auszudehnen, für die sie hinsichtlich internationaler Beziehungen verantwortlich sind.[735] Damit gemeint sind Kolonien oder von einer Vertragspartei abhängige Staaten, also solche, die nicht selbst ein Staat sind.[736] Während es inzwischen zwar keine Kolonien mehr gibt, weist beispielsweise das Vereinigte Königreich noch eine große Anzahl von abhängigen Überseegebieten auf, darunter Bermuda, die Britischen Jungferninseln, die Cayman Islands oder Gibraltar.[737] Die Klausel diente in der Vergangenheit vor allem dazu, eine generelle Verantwortlichkeit der EMRK-Staaten auszuschließen, um der Gefahr mangelnder Einflussmöglichkeiten auf die Überseegebiete gerecht zu werden, hat aber heutzutage in der Praxis stark an Bedeutung verloren.[738]

Wenn ein Vertragsstaat eine Erklärung im Sinne von Art. 56 Abs. 1 EMRK für ein abhängiges Gebiet abgegeben hat, dann erstreckt sich die Konvention auch auf diese Gebiete. Alle Handlungen der dortigen Selbstverwaltungsorgane sind mithin an der EMRK zu messen und dem jeweiligen Vertragsstaat zurechenbar, was ohne eine entsprechende Erklärung nicht möglich wäre.[739] Für originäre Handlungen von Organen des Vertragsstaates in den abhängigen Gebieten ist dieser aber nicht aufgrund von Art. 56 Abs. 1 EMRK verantwortlich, sondern

735 *Frowein*, in: *Frowein/Peukert*, Europäische Menschenrechtskonvention, S. 624.

736 *Papp*, Extraterritoriale Schutzpflichten, S. 61.

737 *Kochenov*, EU Law of the Overseas, S. 329 f. Fn. 31.

738 *Lorenz*, Der territoriale Anwendungsbereich der Grund- und Menschenrechte, S. 20; *Schellenberg*, Das Verfahren, S. 31; *Rainey/Wicks/Ovey*, The European Convention on Human Rights, S. 101; dazu auch *Erberich*, Auslandseinsätze der Bundeswehr und Europäische Menschenrechtskonvention, S. 22 ff.

739 EGMR, *Yonghong* vs. Portugal, Ents. v. 25.11.1999, No. 50887/99.

unabhängig von einer Erstreckungserklärung – sofern die Voraussetzungen dafür vorliegen – wegen Art. 1 EMRK.[740]

Im Fall *Tyrer* beispielsweise legte ein Staatsangehöriger des Vereinigten Königreichs, der auf der Insel Man wohnte, im September 1972 eine Beschwerde beim EGMR wegen Verletzung des Verbots von erniedrigender Strafe nach Art. 3 EMRK ein.[741] Gegenüber dem damals 15-jährigen Schüler wurden wegen eines tätlichen Übergriffs auf einen Mitschüler Stockschläge in der Schule und eine gerichtlich angeordnete Prügelstrafe auf einer Polizeidienststelle verhängt und auch vollzogen.[742] Die Insel Man ist nicht Teil des Vereinigten Königreichs, sondern gehört zum Kronbesitz und ist dadurch der britischen Krone direkt unterstellt. Ihr steht aber die Selbstverwaltungshoheit zu und sie verfügt über eine Regierung und eine eigenständige Rechtsprechung. Großbritannien erklärte 1953, dass sich die EMRK im Sinne von Art. 56 EMRK (Art. 63 EMRK a. F.) auch auf die Insel Man erstrecke.[743] Im Ergebnis sah der EGMR Art. 3 EMRK als verletzt an und erklärte Großbritannien aufgrund der Erstreckungserklärung für verantwortlich. Die Prügelstrafe wurde von der Schule und von der örtlichen Polizeidienststelle vollzogen, also von öffentlichen Einrichtungen und Behörden, die keine originären Organe des Vereinigten Königreichs waren und sind. Die Verantwortlichkeit Großbritanniens konnte also nur über Art. 56 Abs. 1 EMRK begründet werden.

Schon bei Entstehung der Konvention wurde somit an extraterritoriale Sachverhalte gedacht, und zwar an solche, für die historisch bedingt eine Regelung gefunden werden musste. Die heutige Diskussion um eine extraterritoriale Anwendung der Konvention bezieht sich jedoch auf anders gelagerte Fälle. Neben dem Vertragsstaat steht noch ein weiterer Staat als möglicher Verantwortlicher in Gestalt des Territorial- beziehungsweise Gaststaates zur Verfügung. Der Vertragsstaat hat für dieses Staatsgebiet keine Erklärung nach Art. 56 EMRK abgegeben, weil er dies auch gar nicht dürfte, und signalisiert damit gerade nicht die Übernahme der internationalen Verantwortung für dieses Gebiet. Folglich könnte der Vertragsstaat nur für Sachverhalte verantwortlich gemacht werden, wenn er extraterritoriale Jurisdiktion im Sinne von Art. 1 EMRK in den besagten Gebieten ausgeübt hätte. Die Frage, ob der Anwendungsbereich der Konvention

---

740 *Thallinger*, Grundrechte und extraterritoriale Hoheitsakte, S. 109; *Erberich*, Auslandseinsätze der Bundeswehr und Europäische Menschenrechtskonvention, S. 25; *Schellenberg*, Das Verfahren, S. 32.

741 EGMR, *Tyrer* vs. UK, Urt. v. 25.4.1978, No. 5856/72.

742 EGMR, *Tyrer* vs. UK, Urt. v. 25.4.1978, No. 5856/72, §§ 9 ff.

743 EGMR, *Tyrer* vs. UK, Urt. v. 25.4.1978, No. 5856/72, § 13.

in Folge extraterritorialer Jurisdiktionsausübung eines Staates eröffnet ist, ist folglich völlig losgelöst von Art. 56 EMRK zu beantworten.[744] Ein Umkehrschluss aus Art. 56 EMRK in der Weise, dass der Anwendungsbereich der EMRK in allen Fällen, die nicht unter Art. 56 EMRK fallen, nur auf das Territorium des Vertragsstaats beschränkt ist, kann daraus nicht gezogen werden.[745] Die (Geltungs-) Reichweite der Konvention sollte durch Art. 56 EMRK vergrößert, nicht der Anwendungsbereich nach Art. 1 EMRK beschränkt werden.[746] Art. 56 EMRK begrenzt somit nicht den territorialen Anwendungsbereich der Konvention. In den abhängigen Gebieten, für die der Mitgliedstaat ausdrücklich die Erstreckung der Konvention und der Protokolle erklärt hat, muss der Mitgliedstaat die Konventionsrechte gewährleisten. Und weil die abhängigen Gebiete genau genommen nicht zum Territorium des jeweiligen EMRK-Staates zählen, kann bereits hier von extraterritorialen (Staaten-) Pflichten gesprochen werden.

II. Die Anwendungsbereichsnorm Art. 1 EMRK

„The High Contracting Parties shall secure to everyone within their jurisdiction the rights and freedoms defined in Section I of this Convention.“

Art. 1 EMRK regelt den Anwendungsbereich der Konvention. Die Klausel enthält selbst keine materielle Garantie und kann deshalb nur in Verbindung mit

744 So der EGMR: *„The situations covered by the ‚effective control' principle are clearly separate and distinct from circumstances where a Contracting State has not, through a declaration under Article 56, extended the Convention […].“*, EGMR, *Al-Skeini a. o.* vs. UK, Urt. v. 7.7.2011, No. 55721/07, § 140.

745 *Koenen*, Wirtschaft und Menschenrechte, S. 84; *Grabenwarter/Pabel*, Europäische Menschenrechtskonvention, § 17 Rn. 12; *Rainey/Wicks/Ovey*, The European Convention on Human Rights, S. 101; *Erberich*, Auslandseinsätze der Bundeswehr und Europäische Menschenrechtskonvention, S. 27. Zu der Unterscheidung auch der EGMR: *„The ‚effective control' principle of jurisdiction set out above does not replace the system of declarations under Article 56 of the Convention […] which the States decided, when drafting the Convention […]. The situations covered by the ‚effective control' principle are clearly separate and distinct from circumstances where a Contracting State has not, through a declaration under Article 56, extended the Convention or any of its Protocols to an overseas territory for whose international relations it is responsible.“*, EGMR, *Al-Skeini a. o.* vs. UK, Urt. v. 7.7.2011, No. 55721/07, § 140.

746 Der EGMR ganz deutlich: *„The existence of this mechanism, which was included in the Convention for historical reasons, cannot be interpreted to present conditions as limiting the scope of the term ‚jurisdiction' in Article 1.“*, EGMR, *Al-Skeini a. o.* vs. UK, Urt. v. 7.7.2011, No. 55721/07, § 140.

einem materiellen Recht gerügt werden.[747] Sie richtet sich an die Vertragsstaaten der Konvention und legt diesen die Pflicht auf, die Konventionsrechte den Menschen, die sich unter ihrer Hoheitsgewalt befinden, zuzusichern („shall secure"). Der Bereich, in dem die Konvention zur Anwendung gelangt, wird somit durch den Begriff der Jurisdiktion (oder im Deutschen „Hoheitsgewalt") bestimmt; diesbezüglich ist sich die Völkerrechtswissenschaft einig.[748] Große Uneinigkeit besteht hingehen darüber, wie Jurisdiktion im Sinne von Art. 1 EMRK zu verstehen ist und wie weit folglich der Anwendungsbereich der Konvention reicht.[749]

1. Das Erfordernis der Unterstellung einer Person unter die Jurisdiktion eines Konventionsstaates

Art. 1 EMRK trifft hinsichtlich des Anwendungsbereichs der Konvention zwei grundlegende Aussagen, die beide eine Verantwortlichkeit der Staaten begrenzen. Zum einen wird der Umfang der staatlichen Pflichten begrenzt, indem die Vertragsstaaten nur die Rechte und Freiheiten aus der Konvention und den Zusatzprotokollen garantieren müssen und nicht alle anderen von der internationalen Gemeinschaft anerkannten Menschenrechte.[750] Zum anderen besteht die Verpflichtung nur den Personen gegenüber, die der Jurisdiktion des jeweiligen Staates unterstellt sind. Während die erste Aussage ohne weitere Ausführungen als gegeben angenommen werden kann, bedarf letztere einer genauen Untersuchung. Wann also untersteht eine Person der Hoheitsgewalt eines Staates?

Nach allgemeinem Völkerrecht und auch nach dem Verständnis des EGMR übt ein Staat grundsätzlich im eigenen Staatsgebiet Jurisdiktion aus.[751] Somit genießen alle Personen, die sich auf dem Hoheitsgebiet eines Mitgliedstaates aufhalten, den Schutz der EMRK, unabhängig davon, ob sie die jeweilige Staatsbürgerschaft besitzen, ihren Wohnsitz in diesem Staat haben oder ob sie sich legal im Staatsgebiet aufhalten.[752] Dieses Begriffsverständnis, dass Jurisdiktion zunächst einmal Hoheitsgewaltausübung auf eigenem Territorium bedeutet, führt dazu, dass viele Stimmen in der Literatur Art. 1 EMRK als Vorschrift

---

747 Der EGMR nennt Art. 1 EMRK eine „*framework provision*" also eine „*Rahmenvorschrift*", EGMR, *Streletz, Kessler and Krenz* vs. Germany, Urt. v. 22.3.2001, No. 34044/96 a. o., § 112.

748 Stellv. *Grabenwarter/Pabel*, Europäische Menschenrechtskonvention, § 17 Rn. 1 ff.

749 *Miller*, Revisiting Extraterritorial Jurisdiction, EJIL 20 (2009), S. 1223–1246 (1229), „*[...] is perhaps the most fundamental question for the Convention system*".

750 *Jankowska-Gilberg*, Extraterritorialität der Menschenrechte, S. 127.

751 EGMR, *Ilascu a. o.* vs. Moldova and Russia, Urt. v. 8.7.2004, No. 48787/99, § 312.

752 *Röben*, in: *Dörr/Grote/Marauhn*, EMRK/GG, Band I, Kap. 5 Rn. 101.

verstehen, die den örtlichen beziehungsweise räumlichen Anwendungsbereich der Konvention bestimmt.[753] Im ersten Entwurf der Konvention hatte die beratende Versammlung[754] im damaligen Art. 2 noch direkten Bezug zum Territorium hergestellt. Dort hieß es: „*In this Convention, the Member States shall undertake to ensure to all persons* ***residing within their territories*** *[…].*“[755] Das Expertenkomitee[756] lehnte diese Begrenzung auf das Staatsgebiet ab und wollte den Anwendungsbereich der Konvention weiter öffnen, sodass möglichst viele Menschen in den Genuss der Konventionsrechte gelangen können: „*Firstly, however, the Sub-Committee examined Amendment A […] for replacing the words ‚residing within' by the words ‚living in', under Articles 1 and 2. Since the aim of this amendment* ***is to widen as far as possible the categories of persons*** *who are to benefit by the guarantee contained in the Convention […] the Sub-Committee proposes that the Committee should adopt the text contained in the draft Covenant of the United Nations Commission: that is, to* ***replace the words ‚residing within' by ‚within its jurisdiction'***.“[757] Auch wenn die vorbereitenden Arbeiten nach Art. 32 der WVK lediglich subsidiär zur Auslegung des Art. 1 EMRK herangezogen werden können,[758] lässt sich doch die Vermutung aufstellen, dass die Verfasser der Konvention gerade keinen unflexiblen territorialen Anknüpfungspunkt für den Anwendungsbereich wählen wollten.[759] Der EGMR hat sich in einer Entscheidung aus dem Jahr 2001 ausführlich mit diesem Argument auseinandergesetzt und verweist auf die weitergehende Begründung für

---

753 *Peters/Altwicker*, Europäische Menschenrechtskonvention, § 35 Rn. 7; *Röben*, in: *Dörr/Grote/Marauhn*, EMRK/GG, Band I, Kap. 5 Rn. 101 ff; so wohl auch *Rainey/Wicks/Ovey*, The European Convention on Human Rights, S. 34; *Künzli*, Zwischen Rigidität und Flexibilität, S. 115, der aber den räumlichen Geltungsbereich nicht auf das Territorium beschränkt sieht; *Koenen*, Wirtschaft und Menschenrechte, S. 83 ff.; *Papp*, Extraterritoriale Schutzpflichten, S. 62.

754 Council of Europe's Consultative Assembly.

755 *Council of Europe*, Collected Edition of the „Travaux Préparatoires“ of the ECHR, Vol. I 1975, S. 276 (Hervorhebung durch die Verf.).

756 Council of Europe's Committee of Experts, Sub-Committee.

757 *Council of Europe*, Collected Edition of the „Travaux Préparatoires“ of the ECHR, Vol. I 1975, S. 200 (Hervorhebungen durch die Verf.).

758 Die WVK gilt gemäß Art. 4 nur für Verträge, die zeitlich nach ihr abgeschlossen wurden, folglich nicht für die EMRK. Allgemein zu multilateralen Verträgen *Bernhardt*, Die Auslegung völkerrechtlicher Verträge, S. 120. Nach Art. 32 lit. a) WVK werden die Vorbereitungsarbeiten als „ergänzendes Auslegungsmittel“ herangezogen.

759 In diese Richtung auch *Lawson*, Life After Bankovic, in: *Coomans/Kamminga*, Extraterritorial Application of Human Rights Treaties, S. 83–123 (88).

die Formulierungsänderung: „*[...] that the Expert Intergovernmental Committee replaced the words ‚all persons residing within their territories' with a reference to persons ‚within their jurisdiction' with a view to expanding the Convention's application to* ***others who may not reside, in a legal sense, but who are, nevertheless, on the territory of the Contracting States.***"[760] Die historische Auslegung deutet somit eher daraufhin, dass der Grund für die Änderungen im Vertragstext darauf beruht, dass nicht nur Menschen mit Wohnsitz in einem der Konventionsstaaten unter den Schutz der Rechte gelangen sollten. Um die Auffassung zu substanziieren, dass der Anwendungsbereich der Konvention nicht rein territorial zu bestimmen ist, bedarf es folglich weiterer Gründe.

Eine Ansicht argumentiert, dass eine Beschränkung auf den territorialen Anwendungsbereich dazu führen würde, dass ein Staat für alle Verletzungen auf seinem Hoheitsgebiet verantwortlich wäre.[761] Würde also beispielsweise Staat A in Staat B Konventionsrechte verletzen, dann wäre Staat B trotzdem dafür verantwortlich. Im Falle der Besetzung des Gebiets des Staates B wäre eine Verantwortlichkeit desselben nach einer Ansicht noch unsachgemäßer.[762] Diese Argumentation kann nur teilweise überzeugen. Der EGMR hat bereits einige Fälle entschieden, die sich mit dieser Konstellation befassen. Zuletzt beschäftigte er sich im Mai 2017 zum wiederholten Male mit den Konflikten in der „Moldavian Republic of Transnistria" (MRT).[763] Die Region Transnistrien wird von der Staatengemeinschaft immer noch als Teil der Republik Moldau gesehen, auch wenn im Jahr 1990 die Republik MRT ausgerufen wurde.[764] Der Gerichtshof kam in den speziellen Fällen der MRT zu dem Schluss, dass die Republik Moldau

760 EGMR, *Banković a. o.* vs. Belgium & 16 other NATO-States, Ents. v. 12.12.2001, No. 52207/99, §§ 19, 63 (Hervorhebungen durch die Verf.); vgl. *Council of Europe*, Collected Edition of the „Travaux Préparatoires" of the ECHR, Vol. III 1976, S. 260, „*This word [residing], moreover, has not the same meaning in all national laws.*".

761 So argumentieren *Erberich*, Auslandseinsätze der Bundeswehr und Europäische Menschenrechtskonvention, S. 26 f.; *Thallinger*, Grundrechte und extraterritoriale Hoheitsakte, S. 106 f.; *Orakhelashvili*, Restrictive Interpretation of Human Rights Treaties, EJIL 14 (2003), S. 529–568 (541).

762 *Thallinger*, Grundrechte und extraterritoriale Hoheitsakte, S. 106 f.

763 EGMR, *Soyma* vs. Moldova, Russia and Ukraine, Urt. v. 30.5.2017, No. 1203/05 (noch nicht endgültig, wird ggf. an die Große Kammer verwiesen); EGMR, *Mozer* vs. the Republic of Moldova and Russia, Urt. v. 23.2.2016, No. 11138/10; EGMR, *Catan a. o.* vs. Moldova and Russia, Urt. v. 19.10.2012, No. 43370/04 a. o.; EGMR, *Ilascu a. o.* vs. Moldova and Russia, Urt. v. 8.7.2004, No. 48787/99.

764 EGMR, *Ilascu a. o.* vs. Moldova and Russia, Urt. v. 8.7.2004, No. 48787/99, § 30.

als – von der Staatengemeinschaft akzeptierter – Territorialstaat die Konventionsrechte gemäß Art. 1 EMRK zusichern müsste: „*In so far as the Republic of Moldova is concerned, the Court notes […] that although Moldova had no effective control over the Transdniestrian region, it followed from the fact that Moldova was the territorial State that persons within that territory fell within its jurisdiction.*“[765] Jedoch kann diese Verpflichtung nur insoweit bestehen, als der Republik Moldau die Pflichtenerfüllung auch tatsächlich möglich ist: „*However, its obligation, under Article 1 of the Convention […] was limited to that of taking the diplomatic, economic, judicial and other measures that were both in its power and in accordance with international law. Moldova's obligations under Article 1 of the Convention were found to be positive obligations.*“[766] Daneben zog der EGMR aber auch Russland als Staat, der die tatsächliche Kontrolle über die Region ausübe, zur Verantwortung: „*The Court concluded in Mozer that the ‚MRT's' high level of dependency on Russian support provided a strong indication that the Russian Federation continued to exercise effective control and a decisive influence over the Transdniestrian authorities and that, therefore, the applicant fell within that State's jurisdiction under Article 1 of the Convention.*“[767] Daraus folgt für das angeführte Beispiel, dass zwar die Verantwortlichkeit von Staat B als Territorialstaat selbst bei fehlender tatsächlicher Kontrolle über eine Region weiterhin gegeben ist, aber dass die staatlichen Verpflichtungen infolgedessen beschränkt sind. Darüber hinaus ist aber eben nicht nur der Territorialstaat verantwortlich, sondern auch der Staat, der die eigentliche Kontrolle über das Gebiet ausübt. Damit stellt der EGMR eindeutig klar, dass die Verantwortung nicht auf das eigene Staatsgebiet begrenzt ist.

Zudem wird mit der Formulierung „allen ihrer Hoheitsgewalt unterstehenden Personen“ auf die möglichen Opfer abgestellt. Die Verfasser haben somit einen personellen Anknüpfungspunkt und gerade keinen räumlichen Bezugspunkt für

765 Zuletzt EGMR, *Soyma* vs. Moldova, Russia and Ukraine, Urt. v. 30.5.2017, No. 1203/05, § 20 (noch nicht endgültig, wird ggf. an die Große Kammer verwiesen); EGMR, *Mozer* vs. the Republic of Moldova and Russia, Urt. v. 23.2.2016, No. 11138/10, § 100.

766 EGMR, *Soyma* vs. Moldova, Russia and Ukraine, Urt. v. 30.5.2017, No. 1203/05, § 20 (noch nicht endgültig, wird ggf. an die Große Kammer verwiesen); EGMR, *Mozer* vs. the Republic of Moldova and Russia, Urt. v. 23.2.2016, No. 11138/10, § 100.

767 EGMR, *Soyma* vs. Moldova, Russia and Ukraine, Urt. v. 30.5.2017, No. 1203/05, § 22 (noch nicht endgültig, wird ggf. an die Große Kammer verwiesen); EGMR, *Mozer* vs. the Republic of Moldova and Russia, Urt. v. 23.2.2016, No. 11138/10, §§ 110 f.

die Eröffnung des Anwendungsbereichs gewählt.[768] Natürlich trifft Art. 1 EMRK indirekt auch eine Aussage zum örtlichen Anwendungsbereich der Konvention, denn unstreitig ist Jurisdiktion nach dem Völkerrecht auch und vor allem territorial zu verstehen. Trotzdem folgt aus dem Gesagten, dass es neben der territorialen Verbindung zwischen Staat und möglichem Opfer einer Menschenrechtsverletzung noch weitere Anknüpfungsmomente geben kann, die die Jurisdiktion zu begründen vermögen.[769] Wenn sich eine Person unter der Jurisdiktion eines Vertragsstaates befindet, ist der Anwendungsbereich der EMRK eröffnet – unabhängig davon, ob sich die Person räumlich auf dem Territorium des Staates aufhält oder eben nicht.

Bevor die Arbeit im Folgenden untersucht wie Jurisdiktion im Sinne von Art. 1 EMRK zu bestimmen ist, soll vollständigkeitshalber und zugunsten eines umfassenden Verständnisses der Thematik in gebotener Kürze auf prozessuale Aspekte der Diskussion um Art. 1 EMRK eingegangen werden.

a) Die Zulässigkeit einer Beschwerde ratione personae *und* ratione loci

Zunächst sind die Auswirkungen der Diskussion um die Annahme eines örtlichen Anwendungsbereichs der Konvention auf die Struktur des Beschwerdeverfahrens Gegenstand der Betrachtung. Sowohl Rechtsprechung als auch Literatur verwenden die Begrifflichkeiten der Vereinbarkeit der Beschwerde *„ratione personae“* und *„ratione loci“* nicht konstant und sind sich über ihre Bedeutung uneinig. Häufig wird die örtliche Vereinbarkeit oder Anwendbarkeit der Konvention als eine Zulässigkeitsvoraussetzung für eine Beschwerde beim EGMR angesehen.[770] Grundlage dafür sei die Judikatur des EGMR. Der Gerichtshof würde die Frage einer *„compatibility ratione loci“* im Rahmen der Zulässigkeit prüfen.[771] Tatsächlich bezieht sich der EGMR in einigen Entscheidungen

768 So auch *Grabenwarter/Pabel*, Europäische Menschenrechtskonvention, § 17 Rn. 12; *Frowein* in: *Frowein/Peukert*, Europäische Menschenrechtskonvention, S. 16 ff., 517; *Jankowska-Gilberg*, Extraterritorialität der Menschenrechte, S. 127 ff.

769 Dazu insgesamt Kapitel C.II.2.

770 So bspw. *Peters/Altwicker*, in: *Leible/Terhechte*, Europäisches Rechtsschutz- und Verfahrensrecht, § 13 Rn. 5 ff.; auch *Papp* spricht in Bezug auf Art. 1 EMRK von der *„Bestimmung des räumlichen Anwendungsbereichs“*, *Papp*, Extraterritoriale Schutzpflichten, S. 63.

771 *Peters/Altwicker*, in: *Leible/Terhechte*, Europäisches Rechtsschutz- und Verfahrensrecht, § 13 Rn. 5, welche die Entwicklung sehen, dass der EGMR die Prüfung vermehrt in die Begründetheit verschiebt.

auf Fragen der örtlichen Anwendbarkeit in der Zulässigkeit.[772] In seiner *Loizidou*-Entscheidung[773], in der es um eine Entschädigung für eine Enteignung von Grundstücken in Form der Nutzungshinderung durch die Türkei auf Zypern ging, nahm der Gerichtshof beispielsweise zur örtlichen Anwendbarkeit der Konvention Stellung. Der EGMR musste herausfinden, ob die gerügten Handlungen der Jurisdiktion der Türkei unterfallen könnten. Er betonte, dass Jurisdiktion im Sinne von Art. 1 EMRK nicht auf das Territorium des jeweiligen Vertragsstaates begrenzt sei[774] und bejahte im Ergebnis die Ausübung türkischer Hoheitsgewalt.[775] Selbst wenn die Bezugnahme auf die örtliche Anwendbarkeit der Konvention durchaus in einigen Fällen vorliegt, fällt auf, dass der EGMR vor allem dann auf Fragen der Vereinbarkeit *ratione loci* eingegangen ist, wenn der Beschwerdegegner sich auf eine Unvereinbarkeit berufen hat. Dass der Gerichtshof seine Ausführungen von den Argumenten der Beschwerdeführer und -gegner abhängig macht, hat er selbst betont.[776]

Diese Sichtweise findet ihre Bestätigung im Urteil *Drozd und Janousek.*[777] Die beiden Beschwerdeführer wurden wegen eines Raubüberfalles in Andorra

---

772 Beispielsweise in EGMR, *Behrami und Behrami* vs. France/*Saramati* vs. France, Germany and Norway, Ents. v. 2.5.2007, No. 71412/01/No. 78166/01, § 153, wo der Gerichtshof zunächst die Vereinbarkeit *ratione personae* prüft und so dann sagt: „*In light of the above conclusion, the Court considers that it is not necessary to examine the remaining submissions of the parties on the admissibility of the application including on the competence ratione loci of the Court [...].*"; EGMR, *Chagos Islanders* vs. UK, Ents. v. 11.12.2012, No. 35622/04, §§ 60 ff. (insb. 67 ff.), darin prüft der EGMR als Aspekt der Vereinbarkeit der Beschwerde *ratione loci* die Frage der Jurisdiktion nach Art. 1 EMRK.

773 EGMR, *Loizidou* vs. Turkey, Urt. (Preliminary Objections) v. 23.3.1995, No. 15318/89.

774 „*In this respect the Court recalls that, although Article 1 sets limits on the reach of the Convention, the concept of ‚jurisdiction' under this provision is not restricted to the national territory of the High Contracting Parties.*", EGMR, *Loizidou* vs. Turkey (Preliminary Objections), Urt v. 23.3.1995, No. 15318/89, § 62.

775 „[...] *The Court's enquiry is limited to determining whether the matters complained of by the applicant are capable of falling within the ‚jurisdiction' of Turkey even though they occur outside her national territory.[...] It follows that such acts are capable of falling within Turkish ‚jurisdiction' within the meaning of Article 1 of the Convention.*", EGMR, *Loizidou* vs. Turkey (Preliminary Objections), Urt v. 23.3.1995, No. 15318/89, §§ 61, 64.

776 „*[...] In neither of those cases was the issue of jurisdiction raised by the respondent Government or addressed in the admissibility decisions [...]*", EGMR, *Banković a. o.* vs. Belgium & 16 other NATO-States, Ents. v. 12.12.2001, No. 52207/99, § 81.

777 EGMR, *Drozd und Janousek* vs. France and Spain, Urt. v. 26.6.1992, No. 12747/87.

durch ein andorranisches Gericht zu jeweils 14 Jahren Haft verurteilt. Sie machten eine Verletzung von Art. 6 EMRK durch Frankreich und Spanien geltend, weil spanische und französische Richter an der Entscheidung beteiligt waren. Die Beschwerdegegner und die Kommission argumentierten, dass die Konvention in Andorra *ratione loci* nicht anwendbar sei. Auch der Gerichtshof sah das Problem, dass zwar Spanien und Frankreich jeweils an die Konvention gebunden waren, Andorra aber weder dem einen noch dem anderen Staat zugehörig gewesen wäre.[778] Mangels Erstreckungserklärung nach Art. 56 EMRK (Art. 63 EMRK a. F.) stellte der EGMR die Unvereinbarkeit *ratione loci* fest.[779] Bei dieser Feststellung beließ es der Gerichtshof aber nicht: *„This finding does not dispense the Court from examining whether the applicants came under the ‚jurisdiction' of France or Spain within the meaning of Article 1 of the Convention because of their conviction by an Andorran court.“*[780] Er prüfte die Vereinbarkeit der Beschwerde *ratione personae* und stellte fest, dass die Richter aus Spanien und Frankreich zwar Teil des andorranischen Gerichts waren, aber dass diese ihre Tätigkeit nicht in ihrer Eigenschaft als spanische und französische Richter und somit keine Hoheitsgewalt ausgeübt hätten. Deshalb seien die Beschwerdeführer nicht unter die Jurisdiktion Frankreichs und Spaniens gelangt. Schließlich erklärte das Gericht die Beschwerde für unzulässig *ratione personae*.[781] Das Urteil bestätigt das oben gefundene Ergebnis bezüglich Art 56 EMRK. Eine Verneinung der Anwendbarkeit der Konvention wegen einer fehlenden Erstreckungserklärung lässt die Eröffnung des Anwendungsbereichs nach Art. 1 EMRK unberührt. Außerdem wird deutlich, dass der Gerichtshof das Jurisdiktionserfordernis nach Art. 1 EMRK – und damit den Anwendungsbereich der Konvention – gerade nicht als Aspekt der örtlichen Vereinbarkeit einer Beschwerde ansieht. Der EGMR prüfte in zwei Schritten zunächst die „jurisdiction ratione loci“ und anschließend die „jurisdiction ratione personae“. Er stellte ausdrücklich fest, dass *„[…] the objection of lack of jurisdiction ratione loci is well-founded. This finding does not dispense the Court from examining whether the applicants came under the ‚jurisdiction' of France or Spain within the meaning of Article 1 of the Convention […]“*.[782] Schließlich prüfte der EGMR sowohl Zurechnungsfragen als

778 EGMR, *Drozd und Janousek* vs. France and Spain, Urt. v. 26.6.1992, No. 12747/87, §§ 85 ff., 89 f.

779 EGMR, *Drozd und Janousek* vs. France and Spain, Urt. v. 26.6.1992, No. 12747/87, § 89.

780 EGMR, *Drozd und Janousek* vs. France and Spain, Urt. v. 26.6.1992, No. 12747/87. § 90.

781 EGMR, *Drozd und Janousek* vs. France and Spain, Urt. v. 26.6.1992, No. 12747/87, § 97.

782 EGMR, *Drozd und Janousek* vs. France and Spain, Urt. v. 26.6.1992, No. 12747/87, §§ 89 f.

auch das Jurisdiktionserfordernis des Art. 1 EMRK im Rahmen der „jursidiction ratione personae“ und erklärte die Beschwerde mangels Vorliegens eines französischen oder spanischen Hoheitsaktes für teilweise unzulässig. Wenn also der EGMR die Konvention in Fällen, die sich außerhalb des Territoriums des Staates ereignet haben, für nicht anwendbar erklärt, trifft er damit keine Aussage über die örtliche Anwendbarkeit der EMRK, sondern er sieht keine ausreichende Verbindung zwischen Opfer und Staat – das Opfer ist nicht unter die Jurisdiktion desselben gelangt.[783]

Nicht ganz deutlich wird aus der Judikatur des EGMR, ob dieser tatsächlich bereits in der Zulässigkeit (als Frage der Vereinbarkeit *ratione personae*) oder erst in der Begründetheit prüft, ob eine Person unter die Jurisdiktion des beklagten Staates gelangt ist. In den neueren Entscheidungen, beispielweise in *Al-Skeini*, hat der Gerichtshof die Frage in die Begründetheit geschoben.[784] Auch in der *Banković*-Entscheidung gehen die Ausführungen des Gerichts in diese Richtung: *„The Ilascu case, also referred to by the applicants and cited above, concerns allegations that Russian forces control part of the territory of Moldova, an issue to be decided definitively on the merits of that case.“*[785] Allerdings ist bemerkenswert, dass der Gerichtshof in eben diesem *Banković*-Urteil die Kontrolle der Staaten über das bombardierte Gebiet und damit die Ausübung von Jurisdiktion im Sinne von Art. 1 EMRK im Rahmen der Zulässigkeit prüfte. Dies zeigt eine gewisse Inkonsistenz in der Prüfung der Individualbeschwerde. Eine ähnliche Beobachtung ist beim Aspekt der Zurechnung erkennbar. Die Zurechenbarkeit einer Handlung nach den internationalen Regeln der Staatenverantwortlichkeit betrifft den Beschwerdegegner, stellt also ein persönliches Merkmal dar. Wenn der beklagte Staat für den in Frage stehenden Verletzungsakt nicht verantwortlich ist, weil ihm der Akt nicht zugerechnet werden kann, fehlt ihm die Passivlegitimation

---

783 So auch *Jankowska-Gilberg*, Extraterritorialität der Menschenrechte, S. 127. Keine Begrenzung des örtlichen Anwendungsbereichs in Art. 1 EMRK sieht auch *Schellenberg*, Das Verfahren, S. 30.

784 EGMR, *Al-Skeini a. o.* vs. UK, Urt. v. 7.7.2011, No. 55721/07, §§ 130 ff. Aber auch in EGMR, *Georgia* vs. Russia (II), Urt. v. 13.12.2011, No. 38263/08, § 63: *„The Court considers that the question as to the respondent Government's ‚jurisdiction' […] and that of their responsibility for the acts complained of are in principle to be determined at the merits stage of the proceedings.“*. Ganz deutlich auch in EGMR, *Al-Jedda* vs. UK, Urt. 7.7.2011, No. 27021/08, §§ 62 ff. Diese Entwicklung sehen auch *Peters/Altwicker*, in: *Leible/Terhechte*, Europäisches Rechtsschutz- und Verfahrensrecht, § 13 Rn. 5.

785 EGMR *Banković a. o.* vs. Belgium & 16 other NATO-States, Ents. v. 12.12.2001, No. 52207/99, § 81.

und der Gerichtshof erklärt die Beschwerde für mit der Konvention unvereinbar *ratione personae* (und damit für unzulässig gemäß Art. 35 Abs. 3 lit. a) EMRK).[786] So verfuhr der EGMR beispielsweise in *Drozd und Janousek*.[787] In *Loizidou* verschob er die Fragen der Zurechnung wiederum in die Begründetheitsprüfung („*Whether the matters complained of are imputable to Turkey and give rise to State responsibility are thus questions which fall to be determined by the Court at the merits phase.*")[788].[789] Es bleibt abzuwarten, ob der EGMR auch in Zukunft aufgrund der hohen Komplexität der Fragestellungen, die Prüfung der Jurisdiktion und der Zurechnung vermehrt in die Begründetheit verlagern wird.[790]

Auch wenn somit kein Zulässigkeitskriterium *ratione loci* im Sinne von Art. 35 Abs. 3 lit. a) EMRK existiert, das sich aus Art. 1 EMRK ableiten ließe, könnte die Voraussetzung dennoch zu prüfen sein – und zwar in Bezug auf Art. 56 EMRK. Auf den ersten Blick erklärt die Norm die Konvention auf dem Territorium eines anderen Staates für anwendbar.[791] Der EGMR lehnte in einigen Urteilen die Zulässigkeit von Beschwerden wegen einer Unvereinbarkeit *ratione loci* für Gebiete ab, für die der Konventionsstaat keine Erstreckungserklärung abgegeben hatte.[792] Genau genommen handelt es sich jedoch auch bei Art. 56 EMRK nicht um die Frage der örtlichen Anwendbarkeit – denn die Verantwortlichkeit des Vertragsstaates wird dadurch begründet, dass dieser das abhängige Gebiet

---

786 *Van Dijk/van Hoof*, Theory and Practice of the European Convention on Human Rights, S. 76.

787 EGMR, *Drozd und Janousek* vs. France and Spain, Urt. v. 26.6.1992, No. 12747/87. § 91.

788 EGMR, *Loizidou* vs. Turkey (Preliminary Objections), Urt v. 23.3.1995, No. 15318/89, § 64.

789 Und auch in EGMR, *Georgia* vs. Russia (II), Urt. v. 13.12.2011, No. 38263/08, § 63. Der Gerichtshof spricht dort von der fraglichen „Jurisdiktion" des Staates sowie von dessen „Verantwortlichkeit" für die gerügten Handlungen. Die Prüfung beider Aspekte wurde in die Begründetheitsprüfung verschoben. Hier ist davon auszugehen, dass der EGMR mit dem Begriff der Verantwortlichkeit primär die Zurechnung des schädigenden Aktes meint.

790 *Peters* sieht die Jurisdiktion aufgrund des systematischen Standorts der Norm bei den materiellen Garantien nicht als Zulässigkeitsaspekt. Die Überlastung des EGMR sei der Grund dafür, weshalb dieser die meisten (Jurisdiktions-) Entscheidungen auf Zulässigkeitsebene fällen würde, vgl. *Peters*, Die Anwendbarkeit der EMRK in Zeiten komplexer Hoheitsgewalt, AdVR 48 (2010), S. 1–57 (45).

791 Siehe zu Art. 56 EMRK Kapitel C.I.

792 EGMR, *Yonghong* vs. Portugal, Ents. v. 25.11.1999, No. 50887/99; EGMR, *Drozd und Janousek* vs. France and Spain, Urt. v. 26.6.1992, No. 12747/87; EKMR, *Bui van Thanh a. o.* vs. UK, Ents. v. 12.3.1990, No. 16137/90.

so stark kontrolliert, dass eine Erstreckung der staatlichen Verantwortlichkeit angemessen ist. Einige Stimmen in der Literatur sehen deshalb Zurechnungsfragen im Mittelpunkt.[793] Wenn die Selbstverwaltungsbehörden handeln, kann das Verhalten dem Vertragsstaat nur zugerechnet werden – und damit ist die Konvention auch nur dann anwendbar –, wenn dieser eine Erklärung nach Art. 56 EMRK abgegeben hat. Damit regelt aber auch Art. 56 EMRK nicht den örtlichen Anwendungsbereich der EMRK, sondern die sachliche Verantwortlichkeit des Staates unter der Konvention.[794] Die Vereinbarkeit der Konvention *ratione loci* stellt somit der Sache nach kein eigenständiges Zulässigkeitskriterium dar.[795]

---

793 In diese Richtung argumentiert auch *Thallinger*, Grundrechte und extraterritoriale Hoheitsakte, S. 109 f.; und auch *van Dijk/van Hoof*, Theory and Practice of the European Convention on Human Rights, S. 76, die aber dennoch Art. 56 (Art. 63 a. F.) EMRK bei der Frage der territorialen Reichweite der Konvention ansprechen, S. 7 ff.

794 *Schellenberg*, Das Verfahren, S. 32; *Erberich*, Auslandseinsätze der Bundeswehr und Europäische Menschenrechtskonvention, S. 26; *Grabenwarter/Pabel*, Europäische Menschenrechtskonvention, § 13 Rn. 56. A. A.: *Jankowska-Gilberg*, Extraterritorialität der Menschenrechte, S. 127; *Von Arnauld*, Völkerrecht, § 9 Rn. 637; *Kadelbach*, in: *Dörr/Grote/Marauhn*, EMRK/GG, Band II, Kap. 30 Rn. 46.

795 So auch *Schellenberg*, Das Verfahren, S. 32; *Thallinger*, Grundrechte und extraterritoriale Hoheitsakte, S. 110; *Grabenwarter/Pabel*, Europäische Menschenrechtskonvention, § 13 Rn. 56, der in der Gerichtspraxis Fälle der Unvereinbarkeit *ratione loci* bezogen auf Art. 56 EMRK annimmt, diese Fälle selbst aber als solche einordnen würde, die unvereinbar *ratione personae* sind; *Meyer-Ladewig/Peters*, in: *Meyer-Ladewig/Nettesheim/Raumer*, EMRK, Art. 35 Rn. 40, sehen das Kriterium der Unvereinbarkeit *ratione loci* auch nur auf Art. 56 EMRK bezogen. Die territoriale Anwendbarkeit der Konvention wird nach ihnen nur bei der Frage der Zuständigkeit des Gerichts *ratione personae* relevant; *Jankowska-Gilberg*, Extraterritorialität der Menschenrechte, S. 127 f., die aber fälschlicherweise zur Begründung auf das Urteil *Drozd und Janousek* abstellt und argumentiert, dass das Gericht nicht zunächst die Vereinbarkeit der Beschwerde *ratione loci* und dann die *ratione personae* geprüft hätte, wenn die Beschwerde bereits aus ersterem Grund unvereinbar gewesen wäre. Dabei übersieht sie jedoch, dass die Beschwerdeführer und -gegner beide Aspekte vorgetragen haben und der Gerichtshof deshalb auf beide Punkte eingeht. Ein Rückschluss kann daraus nicht gezogen werden. A. A.: *Kadelbach*, in: *Dörr/Grote/Marauhn*, EMRK/GG, Band II, Kap. 30 Rn. 44 f.; *Peukert* in: *Frowein/Peukert*, Europäische Menschenrechtskonvention, S. 517, der zwar eine Unvereinbarkeit *ratione loci* prüft, aber nur in Bezug auf die „seltenen Fäll[e]“, die der Sache nach unter Art. 56 Abs. 1 EMRK fallen würden, für die der Staat aber keine Erklärung abgegeben hat; *Raumer*, Zulässigkeit einer Individualbeschwerde, AnwBl 5 (2009), S. 324–325 (325).

b) Prüfung der Vereinbarkeit einer Beschwerde mit der EMRK

Aus den obigen Ausführungen wird deutlich, dass der EGMR keinen einheitlichen Aufbau für die Prüfung der Vereinbarkeit einer Beschwerde im Sinne von Art. 35 Abs. 3 lit. a) EMRK verwendet. Trotzdem soll versucht werden, die verschiedenen Aspekte zu systematisieren.

Die Individualbeschwerde ist in Art. 34 EMRK kodifiziert, wobei Art. 35 EMRK die einzelnen Zulässigkeitsvoraussetzungen festlegt. Für die Frage der Vereinbarkeit einer Beschwerde mit der Konvention und ihren Zusatzprotokollen stellt Art. 35 Abs. 3 lit. a) Var. 1 EMRK die maßgeblichen Voraussetzungen auf. Eine Beschwerde kann demnach aus drei beziehungsweise aus vier Gründen, wenn man dem Gerichtshof folgt und Art. 56 EMRK als Aspekt der *ratione loci* ansieht, mit der Konvention unvereinbar und damit unzulässig sein: Die Unvereinbarkeit *ratione personae, ratione temporis, ratione materiae* und eben gegebenenfalls *ratione loci.*[796] Wenn der EGMR die Vereinbarkeit *ratione personae* prüft, dann ist entscheidend, ob der Beschwerdeführer aktiv legitimiert und der Beschwerdegegner passiv legitimiert ist. Nur dann kann er über die Beschwerde entscheiden und ist insofern zuständig.[797] In Bezug auf den Beschwerdegegner erfordert die Passivlegitimation dreierlei: (1) Der Staat muss Vertragspartner der Konvention beziehungsweise des jeweiligen Zusatzprotokolls sein. (2) Die Beschwerde muss gegen einen Konventionsstaat gerichtet sein. (3) Die gerügte Handlung muss dem Staat zurechenbar sein.[798] Die Zurechnung richtet sich nach den allgemeinen Regeln der Staatenverantwortlichkeit, die im ILC-Entwurf zusammengefasst wurden.[799] Auf Seiten des Beschwerdeführers ist für die Vereinbarkeit der Beschwerde *ratione personae* entscheidend, dass er (1) partei- und prozessfähig ist und dass er (2) plausibel behauptet, Opfer einer Konventionsrechtsverletzung im Sinne von Art. 34 EMRK zu sein.[800]

---

796 So auch bspw. *Grabenwarter/Pabel*, Europäische Menschenrechtskonvention, § 13 Rn. 53.

797 Siehe allgemein zum Verhältnis von gerichtlicher Zuständigkeit, Vereinbarkeit und Zulässigkeit der Beschwerde schon *Chrysostomides*, „Competence“ and „Incompatibility“ in the Jurisprudence of the European Commission on Human Rights, ZaöRV 33 (1973), S. 449–488; *Grabenwarter/Pabel*, Europäische Menschenrechtskonvention, § 13 Rn. 53.

798 EGMR, *Preussische Treuhand GmbH & Co. KG* vs. Poland, Ents. v. 7.10.2008, No. 47550/06, §§ 49 ff. (insb. § 50); EKMR, *Manners a. o.* vs. UK, Ents. v. 21.5.1998, No. 37650/97, § 1.

799 Siehe dazu Kapitel B.II.1.

800 *Grabenwarter/Pabel*, Europäische Menschenrechtskonvention, § 13 Rn. 16.

Zusätzlich ist es nach der hier vertretenen Auffassung erforderlich, dass (3) der Beschwerdeführer zum Zeitpunkt der potenziellen Konventionsrechtsverletzung der Jurisdiktion des beklagten Staates im Sinne von Art. 1 EMRK unterstellt war.[801] Einige Stimmen in der Literatur sehen das Jurisdiktionserfordernis nach Art. 1 EMRK als Aspekt der Vereinbarkeit *ratione loci*.[802] Demnach würden Art. 1 EMRK und Art. 56 EMRK den räumlichen Anwendungsbereich der Konvention und damit auch die örtliche Zuständigkeit des EGMR bestimmen.[803] Nach der hier vertretenen Ansicht ist Art. 1 EMRK ein persönliches Merkmal. Zwischen dem Beschwerdeführer und dem beklagten Staat muss eine derartige persönliche – und gerade nicht ausschließlich örtliche – Verbindung bestehen, damit das Opfer unter die Jurisdiktion desselben gelangt ist.[804] Der EGMR nennt Art. 1 EMRK ein „*threshold criterion*"[805], also ein Schwellenkriterium, das vorliegen muss, damit ein Staat für Handlungen verantwortlich gemacht werden kann, die ein Konventionsrecht des Beschwerdeführers verletzen.[806]

Wie bereits gezeigt, verlagert der EGMR die Prüfung von Art. 1 EMRK sowie teilweise die Ausführungen zur Zurechnung vermehrt in die Begründetheit. Für diese Systematisierung kann festgehalten werden, dass sowohl die Jurisdiktion als auch die Zurechnung Aspekte der Vereinbarkeit der Beschwerde *ratione*

801 So nur einige Wenige, bspw. *Peukert*, in: *Frowein/Peukert*, Europäische Menschenrechtskonvention, S. 517; *Jankowska-Gilberg*, Extraterritorialität der Menschenrechte, S. 128; *dies.*, Das Al-Skeini-Urteil des Europäischen Gerichtshofs für Menschenrechte, AdV 50 (2012), S. 61–74 (62); *Thallinger*, Grundrechte und extraterritoriale Hoheitsakte, S. 110; *Schellenberg*, Das Verfahren, S. 30 ff.; EGMR, *Behrami und Behrami* vs. France/*Saramati* vs. France, Germany and Norway, Ents. v. 2.5.2007, No. 71412/01/ No. 78166/01, § 68 f., § 145.

802 *Raumer*, Zulässigkeit einer Individualbeschwerde, AnwBl 5 (2009), S. 324–325 (325); *Peters/Altwicker*, in: *Leible/Terhechte*, Europäisches Rechtsschutz- und Verfahrensrecht, § 13 Rn. 5; *Von Arnauld*, Völkerrecht, § 9 Rn. 637 ff. (der aber auch sagt, dass Art. 1 EMRK seinem Wortlaut nach keine Beschränkung enthält); *Breuer*, Völkerrechtliche Implikationen des Falles Öcalan, EuGRZ 30 (2003), S. 449–454 (449 f.).

803 *Koenen*, Wirtschaft und Menschenrechte, S. 83 f.; *Papp*, Extraterritoriale Schutzpflichten, S. 62 f.

804 In diese Richtung auch EGMR, *Behrami und Behrami* vs. France/*Saramati* vs. France, Germany and Norway, Ents. v. 2.5.2007, No. 71412/01/No. 78166/01, § 68.

805 EGMR, *Al-Skeini a. o.* vs. UK, Urt. 7.7.2011, No. 55721/07, § 130.

806 EGMR, *Al-Skeini a. o.* vs. UK, Urt. 7.7.2011, No. 55721/07, § 130, „*The exercise of jurisdiction is a necessary condition for a Contracting State to be able to be held responsible for acts or omissions imputable to it which give rise to an allegation of the infringement of rights and freedoms set forth in the Convention.*".

personae sind. Gegebenenfalls können die besonderen Umstände des Falles eine Verlagerung der Prüfungspunkte in die Begründetheit erfordern, insbesondere wenn sie mit dem materiellen Begehren untrennbar verbunden sind. Keinesfalls sind die beiden Voraussetzungen, nach der hier vertretenen Ansicht, aber Aspekte der Vereinbarkeit *ratione loci.*

Im Rahmen der Zulässigkeitsvoraussetzung der Unvereinbarkeit *ratione loci* prüft der EGMR in einigen Fällen die Verantwortlichkeit eines Vertragsstaates für dessen abhängige Gebiete, für die der Staat gegebenenfalls eine Erstreckungserklärung nach Art. 56 EMRK abgegeben hat.[807] Die Unvereinbarkeit *ratione temporis* wird vor allem dann relevant, wenn der EGMR in Bezug auf Hoheitsakte angerufen wird, die vor Inkrafttreten der Konvention oder der Zusatzprotokolle vorgenommen wurden.[808] Und schließlich überprüft der Gerichtshof die Vereinbarkeit der Beschwerde *ratione materiae*, also die Gewährleistung des geltend gemachten Rechts im Einzelfall durch die Konvention.[809] Der Beschwerdeführer kann sich nur auf Rechte berufen, die in der Konvention oder in den Zusatzprotokollen garantiert werden.[810]

2. Ansätze für die Bestimmung von Jurisdiktion im Sinne von Art. 1 EMRK

Die Bestimmung des Jurisdiktionsbegriffs in Art. 1 EMRK und damit die Frage nach dem Anwendungsbereich der Konvention ist Gegenstand unzähliger Abhandlungen im rechtswissenschaftlichen Schrifttum. Schon viele Versuche wurden unternommen, ein Jurisdiktionskonzept zu entwickeln, das mit der Rechtsprechung des EGMR harmoniert und sich einem Anspruch auf Allgemeingültigkeit nähern könnte. Das Diskussionsfeld ist aber zu umstritten, als dass eine klare Linie erkennbar wäre. Trotzdem soll im Folgenden der Versuch unternommen werden, die bereits existierenden Ansätze kritisch zu hinterfragen.

a) Bestimmung anhand der allgemeinen Regeln des Völkerrechts

Der Begriff der Jurisdiktion als Tatbestandsmerkmal eines menschenrechtlichen Vertrages muss vom Jurisdiktionsverständnis im allgemeinen Völkerrecht

---

807 Zur Frage, ob ein Zulässigkeitskriterium *ratione loci* existiert, siehe Kapitel C.II.1.a.

808 *Peukert*: in: *Frowein/Peukert*, Europäische Menschenrechtskonvention, S. 517; *Raumer*, Zulässigkeit einer Individualbeschwerde, AnwBl 5 (2009), S. 324–325 (325).

809 *Grabenwarter/Pabel*, Europäische Menschenrechtskonvention, § 13 Rn. 58.

810 *Grabenwarter/Pabel*, Europäische Menschenrechtskonvention, § 13 Rn. 58 m.w.N.

getrennt werden.[811] Wo Jurisdiktion auf der einen Seite den Anwendungsbereich menschenrechtlicher Pflichten begründet, ist der Begriff auf der anderen Seite als Kompetenz- oder Befugnisnorm zu verstehen.[812] Der Jurisdiktionsbegriff im allgemeinen Völkerrecht bildet dennoch den Ausgangspunkt aller Überlegungen zum Verständnis des Begriffs in Art. 1 EMRK.

Im allgemeinen Völkerrecht bestehen zwei Möglichkeiten, sich der Bedeutung von Jurisdiktion grundsätzlich anzunähern. Zum einen könnten die Staaten ihre Hoheitsgewalt nach eigenem Belieben ausüben, sofern keine Verbotsnorm eine Ausübung untersagt. Zum anderen könnte den Staaten eine Hoheitsgewaltausübung auch grundsätzlich außerhalb des eigenen Territoriums untersagt sein, so lange keine Erlaubnisnorm die Jurisdiktionsausübung für zulässig erklärt.[813] Der zuerst beschriebene permissive Ansatz ist bekannt geworden durch die *Lotus*-Entscheidung des Permanent Court of International Justice (PCIJ)[814], wird aber in seiner letzten Konsequenz nicht mehr ohne Einschränkungen angenommen.[815] Vielmehr will die Mehrheit der Staaten einen Mittelweg beschreiten.[816] Auch wenn manche Stimmen in der Staatenpraxis kein Fundament für die Ansicht sehen, dass präskriptive und adjudikative Jurisdiktion außerhalb des eigenen Territoriums erlaubt ist, so lange es keine ausdrückliche Verbotsnorm gibt,[817] wird der prohibitive Ansatz mehrheitlich abgelehnt. Es sei kein völkerrechtliches Prinzip erkennbar, welches ein solches grundsätzliches Verbot

---

811 *Papp*, Extraterritoriale Schutzpflichten, S. 230.

812 *Papp*, Extraterritoriale Schutzpflichten, S. 230.

813 *Ryngaert*, Jurisdiction in International Law, S. 21.

814 PCIJ, Case of the S.S. „Lotus", Series A. No. 10, 7.9.1927, S. 19.

815 Befürworter des Lotus-Ansatzes sind bspw. *Rudolf*, Territoriale Grenzen der staatlichen Rechtsetzung, in: BDGV 11 (1973), S. 7–45 (17 ff.); *Weber*, Die rechtliche und politische Dimension von extraterritorialen Staatenpflichten, S. 22; andeutend *Engel*, Die Bedeutung des Völkerrechts, RabelsZ 52 (1988), S. 271–302 (279, 281); wohl auch *Papp*, Extraterritoriale Schutzpflichten, S. 236 f.; kritisch gegenüber einem permessiven Ansatz vgl. *Mosler*, Völkerrecht als Rechtsordnung, ZaöRV 36 (1976), S. 6–49 (40 f.); *Volz*, Extraterritoriale Terrorismusbekämpfung, S. 50 m.w.N.; *Thallinger*, Grundrechte und extraterritoriale Hoheitsakte, S. 15; einen vermittelnden Weg will *Meng* gehen, wenn er sagt: *„Man kann hier per se kein Handlungsverbot ohne ausdrückliche Ermächtigung durch das Völkerrecht annehmen. Man kann aber auch angesichts der Konfliktträchtigkeit solcher konkurrierender Handlungsbereiche nicht eine grundsätzliche Abstinenz des Völkerrechts annehmen."*, vgl. *Meng*, Extraterritoriale Jurisdiktion im öffentlichen Wirtschaftsrecht, S. 484 ff. (insb. 489) m.w.N.

816 *Ryngaert*, Jurisdiction in International Law, S. 21.

817 *Kamminga*, Extraterritoriality, in: *Wolfrum*, MPEPIL, Rn. 9.

beinhalten würde.[818] Im Umkehrschluss könne der permissive Ansatz jedoch auch nicht uneingeschränkt gelten, weil dies ansonsten dem Zweck des Völkerrechts, hoheitliche Wirkungsbereiche durch Regelungen zu begrenzen und infolgedessen Konflikte zu vermeiden, zuwiderlaufen würde.[819] Folglich würde das Erfordernis einer Erlaubnisnorm aufgeweicht und so sei es ausreichend, wenn die Staaten ein legitimes Interesse an der Hoheitsgewaltausübung aufgrund persönlicher oder territorialer Gründe darlegen könnten.[820]

Es ist konsequent, dass der Ausganspunkt der Jurisdiktionsbestimmung das Territorium ist. Nach dem Prinzip der territorialen Souveränität ist gerade das eigene Staatsgebiet der Raum, in dem Staaten Hoheitsgewalt ausüben und in dem sie die Befugnis dazu haben.[821] Das Staatsgebiet dient im Völkerrecht der Kompetenzabgrenzung.[822] Für das jeweils eigene Staatsgebiet der Mitgliedstaaten besteht somit eine Vermutung der (eigenen) Jurisdiktionsausübung.[823] Extraterritoriale Hoheitsgewalt stellt eine Ausnahme dar, die einer Begründung bedarf.[824] Bei 194 Staaten auf der Welt[825] ist es offensichtlich, dass es Regeln geben muss, die bestimmen, wann die Jurisdiktion des einen Staates endet und die eines anderen beginnt. Die Souveränitätsrechte sollen garantiert werden, damit jeder Staat im Rahmen seiner Hoheitsgewalt handeln kann, ohne die Einmischung eines anderen Staates befürchten zu müssen.[826]

Hoheitsgewalt setzt sich im Sinne des allgemeinen Völkerrechts aus der Kompetenz im Rahmen der jeweiligen Zuständigkeit verbindliche Regelungen zu erlassen (*jurisdiction to prescribe*)[827], der Macht zwangsweise die Befolgung von

---

818 *Bleckmann*, Grundprobleme und Methoden des Völkerrechts, S. 232 m.w.N.; *Papp*, Extraterritoriale Schutzpflichten, S. 237.

819 *Ryngaert*, Jurisdiction in International Law, S. 21.

820 *Ryngaert*, Jurisdiction in International Law, S. 22.

821 *Kälin/Künzli*, Universeller Menschenrechtsschutz, S. 139 Rn. 357.

822 *Dahm/Delbrück/Wolfrum*, Völkerrecht, Band I/1, § 47 Ziff. I.1.

823 *Johann* in: *Karpenstein/Mayer*, EMRK, Art. 1 Rn. 19.

824 *Ryngaert*, Jurisdiction in International Law, S. 29; *Krieger*, Die Verantwortlichkeit Deutschlands nach der EMRK, ZaöRV 62 (2002), S. 669–702 (671); EGMR, *Banković a. o.* vs. Belgium & 16 other NATO-States, Ents. v. 12.12.2001, No. 52207/99, §§ 59, 61.

825 Außer Acht gelassen werden in der Arbeit die sogenannten staatsfreien Räume (Hohe See, Antarktis, Weltraum) sowie von der internationalen Gemeinschaft nicht anerkannte bzw. rechtliche umstrittene Staatsgebiete.

826 *Oxman*, Jurisdiction of States, in: *Wolfrum*, MPEPIL, Rn. 9; *Krieger*, Die Verantwortlichkeit Deutschlands nach der EMRK, ZaöRV 62 (2002), S. 669–702 (671); PCIJ, *Lotus*, PCIJ, Series A., No. 10, 1927, S. 18 f.; *Herdegen*, Völkerrecht, § 28 Rn. 8.

827 Im Deutschen oft mit „legislativer Hoheitsgewalt" übersetzt.

Normen und Regeln sicherzustellen (*jurisdiction to enforce*)[828] und der Gewalt über rechtliche Streitigkeiten bindende (Einzelfall-) Entscheidungen treffen und Gesetze für alle verbindlich interpretieren zu können (*jurisdiction to adjudicate*)[829] zusammen.[830] Kurz gefasst kann unter Hoheitsgewalt das Recht eines Staates verstanden werden, Regeln zu erlassen und sie durchzusetzen.[831] Dabei handelt der Staat mit *„letztverbindlicher Bestimmungsmacht und Durchsetzungskraft"*[832]. Die Befugnis Hoheitsgewalt auszuüben, kann hinsichtlich legislativer, exekutiver und adjudikativer Jurisdiktion unterschiedlich weit reichen.[833] Ein Staat kann berechtigt sein, präskriptiv tätig zu werden, obwohl es ihm (völkerrechtlich) nicht gestattet ist, diese Regeln auch zu vollziehen.[834] Wann ein Staat seine Hoheitsrechte in rechtmäßiger Weise ausüben kann, bestimmt das Völkerrecht. Jurisdiktion als völkerrechtliches Konzept beantwortet die Frage nach dem rechtlichen „Dürfen",[835] also ob ein Verhalten völkerrechtlich rechtmäßig ist.[836] So ist ein Staat völkerrechtlich berechtigt, anknüpfend an das aktive Personalitätsprinzip (also an die Staatsangehörigkeit), seine eigenen Staatsbürger aufgrund nationaler strafrechtlicher Normen zur Verantwortung zu ziehen, auch wenn sich diese auf fremdem Territorium aufhalten.[837] Die Durchsetzung dieser Regeln mit Vollstreckungsmaßnahmen, beispielsweise in Gestalt der Festnahme einer Person oder einer Hausdurchsuchung, oder der Vollzug eines Gerichtsurteils ist ihm hingegen ohne ausdrückliches Einverständnis des Drittstaates

---

828 Im Deutschen oft mit „exekutiver Hoheitsgewalt" übersetzt.

829 Im Deutschen am ehesten „adjudikative Hoheitsgewalt".

830 *Cassese*, International Law, S. 49 ff.

831 *Oxman*, Jurisdiction of States, in: *Wolfrum*, MPEPIL, Rn. 1; *Kirchhof*, Mittel staatlichen Handelns, in: *Isensee/Kirchhof*, HStR Band V, § 99 Rn. 81.

832 *Kirchhof*, Mittel staatlichen Handelns, in: *Isensee/Kirchhof*, HStR Band V, § 99 Rn. 83; so auch schon *Jellinek*, Allgemeine Staatslehre, S. 429: *„Herrschen heißt unbedingt befehlen und Erfüllungszwang üben können."*.

833 *Jankowska-Gilberg*, Extraterritorialität der Menschenrechte, S. 28. Auf diesen Unterschied weist auch *Kamminga* in Bezug auf die *Lotus*-Entscheidung hin vgl. *Kamminga*, Extraterritoriality, in: *Wolfrum*, MPEPIL, Rn. 8 f.

834 Dazu im Ganzen *Mann*, The Doctrine of Jurisdiction in International Law, RdC 111 I (1964), S. 1–162 (13 f.).

835 *Mann*, The Doctrine of Jurisdiction in International Law, RdC 111 I (1964), S. 1–162 (9).

836 *Orakhelashivili*, Restrictive Interpretation of Human Rights Treaties, EJIL 2003, S. 529–568 (539).

837 *Doehring*, Völkerrecht, § 16 Rn. 816.

untersagt.[838] Insbesondere die Kompetenz zur Rechtsdurchsetzung ist am stärksten an das Territorialitätsprinzip geknüpft.[839] Keiner besonderen Erläuterung bedarf die Feststellung, dass Jurisdiktionskonflikte immer dann entstehen, wenn der Sachverhalt nicht lediglich inländische Interessen betrifft, sondern ein extraterritoriales Moment hinzu tritt. Und hierin zeigt sich auch die Funktion von völkerrechtlicher Jurisdiktion: staatliche Zuständigkeitsräume sollen voneinander abgegrenzt werden.[840]

Auf seinem eigenen Hoheitsgebiet hat jeder Staat die umfänglichste Befugnis, Jurisdiktion auszuüben, und zwar in Bezug auf alle drei Dimensionen. Diese Feststellung kann aber nicht in der Weise verstanden werden, dass der Territorialstaat innerhalb seiner Grenzen die Hoheitsgewalt in Bezug auf alle Sachverhalte hat. Ein Beispiel verdeutlicht diesen Gedanken anschaulich: Wenn ein fremder Staatsangehöriger in Deutschland Urlaub machen möchte, dann begibt er sich selbst unter die deutsche Hoheitsgewalt. Er muss sich an die Straßenverkehrsordnung halten und braucht gegebenenfalls vor der Einreise ein Visum. Die deutschen Behörden könnten ihm ein Bußgeld auferlegen, wenn er zu schnell fährt oder ihm ohne gültiges Visum die Einreise verweigern. Das Finanzamt allerdings könnte ihm gegenüber keine Einkommensteuer erheben, da gemäß § 1 EStG nur Personen mit Wohnsitz oder gewöhnlichem Aufenthalt im Inland einkommensteuerpflichtig sind. Und auch die Frage der Schulpflicht eines eventuell mitreisenden Kindes ist trotz Territorialhoheit nicht Angelegenheit des deutschen Staates.[841] Erforderlich ist also noch ein zusätzliches „Nähemoment" zwischen Staat und Sachverhalt; oder ein sogenannter „genuine link".[842] Damit

---

838 *Ryngaert*, Jurisdiction in International Law, S. 23; PCIJ, Case of the S.S. „Lotus", Series A. No. 10, 7.9.1927, S. 18 f.

839 *Doehring*, Völkerrecht, § 16 Rn. 810.

840 *Von Arnauld*, Das (Menschen-)Recht im Auslandseinsatz, in: *Weingärtner*, Streitkräfte und Menschenrechte, S. 61–90 (66); *Orakhelashvili*, Restrictive Interpretation of Human Rights Treaties, EJIL 14 (2003), S. 529–568 (539); anders *Rudolf*, Territoriale Grenzen der staatlichen Rechtsetzung, in: BDGV 11 (1973), S. 7–45 (17), der weder das Territorialitätsprinzip noch die anderen Jurisdiktionsprinzipien als völkerrechtliche Zuständigkeitsregeln ansieht, sondern von einer völkerrechtlichen Begrenzung des Geltungsbereichs eines Rechtssatzes spricht.

841 Gedanke des Beispiels angelehnt an *Mann*, The Doctrine of Jurisdiction in International Law, RdC 111 I (1964), S. 1–162 (50).

842 *Bleckmann*, The Personal Jurisdiction, C.M.L.Rev. 17 (1980), S. 467–485 (470); so auch *Schmalenbach*, Multinationale Unternehmen und Menschenrechte, AdVR 39 (2001), S. 57–81 (73); *Ryngaert* spricht in diesem Zusammenhang von einer *„genuine connection"*, *Ryngaert*, Jurisdiction in International Law, S. 35.

wird auch deutlich, dass die Jurisdiktion der Staaten in Bezug auf manche Sachverhalte vielmehr konkurrierend als exklusiv verstanden werden kann.[843] Weil es durch die Ausübung von Hoheitsgewalt durch unterschiedliche Staaten zu Jurisdiktionskonflikten kommen kann, ist es notwendig, die Hoheitsrechtsausübung eines Staates durch einen hinreichenden Anknüpfungspunkt zwischen ihm und dem Sachverhalt zu legitimieren.[844] Bei (rein) inländischen Sachverhalten wird die Jurisdiktion, wie dargestellt, durch das Territorialitätsprinzip begründet.[845] Daneben existieren das aktive und passive Personalitätsprinzip, das Schutzprinzip, das Wirkungsprinzip, das Flaggenprinzip, das diplomatische und konsularische Schutzprinzip sowie das Universalitätsprinzip.[846]

Während das *aktive Personalitätsprinzip* einen Staat völkerrechtlich berechtigt, eigene Staatsangehörige auf fremdem Territorium zu bestrafen, ermächtigt das *passive Personalitätsprinzip* einen Staat dazu, einen fremden Staatsangehörigen zu bestrafen, wenn dieser eine Straftat gegenüber einem eigenen Staatsangehörigen verübt hat.[847]

Das subsidiär anzuwendende *Schutzprinzip* ermöglicht Staaten wiederum, nationale Schutzgüter von überragender Wichtigkeit durch Gesetze zu schützen, die gefährdendes Verhalten außerhalb des eigenen Territoriums erfassen.[848] Das

---

843 So in Bezug auf die legislative Jurisdiktion *Mann*, The Doctrine of Jurisdiction in International Law, RdC 111 I (1964), S. 1–162 (10); *Dahm/Delbrück/Wolfrum*, Völkerrecht, Band I/1, § 47 Ziff. III.2.a).

844 In der Literatur finden sich verschiedene Formulierungen für den hier gemeinten Anknüpfungspunkt: *Dahm/Delbrück/Wolfrum*, Völkerrecht, Band I/1, § 47 Ziff. III.3.a) verlangen einen *„sinnvollen Anknüpfungspunkt“*; *Mann*, The Doctrine of Jurisdiction in International Law, RdC 111 I (1964), S. 1–162 (49 ff.) bejaht die Jurisdiktion *„[...] if its contact with a given set of facts is so close, so substantial, so direct, so weighty [...]“*; *Verdross/Simma*, Universelles Völkerrecht, § 1183 sprechen auch von einer *„sinnvolle[n] Anknüpfung“*, aber auch von einem *„genuine link“*, einer *„sufficient connection“* und von *„reasonable relations“*.

845 Dazu *Meng*, Extraterritoriale Jurisdiktion, S. 500 ff.

846 EGMR *Banković a. o.* vs. Belgium & 16 other NATO-States, Ents. v. 12.12.2001, No. 52207/99, § 59. Einige sehen das Universalitäts- oder auch Weltrechtsprinzip als Ausnahme zu dem Grundsatz des Verbots zum Handeln ohne Anknüpfungspunkt, bspw. *Weilert*, Transnationale Unternehmen im rechtsfreien Raum, ZaöRV 69 (2009), S. 883–917 (891 f.) Fn. 38; siehe zu den verschiedenen Prinzipien *Kamminga*, Extraterritoriality, in: *Wolfrum*, MPEPIL, Rn. 11 ff.

847 *Doehring*, Völkerrecht, § 16 Rn. 816 f.

848 *Doehring*, Völkerrecht, § 23 Rn. 1158; *Herdegen*, Völkerrecht, § 26 Rn. 12; *Ohler*, Die Kollisionsordnung des Allgemeinen Verwaltungsrechts, S. 330 ff.

Wirkungsprinzip knüpft an das Schutzprinzip an und erlaubt Staaten, Hoheitsakte fremder Staaten oder Handlungen von Privaten zu untersagen, die sich negativ im eigenen Territorium auswirken und beispielsweise gegen die eigene Rechtsordnung verstoßen oder die heimische Wirtschaft schädigen würden.[849]

Das *Flaggenprinzip* durchbricht das Territorialitätsprinzip insoweit, als die Staaten ihre Jurisdiktion auf Schiffe erstrecken, die weltweit unter ihrer nationalen Flagge fahren.[850]

Der *Grundsatz des diplomatischen Schutzes* berechtigt den Heimatstaat einen im Ausland geschädigten eigenen Staatsangehörigen durch Maßnahmen zu schützen, wenn dieser durch staatliche Organe des Aufenthaltsstaates unter Verstoß gegen völkerrechtliche Grundsätze in seinen Rechten verletzt wurde.[851] Das *konsularische Schutzprinzip* wird als diplomatischer Schutz im weiteren Sinne verstanden und dient vor allem der Durchsetzung von Interessen eines Individuums innerhalb eines fremden Staates, während der diplomatische Schutz im engeren Sinne oftmals eine zwischenstaatliche Auseinandersetzung bedeutet.[852]

Auf Grundlage des *Universalitätsprinzips* können bestimmte völkerrechtliche Verbrechen universell verfolgt werden, auch wenn an den Sachverhalt weder durch das Territorium als Tatort, noch durch die Staatsangehörigkeit des Opfers oder des Täters angeknüpft wird.[853] Dabei handelt es sich um Straftaten, deren Verfolgung im Interesse der gesamten Staatengemeinschaft liegt.[854]

Aufgrund der unterschiedlichen Anknüpfungspunkte kann es aber – wie in extraterritorialen Sachverhalten regelmäßig der Fall – zu Jurisdiktionskonflikten kommen, sodass völkerrechtliche Grenzen (wie das Souveränitätsprinzip) sowie Kollisionsregeln zur Anwendung gelangen müssen. Konflikte aufgrund konkurrierender Jurisdiktionsansprüche können sich in unterschiedlicher Weise manifestieren.[855] Die für diese Arbeit relevanten Jurisdiktionskonflikte können sich dabei auf *konkurrierende Regelungsansprüche* bezüglich eines bestimmten

---

849 *Doehring*, Völkerrecht, § 16 Rn. 823.

850 *Ambos*, Internationales Strafrecht, § 3 Rn. 26 ff.; *Herdegen*, Völkerrecht, § 25 Rn. 10, die Staatszugehörigkeit von beflaggten Schiffen regelt Art. 91 des Seerechtsübereinkommens der Vereinten Nationen (SRÜ).

851 *Doehring*, Völkerrecht, § 18 Rn. 868.

852 *Kleinlein/Rabenschlag*, Auslandsschutz und Staatsangehörigkeit, ZaöRV 67 (2007), S. 1277–1337 (1282).

853 *Doehring*, Völkerrecht, § 16 Rn. 819; *Von Arnauld*, Völkerrecht, § 4 Rn. 347.

854 *Doehring*, Völkerrecht, § 16 Rn. 819.

855 Vgl. dazu insgesamt *Sauer*, Jurisdiktionskonflikte in Mehrebenensystemen, der sich auch mit weiteren Jurisdiktionskonflikten eingehend auseinandersetzt.

Sachverhalts beziehen, wenn mindestens zwei Rechtsordnungen die *jurisdiction to prescribe* aufgrund eines Anknüpfungspunktes beanspruchen.[856] Dem Regelungskonflikt kann aber auch der nachgelagerte *Rechtdurchsetzungskonflikt* folgen (*jurisdiction to enforce*): Die Staaten wollen ihre aufgestellten Regeln auch tatsächlich auf den Sachverhalt anwenden und sie durch behördliche oder gerichtliche Ge- oder Verbote durchsetzen.[857]

Jurisdiktion im Sinne von Art. 1 EMRK ist entscheidend, um den Anwendungsbereich der Europäischen Menschenrechtskonvention zu eröffnen. Wenn also der völkerrechtliche Begriff für die Kompetenzabgrenzung zwischen Staaten herangezogen wird, bestimmt die Jurisdiktion im Sinne von Art. 1 EMRK, wann und inwieweit die Konventionsstaaten die Konventionsrechte gegenüber Personen zusichern müssen.[858] Es wäre verfehlt, den Jurisdiktionsbegriff in Art. 1 EMRK völlig losgelöst von der Bedeutung im allgemeinen Völkerrecht zu verstehen und einen Verweis auf allgemeine Regeln grundsätzlich zu versagen.

Der EGMR möchte den Begriff der Jurisdiktion in Art. 1 EMRK jedoch mit dem völkerrechtlichen Begriff gleichsetzen – zumindest hat er dies in seiner umstrittenen *Banković*-Entscheidung angedeutet.[859] Wenn sich die Begriffe der Jurisdiktion im allgemeinen Völkerrecht und in Art. 1 EMRK tatsächlich entsprechen würden, dann wäre der Anwendungsbereich des Art. 1 EMRK auf das „rechtliche Dürfen" der Staaten beschränkt, wenn nicht eine Besetzung des Territorialstaates stattfinden würde.[860] Da es sich bei der Bombardierung eines anderen Staates um die Ausübung von exekutiver Hoheitsgewalt handelt, wäre – um im Sinne des EGMR eine menschenrechtliche Verantwortlichkeit begründen oder auch nur überprüfen zu können – die vorherige Einwilligung des bombardierten Staates notwendig; denn ohne diese wäre die extraterritoriale Jurisdiktion völkerrechtlich verboten.[861] Eine, aus menschenrechtlicher Perspektive betrachtet, absurde Situation, wenn man daran denkt, wie oft wohl in der Praxis

---

856 *Sauer*, Jurisdiktionskonflikte in Mehrebenensystemen, S. 110.

857 *Sauer*, Jurisdiktionskonflikte in Mehrebenensystemen, S. 110.

858 So auch *Miller*, Revisiting Extraterritorial Jurisdiction, EJIL 20 (2009), S. 1223–1246 (1232).

859 EGMR, *Banković a. o.* vs. Belgium & 16 other NATO-States, Ents. v. 12.12.2001, No. 52207/99, § 61.

860 EGMR, *Banković a. o.* vs. Belgium & 16 other NATO-States, Ents. v. 12.12.2001, No. 52207/99, § 60.

861 Dazu *Kamminga*, Extraterritoriality, in: *Wolfrum*, MPEPIL, Rn. 22, „*Without the consent of the host State such conduct is absolutely unlawful because it violates that State's right to respect for its territorial integrity.*".

ein solches staatliches Einverständnis vorliegen würde. Art. 1 EMRK erschöpft sich deshalb gerade nicht in einer völkerrechtlich kompetenziellen Bedeutung. Jurisdiktion im Sinne von Art. 1 EMRK bestimmt, wann ein Staat für Hoheitsakte – wie noch zu sehen sein wird, gerade unabhängig von der Rechtmäßig- oder Rechtswidrigkeit einer Handlung – unter der Konvention zur Verantwortung gezogen werden kann. Aufgrund der Besonderheit des Menschenrechtsschutzes tritt der *„Charakter als Verpflichtungsnorm"*[862] deutlich in den Vordergrund.[863]

Für die Bestimmung der konkreten staatlichen Pflichten, die durch die Konventionsrechte begründet werden, ist es hingegen entscheidend, was der Staat leisten kann und damit tun *darf*. Also ob der Staat das Recht zur Vornahme von hoheitlichen Handlungen hat, indem er beispielsweise Polizeikräfte entsendet. Vor allem bei extraterritorialen Sachverhalten ergeben sich dabei Besonderheiten und völkerrechtliche Kompetenzfragen. Dann steht wieder die Frage des rechtlichen „Dürfens" im Raum.

b) Jurisdiktion als Anknüpfungspunkt

Der Ausgangspunkt aller Überlegungen zur Jurisdiktionsausübung eines Staates liegt in der Souveränität und der souveränen Gleichheit aller Staaten. Souveränität bestimmt den originären Raum, in dem hoheitliche Befugnisse ausgeübt werden können. Deshalb wurde lange Zeit, vor allem im angelsächsischen Raum, das Territorialitätsprinzip als einziges Prinzip anerkannt, welches Jurisdiktion zu begründen vermag; insbesondere indem es andere Staaten von einer Hoheitsrechtsausübung exkludiert.[864] Dass dieses ausschließlich territoriale Verständnis von Jurisdiktion in der heutigen Zeit nicht mehr dem Stand der Rechtsprechung und Wissenschaft entspricht, zeigt sich schon an der Anerkennung des aktiven und passiven Personalitätsprinzips (§ 7 Abs. 2 Nr. 2, Abs. 1 StGB) zur Begründung extraterritorialer Rechtswirkungen des deutschen Strafrechts. Und auch im Schrifttum wurde dank *F. A. Mann* bereits 1964 der Anstoß für

---

862 *Von Arnauld*, Das (Menschen-)Recht im Auslandseinsatz, in: *Weingärtner*, Streitkräfte und Menschenrechte, S. 61–90 (67) Fn. 42.

863 So bspw. *Von Arnauld*, Das (Menschen-)Recht im Auslandseinsatz, in: *Weingärtner*, Streitkräfte und Menschenrechte, S. 61–90 (67 f.); *Gondek*, Extraterritorial Application of the European Convention on Human Rights, NILR 52 (2005), S. 349–387 (360 ff.); *Papp*, Extraterritoriale Schutzpflichten, S. 67 f.; *Pedersen*, Territorial Jurisdiction in Article 1, NJIL 73 (2004), S. 279–305 (305).

864 *Meng*, Extraterritoriale Jurisdiktion, S. 541; *Giegerich*, Grund- und Menschenrechte im globalen Zeitalter, EuGRZ 31 (2004), S. 758–777 (759): *„die Staatsgewalt [endet] an der Landesgrenze"*.

ein Umdenken gegeben: *„[...] leads to the question whether the time has not perhaps come for the international law of jurisdiction to liberate itself from the shackles of Huber-Storyan maxims [of territorialism] rather than devote its energies to their modernisation and improvement.“*[865] *Mann* entwickelte diese These nur in Bezug auf die legislative Jurisdiktion, also bezüglich der Frage, wann ein Staat zur Rechtsetzung legitimiert ist.[866] Im Mittelpunkt der ursprünglichen Diskussion standen für ihn folglich Überlegungen zur Zuständigkeitsabgrenzung der verschiedenen Hoheitssphären in Bezug auf das Setzen von Hoheitsakten.[867] Er selbst bezeichnete die notwendige Verbindung einer Situation zum Staat, welche eine Zuständigkeit begründen sollte, als *„sufficiently close [connection]“*[868] und *„relevant and reasonable contact“*[869]. *Meessen* sprach von einer *„sinnvollen Anknüpfung“*[870], *Grossfeld* von *„hinreichend starker Inlandsbeziehung“*[871] und *Bleckmann* einfach von einem *„genuine link“*[872]. Und auch der EGMR bezieht sich in einer Reihe von Entscheidungen auf einen *„jurisdictional link between the persons who were victims of the act complained of and the respondent States“*[873].

Die meisten inzwischen völkergewohnheitsrechtlich anerkannten Anknüpfungspunkte wurden im internationalen Strafrecht entwickelt, weil dort die Frage der internationalen Zuständigkeit am häufigsten zu Kontroversen

---

865 *Mann*, The Doctrine of Jurisdiction in International Law, RdC 111 I (1964), S. 1–162 (43).

866 *Mann*, The Doctrine of Jurisdiction in International Law, RdC 111 I (1964), S. 1–162 (43), siehe dazu insgesamt das zweite Kapitel seiner Haager Vorlesung „The Doctrine of Legislative Jurisdiction“, RdC 111 I (1964), S 23–51.

867 *Mann*, The Doctrine of Jurisdiction in International Law, RdC 111 I (1964), S. 1–162 (44 f.).

868 *Mann*, The Doctrine of International Jurisdiction, RdC 186 III (1984), S. 9–115 (32).

869 *Mann*, The Doctrine of International Jurisdiction, RdC 186 III (1984), S. 9–115 (32).

870 *Meessen*, Völkerrechtliche Grundsätze des internationalen Kartellrechts, S. 101 ff.; so auch *Verdross/Simma*, Universelles Völkerrecht, § 1183, die aber auch von alternativen Begriffen wie *„genuine link“* oder *„sufficient connection“* sprechen.

871 *Grossfeld*, Praxis des internationalen Privat- und Wirtschaftsrechts, S. 104.

872 *Bleckmann*, The Personal Jurisdiction, C.M.L.Rev. 17 (1980), S. 467–485 (470); so auch *Schmalenbach*, Multinationale Unternehmen und Menschenrechte, AdVR 39 (2001), S. 57–81 (73).

873 EGMR, *Banković a. o.* vs. Belgium & 16 other NATO-States, Ents. v. 12.12.2001, No. 52207/99, § 82; so auch in EGMR, *Markovic a. o.* vs. Italy, Urt. v. 14.12.2006, No. 1398/03, § 50; EGMR, *Al-Skeini a. o.* vs. UK, Urt. v. 7.7.2011, No. 55721/07, § 149 f.; EGMR, *Chagos Islanders* vs. UK, Ents. v. 11.12.2012, No. 35622/04, § 70; EGMR, *Hussein* vs. Albania a. o., Ents. v. 14.3.2006, No. 23276/04.

führte.[874] So ist anerkannt, dass neben dem Territorialitätsprinzip auch das Flaggenprinzip, das Wirkungsprinzip, das aktive und passive Personalitätsprinzip, das Schutzprinzip, das Weltrechtsprinzip und das Prinzip der stellvertretenden Strafrechtspflege eine sinnvolle Anknüpfung zum Staat begründen können.[875] Für das internationale Kartellrecht zeigt *Meessen* aber bereits sehr überzeugend auf, dass die unterschiedlichen Interessenlagen der Rechtsgebiete eine Übertragung der Regeln unmöglich machen. So sei der Solidaritätsgedanke, der einigen strafrechtlichen Anknüpfungsregeln zu Grunde liegen würde,[876] dem Kartellrecht fremd, in dessen Anwendungsbereich die Staaten gerade verschiedenartige Interessen verfolgen würden.[877] Auch der Anknüpfung an das Heimatrecht über das aktive Personalitätsprinzip seien andere tatsächliche Voraussetzungen zu Grunde zu legen als im internationalen Strafrecht.[878] Während im Kartellrecht juristische Personen in Gestalt von Unternehmen die Adressaten der Normen darstellen, sind es im Strafrecht die natürlichen Personen, an welche die Regelungen anknüpfen. Die Beständigkeit der Staatsangehörigkeit einer juristischen Person sei aber wesentlich geringer als die einer natürlichen Person, und Unternehmen könnten Wege finden, strengere Regelungen durch die Gründung eines neuen Unternehmens in einer günstigeren Rechtsordnung zu umgehen.[879] Deshalb sei die Kollisionsordnung des internationalen Strafrechts nicht auf das Kartellrecht übertragbar.[880]

Aus dieser Argumentation lässt sich die Konsequenz ableiten, dass auch für den internationalen Menschenrechtsschutz eigene Grundsätze gelten müssen,

---

874 *Meessen*, Völkerrechtliche Grundsätze des internationalen Kartellrechts, S. 94 f.

875 Siehe dazu bspw. *Von Arnauld*, Völkerrecht, § 15 Rn. 1298 ff.

876 *Oehler*, Theorie des Strafanwendungsrechts, in: *Oehler/Pötz*, Heinrich Grützner zum 65. Geburtstag, S. 110–126 (120, 123); *ders.*, Internationales Strafrecht, 1973, S. 142 f.

877 *Meessen*, Völkerrechtliche Grundsätze des internationalen Kartellrechts, S. 98, der als Beispiele divergierende wettbewerbspolitische Ausrichtungen und gesellschaftspolitische Konzeptionen nennt.

878 *Meessen*, Völkerrechtliche Grundsätze des internationalen Kartellrechts, S. 99.

879 *Meessen*, Völkerrechtliche Grundsätze des internationalen Kartellrechts, S. 99 f. Dieses Argument erinnert an die unter dem Begriff „*forum shopping*" geführte Diskussion im Internationalen Privatrecht, bei der es um die systematische Ausnutzung von nebeneinander bestehenden gerichtlichen Zuständigkeiten geht. Der Betroffene kann die für ihn „günstigste" Rechtsordnung wählen. Siehe dazu *Von Hoffmann/Thorn*, Internationales Privatrecht, § 1 Rn. 48 f. Für den gleichen Gedanken hinsichtlich der Geltung eines absoluten Weltrechtsprinzips im Strafrecht und der Gefahr einer „*hegemonistischen Strafgewalt*" vgl. *Kindt*, Menschenrechte und Souveränität, S. 108 ff.

880 *Meessen*, Völkerrechtliche Grundsätze des internationalen Kartellrechts, S. 100.

die den Besonderheiten der Rechtsmaterie gerecht werden. Die Adressaten der menschenrechtlichen Normen sind im Unterschied zum internationalen Straf- oder Kartellrecht die Staaten. Dem internationalen Menschenrechtsschutz ist eigen, dass eben nicht die Frage der rechtlichen Legitimation von Hoheitsakten im Mittelpunkt steht, sondern die Verantwortlichkeit des Staates für, gerade auch illegitime, staatliche Handlungen – sowohl hinsichtlich territorialer als auch extraterritorialer Sachverhalte. Bereits aus den Ausführungen *Mann's* wird ersichtlich, dass dieser rechtsgebietsspezifische Untersuchungen vornahm und insoweit die Anforderungen an einen sinnvollen Anknüpfungspunkt von der Rechtsmaterie abhängig machte.[881] Die Diskussion zeigt aber auch, dass die Anknüpfungsmomente nicht abschließend verstanden werden können.[882]

c) *Der restriktive Ansatz des EGMR – Die* Banković*-Entscheidung im Kontext der sonstigen Rechtsprechung*

Die *Banković*-Entscheidung aus dem Jahr 2001 löste ein unerwartet großes Interesse im rechtswissenschaftlichen Schrifttum aus und gilt als eine sehr umstrittene Entscheidung des Gerichtshofs. Wie bereits an anderer Stelle in dieser Arbeit kurz skizziert,[883] ging es in dem Fall um einen Luftangriff auf eine serbische Radiostation (*Radio Televizije Srbije (RTS)*), bei dem 16 Menschen ums Leben kamen und weitere 16 schwer verletzt wurden. Die sechs Beschwerdeführer, darunter fünf Angehörige der Verstorbenen und ein Verletzter, rügten die Beeinträchtigung von Art. 2, Art. 10 und Art. 13 EMRK. Der Luftangriff beruhte auf einem NATO-Beschluss, weshalb sich die Beschwerde gegen alle europäischen NATO-Staaten richtete.[884] Der EGMR prüfte in seiner Entscheidung nur die Zulässigkeit der Individualbeschwerde und lehnte diese im Ergebnis ab, weil sich die Beschwerdeführer (und ihre verstorbenen Angehörigen) nach Ansicht des Gerichts nicht unter der Jurisdiktion der beklagten Staaten im Sinne von Art. 1 EMRK befanden.[885] Die zentrale Frage der Zulässigkeitsentscheidung war, ob der Abwurf der Bomben in extraterritorialem Luftraum die Jurisdiktion der

---

881 So auch *Meessen*, Völkerrechtliche Grundsätze des internationalen Kartellrechts, S. 106.

882 So auch *Schwarze*, Die Jurisdiktionsabgrenzung im Völkerrecht, S. 28 f.

883 Vgl. dazu Kapitel B.II.1.a).

884 EGMR, *Banković a. o.* vs. Belgium & 16 other NATO-States, Ents. v. 12.12.2001, No. 52207/99, §§ 1 ff.

885 EGMR, *Banković a. o.* vs. Belgium & 16 other NATO-States, Ents. v. 12.12.2001, No. 52207/99, § 82.

(bombardierenden) Vertragsstaaten begründet hatte, mit der Folge, dass diese für Konventionsrechtsverletzungen verantwortlich gemacht werden könnten. Im Folgenden sollen die wichtigsten Argumente der Entscheidung und deren Auswirkung auf die Diskussion zur extraterritorialen Anwendbarkeit der Konvention dargestellt werden.

Der Gerichtshof stellte zunächst unter Bezugnahme auf die Auslegung der Konventionsbestimmungen nach Gewohnheitsrecht anhand der Wiener Vertragsrechtskonvention (Art. 31 Abs. 1 und Abs. 3 lit. b und lit. c und Art. 32 WVK) fest,[886] dass der Begriff der Jurisdiktion nach dem allgemeinen Völkerrecht primär territorial zu verstehen sei, dass aber auch die besondere Stellung der Konvention als Menschenrechtsinstitut beachtet werden müsse.[887] Art. 1 EMRK würde diesen allgemeinen völkerrechtlichen Jurisdiktionsbegriff widerspiegeln.[888] Zwar sei die Ausübung von extraterritorialer Hoheitsgewalt nicht ausgeschlossen, benötige aber eine gesonderte Rechtsgrundlage (in Form von Nationalität, Flagge, diplomatischen und konsularischen Beziehungen, Wirkungsprinzip, Schutzprinzip, passives Personalitätsprinzip oder Universalitätsprinzip) und sei in jedem Falle durch die Souveränitätsrechte der anderen Staaten beschränkt.[889] Mit Verweis auf seine sonstige Rechtsprechung stellte der Gerichtshof sodann fest: „*[The] recognition of the exercise of extra-territorial jurisdiction by a Contracting State is exceptional: it has done so when the respondent State, through the effective control of the relevant territory and its inhabitants abroad as a consequence of military occupation or through the consent, invitation or acquiescence of the Government of that territory, exercises all or some of the public powers normally to be exercised by that Government.*“[890] Eine solche effektive Gebietskontrolle lag durch die Bombardierung aber gerade nicht vor, so der EGMR. Er lehnte auch das Vorbringen der Beschwerdeführer ab, die Konventionsrechte seien proportional in dem Maße von den Staaten zuzusichern wie sie auch die (effektive) Kontrolle ausüben würden. Denn dies würde nach

---

886 Die WVK gilt gemäß Art. 4 nur für Verträge, die zeitlich nach ihr abgeschlossen wurden, folglich nicht unmittelbar für die EMRK.

887 EGMR, *Banković a. o.* vs. Belgium & 16 other NATO-States, Ents. v. 12.12.2001, No. 52207/99, §§ 57, 59.

888 EGMR, *Banković a. o.* vs. Belgium & 16 other NATO-States, Ents. v. 12.12.2001, No. 52207/99, § 61.

889 EGMR, *Banković a. o.* vs. Belgium & 16 other NATO-States, Ents. v. 12.12.2001, No. 52207/99, § 59.

890 EGMR, *Banković a. o.* vs. Belgium & 16 other NATO-States, Ents. v. 12.12.2001, No. 52207/99, § 71.

dem Gerichtshof dazu führen, dass jeder, der in irgendeiner Weise irgendwo auf der Welt nachteilig von einer mitgliedstaatlichen Handlung betroffen sei, unter die Jurisdiktion des Staates gelangen würde.[891] Der EGMR führte dazu aus: „*The wording of Article 1 does not provide any support for the applicants' suggestion that the positive obligation in Article 1 to secure ,the rights and freedoms defined in Section I of this Convention' can be divided and tailored in accordance with the particular circumstances of the extra-territorial act in question […].*“[892] Grundsätzlich sei die Konvention zudem ein Instrument der „European public order“, das in einem regionalen Kontext und insbesondere („notably“) im sogenannten „*espace juridique*“ der Konventionsstaaten Anwendung fände, wozu das ehemalige Jugoslawien nicht zählen würde.[893] Ein bedauerliches Vakuum im Menschenrechtsschutz müsste aber nur dann verhindert werden, wenn das Gebiet normalerweise von der Konvention geschützt wäre.[894] Mangels eines „jurisdictional link“ zwischen den beklagten Staaten und den Opfern seien diese nicht unter die Jurisdiktion derselben gelangt.[895] Der Gerichtshof erklärte die Beschwerde deshalb im Ergebnis für unzulässig.[896]

aa) Reaktionen auf das Urteil im Schrifttum

Die Entscheidung des EGMR im Fall *Banković* wurde im Schrifttum kontrovers aufgenommen und einige Stimmen sahen in dem Urteil weniger eine rechtliche als eine politische Entscheidung.[897] Insbesondere die Verzahnung von menschenrechtlichen Fragestellungen und Problemen des humanitären Völkerrechts löste nicht nur Diskussionen hinsichtlich des Verhältnisses der beiden Rechtsinstitute

---

891 EGMR, *Banković a. o.* vs. Belgium & 16 other NATO-States, Ents. v. 12.12.2001, No. 52207/99, § 75.

892 EGMR, *Banković a. o.* vs. Belgium & 16 other NATO-States, Ents. v. 12.12.2001, No. 52207/99, § 75.

893 EGMR, *Banković a. o.* vs. Belgium & 16 other NATO-States, Ents. v. 12.12.2001, No. 52207/99, § 80.

894 EGMR, *Banković a. o.* vs. Belgium & 16 other NATO-States, Ents. v. 12.12.2001, No. 52207/99, § 80.

895 EGMR, *Banković a. o.* vs. Belgium & 16 other NATO-States, Ents. v. 12.12.2001, No. 52207/99, § 82.

896 EGMR, *Banković a. o.* vs. Belgium & 16 other NATO-States, Ents. v. 12.12.2001, No. 52207/99, §§ 84 f.

897 *McGoldrick*, Extraterritorial Application of Human Rights Treaties, in: *Coomans/Kamminga*, Extraterritorial Application of Human Rights Treaties, S. 41–72 (71).

zueinander aus.[898] Zum Teil wurde sie auch als Begründung dafür erachtet, dass der Gerichtshof die Beschwerde für unzulässig erklärte, weil er zu der politischen Entscheidung keine Stellung beziehen wollte.[899] Vereinzelt erhielt die Entscheidung des Gerichts aber auch Zuspruch.[900]

Die größte Kritik im Schrifttum wurde an der Interpretation des Jurisdiktionsbegriffs durch den Gerichtshof geübt. Die Gegner der *Banković*-Entscheidung argumentierten, dass der Jurisdiktionsbegriff losgelöst von dem des allgemeinen Völkerrechts sei und dieser im Sinne der Konvention eine faktische Komponente enthalte.[901] Es würde darauf ankommen, was der Staat tatsächlich unternimmt

---

898 Siehe dazu *Laursen*, NATO, The War Over Kosovo and The ICTY Investigations, AUILR 17 (2002), S. 765–814 (800 ff.); *Von Arnauld*, Das (Menschen-)Recht im Auslandseinsatz, in: *Weingärtner*, Streitkräfte und Menschenrechte, S. 61–90 (68 ff.); *Oberleitner*, Human Rights in Armed Conflict, S. 158 ff. (insb. Fn. 102), *„Whether or not humanitarian law would have played a role in the case remains a speculation."*.

899 So auch *Von Arnauld*, Das (Menschen-)Recht im Auslandseinsatz, in: *Weingärtner*, Streitkräfte und Menschenrechte, S. 61–90 (62): *„[...], sondern vielmehr von dem (verständlichen) Wunsch, sich aus der rechtlichen Beurteilung der Operationen von UNO und NATO im Jugoslawien-Konflikt herauszuhalten."*; so auch *Lawson*, Life After Bankovic, in: *Coomans/Kamminga*, Extraterritorial Application of Human Rights Treaties, S. 83–123 (115 f.); *Bothe*, Die Anwendung der Europäischen Menschenrechtskonvention in bewaffneten Konflikten, ZaöRV 65 (2005), S. 615–623 (619); siehe eingehend zu der Problematik auch *Giegerich*, Grund- und Menschenrechte im globalen Zeitalter, EuGRZ 31 (2004), S. 758–777 (763 ff.); *Milanovic* betont die Schwierigkeit, diese Entscheidung nach den Geschehnissen des 11. Septembers 2001 zu treffen, *Milanovic*, From Compromise to Principle, HRLR 8 (2008), S. 411–448 (436); insgesamt sehr kritisch zu der Entscheidung auch *Roxstrom/Gibney/Einarsen*, The NATO Bombing Case, BUILJ 55 (2005), S. 55–136.

900 *Ress*, State Responsibility for Extraterritorial Human Rights Violations, ZEuS 1 (2003), S. 73–89; in bestimmten Teilen auch *Tomuschat*, Human Rights, S. 97 f., *„The decision seems to be founded on valid grounds. [...] These rules of humanitarian law, however, cannot be asserted in a proceeding under the ECHR"*; *Uerpmann-Wittzack*, in: *Ehlers*, Europäische Grundrechte und Grundfreiheiten, § 3 Rn. 51; andeutend *Shelton*, The Boundaries of Human Rights Jurisdiction, Duke J. Comp. & Int'l L. 13 (2003), S. 95–153 (128) und auch *Miller*, Revisiting Extraterritorial Jurisdiction, EJIL 20 (2009), S. 1223–1246 (insb. S. 1245): *„The Court strikes a balance between the twin, competing purposes of the Convention as a regional, European instrument and as a universalist charter for human rights."*; *Jankowska-Gilberg* findet die Argumentation des EGMR überzeugend, *Jankowska-Gilberg*, Extraterritorialität der Menschenrechte, S. 173.

901 *Scheinin* sieht Jurisdiktion als *„issue of facticitiy"* an, *Scheinin*, Extraterritorial Effect of the International Covenant on Civil and Political Rights, in: *Coomans/Kamminga*,

und nicht darauf, ob er dazu völkerrechtlich ermächtigt sei. Die „*de jure*-Jurisdiktion" könne für die Beurteilung einer staatlichen Verantwortlichkeit nicht alleine ausschlaggebend sein.[902] Dies würde ansonsten zu dem absurden Ergebnis führen, dass sich die Staaten ihrer menschenrechtlichen Verantwortlichkeit entziehen könnten, wenn sie sich völkerrechtswidrig verhalten.[903] Deshalb sei kein normatives Begriffsverständnis, sondern ein faktisches Jurisdiktionskonzept anzunehmen.[904] Die Ausweitung staatlichen Handelns auf extraterritoriale

---

Extraterritorial Application of Human Rights Treaties, S. 73–81 (80); *Von Arnauld*, Das (Menschen-)Recht im Auslandseinsatz, in: *Weingärtner*, Streitkräfte und Menschenrechte, S. 61–90 (66 f.); *Breuer*, Völkerrechtliche Implikationen des Falles Öcalan, EuGRZ 30 (2003), S. 449–454 (450): „*nicht das rechtliche Dürfen, sondern das faktische Können*" rückt nach seiner Ansicht in den Mittelpunkt; *Orakhelashivili*, Restrictive Interpretation of Human Rights Treaties, EJIL 2003, S. 529–568 (540 ff.); *Milanovic*, From Compromise to Principle, HRLR 8 (2008), S. 411–448 (417, 422 ff.); auch kritisch zu der Interpretation des EGMR *Miller*, Revisiting Extraterritorial Jurisdiction, EJIL 20 (2009), S. 1223–1246 (1230 ff.); *Lorenz*, der territoriale Anwendungsbereich der Grund- und Menschenrechte, S. 117; *King* argumentiert für eine Kombination: „*'Jurisdiction' […] reflects both the usual meaning of the term at public international law, and a particular factual relationship between state and individual.*", *King*, The Extraterritorial Human Rights Obligations of States, HRLR 9 (2009), S. 521–556 (522); *Altiparmak*, Bankovic, Journal of Conflict & Security Law 9 (2004), S. 213–251 (223), der sagt, dass der EMGR die Wichtigkeit des „*object and purpose*" der Konvention vergessen hat; *Oberleitner*, Human Rights in Armed Conflict, S. 144 f.

902 *Schäfer*, Der Fall Banković, MRM 3 (2002), S. 149–163 (156); *Roxstrom/Gibney/Einarsen*, The NATO Bombing Case, BUILJ 55 (2005), S. 55–136 (68 f.).

903 Unter anderen *Erberich*, Auslandeinsätze der Bundeswehr und Europäische Menschenrechtskonvention, S. 29; *Scheinin*, Extraterritorial Effect of the International Covenant on Civil and Political Rights, in: *Coomans/Kamminga*, Extraterritorial Application of Human Rights Treaties, S. 73–81 (79 f.); *Gondek*, Extraterritorial Application of the European Convention on Human Rights, NILR 52 (2005), S. 349–387 (364); *Peters*, Die Anwendbarkeit der EMRK, AdVR 48 (2010), S. 1–57 (6); *Jankowska-Gilberg*, Extraterritorialität der Menschenrechte, S. 142; *King*, The Extraterritorial Human Rights Obligations of States, HRLR 9 (2009), S. 521–556 (536).

904 *Scheinin* vertritt den Grundsatz „*facticity creates normativity*", *Scheinin*, Extraterritorial Effect of the International Covenant on Civil and Political Rights, in: *Coomans/Kamminga*, Extraterritorial Application of Human Rights Treaties, S. 73–81 (80); *Lawson* ähnlich mit „*control entails responsibility*", *Lawson*, Life After Bankovic, in: *Coomans/Kamminga*, Extraterritorial Application of Human Rights Treaties, S. 83–123 (86); sehr kritisch zu dem „control entails responsibility" Grundsatz *Miller*, Revisiting Extraterritorial Jurisdiction, EJIL 20 (2009), S. 1223–1246 (1235), die eine Gefahr für eine zu starke Ausweitung des Konventionsschutzes sieht und eine Überlastung des EGMR

Gebiete müsse die menschenrechtliche Bindung ebenfalls ausweiten.[905] Jurisdiktion im Sinne von Art. 1 EMRK könne nach all dem nicht im Sinne des allgemeinen Völkerrechts verstanden werden.[906] Insbesondere völkerrechtswidrige staatliche Handlungen müssten anhand der Konvention überprüfbar sein.[907]

Neben der umstrittenen Auslegung des Jurisdiktionsbegriffs führte noch eine weitere Äußerung des EGMR in *Banković* zu Unklarheiten, denn der Gerichtshof setzte für eine effektive Gebietskontrolle durch einen Konventionsstaat voraus, dass dieser Elemente von Hoheitsgewalt ausübt, die sonst der Territorialstaat ausüben würde: *„All or some of the public powers normally to be exercised by that Government“*.[908] Daraus wurde teilweise gefolgert, dass eine punktuelle staatliche Handlung nicht ausreichen würde, um Menschen unter die Jurisdiktion des handelnden Staates zu bringen. Vielmehr sei eine *„regelmäßige Ausübung von Hoheitsgewalt [notwendig], die von einer gewissen Dauerhaftigkeit und Organisation gekennzeichnet ist, und damit einen rechtlichen Herrschaftsraum des Staates begründet“*.[909] *Krieger* argumentiert noch weiter und schließt „einzeln[e]

---

befürchtet; a. A. auch *Besson*, The Extraterritoriality of the European Convention on Human Rights, LJIL 25 (2012), S. 857–884 (872 ff.).

905 *Von Arnauld*, Das (Menschen-)Recht im Auslandseinsatz, in: *Weingärtner*, Streitkräfte und Menschenrechte, S. 61–90 (63); *Peters*, Die Anwendbarkeit der EMRK, AdVR 48 (2010), S. 1–57 (6); so auch *Skogly*, Extraterritoriality, in: *Joseph/McBeth*, Research Handbook on International Human Rights Law, S. 71–96 (94, 96); andeutend *Lorenz*, Der territoriale Anwendungsbereich der Grund- und Menschenrechte, S. 75 f.

906 *Miller* ist der Ansicht, dass der EGMR nicht das völkerrechtliche Begriffsverständnis in seinen Entscheidungen anlegt. Das würde schon durch die Fallgruppen der effektiven Kontrolle deutlich, die ihren Ursprung nicht im allgemein völkerrechtlichen Jurisdiktionsbegriff hätten, *Miller*, Revisiting Extraterritorial Jurisdiction, EJIL 20 (2009), S. 1223–1246 (1231 f.).

907 *Breuer*, Völkerrechtliche Implikationen des Falles Öcalan, EuGRZ 30 (2003), S. 449–454 (450); *Gondek*, Extraterritorial Application of the European Convention on Human Rights, NILR 52 (2005), S. 349–387 (364); *Schäfer*, Der Fall Banković, MRM 3 (2002), S. 149–163 (155 f.); *Orakhelashvili*, Restrictive Interpretation of Human Rights Treaties, EJIL 14 (2003), S. 529–568 (539 f.); *Jankowska-Gilberg*, Extraterritorialität der Menschenrechte, S. 143; a. A. *Ress*, der sagt: *„[…] the view that a state's jurisdiction automatically follows the extraterritorial acts of its authorities, as has been expressed in academia, cannot be supported anymore.“*, *Ress*, State Responsibility for Extraterritorial Human Rights Violations, ZEuS 1 (2003), S. 73–89 (86).

908 EGMR, *Banković a. o.* vs. Belgium & 16 other NATO-States, Ents. v. 12.12.2001, No. 52207/99, § 71.

909 *Krieger*, Die Verantwortlichkeit Deutschlands nach der EMRK, ZaöRV 62 (2002), S. 669–702 (671).

isoliert[e] Hoheitsakte" zur Jurisdiktionsbegründung aus.[910] Zunächst müsse das extraterritoriale Verhalten des Staates Jurisdiktion über ein Gebiet oder über Personen begründen, um den Schutzbereich der EMRK zu eröffnen. Innerhalb dieses Regimes könnten dann Einzelakte anhand der Konvention überprüft werden.[911] Ansonsten bestünde die Gefahr, dass jeder, der irgendwo auf der Welt von der Hoheitsgewalt eines Konventionsstaates in irgendeiner Weise betroffen ist, sich dem handelnden Staat gegenüber auf die EMRK-Rechte berufen könnte.[912] Der Abwurf von Bomben durch die NATO-Staaten würde nach Gesagtem folglich nicht ausreichen, um den Opfern den Schutz durch die EMRK zu gewähren.[913] Nicht alle stimmen dieser Argumentation zu. Einige wollen es ausreichen lassen, wenn die betroffene Person erst durch den Hoheitsakt selbst unter die Jurisdiktion des handelnden Staates gelangt.[914] Insbesondere müsse berücksichtigt werden, dass die Menschenrechte auch nur eine „graduell[e] Bindung" entfalten könnten, wenn die Konventionsverletzung eben nur durch eine einzelne Handlung eingetreten ist.[915] Auch Richter *Loucaides* plädierte in einer

---

910 *Krieger*, Die Verantwortlichkeit Deutschlands nach der EMRK, ZaöRV 62 (2002), S. 669–702 (671).

911 *Krieger*, Die Verantwortlichkeit Deutschlands nach der EMRK, ZaöRV 62 (2002), S. 669–702 (672); *Talmon* argumentiert auch gegen eine „cause-and-effect notion", allerdings im Bereich der Weitergabe personenbezogener Daten, weil diese dazu führen würde, dass Personen nicht mehr *„ihrer Hoheitsgewalt unterstehen"*, sondern nur noch von *„ihren Hoheitsakten betroffen"* sein müssten, *Talmon*, Der Begriff der „Hoheitsgewalt", JZ 69 (2014), S. 783–787 (786).

912 EGMR, *Banković a. o.* vs. Belgium & 16 other NATO-States, Ents. v. 12.12.2001, No. 52207/99, § 75; in diesem Sinne sogar *Lawson*: *„It would go too far to assume that anybody who is 'affected' by the conduct of a contracting state is 'within the jurisdiction' of that sate."*, *Lawson*, Life After Bankovic, in: *Coomans/Kamminga*, Extraterritorial Application of Human Rights Treaties, S. 83–123 (103 f.).

913 *Krieger*, Die Verantwortlichkeit Deutschlands nach der EMRK, ZaöRV 62 (2002), S. 669–702 (672).

914 So *Giegerich*, Grund- und Menschenrechte im globalen Zeitalter, EuGRZ 31 (2004), S. 758–777 (764), der sich dabei aber durch seinen *male captus* Verweis wohl auf die personelle Kontrolle bezieht; *King*, The Extraterritorial Human Rights Obligations of States, HRLR 9 (2009), S. 521–556 (551 ff.).

915 *Von Arnauld*, Das (Menschen-)Recht im Auslandseinsatz, in: *Weingärtner*, Streitkräfte und Menschenrechte, S. 61–90 (68); *Lawson*, Life After Bankovic, in: *Coomans/Kamminga*, Extraterritorial Application of Human Rights Treaties, S. 83–123 (105, 120); *King*, The Extraterritorial Human Rights Obligations of States, HRLR 9 (2009), S. 521–556 (542), spricht sich gegen eine *„all-or-nothing idea"* der Konventionsrechte aus und fordert eine situative Anpassung; a. A. *Besson*, The Extraterritoriality of the

abweichenden Meinung zum Urteil *Assanidze* für ein situatives Jurisdiktionskonzept: „*To my mind ‚jurisdiction' means actual authority […]. Therefore, a High Contracting Party is accountable […] to everyone directly affected by any exercise of authority by such Party in any part of the world. […] The usual form is governmental authority within a High Contracting Party's own territory, but it may extend to authority in the form of overall control of another territory even though that control is illegal. It may also extend to authority in the form of the exercise of domination or effective influence through political, financial, military or other substantial support of a government of another State. And it may, in my opinion, take the form of any kind of military or other State action […] in any part of the world.*"[916]

Die Gefahr der Ausuferung der Verantwortlichkeit durch einen zu weitgehenden Jurisdiktionsbegriff wollen einige Stimmen im Schrifttum mit dem Kriterium der „Zweckgerichtetheit" des hoheitlichen Handelns eingrenzen.[917] Wenn Menschen gezielt getötet würden, dann sei Jurisdiktion gegeben. Wenn der Tod der Menschen lediglich unbeabsichtigte Folge einer staatlichen Handlung sei, dann müsste das Vorliegen von Hoheitsgewalt verneint werden.[918] Bei territorialer Gesamtkontrolle bedürfe es dieses zusätzlichen Kriteriums nicht, weil in diesen Fällen bereits Jurisdiktion bestünde.[919] Im Falle von Einzelaktionen sei aber die Zielrichtung des staatlichen Handelns ausschlaggebend. Bei *Banković* fanden die Luftangriffe nachts statt, um die Zahl potenzieller Opfer gering zu halten. Das Ziel des Angriffs lag darin, ein strategisch wichtiges Militärziel zu zerstören und nicht Zivilisten zu töten. Deshalb fehlte in diesem Fall das „*rechtliche Band zwischen den Opfern und den handelnden Staaten*".[920] Dieser Ansatz vermag nicht zu überzeugen. Wäre der Fall denn anders entschieden worden, wenn der Angriff tagsüber stattgefunden hätte? Oder wenn die Staaten Kenntnis von Personen in den bombardierten Gebäuden gehabt hätten? Den EMRK-Staaten sollte zu jeder Zeit unterstellt werden können, dass sie sich bei ihren Handlungen, ganz gleich

---

European Convention on Human Rights, LJIL 25 (2012), S. 857–884 (878): „*Jurisdiction is an all-or-nothing matter and not a matter of degree.*".

916 EGMR, *Assanidze* vs. Georgia, Urt. v. 8.4.2004, No. 71503/01, Concurring Opinion of Judge Loucaides.

917 *Jankowska-Gilberg*, Extraterritorialität der Menschenrechte, S. 166 ff. und S. 183 f.

918 So argumentiert *Jankowska-Gilberg*, Extraterritorialität der Menschenrechte, S. 165 ff.; *dies.*, Das Al-Skeini-Urteil des Europäischen Gerichtshofs für Menschenrechte, AdV 50 (2012), S. 61–74 (69 f.).

919 *Jankowska-Gilberg*, Extraterritorialität der Menschenrechte, S. 183.

920 *Jankowska-Gilberg*, Extraterritorialität der Menschenrechte, S. 183.

ob auf eigenem oder auf fremdem Territorium, konventionsrechtskonform verhalten wollen; wann zielt ein Staat denn auf eine Rechtsverletzung ab? Die Staaten könnten außerdem versuchen, ihre Verantwortlichkeit zu umgehen, indem sie, anstatt bei Bodeneinsätzen ein Haus zu stürmen, besser von der Luft aus das ganze Haus durch Bomben zerstören. Dann läge es am Gerichtshof zu überprüfen, welche Motive der Konventionsstaat letztendlich hatte. Wenn man beginnt auf das Motiv einer Menschenrechtsverletzung durch die handelnden staatlichen Akteure abzustellen, höhlt das den Menschenrechtsschutz geradezu aus. In diesem Sinne kann auch der Ausspruch des EGMR gedeutet werden: *„Accountability in such situations stems from the fact that Article 1 of the Convention cannot be interpreted so as to allow a State party to perpetrate violations of the Convention on the territory of another State, which it could not perpetrate on its own territory.“*[921] Auf dem eigenen Territorium kommt es aber auf das Motiv, also ob eine Konventionsrechtsverletzung gezielt oder unbeabsichtigt erfolgt, gerade nicht an.[922] Auch faktische Beeinträchtigungen, bei denen sich die Finalität der Maßnahme als zweifelhaft darstellt, können den menschenrechtlichen Schutz aktivieren.[923] Außerdem würde die Annahme dieses Ansatzes dazu führen, dass die betroffenen Opfer in *Banković* einen Vorteil davon gehabt hätten, wenn das Staatsgebiet nicht nur militärischen (Einzel-) Aktionen ausgesetzt gewesen wäre, sondern eine vollständige militärische Besetzung stattgefunden hätte. Dann hätten die Bombenabwürfe – das Vorliegen der sonstigen Voraussetzungen unterstellt – anhand der EMRK überprüft werden können, weil sich die Beschwerdeführer unter der Jurisdiktion der Besetzerstaaten befunden hätten. Ausgehend vom Telos der Menschenrechte, die Freiheit und Gleichheit jeder Person zu garantieren, erscheinen weder die Zweckgerichtetheit einer Handlung, noch das Erfordernis einer vorherigen Regimeentfaltung als sachgerechte Kriterien.

Der Gerichtshof gelangte in seiner *Banković*-Entscheidung nicht in das Stadium der Begründetheitsprüfung, sondern wies die Beschwerde bereits auf

---

921 EGMR *Issa a. o.* vs. Turkey, Urt. v. 16.11.2004, No. 31821/96, § 71.

922 Zum gleichen Ergebnis kommt auch *Lorenz*: *„Aus der Sicht eines Menschen, den eine Kugel aus der Hand eines Staatsbediensteten trifft oder der sich in einem bombardierten Haus aufhält, ist es aber unerheblich, was sich der Amtswalter bei der Vornahme der Handlung gedacht hat, ob dieser ihn gezielt treffen wollte.“*, *Lorenz*, Der territoriale Anwendungsbereich der Grund- und Menschenrechte, S. 117.

923 Zur parallelen Diskussion bei der Awendung der Grundrechte auf Auslandssachverhalte vgl. *Elbing*, Zur Anwendbarkeit der Grundrechte, S. 259 ff. (insb. 260), *„Aus den Grundrechten ist schlichtweg nicht erklärbar, wieso gerade die Zielgerichtetheit maßgebendes Kriterium für den grundrechtlichen Schutzbereich sein soll.“*.

Zulässigkeitsebene ab.[924] Folglich konnte der EGMR auch nicht zu der besonderen Situation des Falles Stellung beziehen, dass Normen des humanitären Völkerrechts und solche der EMRK konkurrierten.[925] Das Verhältnis der Menschenrechte zum Kriegsvölkerrecht, insbesondere die Frage der Anwendbarkeit menschenrechtlicher Garantien im bewaffneten Konflikt, ist Gegenstand von Diskussionen[926] und Entscheidungen[927]. Trotz Abweisung der Beschwerde durch den EGMR war der NATO-Einsatz von völkerrechtlichen Normen und Bindungen erfasst, nämlich von solchen des humanitären Völkerrechts.[928] Dennoch erscheint es nicht sachgerecht, dass der EGMR die Anwendbarkeit der Konvention aufgrund fehlender Jurisdiktion im Sinne von Art. 1 EMRK abgelehnt und nicht auf das potenzielle Konkurrenzverhältnis zum Kriegsvölkerrecht abgestellt hat.[929]

bb) Die Post-Banković Rechtsprechung

Die *Banković*-Entscheidung gilt als eine Leitentscheidung des EGMR zur Thematik der extraterritorialen Staatenpflichten. Um die Aussagen des Gerichtshofs aber angemessen gewichten und bewerten zu können, bedarf es einer Einordnung von *Banković* in die übrige Rechtsprechung.[930] Nicht zuletzt, weil immer wieder kritische Stimmen in der Literatur der Judikatur des EGMR vorwerfen,

---

924 EGMR, *Banković a. o.* vs. Belgium & 16 other NATO-States, Ents. v. 12.12.2001, No. 52207/99, §§ 84 f.

925 *Salomon*, Die Anwendung von Menschenrechten im bewaffneten Konflikt, AdVR 53 (2015), S. 322–359 (330).

926 Bspw. *Von Arnauld*, Völkerrecht, § 14 Rn. 1163 ff.; *Salomon*, Die Anwendung von Menschenrechten im bewaffneten Konflikt, AdVR 53 (2015), S. 322–359; *Oberleitner*, Human Rights in Armed Conflict; *Arnold/Quénivet*, International Humanitarian Law and Human Rights Law; *Schäfer*, Zum Verhältnis Menschenrechte und humanitäres Völkerrecht.

927 EGMR, *Al-Jedda* vs. UK, Urt. 7.7.2011, No. 27021/08, §§ 101, 107; EGMR, *Hassan* vs. UK, Urt. v. 16.9.2014, No. 29750/09, §§ 97 ff.

928 *Tomuschat*, Human Rights, S. 97 f., der hierfür auf die „The Hague Convention of 1907" und das „Additional Protocol I of 1977" verweist.

929 *Von Arnauld*, Völkerrecht, § 9 Rn. 640; siehe dazu auch Kapitel C.II.3.c)bb)(3); a. A. *Lorenz*, Der territoriale Anwendungsbereich der Grund- und Menschenrechte, S. 91, der darauf hinweist, dass eine umfassende menschenrechtliche Bindung im Fall der reinen Kontrolle des Luftraums nicht möglich ist und die Ablehnung der Fallgruppe der effektiven Gebietskontrolle in der Entscheidung deshalb richtig ist.

930 Die Arbeit untersucht insbesondere die Rechtsprechung nach der Entscheidung im Fall *Banković*.

inkonsistent zu sein.[931] In einer Reihe von Entscheidungen befasste sich der EGMR mit der Frage, wann die Konvention in extraterritorialen Sachverhalten Anwendung findet. Die bisher entschiedenen Fälle (sowohl solche nur zur Zulässigkeit einer Beschwerde als auch solche zu den Gründen) hatten entweder diplomatisches Handeln im Ausland zum Gegenstand,[932] militärische Präsenz (dazu zählt auch die militärische Intervention bis hin zur vollständigen Gebietsbesetzung) oder politische und wirtschaftliche Unterstützung durch den Staat,[933] das Handeln staatlicher Sicherheitskräfte auf fremdem Territorium[934] oder staatliches Handeln auf beflaggten Schiffen auf Hoher See[935]. Zudem gibt es eine Reihe von Fällen, in denen der Staat auf eigenem Territorium handelte, sich das Handeln aber extraterritorial auswirkte.[936] Aus den bisher entschiedenen Fällen lassen sich einige Kernaussagen zur extraterritorialen Anwendbarkeit der Konvention entnehmen. Der Gerichtshof beginnt seine Ausführungen stets mit einer allgemeinen Abhandlung zu extraterritorialer Jurisdiktion, in dem er relevante Stellen aus vorherigen Urteilen rezipiert. Ausgangspunkt ist dabei das Verständnis des Jurisdiktionsbegriffs im Sinne von Art. 1 EMRK. Der EGMR vertritt nicht nur in *Banković* ein allgemein völkerrechtliches Verständnis von Jurisdiktion. So führte er zuletzt im Februar 2016 in seiner *Mozer*-Entscheidung aus: *„The Court refers to its case-law to the effect that the concept of ‚jurisdiction' for the purposes of Article 1 of the Convention must be considered to reflect the term's*

931 *Miller*, Revisiting Extraterritorial Jurisdiction, EJIL 20 (2009), S. 1223–1246 (1226); *Ehlers*, in: *Ehlers*, Europäische Grundrechte und Grundfreiheiten, § 2 Rn. 62; *Jankowska-Gilberg*, Das Al-Skeini-Urteil des Europäischen Gerichtshofs für Menschenrechte, AdVR 50 (2012), S. 61–74 (62).

932 Bspw. EKMR, *M.* vs. Denmark, Ents. v. 14.10.1992, No. 17392/90.

933 Bisher größte Fallgruppe, bspw. EGMR, *Banković a. o.* vs. Belgium & 16 other NATO-States, Ents. v. 12.12.2001, No. 52207/99; EGMR *Issa a. o.* vs. Turkey, Urt. v. 16.11.2004, No. 31821/96; EGMR, *Ilascu a. o.* vs. Moldova and Russia, Urt. v. 8.7.2004, No. 48787/99; EGMR, *Loizidou* vs. Turkey, Urt. (Merits) v. 18.12.1996, No. 15318/89; EGMR, *Cyprus* vs. Turkey, Urt. v. 10.5.2001, No. 25781/94; EGMR, *Mozer* vs. the Republic of Moldova and Russia, Urt. v. 23.2.2016, No. 11138/10, § 110; EGMR, *Catan a. o.* vs. Moldova and Russia, Urt. v. 19.10.2012, No. 43370/04 a. o., §§ 107, 122.

934 Bspw. EGMR, *Öcalan* vs. Turkey, Urt. v. 12.5.2005, No. 46221/99.

935 Bspw. EGMR, *Medvedyev a. o.* vs. France, Urt. v. 29.3.2010, No. 3394/03; EGMR, *Hirsi Jamaa a. o.* vs. Italy, Urt. v. 23.2.2012, No. 27765/09.

936 Bspw. EGMR, *Soering* vs. UK, Urt. v. 7.7.1989, No. 14038/88; EGMR, *Mohammed Ben El Mahi a. o.* vs. Denmark, Ents. v. 11.12.2006, No. 5853/06; EGMR, *Andreou* vs. Turkey, Urt. v. 27.10.2009, No. 45653/99.

meaning in public international law. From the standpoint of public international law, the words ‚within their jurisdiction' in Article 1 of the Convention must be understood to mean that a State's jurisdictional competence is primarily territorial, but also that jurisdiction is presumed to be exercised normally throughout the State's territory."[937] Hintergrund des Falles war die schwierige politische Situation in der Transnistrischen Moldauischen Republik.[938] Der Gerichtshof musste sich dazu äußern, inwieweit die Republik Moldau über das strittige Gebiet die Territorialgewalt ausübt und wie stark Russlands Einfluss und Kontrolle auf die Region tatsächlich ist. Er bejahte letztlich die Jurisdiktion beider Staaten, nahm jedoch Einschränkungen im Umfang der zu gewährleistenden Rechte vor. Die Republik Moldau habe weitestgehend die effektive Gebietskontrolle verloren, übe aber völkerrechtlich die Territorialgewalt aus. Deshalb seien die Rechte, welche die Republik Moldau nach Art. 1 EMRK garantieren musste, auf eine positive Pflicht beschränkt, alle möglichen diplomatischen, wirtschaftlichen, juristischen oder andere Maßnahmen vorzunehmen.[939] Russland, so der Gerichtshof, habe wiederum die effektive territoriale Kontrolle über das Gebiet, sodass der Beschwerdeführer unter die Jurisdiktion Russlands gelangt sei.[940]

Obwohl der EGMR sich also immer wieder für ein allgemein völkerrechtliches Jurisdiktionskonzept ausgesprochen hat, öffnete er den Begriff trotzdem für extraterritoriale Sachverhalte: „*The Court has recognised the exercise of extraterritorial jurisdiction by a Contracting State when this State […] exercises all or some of the public powers normally to be exercised by that Government.*"[941] In

937 EGMR, *Mozer* vs. the Republic of Moldova and Russia, Urt. v. 23.2.2016, No. 11138/10, § 97 mit Verweis auf das Urteil EGMR, *Ilascu a. o.* vs. Moldova and Russia, Urt. v. 8.7.2004, No. 48787/99, § 312; vgl. auch EGMR, *Gentilhomme a. o.* vs. France, Urt. v. 14.5.2002, No. 48205/99 a. o., § 20; EGMR, *Banković a. o.* vs. Belgium & 16 other NATO-States, Ents. v. 12.12.2001, No. 52207/99, §§ 59–61; EGMR, *Assanidze* vs. Georgia, Urt. v. 8.4.2004, No. 71503/01, § 137.

938 Siehe dazu bereits Kapitel C.II.1.

939 EGMR, *Mozer* vs. the Republic of Moldova and Russia, Urt. v. 23.2.2016, No. 11138/10, §§ 99 f.

940 EGMR, *Mozer* vs. the Republic of Moldova and Russia, Urt. v. 23.2.2016, No. 11138/10, §§ 110 f.; zum gleichen Ergebnis kommt der Gerichtshof auch in EGMR, *Soyma* vs. Moldova, Russia and Ukraine, Urt. v. 30.5.2017, No. 1203/05, §§ 38, 41 (noch nicht endgültig, wird ggf. an die Große Kammer verwiesen).

941 EGMR, *Chiragov a. o.* vs. Armenia, Urt. v. 16.6.2015, No. 13216/05, § 168; mit Verweis auf EGMR, *Ilascu a. o.* vs. Moldova and Russia, Urt. v. 8.7.2004, No. 48787/99, §§ 311–319; EGMR, *Al-Skeini a. o.* vs. UK, Urt. v. 7.7.2011, No. 55721/07, §§ 130–139; EGMR, *Catan a. o.* vs. Moldova and Russia, Urt. v. 19.10.2012, No. 43370/04 a. o., §§ 104–107.

der Entscheidung *Chagos Islanders* wurde der Gerichtshof noch deutlicher und konkretisiert die bestehenden Fallgruppen: „*There are two principal exceptions to territoriality: circumstances of* ***‚State agent authority and control'*** *and* ***‚effective control over an area'****. The ‚State agent authority and control' exception applies to the acts of diplomatic and consular agents present on foreign territory; to circumstances where a Contracting State, through custom, treaty or agreement, exercises executive public powers or carries out judicial or executive functions on the territory of another State; and circumstances where the State through its agents exercises control and authority over an individual outside its territory, such as using force to take a person into custody or exerting full physical control over a person through apprehension or detention.*[942] *The ‚effective control over an area' exception applies where through military action, lawful or unlawful, the State exerts effective control of an area outside its national territory.*"[943]

Der EGMR hat inzwischen also anerkannt – insoweit kann man wohl von einer gefestigten Judikatur sprechen –, dass zwei Ausnahmen zum territorialen Jurisdiktionskonzept bestehen: die effektive territoriale Kontrolle und die personelle Kontrolle.[944] Zum anderen wird deutlich, dass der EGMR zwar grundsätzlich auf den völkerrechtlichen Jurisdiktionsbegriff abstellt. Er betont aber zugleich, dass im Falle einer Gebietsbesetzung die Rechtmäßig- beziehungsweise Rechtswidrigkeit der Besetzung für die menschenrechtliche Verantwortlichkeit irrelevant ist.[945] Der Gerichtshof ging in nachfolgenden Urteilen noch einen Schritt weiter. Wenn ein Staat die Gesamtkontrolle über ein Gebiet ausüben würde, dann müsste eine detaillierte Kontrolle über einzelne Handlungen nicht nachgewiesen werden: „*Where the fact of such domination over the territory is established, it is not necessary to determine whether the Contracting State exercises detailed control over the policies and actions of the subordinate local administration. The fact that the local administration survives as a result of the Contracting State's military and other support entails that State's responsibility for its policies*

942 Der EGMR spielt damit auf folgende Fälle an: EGMR, *Öcalan* vs. Turkey, Urt. v. 12.3.2003, No. 46221/99, § 93 und EGMR, *Öcalan* vs. Turkey, Urt. v. 12.5.2005 (große Kammer), No. 46221/99, § 91; EGMR, *Al-Saadoon and Mufdhi* vs. UK, Ents. v. 30.6.2009, No. 61498/08, §§ 86–89; EGMR, *Medvedyev a. o.* vs. France, Urt. v. 29.3.2010, No. 3394/03, §§ 66 f.

943 EGMR, *Chagos Islanders* vs. UK, Ents. v. 11.12.2012, No. 35622/04, § 70 (Hervorhebungen durch die Verf.).

944 EGMR, *Al-Skeini a. o.* vs. UK, Urt. v. 7.7.2011, No. 55721/07, § 131 ff.

945 So auch bereits EGMR *Loizidou* vs. Turkey (Merits), Urt. v. 18.12.1996, No. 15318/89, § 52.

and actions. The controlling State has the responsibility under Article 1 to secure, within the area under its control, the entire range of substantive rights set out in the Convention and those additional Protocols which it has ratified. It will be liable for any violations of those rights."[946]

Aus der Feststellung, dass die Gesamtkontrolle eines Konventionsstaates über ein fremdes Territorium Jurisdiktion begründet, folgt die Frage, wie sich die Situation darstellt, wenn gerade keine effektive Gebietskontrolle vorliegt. Gemeint sind damit Fälle, in denen ein einzelner isolierter Hoheitsakt – wie beispielsweise das Bombardement in *Banković* – konventionsrechtlich überprüft werden soll. Kann ein einzelner Hoheitsakt die von ihm betroffenen Menschen bereits unter die Jurisdiktion des handelnden Staates bringen? In der Entscheidung *Hirsi Jamaa* gab der EMRK darauf zunächst eine klare Antwort: „*[…] the responsibility of a Contracting Party may also arise when as consequence of military action – whether lawful or unlawful – it exercises effective control of an area outside its national territory,* ***which is however ruled out when,*** *as in Banković and Others,* ***only an instantaneous extraterritorial act is in issue,*** *since the wording of Article 1 does not accommodate such an approach to ‚jurisdiction'.*"[947] Mit diesem obiter dictum, bestätigte der EGMR im Jahr 2012 erneut seine Auffassung, die neben anderen Gründen dazu geführt hatte, dass die Beschwerde in *Banković* für unzulässig erklärt wurde. In *Hirsi Jamaa* stellte der Gerichtshof jedoch auch klar, dass isolierte Einzelakte durchaus die Jurisdiktion eines Staates begründen können, wenn dieser durch seine Organe Kontrolle und Autorität über eine individuelle Person ausübt. Dann sei der Staat verpflichtet, der Person die Konventionsrechte zuzusichern.[948] In der Entscheidung ging es um elf somalische Staatsbürger und dreizehn eritreische Staatsbürger, die mit einem Schiff die italienische Küste erreichen wollten. Ihr Boot wurde durch die italienischen Behörden auf Hoher See abgefangen und die Beschwerdeführer auf die Boote der italienischen Marine und zurück nach Tripolis gebracht. Sie beschwerten sich darüber, dass ihre Papiere konfisziert wurden, sie gezwungen wurden, das Schiff

946 EGMR, *Catan a. o.* vs. Moldova and Russia, Urt. v. 19.10.2012, No. 43370/04 a. o., § 106; mit Verweis auf EGMR, *Al-Skeini a. o.* vs. UK, Urt. v. 7.7.2011, No. 55721/07, § 138; EGMR, *Soyma* vs. Moldova, Russia and Ukraine, Urt. v. 30.5.2017, No. 1203/05, § 41 (noch nicht endgültig, wird ggf. an die Große Kammer verwiesen).

947 EGMR, *Hirsi Jamaa* a. o. vs. Italy, Urt. v. 23.2.2012, No. 27765/09, § 73 (Hervorhebungen durch die Verf.).

948 EGMR, *Hirsi Jamaa* a. o. vs. Italy, Urt. v. 23.2.2012, No. 27765/09, § 74.

zu verlassen, und den libanesischen Behörden überstellt wurden.[949] Der EGMR nahm im Ergebnis eine Verletzung von Art. 3 EMRK, Art. 4. des 4. Zusatzprotokolls zur EMRK und Art. 13 in Verbindung mit den jeweils anderen Artikeln an.[950] Streitig war vor allem, ob die Beschwerdeführer überhaupt unter die Jurisdiktion Italiens im Sinne von Art. 1 EMRK gelangt waren. Der EGMR äußerte sich dazu wie folgt: *„[…] by virtue of the relevant provisions of the law of the sea, a vessel sailing on the high seas is subject to the exclusive jurisdiction of the State of the flag it is flying. […] in the period between boarding the ships of the Italian armed forces and being handed over to the Libyan authorities, the applicants were under the continuous and exclusive de jure and de facto control of the Italian authorities.“*[951] Somit war für den Gerichtshof klar, dass sowohl das beflaggte Schiff als auch die effektive Kontrolle über die Flüchtlinge die italienische Jurisdiktion begründeten.

Aber auch wenn personelle Kontrolle Jurisdiktion zu begründen vermag, ist sich das Schrifttum nicht darüber einig, wie diese Kontrolle in der Praxis ausgestaltet sein muss. Bisher haben manche die Judikatur des EGMR dahingehend gedeutet, dass die physische Kontrolle über eine Person erforderlich sei.[952] Mit physischer Kontrolle seien vor allem eine Festnahme und die Inhaftierung einer Person gemeint.[953] Wenn eine solche physische Kontrolle nicht vorliegt, beispielsweise im Falle einer sofortigen Tötung ohne vorherige Ingewahrsamnahme, würde die Person auch nicht unter die Jurisdiktion des Staates gelangen.[954] Dieses Verständnis fußt vor allem auf der *Öcalan*-Entscheidung des EGMR, in der er die Jurisdiktion der Türkei bejahte, weil sie den Beschwerdeführer physisch zur Rückkehr in die Türkei gezwungen hatte: *„[…] In the instant case, the applicant was arrested by members of the Turkish security forces inside an aircraft in the international zone of Nairobi Airport. […] The Court considers that the circumstances of the present case are distinguishable from those in the*

949 Zum Sachverhalt vgl. EGMR, *Hirsi Jamaa a. o.* vs. Italy, Urt. v. 23.2.2012, No. 27765/09, §§ 9 ff.

950 EGMR, *Hirsi Jamaa a. o.* vs. Italy, Urt. v. 23.2.2012, No. 27765/09, §§ 6, 7, 9 und § 11.

951 EGMR, *Hirsi Jamaa a. o.* vs. Italy, Urt. v. 23.2.2012, No. 27765/09, §§ 77, 81.

952 In diese Richtung *Peters*, Die Anwendbarkeit der EMRK, AdVR 48 (2010), S. 1–57 (14 ff.).

953 *„[…] To take a person into custody or exerting full physical control over a person through apprehension or detention.“*, EGMR, *Chagos Islanders* vs. UK, Ents. v. 11.12.2012, No. 35622/04, § 70.

954 In diese Richtung in Bezug auf das sogenannte „targeted killing“ siehe *Strüwer*, Zum Zusammenspiel von humanitärem Völkerrecht und den Menschenrechten, S. 161.

aforementioned Banković and Others case, notably in that the applicant was ***physically forced*** *to return to Turkey by Turkish officials and was* ***subject to their authority and control following his arrest*** *and return to Turkey.* "[955] Diese Sichtweise wird jedoch von einigen Stimmen im Schrifttum kritisiert.[956] Es sei nicht angemessen, die Tötung einer Person nicht als jurisdiktionsbegründend anzusehen, denn die (Möglichkeit der) Tötung eines Menschen sei die stärkste Form von Kontrollausübung.[957] Eine nicht mit der gleichen Aufmerksamkeit wie *Banković* oder *Al-Skeini* betrachteten Entscheidung des EGMR aus dem Jahr 2007 deutet genau in diese Richtung. Im Fall *Mansur Pad* ging es um sieben Iraner und einen Iraker, die sich mit ihren Pferden im Nordirak im Mai 1999 nahe der türkischen Grenze aufhielten. Die Türkei räumte ein, dass sich zwei Helikopter den Männern näherten und diese bombardierten, weil sie vermuteten, dass sich Terroristen in dem Gebiet versteckten.[958] Sieben der Männer starben bei dem Angriff, wobei die genauen Tatumstände und der Tatort von den Beschwerdeführern (bei denen es sich um Angehörige der Verstorbenen und dem überlebenden Beteiligten handelte) und dem Beschwerdegegner unterschiedlich dargestellt wurden.[959] Der Gerichtshof musste entscheiden, ob sich die Getöteten unter der Jurisdiktion der Türkei befanden. Er führte aus: „*[…] a State may be held accountable for violations of the Convention rights and freedoms of persons who are in the territory of another State which does not necessarily fall within the legal space of the Contracting States, but who are found to be under the former State's authority and control through its agents operating – whether lawfully or unlawfully – in the latter State.*"[960] Damit nahm der EGMR ausdrücklich keine effektive Gebietskontrolle an, sondern stellte auf die handelnden türkischen Akteure ab, unter deren

955 EGMR, *Öcalan* vs. Turkey, Urt. v. 12.3.2003, No. 46221/99, § 93 (Hervorhebungen durch die Verf.); siehe aber auch EGMR, *Al-Saadoon and Mufdhi* vs. UK, Ents. v. 30.6.2009, No. 61498/08, §§ 86–89; EGMR, *Medvedyev a. o.* vs. France, Urt. v. 29.3.2010, No. 3394/03, §§ 66 f.

956 U. a. *Milanovic*, Extraterritorial Application of Human Rights Treaties, S. 190; *King*, The Extraterritorial Human Rights Obligations of States, HRLR 9 (2009), S. 521–556 (554).

957 *Milanovic*, Extraterritorial Application of Human Rights Treaties, S. 190; *King*, The Extraterritorial Human Rights Obligations of States, HRLR 9 (2009), S. 521–556 (554), der darauf hinweist, dass gerade die Verletzung des Rechts auf Leben keine vorherige Gefangennahme erfordert.

958 EGMR, *Mansur Pad a. o.* vs. Turkey, Ents. v. 28.6.2007, No. 60167/00, § 24.

959 EGMR, *Mansur Pad a. o.* vs. Turkey, Ents. v. 28.6.2007, No. 60167/00, §§ 5 ff. und §§ 21 ff.

960 EGMR, *Mansur Pad a. o.* vs. Turkey, Ents. v. 28.6.2007, No. 60167/00, § 53.

Kontrolle sich die Opfer befanden: „*[…] the Court considers that it is not required to determine the exact location of the impugned events, given that the Government had already admitted that* ***the fire discharged from the helicopters had caused the killing of the applicants' relatives****, who had been suspected of being terrorists. Accordingly, the Court finds that the victims of the impugned events were within the jurisdiction of Turkey at the material time.*"[961] Obwohl die tatsächlichen Umstände des Falles nicht festgestellt werden konnten, bejahte der EGMR die türkische Jurisdiktion aufgrund der Tatsache, dass die Türkei einräumte, die Opfer bombardiert und damit getötet zu haben. Er nahm eine personelle Kontrolle durch den Abwurf der Bomben an. Vergleicht man dieses Ergebnis mit der zeitlich früher ergangenen Entscheidung in *Banković*, fallen zwei Dinge auf: Der Gerichtshof beschäftigte sich bei *Banković* nur mit der Frage, ob effektive Gebietskontrolle vorlag; auf die Jurisdiktionsbegründung durch personelle Kontrolle ging er nicht näher ein. Die zweite Auffälligkeit, die der Grund für die abweichende Entscheidung sein könnte, betrifft den Sachverhalt. Das türkische Militär ließ die Bomben ganz bewusst auf die Personen abfallen, die sie für mutmaßliche Terroristen hielten, um diese an der Flucht zu hindern. Die NATO-Staaten bombardierten hingegen ein strategisches Gebäude. Das Ziel war nicht die Tötung der sich darin befindenden Menschen, sondern die Zerstörung des Gebäudes. Dieser Unterschied erinnert an den Ansatz im Schrifttum, auf die Gezieltheit der Schädigungshandlung abzustellen. Es wurde aber bereits dargelegt, weshalb das Abstellen auf Motive nicht sachgerecht sein kann.[962]

Ein Erklärungsansatz für die unterschiedliche Vorgehensweise des Gerichtshofs könnte darin liegen, dass der Gerichtshof zwischen Einzelaktionen im Rahmen von groß angelegten militärischen Operationen, im Fall *Banković* sogar mit NATO-Mandat, und sonstigen isolierten Einzelaktionen differenzieren möchte. Denn trotz NATO-Mandat hat keine (vorherige) Gebietsbesetzung stattgefunden. Der Entscheidung könnte der nachvollziehbare Gedanke zu Grunde liegen, dass Staaten nicht von der Beteiligung an Operationen im Rahmen eines internationalen Mandats abgehalten werden sollen, aus Angst für jede Handlung, bei der möglicherweise Zivilisten sterben, gegebenenfalls vor dem EGMR verantwortlich gemacht zu werden. Ob dies der tatsächliche Grund hinter der *Banković*-Entscheidung war, bleibt ungeklärt – die Entscheidung in der Sache *Al-Skeini* spricht gegen diese Annahme[963] – jedoch erscheint damit die

961 EGMR, *Mansur Pad a. o.* vs. Turkey, Ents. v. 28.6.2007, No. 60167/00, §§ 54 f. (Hervorhebungen durch die Verf.).

962 Siehe dazu Kapitel C.II.2.c)aa).

963 Siehe dazu weiter unten in diesem Abschnitt.

Entscheidung in *Pad*, in der eine faktische Handlung ohne vorherige Regimeentfaltung zur Jurisdiktionsbegründung ausreichte, nicht mehr widersprüchlich zu den Aussagen in *Banković* und *Hirsi Jamaa*.

Auch im Fall *Isaak* reichten dem EGMR faktische Handlungen des türkischen Militärs aus. Die Beschwerdeführer waren alle Zyprioten, darunter Anastassios Isaak, der bei den Vorfällen starb. Sie nahmen an einer Motorraddemonstration nahe der UN-Sicherheitszone teil, die sich gegen die türkische Besetzung von Nordzypern richtete. Die Beschwerdeführer drangen zu Fuß in die UN-Sicherheitszone ein, wo die Situation eskalierte. Dabei wurde Anastassios Isaak von einer Gruppe von Menschen, darunter befanden sich nach Aussage eines Mitglieds der UNFICYP auch türkisch-zypriotische Polizisten, zu Tode geprügelt.[964] Der EGMR entschied: *„In view of the above, even if the acts complained of took place in the neutral UN buffer zone, the Court considers that the deceased was under the authority and/or effective control of the respondent State through its agents.“*[965] Der EGMR hätte diesen Fall künstlich aufgespalten, wenn er nicht auf die faktischen Handlungen insgesamt abgestellt, sondern überlegt hätte, mit welchem der (einzelnen) Schläge das Opfer unter türkische Gewalt und damit unter türkische Jurisdiktion gelangt ist.[966]

Vergleichbar argumentierte der EGMR im Fall *Solomou*, als ein Staatsbürger aus Zypern in der UN-Sicherheitszone durch türkische Sicherheitskräfte beim Klettern auf einen Fahnenmast erschossen wurde. Auch hier nahm der Gerichtshof die Jurisdiktion der Türkei an.[967] Selbst wenn die Fälle *Isaak* und *Solomou* aufgrund der vergleichbaren Situation in der Regel in einem Atemzug genannt werden, muss zu *Solomou* angemerkt werden, dass sich der Fahnenmast auf dem Gebiet der Türkischen Republik Nordzyperns befand. Trotzdem verweist der EGMR bei der Frage der Jurisdiktion auf den Fall *Isaak* und nimmt gerade nicht die effektive territoriale Kontrolle an, sondern die Kontrolle durch die „state agents“.[968] Wenngleich hinter den beiden Entscheidungen der „Vakuum-Gedanke“ des EGMR stehen könnte, in dem Gebiet Zyperns die Konventionsrechte vollumfänglich zusichern zu wollen, bedient sich der Gerichtshof

---

964 EGMR, *Maria Isaak a. o.* vs. Turkey, Ents. v. 28.9.2006, No. 44587/98, 2 (b) (ii) unter „respondent Government's responsibility“.

965 EGMR, *Maria Isaak a. o.* vs. Turkey, Ents. v. 28.9.2006, No. 44587/98, 2 (b) (ii) unter „respondent Government's responsibility“.

966 Ebenso *King*, The Extraterritorial Human Rights Obligations of States, HRLR 9 (2009), S. 521–556 (554).

967 EGMR, *Solomou a. o.* vs. Turkey, Urt. v. 24.6.2008, No. 36832/97, §§ 48 ff.

968 EGMR, *Solomou a. o.* vs. Turkey, Urt. v. 24.6.2008, No. 36832/97, § 51.

zur Begründung der türkischen Jurisdiktion nicht der Fallgruppe der militärischen Besetzung, sondern stellt auf die einzelnen Handlungen der türkischen Polizisten ab.

Nachdem eine klare Linie in der Rechtsprechung auch nach diversen Entscheidungen nicht erkennbar war, erhofften sich viele, dass der EGMR in seiner *Al-Skeini* Entscheidung zu den zwei Fallgruppen der effektiven Kontrolle Stellung beziehen und diese konkretisieren würde.[969] Jedoch vermischte er die Voraussetzungen der territorialen und der personellen Kontrolle sogar noch.[970] Gegenstand des Falles war der Tod von sechs Verwandten der Beschwerdeführer, die alle in Al-Basrah, einer Stadt im Süden Iraks, im Jahr 2003 ums Leben gekommen waren. Drei der Opfer wurden durch britisches Militär erschossen, einer wurde bei einem Feuerwechsel zwischen britischen Soldaten und unbekannten Schützen durch einen Schuss getroffen, ein weiteres Opfer wurde von den Soldaten getreten und gezwungen in einen Fluss zu steigen, wo er ertrank. Und das letzte Opfer starb in einem britischen Militärstützpunkt. Der Gerichtshof musste entscheiden, ob die Opfer unter der Jurisdiktion Großbritanniens standen. Dabei ging er zunächst allgemein auf beide Fallgruppen ein und bezog sich dafür auf einige früher ergangene Urteile.[971] Dabei fällt auf, dass sich der EGMR im Rahmen des Abschnitts „state agent authority and control" auf Erklärungsansätze bezog, die er sonst bei Fällen territorialer Kontrolle verwendete: „*[…] the Court has recognised the exercise of extraterritorial jurisdiction by a Contracting State when, through the consent, invitation or acquiescence of the Government of that territory, it exercises all or some of the public powers normally to be exercised by that Government.*"[972] Bei der Anwendung der Grundsätze auf den konkreten Sachverhalt vermischt er dann Elemente der territorialen mit solchen der personellen Kontrolle, um letztlich die Jurisdiktion Großbritanniens zu bejahen: „*[…] the United Kingdom […] assumed in Iraq the exercise of some of the public powers normally to be exercised by a sovereign government. In particular, the United Kingdom assumed authority and responsibility for the maintenance of security in south-east Iraq. […] The Court considers that the United Kingdom, through its soldiers engaged in security operations in Basra during the period in*

969 *Milanovic*, Extraterritorial Application of Human Rights Treaties, S. 191.

970 Ebenso *Jankowska-Gilberg*, Das Al-Skeini-Urteil des Europäischen Gerichtshofs für Menschenrechte, AdVR 50 (2012), S. 61–74 (66); *Szydlo*, Extra-Territorial Application of the European Convention on Human Rights after Al-Skeini and Al-Jedda, ICLR 12 (2012), S. 271–291 (286).

971 EGMR, *Al-Skeini a. o.* vs. UK, Urt. v. 7.7.2011, No. 55721/07, §§ 133 ff. und §§ 138 ff.

972 EGMR, *Al-Skeini a. o.* vs. UK, Urt. v. 7.7.2011, No. 55721/07, § 135.

question, exercised authority and control over individuals killed in the course of such security operations, so as to establish a jurisdictional link between the deceased and the United Kingdom for the purposes of Article 1 of the Convention."[973] Der EGMR nahm somit ausdrücklich keine effektive Gebietskontrolle an, sondern bejahte die Jurisdiktion Großbritanniens, indem er die große militärische Präsenz mit dem Argument kombinierte, dass die Soldaten über die getöteten Opfer Autorität und Kontrolle ausübten.

Auch nach der *Al-Skeini*-Entscheidung bleibt also offen, unter welchen Umständen extraterritoriale Jurisdiktion in Fällen effektiver Kontrollausübung begründet wird.[974] *Al-Skeini* hat aber gezeigt, dass der Gerichtshof nicht an starren Kriterien festhält, sondern eine Gesamtschau vornimmt und die Kontrolltatbestände sogar kombiniert. Der EGMR bezeichnet Art. 1 EMRK als „threshold criterion"[975] und macht durch seine Rechtsprechung deutlich, dass es sich bei der Frage, wann dieses erreicht und damit Jurisdiktion begründet wird, (weiterhin) um eine Einzelfallentscheidung handelt.

Eine weitere Feststellung in *Al-Skeini* war jedoch ein Novum und stellte eine Kehrtwende zu der bisherigen Rechtsprechung des EGMR dar.[976] In *Banković* vertrat der Gerichtshof noch die Auffassung, dass die Konventionsrechte entweder vollumfänglich oder gar nicht gewährleistet werden müssten, aber dass eine situative Anpassung mit dem Sinn von Art. 1 EMRK nicht in Einklang stehen würde: „*[The applicants] claim that the positive obligation under Article 1 extends to* ***securing the Convention rights in a manner proportionate to the level of control*** *exercised in any given extra-territorial situation. The Governments contend that this amounts to a* ***'cause-and-effect' notion of jurisdiction*** *[…]. The Court considers that the applicants' submission is tantamount to arguing that anyone adversely affected by an act imputable to a Contracting State, wherever in the world that act may have been committed or its consequences felt, is thereby brought within*

973 EGMR, *Al-Skeini a. o.* vs. UK, Urt. v. 7.7.2011, No. 55721/07, § 149; dazu weiterführend siehe *Szydlo*, Extra-Territorial Application of the European Convention on Human Rights after Al-Skeini and Al-Jedda, ICLR 12 (2012), S. 271–291 (insb. 286 ff.).

974 In einer concurring opinion zum Fall Al-Skeini bezeichnete Richter Bonello die Rechtsprechung des EGMR zu extraterritorialer Jurisdiktion als „*patchwork case-law at best*". Der EGMR hätte einige „*leading judgments*" hervorgebracht, „*based on a need-to-decide basis*", EGMR, *Al-Skeini a. o.* vs. UK, Urt. v. 7.7.2011, No. 55721/07, Concurring Opinion of Judge Bonello.

975 EGMR, *Al-Skeini a. o.* vs. UK, Urt. v. 7.7.2011, No. 55721/07, § 130.

976 Bestätigt hat er diese Neuerung ein Jahr später in EGMR, *Hirsi Jamaa* a. o. vs. Italy, Urt. v. 23.2.2012, No. 27765/09, § 74.

the jurisdiction of that State for the purpose of Article 1 of the Convention. […] The Court is of the view that the wording of Article 1 ***does not provide any support for the […] suggestion that the positive obligation […] can be divided and tailored in accordance with the particular circumstances*** *of the extra-territorial act in question […]. Furthermore, the applicants' notion of jurisdiction equates the determination of whether an individual falls within the jurisdiction of a Contracting State with the question of whether that person can be considered to be a victim of a violation of rights guaranteed by the Conventions. These are separate and distinct admissibility conditions […].*"[977] Der Gerichtshof sah demnach die Gefahr, dass die Frage der Betroffenheit einer Person in einem Konventionsrecht, also der Opferstatus, dem Erfordernis der Jurisdiktionsbegründung gleichgesetzt werden würde und dass sich potenzielle Opfer eben soweit auf die Konventionsrechte berufen würden, als sie auch betroffen seien.

In *Al-Skeini* und *Hirsi Jamaa* revidierte der EGMR jedoch seine Sichtweise und akzeptierte nun eine situative Anwendung der Konventionsrechte im Falle einer personellen Kontrolle[978]: „*Whenever the State through its agents operating outside its territory exercises control and authority over an individual, and thus jurisdiction, the State is under an obligation under Article 1 to secure to that individual the rights and freedoms under Section I of the Convention that are relevant to the situation of that individual. In this sense, therefore,* ***the Court has now accepted that Convention rights can be 'divided and tailored'.***"[979] Dieses Umdenken ist zu begrüßen. Ein „Alles-oder-nichts"-Ansatz ist im Falle einer Kontrolle über eine Person nicht sachgerecht. Wenn staatliche Organe eine Person in Gewahrsam nehmen und sie dabei misshandeln oder foltern, benötigt der Einzelne einen anderen Schutz durch die Konvention, als wenn jemand durch einen gezielten Schuss schwer verletzt wird.

cc) Parallelität zur Soering-Entscheidung

Die Beschwerdeführer im Fall *Banković* versuchten in ihrem Vorbringen, eine Parallele zu der Entscheidung des Gerichtshofs im Fall *Soering* aus dem Jahr

977 EGMR, *Banković a. o.* vs. Belgium & 16 other NATO-States, Ents. v. 12.12.2001, No. 52207/99, § 75 (Hervorhebungen durch die Verf.).

978 Liegt effektive Gebietskontrolle vor, so muss der Konventionsstaat alle Konventionsrechte hinsichtlich aller Dimensionen garantieren.

979 EGMR, *Hirsi Jamaa* a. o. vs. Italy, Urt. v. 23.2.2012, No. 27765/09, § 73 (Hervorhebungen durch die Verf.); EGMR, *Al-Skeini a. o.* vs. UK, Urt. v. 7.7.2011, No. 55721/07, § 137; beide Urteile verweisen auf die Aussagen des EGMR in EGMR, *Banković a. o.* vs. Belgium & 16 other NATO-States, Ents. v. 12.12.2001, No. 52207/99, § 75.

1989 herzustellen.[980] Darin ging es um eine Auslieferungsentscheidung Großbritanniens, die, wie der EGMR feststellte, nicht mit Art. 3 EMRK vereinbar war. Herr Soering ist ein deutscher Staatsbürger, der in den Vereinigten Staaten wegen Mordes an den Eltern seiner damaligen Freundin verurteilt wurde. Da Soering nach Großbritannien geflohen war, stellten die Vereinigten Staaten einen Auslieferungsantrag.[981] Der EGMR entschied, dass eine Auslieferung den Beschwerdeführer in seinem Recht aus Art. 3 EMRK verletzen würde, weil ihm nach der Überstellung in die USA die Todesstrafe und ein Leiden unter dem „death row phenomenon“ drohen würden.[982] Der Gerichtshof sah Großbritannien in der Verantwortung, weil durch die innerstaatliche Auslieferungsentscheidung und die anschließende Überführung die (extraterritoriale) unmenschliche Behandlung erst ermöglicht worden wäre.[983] Die Beschwerdeführer im Fall *Banković* argumentierten, dass auch der Bombenabwurf nur eine extraterritoriale Folge einer vorherigen, auf den Staatsgebieten der beklagten EMRK-Staaten getroffenen Entscheidung war und deshalb gleichermaßen Jurisdiktion begründet wurde.[984] Der Gerichtshof sah jedoch keine Gleichartigkeit zwischen den beiden Fällen, insbesondere weil sich Soering zur Zeit der Auslieferungsentscheidung im Hoheitsgebiet Großbritanniens und damit unstreitig unter dessen Jurisdiktion befand; ganz anders als die Opfer des Bombenabwurfs in *Banković*. Der Fall *Soering* hatte, so der Gerichtshof, keinen extraterritorialen Hoheitsakt zum Gegenstand.[985]

980 EGMR, *Soering* vs. UK, Urt. v. 7.7.1989, No. 14038/88.

981 EGMR, *Soering* vs. UK, Urt. v. 7.7.1989, No. 14038/88, §§ 11 ff.

982 EGMR, *Soering* vs. UK, Urt. v. 7.7.1989, No. 14038/88, §§ 92 ff.

983 *„These considerations cannot, however, absolve the Contracting Parties from responsibility under Article 3 for all and any foreseeable consequences of extradition suffered outside their jurisdiction.“*, EGMR, *Soering* vs. UK, Urt. v. 7.7.1989, No. 14038/88, § 86.

984 EGMR, *Banković a. o.* vs. Belgium & 16 other NATO-States, Ents. v. 12.12.2001, No. 52207/99, § 53.

985 EGMR, *Banković a. o.* vs. Belgium & 16 other NATO-States, Ents. v. 12.12.2001, No. 52207/99, §§ 68, 77; diese Aussage steht in einem gewissen Gegensatz zu der Äußerung des EGMR im Falle *Loizidou*, indem er für die Möglichkeit, dass staatliche Handlungen nicht auf das eigene Territorium begrenzt seien, gerade auf *Soering* und andere Auslieferungsfälle verwies: *„[...] although Article 1 sets limits on the reach of the Convention, the concept of 'jurisdiction' [...] is not restricted to the national territory [...]. [...] the Court has held that the extradition or expulsion of a person by a Contracting State may give rise to an issue under Article 3 [...].“*, EGMR, *Loizidou* vs. Turkey, Urt. (Preliminary Objections) v. 23.3.1995, No. 15318/89, § 62.

Die Einordnung der *Soering*-Rechtsprechung wird im Schrifttum aber weitaus kontroverser diskutiert, als die Ausführungen des Gerichtshofs in *Banković* vermuten lassen. Uneinigkeit besteht vor allem darüber, wie eine Verantwortlichkeit der Staaten – in Bezug auf die unterschiedlichen Menschenrechtsdimensionen – in Fällen der Auslieferung und anderer aufenthaltsbeendender Maßnahmen begründet wird.[986] Der EGMR selbst hat sich dazu in keinem der bisher entschiedenen Fälle geäußert.

(1) Achtungs- oder Schutzpflicht?

Das rechtswissenschaftliche Schrifttum ist sich keinesfalls einig darüber, wie eine staatliche Verpflichtung zur Nichtauslieferung rechtlich begründet werden kann. Im Folgenden sollen die mehrheitlich vertretenen Ansätze in gebotener Kürze dargestellt werden.

Vereinzelt wird vertreten, dass die menschenrechtswidrige Handlung des Empfangsstaates über die Regeln der Staatenverantwortlichkeit dem Aufenthaltsstaat zugerechnet wird. Diesen würde demnach eine Unterlassungspflicht treffen.[987] Der Ansatz kann aber schon deshalb nicht überzeugen, weil das für eine Zurechnung notwendige Kriterium der Kontrolle über den handelnden staatlichen oder privaten Akteur in diesen Fällen nicht gegeben ist.[988]

Ein Teil der Stimmen im Schrifttum sieht in dem Gebot der Nichtauslieferung in Fällen von drohenden gravierenden Menschenrechtsverletzungen die konventionsrechtliche Achtungspflicht der Staaten aktiviert.[989] So sei die Rückführung diejenige Handlung, die unmittelbar zu der Konventionsverletzung führen würde.[990] Der EGMR selbst sprach in *Banković* davon, dass *„liability is incurred*

---

986 Siehe zu den unterschiedlichen Ansichten *Künzli*, Zwischen Rigidität und Flexibilität, S. 153 ff.

987 In diese Richtung *Schilling*, Internationaler Menschenrechtsschutz, Rn. 158.

988 So auch *Papp*, Extraterritoriale Schutzpflichten, S. 88; *Peters*, Die Anwendbarkeit der EMRK, AdVR 48 (2010), S. 1–57 (7); *Cremer*, Der Schutz vor den Auslandsfolgen aufenthaltsbeendender Maßnahmen, S. 215.

989 *Streuer*, Die positiven Verpflichtungen der Staaten, S. 42; *Szczekalla*, Die sogenannten grundrechtlichen Schutzpflichten, S. 752 ff.; *Buß*, Grenzen der dynamischen Vertragsauslegung, in: DÖV 51 (1998), S. 323–330 (324 f.); *Cremer*, Der Schutz vor den Auslandsfolgen aufenthaltsbeendender Maßnahmen, S. 252 ff.

990 *Vogler*, The scope of extradition, in: *Matscher/Petzold*, Studies in honour of Gérard J. Wiarda 1988, S. 663–671 (667); *Jankowska-Gilberg*, Extraterritorialität der Menschenrechte, S. 78 ff. (insb. 80), die darauf hinweist, dass die Auslieferungsentscheidung eine neutrale Handlung sei, erst die Durchführung der Entscheidung sei konventionsrechtswidrig; *Roxstrom/Gibney/Einarsen*, The NATO Bombing Case,

in such cases by an action of the respondent State concerning a person while he or she is on its territory".[991] Zumindest dem Wortlaut nach stellte der Gerichtshof auf die Handlung („action") des Konventionsstaates ab.

Demgegenüber stehen die Vertreter der Ansicht, im Falle einer drohenden unmenschlichen Behandlung durch einen Drittstaat würde dem Aufenthaltsstaat eine Schutzpflicht obliegen, den Betroffenen nicht auszuliefern.[992] Die Gefahr für das Rechtsgut des Betroffenen liege nicht in dem Akt der Auslieferung, sondern vielmehr in der Handlung durch den Drittstaat – dies sei aber gerade die typische Schutzpflichtenkonstellation.[993]

BUILJ 55 (2005), S. 55–136 (102): „*The type of act that grounds responsibility in these cases consists in the physical removal of a person from the Contracting State's territory to the receiving state's territory; stated differently, it consists in the relinquishing of power and control over that person to the receiving state.*"; in Bezug auf die identische Frage bei den Grundrechten siehe *Cremer*, Der Schutz vor den Auslandsfolgen aufenthaltsbeendender Maßnahmen, S. 247, der überzeugend ausführt: „*Grundrechtsschutz gegen aufenthaltsbeendende Maßnahmen ist […] nicht darauf gerichtet, die Bundesrepublik Deutschland zu verpflichten, ihre neutrale Äquidistanz zu zwei Polen eines Konflikts aufzugeben, um sich positiv handelnd zum Schutze der Grundrechte des betroffenen Ausländers […] einzusetzen […]. Vielmehr läßt er sich nur so vorstellen, dass er der deutschen öffentlichen Gewalt die Ausübung von Zwang zur Ausreise verbietet, weil dieser Zwang den Betroffenen einer Gefahrenquelle für ein Grundrechtsgut aussetzt.*".

991 EGMR, *Banković a. o.* vs. Belgium & 16 other NATO-States, Ents. v. 12.12.2001, No. 52207/99, § 68; so auch in EGMR, *Al-Adsani* vs. UK, Urt. v. 21.11.2001, No. 35763/97, § 39, darin stellte der Gerichtshof explizit auf die Entscheidung des Konventionsstaates ab: „*to the extent that the decision by a Contracting State to expel an individual might engage the responsibility of that State under the Convention*".

992 *Papp*, Extraterritoriale Schutzpflichten, S. 90 f.; *Wiesbrock*, Internationaler Schutz der Menschenrechte, S. 126 f.; *Grabenwarter/Pabel*, Europäische Menschenrechtskonvention, § 17 Rn. 18 und § 20 Rn. 75; *Ress*, The Duty to Protect and to Ensure, in: *Klein*, Colloquium, S. 165–205 (188 ff.); *Jaeckel*, Schutzpflichten im deutschen und europäischen Recht, S. 159 f.; *Frey*, Obligations to Protect the Right to Life, in: *Gibney/Skogly*, Universal Human Rights, S. 30–54 (48 f.); *Hailbronner*, Art. 3 EMRK, in: DÖV 52 (1999), S. 617–624 (insb. 618); *Künzli*, Zwischen Rigidität und Flexibilität, S. 265 ff.; *Stahl*, Schutzpflichten im Völkerrecht, S. 215; siehe kritisch zu der Einordnung der Auslieferungsfälle in die Schutzpflichtendimension der Grundrechte *Cremer*, Der Schutz vor den Auslandsfolgen aufenthaltsbeendender Maßnahmen, S. 233 ff.

993 *Jaeckel*, Schutzpflichten im deutschen und europäischen Recht, S. 159 f., die darauf hinweist, dass es keinen Unterschied machen kann ob die Bedrohung aus dem In- oder Ausland kommt.

Es wird als großes Versäumnis des EGMR angesehen, die *Soering*-Konstellation im Rahmen der *Banković*-Entscheidung nicht näher beleuchtet zu haben.[994] Es sei nicht nachvollziehbar, weshalb ein Staat einen Menschen nicht ausliefern darf, wenn ihn im Ausland eine unmenschliche Behandlung im Sinne von Art. 3 EMRK erwartet, derselbe Staat aber im Ausland selbst andere Menschen unmenschlich behandeln könnte.[995] Bei einer Übertragung der dogmatischen Erklärungsansätze der *Soering*-Entscheidung auf den Fall *Banković* ergeben sich je nach Annahme einer Achtungs- oder Schutzpflicht unterschiedliche Konsequenzen. Würde man den Vertretern der Ansicht folgen, die in Fällen aufenthaltsbeendender Maßnahmen bei drohender unmenschlicher Behandlung im Zielstaat eine Schutzpflicht des Staates als gegeben ansehen, dann ließe sich eine Parallele zu *Banković* kaum herstellen. Denn bei *Banković* wurde das konventionsverletzende Unrecht gerade nicht durch den Drittstaat unternommen, sondern durch die Konventionsstaaten selbst.[996] Nimmt man aber eine Achtungspflicht der Staaten an, dann sind die Unterschiede zum Fall *Soering* nicht mehr so offensichtlich gegeben. Die Beschwerdeführer in *Banković* stellten auf die Bombardierungsentscheidung ab und verglichen diese mit der Auslieferungsentscheidung über Herrn Soering. Jedoch sprechen die Ausführungen des EGMR dafür, dass nicht die Entscheidung selbst die Konventionsverletzung darstellt, sondern die Übergabe des Beschwerdeführers in eine fremde Hoheitsgewalt, also der Auslieferungsakt selbst.[997] In diesem Sinne wäre aber auch die Entscheidung über den

---

994 *Roxstrom/Gibney/Einarsen*, The NATO Bombing Case, BUILJ 55 (2005), S. 55–136 (100 ff.); *Jankowska-Gilberg*, Extraterritorialität der Menschenrechte, S. 77 ff. (insb. 81).

995 *Roxstrom/Gibney/Einarsen*, The NATO Bombing Case, BUILJ 55 (2005), S. 55–136(102).

996 Hier stellt sich die Frage, ob nicht der Staat, über dem die Bomben abgeworfen wurden, sofern er selbst Mitgliedstaat der EMRK wäre, eine Schutzpflicht treffen könnte oder ob insofern die bombardierenden Staaten selbst aus ihrer Achtungspflicht verantwortlich wären. Dieser Gedanke knüpft an die diskutierte Frage an, ob der Fall *Banković* anders entschieden worden wäre, wenn sich der Sachverhalt innerhalb des *espace juridique* der EMRK abgespielt hätte, vgl. dazu *Jankowska-Gilberg*, Extraterritorialität der Menschenrechte, S 61; *Ress*, State Responsibility for Extraterritorial Human Rights Violations, ZEuS 1 (2003), S. 73–89 (85); *Lawson*, Life After Bankovic, in: *Coomans/Kamminga*, Extraterritorial Application of Human Rights Treaties, S. 83–123 (114).

997 EGMR, *Soering* vs. UK, Urt. v. 7.7.1989, No. 14038/88, §§ 88, 111: *„inherent obligation not to extradite"* und *„Accordingly, the Secretary of State's decision to extradite the applicant to the United States would,* ***if implemented****, give rise to a breach of Article 3."* (Hervorhebung durch die Verf.); so auch *Jankowska-Gilberg*, Extraterritorialität der Menschenrechte, S. 80, welche die Auslieferungsentscheidung ansich als in der Regel neutral ansieht.

Abwurf von Bomben so lange „neutral", bis die Entscheidung ausgeführt würde. Es könnte ja beispielsweise zeitlich kurz nach dem Bombardierungsbeschluss ein Waffenstillstandsabkommen unterzeichnet worden sein oder die internationale Gemeinschaft könnte den Konflikt in der Region zumindest zeitweise beigesetzt haben. Somit wäre der Akt der Auslieferung an eine fremde Hoheitsgewalt mit der Bombardierung des Gebäudes der Radiostation zu vergleichen. Bei *Banković* ereignete sich die strittige Handlung unmittelbar in einem Drittstaat und die Beschwerdeführer waren zu diesem Zeitpunkt nicht auf dem Territorium der beklagten Staaten. Herr Soering befand sich hingegen während der konventionsrelevanten Handlung auch in Großbritannien; das heißt, er befand sich zumindest nicht ausschließlich auf fremdem Hoheitsgebiet.

Damit aber die Auslieferung die Achtungspflicht im Bereich des Art. 3 EMRK auszulösen vermag, ist es geboten, dass der Gerichtshof die tatsächliche Situation in dem Staat, an den der Betroffene ausgeliefert werden soll, erfasst.[998] Der EGMR bewertet dadurch keinesfalls eine Verantwortlichkeit des Drittstaates, aber die tatsächlich drohende unmenschliche Behandlung ist unmittelbar mit der staatlichen Verpflichtung aus Art. 3 EMRK verknüpft.[999] Die Situation im Fall *Soering* weist also durchaus einen extraterritorialen Bezug auf, denn ohne die extraterritoriale Gefährdung wäre eine Nichtauslieferungspflicht nach Art. 3 EMRK ausgeschlossen. Diese notwendige Heranziehung von Drittverhalten für die Bewertung des staatlichen Handelns ist einer der Gründe der Anhänger der Schutzpflichtenlösung, einen abwehrrechtlichen Ansatz für nicht vertretbar zu halten. Wenn das Unrecht durch einen Dritten verübt und eine staatliche Pflicht gerade aufgrund dieser Handlung aktiviert würde, dann müsste sich der Staat schützend vor die betroffene Person stellen und ihn vor dem Unrecht bewahren.[1000]

Die Besonderheit der Auslieferungssituation bestehe darin, dass eine Rechtsverletzung erst im Ausland drohe und das Verhalten des Auslieferungsstaates isoliert betrachtet neutral zu bewerten sei.[1001] Eigentlich müsse der Staat erst dann lenkend in die Situation eingreifen, wenn die betroffene Person ausgeliefert worden wäre und dort die Entscheidung über die Todesstrafe gefällt werden

---

998 *Cremer*, Verpflichtungsstrukturen der Menschenrechte, in: *Demko/Brudermüller/Seelmann*, Menschenrechte, S. 107–183 (160).

999 *Cremer*, Verpflichtungsstrukturen der Menschenrechte, in: *Demko/Brudermüller/Seelmann*, Menschenrechte, S. 107–183 (160); *Cremer*, Der Schutz vor den Auslandsfolgen aufenthaltsbeendender Maßnahmen, S. 215 ff.

1000 *Jaeckel*, Schutzpflichten im deutschen und europäischen Recht, S. 159 f.

1001 *Jankowska-Gilberg*, Extraterritorialität der Menschenrechte, S. 80.

würde. Zu diesem Zeitpunkt hätte der ausliefernde Staat aber nicht mehr die Möglichkeit, die Situation zu beeinflussen und die unmenschliche Behandlung abzuwenden.[1002] Wie aber bereits gezeigt,[1003] greift die staatliche (Schutz-) Pflicht nicht immer erst bei Vollendung einer Rechtsgutverletzung, sondern kann bereits präventive Maßnahmen erforderlich machen, wie beispielsweise Gefahrerforschungsmaßnahmen oder weitere Untersuchungen. Abhängig wäre die staatliche Pflicht von einer Prognoseentscheidung über die Gefahr, die dem Betroffenen im Gaststaat drohen könnte. Die Gefahrenschwelle muss gerade bei Sachverhalten mit extraterritorialem Bezug aufgrund der begrenzten kurativen Handlungsmöglichkeiten des Staates nicht so hoch sein wie bei vergleichbaren inländischen Situationen. Noch bevor der Staat eine Person ausliefert, müsste er somit seiner Schutzverpflichtung nachkommen und über die extraterritorialen Gefahren entscheiden, weil er nach der Auslieferung der betroffenen Person an eine fremde Staatsgewalt keine vergleichbaren Handlungsmöglichkeiten mehr hat. Daraus folgt, dass der Staat, wenn er keine Gefahr erkennen und die Person ausliefern würde, unabhängig von einer tatsächlichen Gefahrrealisierung im Zielstaat, keine Pflichtverletzung begangen hätte, weil sich die Pflicht in der sorgfältig zu treffenden Prognoseentscheidung erschöpfen würde. Genauer gesagt wäre der tatsächliche Geschehensablauf ab dem Zeitpunkt der Auslieferung für die Beurteilung der staatlichen Verantwortlichkeit nach der EMRK irrelevant. Dieser Lösungsweg würde unter der Prämisse stehen, dass die staatliche Jurisdiktion (nur) zu dem Zeitpunkt bestehen müsste, in dem der Staat seine Prognose treffen und gegebenenfalls seine Schutzhandlung vornehmen müsste. Während der eigentlich menschenrechtsbeeinträchtigenden Situation würde hingegen keine Jurisdiktion des Auslieferungsstaates mehr bestehen. Diese Annahme wird von einigen abgelehnt.[1004] Jurisdiktion müsse gerade *„zum Zeitpunkt der Ausübung des Menschenrechts vorliegen“*[1005]. Bei Auslieferungsfällen liege deshalb eine *extrajurisdiktionelle* Freiheitsbeeinträchtigung vor. Dieser könne folglich auch nur mittels *„extrajurisdiktionellen Schutzpflichten“* begegnet werden.[1006] Dass dies kein normaler Fall von Schutzpflichten sei, zeige sich daran, dass der EGMR nur bestimmte Rechte bezüglich des Verbots

---

1002 *Maaßen*, die Rechtsstellung des Asylbewerbers im Völkerrecht, S. 126.

1003 Siehe Kapitel B.III.3.a)cc).

1004 *Maaßen*, die Rechtsstellung des Asylbewerbers im Völkerrecht, S. 127 f., welcher die Rechtsprechung stark kritisiert und die Schwelle zulässiger richterlicher Rechtsfortbildung als überschritten ansieht; *Papp*, Extraterritoriale Schutzpflichten, S. 91 ff.

1005 *Papp*, Extraterritoriale Schutzpflichten, S. 92.

1006 *Papp*, Extraterritoriale Schutzpflichten, S. 91 ff.

einer Aufenthaltsbeendigung annimmt, wie Art. 2 und Art. 3 EMRK.[1007] Würde es, nach *Papp*, aber alleine auf einen *intrajurisdiktionellen* Sachverhalt ankommen, so müsste der Staat alle Konventionsrechte gleichermaßen schützen.[1008] Die Rechtsprechung zeige aber gerade, dass die entsprechenden Fälle aufgrund der situativen Besonderheiten einen großen Begründungsaufwand erfordern, was bei intrajurisdiktionellen Pflichten nicht erforderlich wäre.[1009]

Die Konstruktion der extrajurisdiktionellen Schutzpflichten erinnert an eine Rechtsfigur aus dem deutschen Strafrecht. Die staatliche Schutzpflicht erwächst aus einer bereits abgeschlossenen Handlung des ausliefernden Staates. Ohne die Anknüpfung an ein vorangegangenes staatliches Tun hätte ein EMRK-Staat für jeden von einem Todesurteil in beispielsweise den USA Betroffenen eine Schutzverpflichtung; natürlich ein völlig abwegiger Gedanke. Wenn aber an die (Vor-) Handlung des Auslieferstaates für dessen Verantwortlichkeit angeknüpft wird, dann kann die rechtliche Situation mit einer *Garantenstellung kraft gefahrerhöhenden Vorverhaltens (Ingerenz)* verglichen werden. Denn nach einer Ansicht im Schrifttum kommt es nicht darauf an, ob die Auslieferung als vorangegangenes Tun rechtmäßig oder rechtswidrig war. Allein entscheidend für die Begründung der besonderen Schutzpflicht ist die Schaffung einer in Bezug auf die drohende Schädigung kausalen Gefahr.[1010] Unter Zuhilfenahme dieser strafrechtlichen Rechtsfigur kann zumindest der eigene staatliche Handlungsbeitrag logisch mit einer daraus folgenden Schutzpflicht verknüpft werden.[1011]

Dennoch zeigt sich, dass die Konstruktion einer Schutzpflicht bei aufenthaltsbeendenden Maßnahmen eines Staates nicht ohne logische Brüche erfolgen kann. Es erscheint durchaus als gekünstelt, dass um einen eigenen „Tatbeitrag" des ausliefernden oder abschiebenden Staates herum, eine Schutzpflicht konstruiert wird. Gerade weil der Staat durch die Entscheidung über die Aufenthaltsbeendigung und die Ausführung derselben einen aktiven Handlungsteil übernommen hat, wirkt die Annahme einer Achtungspflicht rechtlich greifbarer. Bei einer staatlichen Verpflichtungssituation besteht entweder ein

---

1007 *Papp*, Extraterritoriale Schutzpflichten, S. 92.

1008 *Papp*, Extraterritoriale Schutzpflichten, S. 92 f.

1009 *Papp*, Extraterritoriale Schutzpflichten, S. 93.

1010 So bspw. vertreten von *Kindhäuser*, Strafrecht AT, § 36 Rn. 68 m.w.N., mit einer Einschränkung in der Situation eines dem Angreifer gegenüber bestehenden Notwehrrechts; vgl. dazu auch *Kühl*, Strafrecht AT, § 18 Rn. 91 ff.

1011 Trotzdem sei an dieser Stelle erwähnt, dass bereits die Existenz einer Garantenstellung aus Ingerenz in der Strafrechtslehre umstritten ist. Siehe zu den Einzelheiten der Fallgruppe *Kühl*, Strafrecht AT, § 18 Rn. 91 ff.

Zwei-Personen-Verhältnis aus dem Staat als Schädiger und der betroffenen Person. Oder ein Drei-Personen-Verhältnis zwischen dem neutralen Staat, einem Dritten als Schädiger und wiederum der betroffenen Person. Staatliche Schutzpflichten werden nur in der letztgenannten Situation aktiviert. Charakteristisch für diese Rechtsdimension ist eine von der Schädigung unabhängige Position des Staates.[1012] Die menschenrechts-beeinträchtigende Situation entsteht somit ohne sein Zutun. Im Falle einer Schädigung muss der Staat seine neutrale Position aufgeben und sich auf die Seite des Opfers stellen beziehungsweise die Interessen beider Positionen miteinander in Ausgleich bringen.[1013]

Bei aufenthaltsbeendenden Maßnahmen des Staates besteht dieses Dreieck von Beginn an nicht in gleicher Weise.[1014] Denn ohne die Auslieferung des Staates würde es nie zu einer eventuellen Schädigung von Seiten des Dritten kommen können. Die Handlung ist somit Vorbedingung zur Schädigung. Dann hat der ausliefernde Staat aber nie eine neutrale Position, sondern stellt sich mit der Entscheidung und der Durchführung über die Aufenthaltsbeendigung auf die Seite des möglicherweise schädigenden Dritten.[1015]

Verkompliziert wird die Situation dadurch, dass der Handlungsbeitrag des ausliefernden Staates für sich genommen zu keiner Konventionsverletzung führen würde. Erst in Verbindung mit der drohenden unmenschlichen Behandlung durch den Zielstaat würde die Schwelle für die Entstehung eines Abwehrrechts überschritten.[1016] Wenn sich der von der aufenthaltsbeendenden Maßnahme Betroffene gegen die Rechtsverletzung effektiv zur Wehr setzen möchte, dann müsste die Ausübung des Abwehrrechts gegen die Maßnahme dazu führen, dass

---

1012 *Cremer*, Der Schutz vor den Auslandsfolgen aufenthaltsbeendender Maßnahmen, S. 240 f.

1013 *Cremer*, Der Schutz vor den Auslandsfolgen aufenthaltsbeendender Maßnahmen, S. 240 f.

1014 *Cremer*, Der Schutz vor den Auslandsfolgen aufenthaltsbeendender Maßnahmen, S. 241 f.

1015 *Cremer*, Der Schutz vor den Auslandsfolgen aufenthaltsbeendender Maßnahmen, S. 241 f., der die Situation in Bezug auf die Grundrechte treffend beschreibt: „*Damit ist die typische Konstellation des Rechts-Dreiecks durchbrochen, indem der Staat nun nicht mehr untätig außerhalb der Konfliktsphäre steht, sondern einen eigenständigen Beitrag dazu leistet, die von dritter Seite ausgehende Gefahr für die Grundrechte zu erhöhen.*“.

1016 Siehe dazu überzeugend *Cremer*, Der Schutz vor den Auslandsfolgen aufenthaltsbeendender Maßnahmen, S. 248 ff.

die konventionsrechtlich relevante Handlung insgesamt unterbleibt.[1017] Die Verbindung zwischen staatlichem Tun und schädigendem Drittverhalten müsste so ursächlich sein, dass das Drittverhalten nicht ohne staatlichen Beitrag zu einer Konventionsverletzung führen würde.[1018]

In dieser Handlungsverkoppelung liegt das Hauptargument gegen die Annahme einer Schutzpflicht. Mit einem Schutzrecht könnte das Opfer lediglich fordern, dass der Staat das schädigende Drittverhalten aktiv eindämmt; Ziel ist aber die Unterlassung des staatlichen Handlungsbeitrags selbst; dieses kann nur über die Geltendmachung eines Abwehrrechts erreicht werden.[1019] Dafür ist es auch unschädlich, dass nicht sicher feststeht, ob dem Betroffenen im Zielstaat tatsächlich eine unmenschliche Behandlung drohen würde. Es sei für eine sogenannte Zurechnung von Auslandsfolgen ausreichend, wenn zwischen dem Hoheitsakt und der daraus möglicherweise folgenden Schädigung Kausalität bestünde und die Schädigung objektiv vorhersehbar sei.[1020]

(2) Stellungnahme

Die Annahme einer Achtungspflicht des ausliefernden Staates ist aus mehreren Gründen zu präferieren. Entscheidend ist die rechtliche Bewertung des Tatbeitrags des ausliefernden Staates. Dieser bleibt bei der Annahme einer Schutzpflicht weitestgehend unberücksichtigt. Für die betroffene Person wäre es jedoch effektiver, sich auf ein Abwehrrecht berufen zu können, aus dem eine Unterlassungspflicht folgt, anstatt ein Schutzrecht anzunehmen, aus dem gerade keine konkrete Handlungspflicht resultiert.[1021] Außerdem erscheint die Annahme einer Achtungspflicht lebensnäher. Nicht nur, weil die abwehrrechtliche Grund- und Menschenrechtsdimension die primäre Funktion darstellt, sondern weil bereits die Existenz von extraterritorialen Achtungs- und Schutzpflichten umstritten

---

1017 *Cremer* beschreibt die Verbindung als *„rechtliche Einheit […] von staatlichem und Dritthandeln"*, *Cremer*, Der Schutz vor den Auslandsfolgen aufenthaltsbeendender Maßnahmen, S. 250.

1018 *Cremer*, Der Schutz vor den Auslandsfolgen aufenthaltsbeendender Maßnahmen, S. 250.

1019 *Cremer*, Der Schutz vor den Auslandsfolgen aufenthaltsbeendender Maßnahmen, S. 252.

1020 Für detaillierte Ausführungen zur Zurechenbarkeit von Auslandsfolgen aufenthaltsbeendender Maßnahmen vgl. *Cremer*, Der Schutz vor den Auslandsfolgen aufenthaltsbeendender Maßnahmen, S. 255 ff.

1021 So auch in Bezug auf die Grundrechte *Cremer*, Der Schutz vor den Auslandsfolgen aufenthaltsbeendender Maßnahmen, S. 235 f.

ist – die Annahme von extrajurisdiktionellen Schutzpflichten würde aber den konventionsrechtlichen Schutzbereich grundlegend erweitern.

Insbesondere kann aber das Argument, dass das eigentliche Unrecht doch von dem Drittstaat ausgeübt werde, mit einem weiteren Verweis auf eine Parallele im deutschen Strafrecht entkräftet werden.[1022] Der Täter eines Pflichtdelikts, der das besondere persönliche Merkmal, aber nicht die Tatherrschaft besitzt, kann dennoch als mittelbarer Täter bestraft werden, wenn sein Werkzeug qualifikationslos dolos gehandelt hat.[1023] Beispielsweise ist ein Beamter, der einen Nichtbeamten zur Falschbeurkundung anstiftet, gleichwohl Täter des § 348 Abs. 1 StGB. Der unmittelbar handelnde Dritte dagegen nur Gehilfe.[1024] Die Täterschaft fußt somit auf einer besonderen Qualifikation des Hintermanns und des Vollzugs der Handlung durch einen Dritten. Dieser hat die Tatherrschaft inne, obwohl er nicht zu dem Pflichtenkreis der Norm zählt. Übertragen auf die *Soering*-Konstellation würde das bedeuten, dass Großbritannien als Mitglied der EMRK ein besonderes pflichtenbegründendes Merkmal besitzt. Der Drittstaat, von dem die unmenschliche Behandlung droht, hätte die Tatherrschaft inne, ohne jedoch materiell-rechtlich durch die EMRK verpflichtet zu sein.

Dieser Vergleich zeigt aber in der Folge eine deutliche Ungereimtheit zwischen den Entscheidungen *Banković* und *Soering*. Denn wenn ein Staat unter der Konvention zur Verantwortung gezogen werden kann, weil er die besondere (EMRK-) Qualifikation besitzt, die Tatherrschaft aber bei einem Drittstaat (einem qualifikationslos dolosen Werkzeug) liegt, dann muss doch ein Staat, der die volle und alleinige Herrschaft über ein Tatgeschehen inne hat, erst recht für das Pflichtdelikt verantwortlich sein.[1025] Und daran ändert sich auch nichts durch die Inhaftierung der betroffenen Person vor und während der Aufenthaltsbeendigung.[1026] Wenn ein Staat für Auslandsfolgen seiner Handlungen verantwortlich

---

1022 Siehe zu diesem Gedanken *Cremer*, Verpflichtungsstrukturen der Menschenrechte, in: *Demko/Brudermüller/Seelmann*, Menschenrechte, S. 107–183 (162 f.).

1023 Siehe zu dem Problemkreis der mittelbaren Täterschaft bei Pflichtdelikten insgesamt *Roxin*, Täterschaft und Tatherrschaft, S. 360 ff.

1024 Das Beispiel geht zurück auf *Roxin*, Täterschaft und Tatherrschaft, S. 361.

1025 Insbesondere weil der EGMR bspw. in einem Fall aus dem Jahr 2005 aufenthaltsbeendende Maßnahmen als mit Art. 2 EMRK unvereinbar erklärt hat (vgl. EGMR, *Bader and Kanbor* vs. Sweden, Urt. v. 8.11.2005, No. 13284/04, § 48 und Concurring Opinion of Judge Cabral Barreto) und die Beschwerdeführer in *Banković* auch eine Verletzung von Art. 2 rügten, somit die gleiche materiell-rechtliche Garantie Gegenstand der Beschwerden war.

1026 *Jankowska-Gilberg* stellt darauf ab, dass in Fällen der Auslieferung die Gefahr für eine ganz bestimmte Person besteht, wohingegen bei einer Bombardierung im Vorhinein

ist, obwohl er zum Zeitpunkt der eigentlichen Schädigung noch nicht einmal mehr faktischen Einfluss auf das Opfer ausüben kann, dann ist er doch erst Recht verantwortlich, wenn er durch faktische Hoheitsakte den Einfluss extraterritorial (weiterhin) ausübt; die Auslandsfolge mithin selbst setzt. Wenn eine aufenthaltsbeendende Maßnahme nicht durchgeführt werden darf, wenn dem Betroffenen im Zielstaat Gefahren drohen, sogar solche von nichtstaatlicher Art, dann kann es nicht überzeugen, wenn derselbe Staat über diesem – beispielsweise von Bürgerkrieg geprägten – Land folgenlos Bomben abwerfen könnte.[1027]

dd) Relevanz der Judikatur für die Forschungsfrage

Die *Banković*-Entscheidung enthält einige der wichtigsten Aussagen des EGMR hinsichtlich der Anwendbarkeit der Konvention in extraterritorialen Sachverhalten. Die Ursache dafür ist mitunter auch in der über weite Teile emotionalen Aufnahme der als im Ergebnis ungerecht empfundenen Entscheidung zu sehen. Die Einbettung von *Banković* in die sonstige Rechtsprechung des Gerichtshofs zu der Thematik mildert aber die Bedeutungskraft der Entscheidung ab.

Die Analyse der Judikatur des EGMR lässt viele Fragen offen. Staatliches extraterritoriales Handeln kann es nicht nur bei militärischen Einsätzen oder beim Handeln durch Sicherheitsbehörden geben – die bisherigen Fälle befassen sich allerdings ausschließlich mit diesem Bereich. Auch bei der Zurechnung von Handlungen von Unternehmen waren die Zurechnungskriterien nach dem ILC-Entwurf lange Zeit nur auf militärische Sachverhalte zugeschnitten.[1028] Erst nach und nach drängten staatsnahe Unternehmen als Wirtschaftsakteure auf die Bühne internationaler, vor allem investitionsrechtlicher Sachverhalte, sodass eine Anpassung der Zurechnungskriterien vorgenommen werden musste. Bisher wurde zwar noch keine Entscheidung über extraterritoriale Staatenpflichten in Bezug auf Unternehmenshandeln durch den EGMR gefällt, eine Entwicklung dahingehend ist aber keinesfalls ausgeschlossen.

An der Entscheidung des Gerichtshofs im Fall *Soering* lässt sich bereits erkennen – und das unabhängig davon, ob die staatliche Verpflichtung als

---

nicht klar ist, welche Person oder Personengruppe getroffen werden könnte, *Jankowska-Gilberg*, Extraterritorialität der Menschenrechte, S. 80.

1027 Ein Fall, in dem die Auslieferung für konventionswidrig erklärt wurde, weil in Somalia aufgrund des anhaltenden Bürgerkriegs für den Beschwerdeführer die Gefahr der unmenschlichen Behandlung nach Art. 3 EMRK drohte: EGMR, *Ahmed* vs. Austria, Urt v. 17.12.1996, No. 25964/94, §§ 44 ff.; zum selben Gesamtergebnis kommt *Jankowska-Gilberg*, Extraterritorialität der Menschenrechte, S. 79.

1028 *Dereje*, Staatsnahe Unternehmen, S. 141.

Achtungs- oder Schutzpflicht qualifiziert wird –, dass der Blick über die eigenen Staatsgrenzen, aber auch über die EMRK-Gebietsgrenzen hinweg, für die Beurteilung des mitgliedstaatlichen Handelns durchaus von Bedeutung sein kann. Dabei darf es nach dem Gerichtshof allerdings nicht so weit kommen, dass EMRK-Standards anderen Staaten aufoktroyiert werden.[1029]

Die Aussagen des EGMR können wie folgt in Kürze zusammengefasst werden:

1. Jurisdiktion nach Art. 1 EMRK ist im Sinne des allgemeinen Völkerrechts als primär territorial zu verstehen. Extraterritoriale Jurisdiktion stellt eine begründungsbedürftige Ausnahme dar.
2. Anerkannte (extraterritoriale) Jurisdiktionsgrundlagen sind dabei diplomatisches und konsularisches Handeln, das Flaggenprinzip, das Personalitätsprinzip, das Wirkungs- und Schutzprinzip sowie das Universalitätsprinzip.
3. Daneben hat der Gerichtshof zwei Fallgruppen entwickelt, in denen er extraterritoriale Jurisdiktion annimmt und den Schutzbereich der Konvention als eröffnet ansieht. Zum einen handelt es sich dabei um die Gruppe der *„state agent authority and control“* (die effektive personelle Kontrolle). Zum anderen um die Fälle der *„effective control over an area“* (die effektive territoriale Kontrolle). In diesen Fällen ist es für eine Beurteilung der Verantwortlichkeit nach der EMRK irrelevant, ob die Jurisdiktionsausübung rechtmäßig oder rechtswidrig war.
4. Der Schutzbereich der EMRK ist dabei nicht auf den *espace juridique* der EMRK beschränkt. In Fällen anerkannter Ausnahmen kann die EMRK auch außerhalb der mitgliedstaatlichen Gebiete zur Anwendung gelangen.
5. Nicht eindeutig geklärt bleibt die Frage, ob der EGMR auch einzelne extraterritoriale Hoheitsakte anhand der Konvention überprüfen will. Obwohl er sich in einigen Entscheidungen ausdrücklich gegen eine solche Annahme ausgesprochen hat, existieren auch gegenläufige Entscheidungen (vgl. beispielsweise *Mansur Pad*).
6. Die Rechte der EMRK müssen nicht mehr nach einem „Alles-oder-nichts“-Prinzip anwendbar sein, sondern lassen sich an die jeweilige konventionsbeeinträchtigende Situation anpassen. Diesen Ansatz hat der Gerichtshof insbesondere für die positive Pflichtendimension entwickelt.

1029 EGMR, *Soering* vs. UK, Urt. v. 7.7.1989, No. 14038/88, § 86.

d) Jurisdiktion im Sinne der Regeln der Staatenverantwortlichkeit

Ein Ansatz im Schrifttum, der sich am Rande des Verständnisses von Jurisdiktion als Anknüpfungspunkt bewegt, wurde bereits an anderer Stelle erörtert.[1030] Demnach ist das Jurisdiktionserfordernis des Art. 1 EMRK dann erfüllt, wenn die verletzende Handlung einem Vertragsstaat nach den Regeln der Staatenverantwortlichkeit zurechenbar ist.[1031] Durch die staatliche Handlung würde eine faktische Verbindung zwischen Opfer und Staat hergestellt, die zwar keine Jurisdiktion im Sinne einer sachlichen Zuständigkeit nach internationalem Recht („*substantive jurisdiction*“[1032]), aber eine Jurisdiktion im Sinne einer tatsächlichen Verantwortlichkeit („*remedial notion of jurisdiction*“[1033]) begründen würde. Diese Auffassung unterscheidet sich in einem wesentlichen Punkt von allen anderen: Die Zurechnung einer Handlung zu einem Vertragsstaat ist Grundvoraussetzung einer Verantwortlichkeit, also notwendige, bei den Vertretern des Staatenverantwortlichkeitsansatzes aber sogar hinreichende Bedingung. Nur wenn eine Handlung dem Staat zugerechnet werden kann, kann im nächsten Schritt über Jurisdiktion gesprochen werden. Bei allen anderen Ansichten tritt

---

1030 Wenn man insoweit die staatliche Verantwortlichkeit als (einzige) Anknüpfung zum Sachverhalt sieht; siehe oben unter Kapitel B.II.1. Aufgrund der Argumentation der Befürworter des Staatenverantwortlichkeitsansatzes, dass eine „faktische Verbindung“ zwischen Opfer und Staat bestehe, könnte man diese Fallgruppe auch in das Unterkapitel „Faktisches Verständnis von Jurisdiktion“ einordnen. Aufgrund der inzwischen ablehnenden Haltung des EGMR gegenüber dem Ansatz soll dieser separat dargestellt werden.

1031 *Orakhelashvili*, Restrictive Interpretation of Human Rights Treaties, EJIL 14 (2003), S. 529–568 (540): *„Thus, ‚jurisdiction' under Article 1 is a tool for identifying whether alleged violations of the Convention may be imputable to one or another contracting state. This is a remedial, as opposed to a substantive, notion of jurisdiction.“*; andeutend *Schäfer*, Der Fall Banković, MRM 3 (2002), S. 149–163 (160); *Breuer*, Völkerrechtliche Implikationen des Falles Öcalan, EuGRZ 30 (2003), S. 449–454 (451); *Rüth/Trilsch*, Bankovic vs. Belgium, AJIL 97 (2003), S. 168–172 (171); *Künzli*, Zwischen Rigidität und Flexibilität, S. 116 f.; *Lorenz* nennt diese Ansicht den „unqualifizierten Staatenverantwortlichkeitsansatz“, vgl. dazu *Lorenz*, Der territoriale Anwendungsbereich der Grund- und Menschenrechte, S. 65. *Lorenz* selbst versteht Jurisdiktion als *„in Abweichung vom allgemeinen Völkerrecht“*. Er plädiert dafür, dass die Zuständigkeitsklauseln *„im Sinne von Staatenverantwortlichkeit auszulegen sind“*, *ders.*, S. 117.

1032 *Orakhelashvili*, Restrictive Interpretation of Human Rights Treaties, EJIL 14 (2003), S. 529–568 (540).

1033 *Orakhelashvili*, Restrictive Interpretation of Human Rights Treaties, EJIL 14 (2003), S. 529–568 (540).

darüber hinaus das Erfordernis eines hinreichenden Anknüpfungspunkts hinzu, weil die Zurechnung eben nur ein Aspekt des Tatbestandsmerkmals „staatliche Handlung, die ein Konventionsrecht verletzt" darstellt.[1034] Die Anknüpfung erschöpft sich also nicht in der Zurechnung, sondern erfordert ein die Konventionsrechte aktivierendes Moment zwischen Opfer und Staat – eben staatliche Jurisdiktion. Die Vertreter des Staatenverantwortlichkeitsansatzes wollen hingegen alleine die Zurechnung eines Verhaltens ausreichen lassen, um staatliche Verantwortlichkeit zu begründen.

Der EGMR löste zuletzt Anfang 2016 die Uneinigkeiten über das Verhältnis von Jurisdiktion und Zurechnung auf. Die Frage, ob ein Staat Jurisdiktion im Sinne von Art. 1 EMRK ausgeübt habe, sei demnach strikt von derjenigen nach der Verantwortlichkeit des Staates, also (auch) der Zurechnung, nach internationalen Regeln zu trennen.[1035] Somit hat der Gerichtshof der Ansicht, Jurisdiktion im Sinne von Art. 1 EMRK sei lediglich und ausschließlich als Verweis auf die Regeln der Staatenverantwortlichkeit zu sehen, eine deutliche Absage erteilt.

e) *Kriterium des „direct and immediate link"*

Eine Auffassung in der Literatur will einen sogenannten *„direct and immediate link"*[1036] zwischen Opfer und Staat ausreichen lassen, um die erforderliche Jurisdiktion zu begründen. Das teleologische Argument hinter diesem Ansatz ist simpel: Die Möglichkeit eines Staates Kontrolle auszuüben – egal ob über ein Gebiet oder über Personen – müsse die Verantwortlichkeit des Staates nach sich ziehen;

1034 So auch *Papp*, Extraterritoriale Schutzpflichten, S. 69.

1035 EGMR, *Mozer* vs. Moldova and Russia, Urt. v. 23.2.2016, No. 11138/10, § 102, *„As the Court has already found, the test for establishing the existence of ‚jurisdiction' under Article 1 of the Convention has never been equated with the test for establishing a State's responsibility for an internationally wrongful act under international law."*; so auch schon der EGMR in: EGMR, *Jaloud* vs. The Netherlands, Urt. v. 20.11.2014, No. 47708/08, § 154; EGMR, *Catan and Others* vs. Moldova and Russia, Urt. v. 19.10.2012, No. 43370/04 a. o., § 115.

1036 *Lawson*, Life After Bankovic, in: *Coomans/Kamminga*, Extraterritorial Application of Human Rights Treaties, S. 83–123 (104); in dieselbe Richtung *Von Arnauld*, Das (Menschen-)Recht im Auslandseinsatz, in: *Weingärtner*, Streitkräfte und Menschenrechte, S. 61–90 (67); *Elbing*, Zur Anwendbarkeit der Grundrechte, S. 271 f., der von *„hinreichende[r] Dichte der Erfolgsbeziehung"* spricht; *Kälin/Künzli*, The Law of International Human Rights Protection, S. 141 f. sprechen von einem *„immediate de facto or de jure link"*.

oder anders ausgedrückt: *„control entails responsibility“*[1037]. Demnach würde es zu weit gehen, dass jeder Mensch, der irgendwie von der Hoheitsgewaltausübung eines Staates betroffen sei, unter dessen Jurisdiktion stünde; gleichzeitig würde es den Schutzbereich der Konvention aber zu sehr einengen, wenn eine rechtliche oder zeitlich konstante Verbindung gefordert würde.[1038] Deshalb soll der sogenannte „direct and immediate link“-Test sachgerechte Ergebnisse erzielen. Angelehnt ist dieser einerseits an Art. 263 AEUV (ehemals Art. 230 des Vertrages der Europäischen Gemeinschaft), der Individuen eine Klagemöglichkeit einräumt, wenn diese durch Verordnungen oder durch Entscheidungen, die nicht gegen sie selbst ergangen sind, „unmittelbar und individuell“ betroffen sind.[1039] Andererseits begründet *Lawson* den Test unter Zuhilfenahme der *Botta*-Rechtsprechung des EGMR.[1040] Wie bereits an anderer Stelle in dieser Arbeit dargelegt, ging es in dem Fall um einen Italiener, der aufgrund mangelnder behindertengerechter Einrichtungen an einem privaten Badestrand seinen Urlaub nicht seinen Vorstellungen entsprechend gestalten konnte. Deshalb verklagte er Italien, weil es seinen positiven Pflichten aus Art. 8 EMRK nicht ausreichend nachgekommen sei, von dem Strandbetreiber behindertengerechte Einrichtungen zu fordern.[1041] Der Gerichtshof lehnte eine solche staatliche Verpflichtung allerdings aufgrund eines fehlenden „conceivable direct link“ zwischen den erforderlichen unterlassenen staatlichen Maßnahmen und dem Privatleben von Herrn Botta ab.[1042] Der EGMR lehnte also nicht die Jurisdiktion Italiens, sondern die „quasikausale“ Verbindung zwischen dem staatlichen Unterlassen und der faktischen Rechtsbeeinträchtigung ab.

Lawsons Anliegen, Staaten für Situationen, auf die sie Einfluss haben, auch verantwortlich zu machen, ist nachvollziehbar und trifft selbst beim EGMR auf Befürworter.[1043] Das restriktive Verständnis von extraterritorialer Jurisdiktion

---

1037 *Lawson*, Life After Bankovic, in: *Coomans/Kamminga*, Extraterritorial Application of Human Rights Treaties, S. 83–123 (86) und Fn. 13.

1038 *Lawson*, Life After Bankovic, in: *Coomans/Kamminga*, Extraterritorial Application of Human Rights Treaties, S. 83–123 (104).

1039 Siehe dazu bspw. *Baumeister*, Effektiver Individualrechtsschutz im Gemeinschaftsrecht, EuR 40 (2005), S. 1–35.

1040 *Lawson*, Life After Bankovic, in: *Coomans/Kamminga*, Extraterritorial Application of Human Rights Treaties, S. 83–123 (104); EGMR, *Botta* vs. Italy, Urt. v. 24.2.1998, No. 153/1996/772/973.

1041 Siehe eingehender zum Fall *Botta* oben unter B.III.3.a)dd).

1042 EGMR, *Botta* vs. Italy, Urt. v. 24.2.1998, No. 153/1996/772/973, § 35.

1043 EGMR, *Al-Skeini a. o.* vs. UK, Urt. v. 7.7.2011, No. 55721/07, Concurring Opinion Judge Bonello.

kann kein „Freifahrtschein" sein, um im Ausland Menschenrechte zu verletzen. Dennoch eignet sich ein Jurisdiktionsverständnis im Sinne eines Kausalzusammenhangs nicht, um die Verantwortlichkeit der Staaten angemessen zu begründen.[1044] Kausalität (beziehungsweise Quasi-Kausalität im Falle staatlichen Unterlassens) ist ein für alle (nationalen und internationalen) staatlichen Haftungsregime notwendiges Kriterium. Dieses ist zwingende Voraussetzung für jede gerügte staatliche Maßnahme und trifft keine Aussage darüber, ob eine Person unter die Jurisdiktion eines Staates gelangt ist.[1045]

f) Faktisches Verständnis von Jurisdiktion

Das Kriterium der Kontrolle ist nicht nur für Zurechnungsfragen entscheidender Parameter, sondern hat sich auch innerhalb der Diskussion um die extraterritoriale Anwendbarkeit von menschenrechtlichen Verträgen zu einer in der rechtswissenschaftlichen Literatur anerkannten Fallgruppe extraterritorialer Staatenpflichten entwickelt. Der Kontrollbegriff wurde durch eine Reihe von Einzelentscheidungen des EGMR geprägt und weiterentwickelt, stets unter Bezugnahme auf die Rolle der EMRK als *„living instrument"*[1046], das sich gegenwärtigen Situationen – also auch extraterritorialen Sachverhalten – anpassen soll. Nach dem EGMR kann sich Jurisdiktion *ipso facto* aus der effektiven Kontrolle hinsichtlich eines Gebiets oder hinsichtlich einer oder mehrerer Personen ergeben. Dem Jurisdiktionskonzept in Art. 1 EMRK eine faktische Komponente zuzusprechen, ist vor dem Hintergrund eines möglichst weitreichenden Menschenrechtsschutzes nur folgerichtig, denn wie es *Papp* zutreffend formuliert, *„[soll] die Menschenrechtsbindung nicht der völkerrechtlichen Befugnis, sondern dem faktischen Staatshandeln folgen"*.[1047] Dieses Jurisdiktionsverständnis, das von einer normativen Kompetenz abweicht und auf faktische Gegebenheiten abstellt, teilt ein Großteil des Schrifttums.[1048] Trotz der überwiegenden Einstimmigkeit,

---

1044 So sieht das mit anderer Begründung auch *Papp*, Extraterritoriale Schutzpflichten, S. 76.

1045 So auch *Jankowska-Gilberg*, Extraterritorialität der Menschenrechte, S. 159 f.

1046 EGMR, *Loizidou* vs. Turkey, Urt. (Preliminary Objections) v. 23.3.1995, No. 15318/89, §§ 71 f.

1047 *Papp*, Extraterritoriale Schutzpflichten, S. 71.

1048 Bspw. *Kälin/Künzli*, The Law of International Human Rights Protection, S. 134, 141 f.; *Milanovic*, From Compromise to Principle, HRLR 8 (2008), S. 411–448 (435 f.), *„'Jurisdiction', in this context, simply means actual power, whether exercised lawfully or not – nothing more, and nothing less."*; *King*, The Extraterritorial Human Rights Obligations of States, HRLR 9 (2009), S. 521–556 (551 ff.); *Scheinin*, Extraterritorial

Jurisdiktion im Sinne einer faktischen Verbindung zwischen Staat und Individuum zu begreifen,[1049] bleibt dabei unklar, wie diese faktische Begriffsprägung begründet wird und was darunter genau zu verstehen ist.

aa) Jurisdiktion als effektive Kontrolle

Der EGMR erkennt nur wenige Ausnahmen vom territorialen Jurisdiktionsverständnis an. Faktische Hoheitsgewaltausübung versteht der EGMR als effektive Kontrolle durch den Staat.[1050] In unterschiedlichen Entscheidungen hat er die effektive Kontrolle über ein bestimmtes Territorium und über Personen als jurisdiktionsbegründend angenommen.[1051] Die Judikatur des Gerichtshofs kann wohl dahingehend interpretiert werden, dass er weitere Ausnahmen im Moment noch nicht anerkennt.

(1) Effektive Kontrolle über ein Gebiet

Die effektive Kontrolle über ein Gebiet zur Begründung der extraterritorialen Anwendbarkeit der EMRK war die erste Ausnahme zur sonst strengen Orientierung am Staatsgebiet. Ausgangspunkt für die Entwicklung dieser Konstellation waren die Zypern-Fälle, in denen die damalige Europäische Kommission für Menschenrechte (EKMR) bereits im Jahr 1975 die Staatenbeschwerde Zyperns, wegen der Besetzung Nordzyperns durch die Türkei, für zulässig erklärte[1052] und

---

Effect of the International Covenant on Civil and Political Rights, in: *Coomans/Kamminga*, Extraterritorial Application of Human Rights Treaties, S. 73–81 (80); so auch *Lorenz*, Der territoriale Anwendungsbereich der Grund- und Menschenrechte, S. 117, der die Subsumtion von faktischen Maßnahmen unter Art. 1 EMRK jedoch dahingehend interpretiert, dass Jurisdiktion im Sinne von Staatenverantwortlichkeit auszulegen sei; auch Richter Loucaides spricht sich in seiner abweichenden Meinung zum Fall Assandize in diese Richtung aus, vgl. EGMR, *Assanidze* vs. Georgia, Urt. v. 8.4.2004, No. 71503/01, Concurring Opinion of Judge Loucaides.

1049 *Scheinin*, Extraterritorial Effect of the International Covenant on Civil and Political Rights, in: *Coomans/Kamminga*, Extraterritorial Application of Human Rights Treaties, S. 73–81 (80).

1050 Für das teilweise verwirrende Verhältnis der Kontrollbegriffe im Rahmen der Jurisdiktion und der Zurechnung sei auf die Ausführungen oben verwiesen, Kapitel B.II.1.b). Siehe insbesondere hinsichtlich militärischer Sachverhalte *Peters*, Die Anwendbarkeit der EMRK in Zeiten komplexer Hoheitsgewalt, AdVR 48 (2010), S. 1–57 (36 f.).

1051 Vgl. hierzu Kapitel C.II.2.c)bb).

1052 EKMR, *Cyprus* vs. Turkey, Ents. v. 26.5.1975, No. 6780/74 und 6950/75.

in Folgeverfahren diese Ansicht bestätigte.[1053] Eine der bekanntesten Zypern-Entscheidungen war der Fall *Loizidou*. Darin befasste sich der EGMR mit der Frage, ob die EMRK in Nordzypern zur Anwendung gelangen könnte, und bejahte eine effektive territoriale Kontrolle durch die Besetzung der Region durch türkische Truppen und die Errichtung der türkischen Republik Nordzyperns (TRNC).[1054] Es ist im Falle einer Gebietskontrolle nach dem Gerichtshof sogar ausreichend, wenn eine allgemeine Kontrolle durch die große Anzahl an Truppen in dem Gebiet festgestellt werden kann; der Nachweis der tatsächlichen Ausübung einer detaillierten Kontrolle über Polizisten oder Behörden ist nicht notwendig.[1055] Auch in neueren Entscheidungen formulierte der Gerichtshof die Anforderungen an die effektive Gebietskontrolle in diesem Sinne: „*In sum, the case-law of the Court demonstrates that its recognition of the exercise of extra-territorial jurisdiction by a Contracting State is exceptional: it has done so when the respondent State, through the effective control of the relevant territory and its inhabitants abroad as a consequence of military occupation […] exercises all or some of the public powers normally to be exercised by that Government.*“[1056] Die Formulierung des Gerichtshofs, dass der besetzende Staat öffentliche Gewalt ausüben muss, die normalerweise durch die Regierung des Territorialstaates ausgeübt wird, verdeutlicht die sachliche Nähe dieser Fallgruppe zum Territorialitätsprinzip; insoweit gleicht das besetzte Gebiet dem eigenen Staatsgebiet des Besetzerstaates.[1057] Der an sich zur Ausübung von Hoheitsgewalt berufene Staat wird insoweit vorübergehend de facto vom Besetzerstaat verdrängt.[1058] Dieser kann also Hoheitsakte vornehmen, deren Ausübung ihm außerhalb des

---

1053 EKMR, *Cyprus* vs. Turkey, Ents. v. 10.7.1978, No. 8007/77; EKMR, *Cyprus* vs. Turkey, Ents. v. 28.6.1996, No. 25781/94; EGMR, *Cyprus* vs. Turkey, Urt. v. 10.5.2001, No. 25781/94.

1054 EGMR, *Loizidou* vs. Turkey, Urt. (Preliminary Objections) v. 23.3.1995, No. 15318/89, §§ 63 f.

1055 EGMR *Loizidou* vs. Turkey (Merits), Urt. v. 18.12.1996, No. 15318/89, § 56.

1056 Unter anderen EGMR, *Banković a. o.* vs. Belgium & 16 other NATO-States, Ents. v. 12.12.2001, No. 52207/99, § 71; EGMR, *Ilascu a. o.* vs. Moldova and Russia, Urt. v. 8.7.2004, No. 48787/99, § 312; EGMR, *Chiragov a. o.* vs. Armenia, Urt. v. 16.6.2015, No. 13216/05, § 168.

1057 *Lorenz*, Der territoriale Anwendungsbereich der Grund- und Menschenrechte, S. 20, 88 f., insoweit kann auch Art. 56 EMRK als „Fall“ der effektiven Gebietskontrolle eingeordnet werden, wobei es dort selbstverständlich nicht um Fälle der militärischen Besetzung geht; *Oxman*, Jurisdiction of States, in: *Wolfrum*, MPEPIL, Rn. 15.

1058 Die Frage, inwieweit die EMRK in diesem Fall Anwendung findet stellt *Bothe*, Die Anwendung der EMRK in bewaffneten Konflikten, ZaöRV 2005, S. 615–623 (619).

eigenen Staatsgebiets ansonsten untersagt wäre. Aus diesem Umstand folgt die zwingende Konsequenz, dass der Staat den Personen, die sich auf dem fremden Territorium aufhalten, alle Konventionsrechte uneingeschränkt garantieren muss, also sowohl hinsichtlich der negativen als auch der positiven Pflichtendimension, wie der EGMR selbst betonte.[1059]

Wenn die Hoheitsgewalt eines Staates aufgrund der Kontrolle über ein bestimmtes Territorium begründet werden soll, dann geht es letztlich um die Frage, welcher Staat (der Besetzerstaat oder der Territorialstaat) die Verantwortung trägt und welches Rechtsregime auf den Sachverhalt dadurch Anwendung findet, die EMRK oder das Ortsrecht des eigentlichen Territorialstaates.[1060] Kommt man zur Anwendung des Ersteren, dann breitet sich zugunsten der sich dort befindenden Personen der gesamte Schutzbereich der Konvention aus.

(2) Effektive Kontrolle über Personen

Die zweite anerkannte Fallgruppe der Jurisdiktionsbegründung ist die der effektiven Kontrolle über einzelne Personen ohne gleichzeitige Gebietskontrolle. Die Situationen der personellen Kontrolle wurden vom EGMR nicht in der gleichen Ausdrücklichkeit formuliert, wie er dies für die Fälle der effektiven Gebietskontrolle machte, dennoch nahm er dazu in einigen Entscheidungen Stellung: „*The 'State agent authority and control' exception applies to the acts of diplomatic and consular agents present on foreign territory; to circumstances where a Contracting State, through custom, treaty or agreement, exercises executive public powers or carries out judicial or executive functions on the territory of another State; and circumstances where the State through its agents exercises control and authority over an individual outside its territory,* ***such as using force to take a person into custody or exerting full physical control over a person through apprehension or detention.***“[1061] In *Al-Skeini* führte er sogar noch weiter aus: „*The Court does not consider that jurisdiction in the above cases arose solely from the control exercised by the Contracting State over the buildings, aircraft or ship in which the individuals were held. What is decisive in such cases is the exercise of* ***physical power***

1059 EGMR, *Cyprus* vs. Turkey, Urt. v. 10.5.2001, No. 25781/94, § 81.

1060 *Peters*, Die Anwendbarkeit der EMRK, AdVR 48 (2010), S. 1–57 (32); Dazu eingehend, insbesondere zu den Besonderheiten des humanitären Völkerrechts, *Lorenz*, Der territoriale Anwendungsbereich der Grund- und Menschenrechte, S. 93 ff.

1061 EGMR, *Chagos Islanders* vs. UK, Ents. v. 11.12.2012, No. 35622/04, § 70 (Hervorhebungen durch die Verf.); in diese Richtung bereits EKMR, *Stocké* vs. Germany, Report of the Commission, 12.10.1989, No. 11755/85, § 166.

***and control** over the person in question.*“[1062] Im Schrifttum wird in Anlehnung an die Rechtsprechung effektive personelle Kontrolle deshalb zumeist dahingehend verstanden, dass staatliche Akteure die tatsächliche physische Kontrolle über eine Person haben müssen, um eine (partielle) Menschenrechtsbindung auszulösen.[1063]

Auch wenn diese Schlussfolgerung ihre Berechtigung hat, erscheint die Rechtsprechungslinie des EGMR hinsichtlich der Fälle personeller Kontrolle nicht ganz konsequent. Dafür sprechen seine Entscheidungen in den Fällen *Mansur Pad* und *Isaak*.[1064] Es stellt sich bei Betrachtung der Rechtsprechung die Frage, was unter der „physischen Kontrolle über eine Person“ überhaupt zu verstehen ist. Der EGMR nennt physische Kontrolle in Verbindung mit der Inhaftierung oder Ingewahrsamnahme einer Person. Jedoch fand eine in diesem Sinne verstandene Kontrolle bei *Mansur Pad* und *Isaak* gerade nicht statt. In beiden Sachverhalten erschöpfte sich die physische Gewalt in der faktischen Verletzung der körperlichen Integrität der Betroffenen. Mithin bleiben nur zwei mögliche Rückschlüsse: Entweder, der EGMR erweitert Fälle der effektiven personellen Kontrolle implizit einzelfallbezogen auch auf Fälle physischer Gewalt gegenüber Personen, ohne dass diese sich gleichzeitig in staatlichem Gewahrsam befinden. Oder neben den zwei effektiven Kontrolltatbeständen (bezüglich eines Gebiets oder einer beziehungsweise mehrerer Personen) existiert noch eine weitere Ausprägung des faktischen Jurisdiktionsbegriffs, wenn der Staat ipso facto auf eine Situation einwirkt.

bb) Jurisdiktion ipso facto

In diesem Kontext lassen sich spannende Fragen aufzeigen, wenn man den vom EGMR entschiedenen Fall *Hirsi Jamaa* leicht abwandelt.[1065] Was wäre, wenn die italienische Marine die Flüchtlinge nicht an Bord genommen und damit unter

---

1062 EGMR, *Al-Skeini a. o.* vs. UK, Urt. v. 7.7.2011, No. 55721/07, § 136 (Hervorhebung durch die Verf.); mit den „above cases“ verweist der EGMR auf folgende Urteile: EGMR, *Öcalan* vs. Turkey, No. 46221/99, Urt. v. 12. Mai 2005, § 91; EGMR *Issa a. o.* vs. Turkey, Urt. v. 16.11.2004, No. 31821/96, §§ 72 ff.; EGMR, *Al-Saadoon and Mufdhi* vs. UK, Ents. v. 30.6.2009, No. 61498/08, §§ 86 ff.; EGMR, *Medvedyev a. o.* vs. France, Urt. v. 29.3.2010, No. 3394/03, § 67.

1063 *Papp*, Extraterritoriale Schutzpflichten, S. 73 f.

1064 EGMR, *Mansur Pad a. o.* vs. Turkey, Ents. v. 28.6.2007, No. 60167/00, § 53 ff.; EGMR, *Maria Isaak a. o.* vs. Turkey, Ents. v. 28.9.2006, No. 44587/98, 2 (b) (ii) unter „respondent Government’s responsibility“.

1065 Für den Sachverhalt siehe oben unter Kapitel C.II.2.c)bb).

italienische Flagge und in ihre physische Gewalt gebracht hätte, sondern das Schiff, auf dem sich die Flüchtlinge ursprünglich befanden, zum Umkehren gezwungen oder es zurück zum libyschen Ufer eskortiert hätte? Wenn in diesem Zeitraum der „begleiteten Rückführung" Menschen an Bord des Flüchtlingsschiffes verdurstet oder das Boot sogar gekentert und dabei Menschen ertrunken wären? Wären diese Menschen unter die Jurisdiktion Italiens im Sinne von Art. 1 EMRK gelangt? Zwar würden sich die Flüchtlinge nicht mehr unter der Flaggenhoheit Italiens befinden und die italienische Marine hätte in einem solchen Sachverhalt keine physische Gewalt – oder zumindest eine stark abgeschwächte – über jeden einzelnen Flüchtling, aber die Rückfahrt fände unter dem gezielten Zwang Italiens statt und gegebenenfalls sogar unter Begleitung. Nach der strengen Formel des EGMR hinsichtlich einer effektiven personellen Kontrolle müsste eine Verantwortlichkeit in diesem Fall wohl verneint werden. Insbesondere, wenn man seine Aussage in *Al-Skeini* ernst nimmt, dass die Kontrolle über ein Schiff gerade nicht ausreicht, sondern die körperliche Kontrolle über die jeweilige Person ausschlaggebend („decisive") ist.[1066]

Aus menschenrechtlicher Perspektive erscheint es allerdings sehr fragwürdig, in dem abgewandelten Fall die italienische Jurisdiktion zu verneinen. Worin liegt denn der faktische Unterschied – aus Perspektive des Menschenrechtsschutzes gedacht und nicht im Sinne einer strengen Kompetenzordnung – ob ein Flüchtling auf dem italienischen Boot verdurstet oder auf dem Flüchtlingsboot, das unter italienischer Begleitung fährt?

Die Kritiker eines so weiten Jurisdiktionsverständnisses der EMRK sehen die Gefahr, dass die Staaten künftig für alle staatlichen Handlungen, die materielle Konventionsrechte einer Person verletzen, nach der EMRK und damit vor dem EGMR verantwortlich gemacht werden könnten und dadurch das Kriterium der staatlichen Jurisdiktion hinfällig werden würde.[1067] Diese Ansicht lässt bei ihren

---

1066 EGMR, *Al-Skeini a. o.* vs. UK, Urt. v. 7.7.2011, No. 55721/07, § 136.

1067 *Milanovic*, Extraterritorial Application of Human Rights Treaties, S. 208; so auch Lord Brown, Opinions of the Lords of Appeal for Judgement in the Cause Al-Skeini, 13.6.2007, § 127: „*[...] it would be quite another [thing] to accept that whenever a contracting state acts (militarily or otherwise) through its agents abroad, those affected by such activities fall within its Article 1 jurisdiction. Such a contention would prove altogether too much. It would make a nonsense of much that was said in Banković [...]. It would, indeed, make redundant the principle of effective control of an area: what need for that if jurisdiction arises in any event under a general principle of ‚authority and control' irrespective of whether the area is (a) effectively controlled or (b) within the Council of Europe?*".

Ausführungen aber unberücksichtigt, dass die Hürde des Art. 1 EMRK noch weitere Voraussetzungen enthält, die neben dem Kriterium der „Unterstellung unter die Jurisdiktion des Staates" erfüllt werden müssen. Auch in der Literatur sprechen sich einige Stimmen für ein umfassendes faktisches Jurisdiktionskonzept aus, das anhand der konkreten Situation die Kontrolle und die Autorität des Mitgliedstaates bewertet. So begreift *Jankowska-Gilberg* Kontrolle auch als *„effektive Einflussmöglichkeit auf den Sachverhalt"*[1068], *Papp* als *„effektive Kontrolle über extraterritorial belegene Sachen"*[1069] und *Scheinin* als *„factual control in respect of facts and events that allegedly constitute a violation of a human right"*[1070]. Hinter all diesen Fallgruppen steht derselbe menschenrechtliche Ansatz: Wenn ein Mitgliedstaat der EMRK Kontrolle und Einfluss auf eine extraterritorial belegene Situation ausübt oder ausüben kann, dann folge daraus auch die konventionsrechtliche Bindung.[1071] Richter *Bonello* formulierte diesen Gedanken treffend: *„[...] jurisdiction is neither territorial nor extraterritorial: it ought to be functional [...]. In my view, the one honest test, in all circumstances (including extraterritoriality), is the following: did it depend on the agent of the State whether the alleged violation would be committed or would not be committed? If the answer is yes, self-evidently the facts fall squarely within the jurisdiction of the State."*[1072]

Nach dieser Argumentation lassen sich die Fälle *Mansur Pad* und *Isaak* problemlos in die Fallgruppe der Jurisdiktion ipso facto einfügen. Die Entscheidung im Fall *Banković* erscheint vor diesem Hintergrund als noch unhaltbarer, auch wenn der EGMR die Entscheidung bisher nicht verworfen hat.[1073] Und auch

1068 *Jankowska-Gilberg*, Extraterritorialität der Menschenrechte, S. 170 ff.

1069 *Papp*, Extraterritoriale Schutzpflichten, S. 74 f., der den *Loizidou* Fall des EGMR als Beispiel anführt und die Fallgruppe auf die Ausübung der Eigentumsfreiheit beschränkt.

1070 *Scheinin*, Extraterritorial Effect of the International Covenant on Civil and Political Rights, in: *Coomans/Kamminga*, Extraterritorial Application of Human Rights Treaties, S. 73–81 (76 f.).

1071 So auch *Frowein* in einem Sondervotum zum Bericht der Kommission: *„France's responsibility could be excluded if France had no real power to guarantee observance of the rights set out in the Convention. As its competence to legislate and its appointment of judges show, France does have the power to ensure that the Convention is respected."*, EGMR *Drozd and Janousek* vs. France and Spain, No. 12747/87, Urt. v. 26.06.1992, Joint Dissenting Opinion of Judges Pettiti, Valticos and Lopes Rocha.

1072 EGMR, *Al-Skeini a. o.* vs. UK, Urt. v. 7.7.2011, No. 55721/07, Concurring Opinion of Judge Bonello, §§ 12 ff.

1073 Im Sinne eines „overruling", dazu grundsätzlich *Mowbray*, The European Court of Human Rights' Approach to Overruling its Previous Case Law, HRLR 9 (2009), S. 179–201 (insb. 197 f.).

bezüglich des Eingangsbeispiels des begleiteten Flüchtlingsschiffes tendiert man zur Annahme von Jurisdiktion.

g) Differenzierung nach der Art der Staatenpflicht

Die Debatte um die extraterritoriale Reichweite der Konvention ist vielschichtig und kontrovers. Das Schrifttum versucht eine sachgerechte Lösung für die Unklarheiten zu finden und so wollen einige den extraterritorialen Anwendungsbereich der EMRK über die Pflichtendimensionen bestimmen. So hätte jeder Staat innerhalb seines eigenen Territoriums und in den von ihm besetzten Gebieten die Pflicht, Konventionsrechte zu achten und sie vor Eingriffen Dritter zu schützen. Außerhalb des eigenen Territoriums (und der besetzten Gebiete) würde sich die staatliche Pflicht auf eine negative Achtungspflicht beschränken.[1074] Die Formulierung in Art. 1 EMRK „within their jurisdiction" würde sich nach dieser Ansicht nur auf die positive Pflichtendimension beziehen.[1075] *Künnemann* kommt für Art. 2 IPbpR zu einem ähnlichen Ergebnis: „*Art 2. (1) [IPbpR] should therefore be read: States respect the rights. And states ensure the rights for all individuals subject to their jurisdiction.*"[1076] Er versteht aber auch Art. 1 EMRK in diesem Sinne, weil dieser im Gegensatz zum IPbpR und zur AMRK die staatliche Achtungspflicht überhaupt nicht erwähne.[1077] Durch die Aufteilung der

---

1074 *Roxstrom/Gibney/Einarsen*, The NATO Bombing Case, BUILJ 55 (2005), S. 55–136 (73), „*The only reasonable way to achieve universal coverage of human rights, then, is for each state to protect them within its recognized territories (or as we shall argue elsewhere on territories it effectively occupies) and for each state to respect them everywhere.*"; so bereits *Henkin*, The Age of Rights, S. 45, „*A state's obligation to respect […] applies in principle to all individuals wherever they are. […] Similarly, because a state may not ordinarily exercise authority in the territory of another state, there is no obligation upon it to ensure respect for human rights there […].* ***A state is not internationally responsible for antoher state's failure to respect or to ensure respect for rights.***" (Hervorhebung durch die Verf.); in diese Richtung auch *Jankowska-Gilberg*, Extraterritorialität der Menschenrechte, S. 173 ff., S. 181; dazu auch *Oberleitner*, Human Rights in Armed Conflict, S. 166 f.

1075 *Jankowska-Gilberg*, Extraterritorialität der Menschenrechte, S. 175 ff., die für eine Verletzung von positiven Verpflichtungen die „regelmäßige Ausübung der Hoheitsgewalt" als notwendiges Kriterium betrachtet und damit die Fälle auf solche im eigenen Territorium oder in besetzten Gebieten beschränkt.

1076 *Künnemann*, Extraterritorial Application of the ICESCR, in: *Coomans/Kamminga*, Extraterritorial Application of Human Rights Treaties, S. 201–231 (228).

1077 *Künnemann*, Extraterritorial Application of the ICESCR, in: *Coomans/Kamminga*, Extraterritorial Application of Human Rights Treaties, S. 201–231 (229), „*it takes the*

Verantwortungsbereiche könnten die Menschenrechte auf der ganzen Welt am effektivsten geschützt werden. Dass dies möglicherweise ein interessengerechter Ansatz sein könnte, sei dahingestellt; denn es würde wohl bereits an der praktischen Realisierbarkeit scheitern.[1078] Entscheidendes Argument gegen die Differenzierung nach Rechtsdimensionen dürfte für die EMRK die Entscheidung des EGMR im Fall *Mansur Pad* sein.[1079] Dort ging es um sieben Iraner und einen Iraker, die auf ihren Pferden im Nordirak im Mai 1999 nahe der türkischen Grenze unterwegs waren. Die Türkei räumte ein, dass sich zwei Helikopter den Männern näherten und diese bombardierten, weil sie vermuteten, dass sich Terroristen in dem Gebiet aufhielten.[1080] Der Gerichtshof stellte fest, dass sich die getöteten Männer unter der Jurisdiktion der Türkei befanden und dass die Bombardierung die Todesursache darstellte.[1081] Der EGMR verneinte im Ergebnis die Zulässigkeit der Beschwerde wegen der Nichtausschöpfung des innerstaatlichen Rechtswegs und kam deshalb nicht mehr dazu, die Begründetheit zu prüfen. Der dargelegte Sachverhalt lässt aber nur den Schluss zu, dass es sich bei der Bombardierung um einen staatlichen Eingriff gehandelt hätte und damit gerade nicht um die Verletzung einer positiven Staatenpflicht. Dann wäre aber die Prüfung der Unterstellung der getöteten Männer unter die Jurisdiktion der Türkei, nach der hier vorgeschlagenen Lösung, überflüssig gewesen. Die Vorgehensweise des EGMR widerspricht demzufolge der Differenzierung nach Rechtsdimensionen zur Bestimmung des extraterritorialen Anwendungsbereichs der Konvention. Zudem sei darauf hingewiesen, dass sich die Fragen hinsichtlich des extraterritorialen Anwendungsbereichs weiterhin stellen, wenn auch „nur" in Bezug auf die positiven Pflichten. Nach der hier vertretenen Ansicht ist dieser Ansatz deshalb abzulehnen.

---

unlimited respect for human rights for granted". Hierzu sei angemerkt, dass die AMRK erst im Jahr 1969 unterzeichnet wurde (1979 trat sie in Kraft), also 13 Jahre nach Inkrafttreten der EMRK, worin eine Erklärung für den unterschiedlichen Wortlaut liegen könnte.

1078 *Kamchibekova*, State Responsibility, Buff. Hum. Rts. L. Rev.13 (2007), S. 87–149 (97 f.).

1079 Siehe dazu auch oben Kapitel C.II.2.c)bb).

1080 EGMR, *Mansur Pad a. o.* vs. Turkey, Ents. v. 28.6.2007, No. 60167/00, § 24.

1081 EGMR, *Mansur Pad a. o.* vs. Turkey, Ents. v. 28.6.2007, No. 60167/00, §§ 53 ff.

3. Aktives Personalitätsprinzip und die *jurisdiction to prescribe* als Ansatz für die Herleitung extraterritorialer Staatenpflichten bei unternehmerischer Tätigkeit

Als weiterer völkerrechtlich anerkannter Anknüpfungspunkt kann das aktive Personalitätsprinzip herangezogen werden.[1082] Danach ist ein Staat für die Ausübung von Hoheitsgewalt – hinsichtlich der Rechtsetzung – bezüglich eigener Staatsangehöriger auch dann noch zuständig, wenn diese sich im Ausland befinden.[1083] Das aktive Personalitätsprinzip hat sich maßgeblich im internationalen Strafrecht entwickelt.[1084] Die auslandsbezogenen Normen knüpfen an natürliche Personen an, die rechtswidrige Taten verüben (oder im Falle des passiven Personalitätsprinzips, gegenüber denen eine rechtswidrige Tat verübt wird). Die Staatsangehörigkeit einer natürlichen Person ist eine beständige Größe und eignet sich deshalb gut, um damit eine Sonderverbindung zum Staat zu begründen.[1085] Wenn das aktive Personalitätsprinzip jedoch dafür verwendet wird, um Normen an juristische Personen anzuknüpfen ergeben sich Besonderheiten.[1086] Juristische Personen in Gestalt von privatrechtlichen Unternehmen sind in der Wahl ihrer Staatszugehörigkeit in der Regel frei und können diese auch durch verschiedene gesellschaftsrechtliche Umstrukturierungen wesentlich leichter ändern, als eine natürliche Person dies tun könnte.[1087]

Das aktive Personalitätsprinzip liefert uns zunächst auch nur einen sinnvollen Anknüpfungspunkt im Rahmen des normativ-kompetenziellen Jurisdiktionsbegriffs. Es beantwortet also die Frage, wann ein Staat das Verhalten seiner

---

1082 Davon zu unterscheiden ist die Anknüpfung über das passive Personalitätsprinzip zum Schutz eigener Staatsangehöriger im Ausland. Die Fälle diplomatischen und konsularischen Schutzes fallen nicht unter das Personalitätsprinzip, weil der Staat dort ein eigenes Recht geltend macht, vgl. dazu *Von Arnauld*, Völkerrecht, § 9 Rn. 593 ff.; gegenüber einem Anspruch eigener Staatsangehöriger auf Auslandsschutz aufgeschlossen bspw. *Lorenz*, Der territoriale Anwendungsbereich der Grund- und Menschenrechte, S. 103 f. Das aktive Personalitätsprinzip wird auch Nationalitätsprinzip genannt, vgl. bspw. *Volz*, Extraterritoriale Terrorismusbekämpfung, S. 82 f.

1083 *Von Arnauld*, Völkerrecht, § 4 Rn. 347; *Hobe*, Einführung in das Völkerrecht, S. 93.

1084 Das Prinzip war zunächst nur im kontinentaleuropäischen Raum verbreitet, ist inzwischen aber weitestgehend anerkannt, vgl. *Kindt*, Menschenrechte und Souveränität, S. 77 m.w.N.

1085 *Meessen*, Völkerrechtliche Grundsätze des internationalen Kartellrechts, S. 99.

1086 *Meessen*, Völkerrechtliche Grundsätze des internationalen Kartellrechts, S. 99 f.

1087 Insoweit ähnelt die Interessenlage hier eher der im internationalen Kartellrecht, vgl. *Meessen*, Völkerrechtliche Grundsätze des internationalen Kartellrechts, S. 99 f.

Staatsangehörigen regeln *darf*. Wenn das aktive Personalitätsprinzip hingegen bemüht werden soll, um einen rechtlichen Grund dafür zu liefern, dass die transnationale Tätigkeit eigener Unternehmen reguliert werden *muss*, dann müsste aus der Möglichkeit zur Rechtsetzung *eine Pflicht zum Gebrauch machen dieser Rechtsetzungsmöglichkeit* folgen. Deshalb ist im Folgenden zu untersuchen, ob eine Rechtspflicht zur extraterritorialen Rechtsetzung im Rahmen der EMRK existiert.[1088]

a) Begründungsansatz für eine Rechtspflicht zur Rechtsetzung

Bereits im nationalen rechtsstaatlichen Kontext wirkt die These von einer rechtlichen Verpflichtung zur Rechtsetzung wie ein Paradoxon. Denn es ist gerade die durch das Prinzip der Gewaltenteilung gesicherte Aufgabe der Legislative, ihren Beurteilungsspielraum und ihre Einschätzungsprärogative im Hinblick auf mögliche Rechtsetzungsakte auszuüben. Eine Rechtsetzungspflicht würde aber bedeuten, dass der Gesetzgeber selbst rechtlich gebunden ist. In einem Verfassungsstaat ist dies durchaus vorstellbar. So wird im deutschen Verfassungsrecht die Diskussion um eine *„Grundrechtsbindung der grundrechtsausgestaltenden Staatsgewalt"* bei ausgestaltungsbedürftigen Grundrechten geführt.[1089] Oder denkt man an die Möglichkeit der Normerlassklage im deutschen Verfassungsrecht, sei sie auch eine einzelfallbezogene Ausnahme, oder an die Pflicht der Gesetzgebung nach einer entsprechenden Entscheidung des Bundesverfassungsgerichts oder auch des EGMR korrigierend oder auch erstmalig rechtsetzend tätig werden zu müssen, dann erscheint die These nicht mehr so fernliegend. Und auch völkerrechtliche vertragliche Bindungen können eine Verpflichtung zur Rechtsetzung begründen.[1090] Die Pflicht zur (gesetzlichen) Ausgestaltung privater Rechtsverhältnisse hat auch der EGMR ausdrücklich anerkannt.[1091]

1088 Eine Rechtspflicht ablehnende Stimmen sind *Weilert*, Transnationale Unternehmen im rechtsfreien Raum, ZaöRV 69 (2009), S. 883–917 (891), hinsichtlich des Zugriffs auf im Ausland tätige Tochterunternehmen; *Papp*, Extraterritoriale Schutzpflichten, S. 201 f., der sich aber lediglich auf eine staatliche Kenntnis der Rechtsbeeinträchtigung durch eigene Staatsangehörige zur Begründung einer Verpflichtung stützt und diese als uferlos ablehnt; *Jankowska-Gilberg*, Extraterritorialität der Menschenrechte, S. 181; *Joseph*, Taming the Leviathans, NILR 46 (1999), S. 171–203 (180 f.).

1089 *Bumke/Voßkuhle*, Casebook Verfassungsrecht, S. 61 f., die als Beispiel die Rundfunkfreiheit nennen, hinsichtlich derer das BVerfG eine Ausgestaltungspflicht aus den Grundrechten hergeleitet hat.

1090 *Krajewski*, Völkerrecht, S. 293.

1091 EGMR, *X and Y* vs. The Netherlands, Urt. v. 26.3.1985, No. 8978/80, § 27; EGMR, *Köpke* vs. Germany, Ents. v. 5.10.2010, No. 420/07, The Law A. 2.

Wenn das aktive Personalitätsprinzip bisher Gegenstand der Diskussion um extraterritoriale Staatenpflichten war, dann stets unter der rechtlichen Kategorie einer staatlichen Kompetenz.[1092] Nun scheint der Einwand begründet, dass der Akt der Rechtsetzung selbst noch keinerlei Debatte um Extraterritorialität auszulösen vermag, handelt es sich dabei doch zunächst um einen rein territorialen Hoheitsakt. Wann kann bei einem Rechtsetzungsakt also von der Ausübung extraterritorialer Jurisdiktion gesprochen werden? Abzugrenzen sind folglich die Fälle, in denen lediglich ein extraterritorialer Effekt die Folge der nationalen Rechtsetzung darstellt.[1093] Jurisdiktion als Ausdruck einer staatlichen Rechtsetzungskompetenz bezieht sich im eigenen Territorium auf die Regelung von (Sach-) Verhalten. Es liegt nahe, von extraterritorialer Rechtsetzung zu sprechen, wenn es um den Erlass von Regeln geht, die *„extraterritorial stattfindendes Verhalten regeln bzw. zu regeln versuchen“*.[1094] Der Unterschied zwischen einer reinen extraterritorialen Folge und einer extraterritorialen Regelung kann anhand wirtschaftspolitischer Maßnahmen veranschaulicht werden. Wenn der Staat eine Importbeschränkung für bestimmte Güter erlässt, dann wirkt sich dies selbsterklärend extraterritorial auf die Exporteure im Ausland aus – geregelt wird mit dem Importvorgang aber trotzdem ein inländischer Sachverhalt.[1095] Genauso würde es sich wohl verhalten, wenn der Staat den Kreditagenturen die Pflicht auferlegte, das Projekt vor Förderungsbewilligung auf umwelt- und menschenrechtliche Konflikte hin zu überprüfen. Kartellverbote, wie beispielsweise Art. 101 AEUV, erfassen hingegen nicht nur innerhalb der EU erfolgte Kartellabsprachen, sondern gerade auch extraterritoriale Verhaltensweisen, die sich in

1092 *De Schutter*, Extraterritorial Jurisdiction, S. 21; *Weilert*, Transnationale Unternehmen im rechtsfreien Raum, ZaöRV 69 (2009), S. 883–917 (891 f.); *Joseph*, Taming the Leviathans, NILR 46 (1999), S. 171–203 (180 f.).

1093 Wie dies im Fall *Soering* von den Vertretern der abwehrrechtlichen Lösung angenommen wird, dort nicht in Bezug auf einen Rechtsetzungsakt sondern auf einen exekutiven Hoheitsakt, vgl. dazu Kapitel C.II.2.c)cc).

1094 So auch *Vranes*, Die extraterritoriale Durchsetzung politischer Interessen, JRP 16 (2008), S. 38–49 (42), *„[…] unter einer extraterritorialen Regelung (maW: unter der Ausübung extraterritorialer Jurisdiktion) den Erlass von Regeln zu verstehen, die* ***extraterritorial stattfindendes Verhalten regeln bzw. zu regeln versuchen****“* (Hervorhebung in anderer Form durch den Autor); *Seck*, Home State Responsibility, Yale H.R. & Dev. L.J. 11 (2008), S. 177–206 (185 f.).

1095 Beispiel von *Vranes*, Die extraterritoriale Durchsetzung politischer Interessen, JRP 16 (2008), S. 38–49 (42).

der EU auswirken.[1096] Sie stellen also in diesem Sinne extraterritoriale Regelungen dar.[1097]

Doch wie kann eine menschenrechtliche Verpflichtung zur extraterritorialen Rechtsetzung begründet werden? Eine staatliche Rechtsetzungspflicht als „positive obligation" entsteht im Sinne von Art. 1 EMRK, wenn der Staat Jurisdiktion (über die potenziellen Opfer) ausübt und ein staatliches Unterlassen zu einer materiellen Konventionsrechtsverletzung führen würde. Aber wann gelangt eine Person außerhalb des eigenen staatlichen Territoriums unter die Jurisdiktion dieses Staates im Sinne von Art. 1 EMRK, wenn dieser es unterlassen hat, Recht zu setzen? Während bei einer Festnahme einer Person im Ausland oder einer militärischen Besetzung eines Gebiets die aktive Handlung, also der staatliche Hoheitsakt, leicht zu benennen ist, der den Betroffenen unter die Jurisdiktion des handelnden Staates bringt, fällt dies bei staatlichen Unterlassungen wesentlich schwerer. Dass ein Unterlassen gleichermaßen eine Verpflichtung unter der Konvention auszulösen vermag, hat der EGMR in vielen Entscheidungen bestätigt.[1098]

Will man eine Konventionsverletzung über eine unterlassene Rechtsetzung begründen, dann entsteht die ungewöhnliche Situation, dass dem jurisdiktionellen Anknüpfungspunkt des aktiven Personalitätsprinzips doppelte Bedeutung zukommt. Denn zunächst müsste untersucht werden, ob ein Mitgliedstaat die Möglichkeit hat auf einen (extraterritorialen) Sachverhalt über Regelungen zuzugreifen. Aus dieser Möglichkeit der Kontrolle müsste aber auch eine staatliche Verpflichtung folgen, von der Regelungsmöglichkeit Gebrauch zu machen (Jurisdiktionsbegründung). Um anschließend im Rahmen der Pflichtenerfüllung eine völkerrechtliche Legitimationsgrundlage für das präskriptive Tätigwerden des Staates darzustellen. Der überzeugende Vorteil dieser Konstruktion liegt auf der Hand, wenn man an das sonst bestehende Verhältnis von Jurisdiktionsbegründung und -erfüllung in extraterritorialen Sachverhalten denkt. Gestritten wird dabei um die Rechtmäßigkeit einer staatlichen Maßnahme, über Anknüpfungspunkte, die neben denen im allgemeinen Völkerrecht im Menschenrechtsschutz bestehen, oder über die Möglichkeiten, die der Staat überhaupt im Rahmen der extraterritorialen Pflichtenerfüllung hat. Diese Probleme

---

1096 *Kling/Thomas*, Kartellrecht, S. 44.

1097 *Kling/Thomas*, Kartellrecht, S. 43–46; Beispiel ebenfalls von *Vranes*, Die extraterritoriale Durchsetzung politischer Interessen, JRP 16 (2008), S. 38–49 (42) Fn. 27 mit weiteren anschaulichen Beispielen.

1098 Siehe zur Rechtsprechung (nur) bzgl. unternehmerischer Tätigkeit Kapitel B.III.4.

würden sich bei einer Rechtspflicht zur Regulierung eigener Staatsangehöriger zumindest nicht in gleichem Maße stellen; eine allgemein anerkannte Jurisdiktionsgrundlage würde nämlich in Gestalt des aktiven Personalitätsprinzips vorliegen.

Daraus darf trotzdem nicht die Schlussfolgerung gezogen werden, dass der Staat nur in Form einer Regelung seiner möglicherweise entstandenen Pflicht nachkommen kann – dies würde dem weiten Beurteilungsspielraum bei der Pflichtenerfüllung widersprechen, den der EGMR den Mitgliedstaaten einräumt. Allerdings könnte sich die Handlungspflicht verdichten, wenn andere Maßnahmen aufgrund des extraterritorial belegenen Schutzguts nicht zulässig wären. So hat der EGMR auch in territorial belegenen Sachverhalten eine konkrete Pflicht zur Rechtsetzung anerkannt, insbesondere im Hinblick auf gefährliche Industriezweige.[1099]

aa) Ansätze aus dem allgemeinen Völkerrecht

Im Hinblick auf die extraterritoriale Anwendbarkeit des IPwskR wird eine vergleichbare Diskussion geführt. Dort schlug der Sozialpaktausschuss hinsichtlich des Rechts auf Gesundheit (Right to Health) bereits im Jahr 2000 vor, dass sich eine staatliche Verpflichtung bezüglich der Paktrechte aus der Möglichkeit einer Einflussnahme auf eigene private Akteure ergeben solle.[1100] Dieser Vorstoß, eine Regulierungspflicht der Heimatstaaten zu begründen, wurde von einigen Stimmen in der Literatur unterstützend begrüßt.[1101] Demnach sollen staatliche extraterritoriale Pflichten insoweit nachfolgen, wie der Staat auf seinen im Ausland handelnden privaten Akteur rechtliche und politische Kontroll- und Einflussnahmemöglichkeiten hat.[1102] Als Ausfluss der „obligation to protect“ könne man sich als dogmatische Stütze auf das Diskriminierungsverbot berufen, welches

---

1099 EGMR, *Öneryildiz* vs. Turkey, No. 48939/99, Urt. v. 30.11.2004, § 89 f.; EGMR, *Vilnes a. o.* vs. Norway, Urt. v. 5.12.2013, No. 52806/09, 22703/10, § 220.

1100 CESCR, General Comment No. 14 (2000), UN Doc. E/C.12/2000/4, Ziff. 39; *De Schutter*, Regulating Transnational Corporations, S. 4 f. mit weiteren Beispielen anderer UN-Vertragsorgane.

1101 *Skogly*, Beyond National Borders, S. 69 f.; *Sornarajah*, The International Law on Foreign Investment, S. 164 ff.; *Seck*, Home State Responsibility, Yale H.R. & Dev. L.J. 11 (2008), S. 177–206.

1102 *Skogly*, Beyond National Borders, S. 57 ff. (insb. S. 69 ff.); *Sornarajah*, The International Law on Foreign Investment, S. 164 ff.; *Seck*, Home State Responsibility, Yale H.R. & Dev. L.J. 11 (2008), S. 177–206 in Bezug auf staatliche Pflichten in der weltweiten Bergbauindustrie.

Regierungen dazu verpflichten würde, sicherzustellen, dass sich territoriale und extraterritoriale Pflichten von Unternehmen im Hinblick auf menschenrechtliche Standards entsprechen.[1103] Der Ansatz orientiert sich an einem Vorschlag von *Knox* für das Umweltrecht: *„[the OECD] developed a ‚non-discrimination principle' […]. As applied to domestic EIA laws, the non-discrimination principle would require states to assess the extraterritorial effects of actions within their jurisdiction just as they assess their domestic effects. It would also require states to offer nonresidents the same right to participate in the EIA procedure as the states provide to their own resident nationals. More generally, the nondiscrimination principle would require states to give nonresidents ‚equal access' to all administrative and judicial procedures concerning environmental harm, not just EIA procedures.“*[1104]

Es ist sehr zweifelhaft, ob sich dieses Diskriminierungsverbot, entwickelt von der OECD als internationaler Organisation, auch auf den Menschenrechtsschutz übertragen lässt. Der Menschenrechtsschutz kennt seine eigenen Diskriminierungsverbote. Für die EMRK ist ein solches in Art. 14 EMRK kodifiziert. Art. 14 EMRK ist ein akzessorisches Gleichheitsrecht und kann also nur im Hinblick auf ein bestimmtes Konventionsrecht geltend gemacht werden.[1105] Mit dem 12. Zusatzprotokoll zur EMRK haben die Mitgliedstaaten auch ein allgemeines Diskriminierungsverbot geschaffen. Das 12. Zusatzprotokoll wurde im Jahr 2000 verabschiedet und ist im Jahr 2005 in Kraft getreten.[1106] Bisher haben das Protokoll aber lediglich 20 Staaten ratifiziert.[1107] Die Diskriminierungsverbote der EMRK sind aber nur anwendbar, wenn der Anwendungsbereich der Konvention überhaupt eröffnet ist. Sie helfen also gerade nicht dabei, den Anwendungsbereich selbst zu eröffnen. Auch in der AEMR ist in Art. 2 ein Diskriminierungsverbot festgeschrieben. Die AEMR als Resolution der UN-Generalversammlung

---

1103 *„This could be seen as an expression of non-discrimination in that legislators would have to ensure that the human rights standards that companies are bound by domestically are the same when they operate in another country.“*, *Skogly*, Beyond National Borders, S. 70.

1104 *Knox*, The Myth and Reality of Transboundary Environmental Impact Assessment, AJIL 96 (2002), S. 291–319 (300).

1105 *Von Arnauld*, Völkerrecht, § 9 Rn. 730.

1106 Protocol 12 to the ECHR, ETS No. 177 (Okt. 2017), abrufbar unter: http://www.coe.int/en/web/conventions/full-list/-/conventions/rms/0900001680080622 (zuletzt abgerufen am 2.10.2017).

1107 Protocol 12 to the ECHR, ETS No. 177, Status of Ratification (Okt. 2017), abrufbar unter: http://www.coe.int/en/web/conventions/full-list/-/conventions/treaty/177/signatures?p_auth = EG8CXdAn (zuletzt abgerufen am 2.10.2017).

ist aber an sich nicht rechtsverbindlich. Selbst wenn einige Rechte der Erklärung inzwischen gewohnheitsrechtlich anerkannt sind,[1108] ist fraglich, inwieweit ein gewohnheitsrechtlich anerkanntes Diskriminierungsverbot auf die EMRK angewendet werden könnte. Auch die beiden Menschenrechtspakte der UN enthalten Diskriminierungsverbote, insbesondere Art. 2 Abs. 2 IPwskR. Dieses Verbot gilt jedoch explizit für die Vertragsparteien des Paktes und kann nicht auf einen anderen völkerrechtlichen Vertrag wie die EMRK übertragen werden. Nach der hier vertretenen Ansicht existiert gegenwärtig kein allgemeines Diskriminierungsverbot, welches eine extraterritoriale Anwendbarkeit der EMRK begründen könnte.

Seck möchte zur Begründung von heimatstaatlichen Pflichten unterstützend auf Arbeiten der International Law Commission abstellen.[1109] So enthalten zwei ILC Arbeiten (die *Draft Articles on Prevention of Transboundary Harm from Hazardous Activities (2001)*[1110] und die *Draft Principles on the Allocation of Loss in the Case of Transboundary Harm Arising out of Hazardous Activities (2006)*[1111]) die Verpflichtung der Heimat- beziehungsweise Herkunftsstaaten („state of origin"), Schutzpflichten in Form von legislativen, administrativen oder anderen Maßnahmen auszuüben, um in anderen Staaten Schädigungen zu verhindern.[1112] Außerdem könnten auch die Zurechnungsregeln der ILC-Artikel zur Staatenverantwortlichkeit herangezogen werden: *„Under the Draft Articles on Responsibility's principle of independent responsibility, the home state may be viewed as directly responsible for its own wrongful conduct – that is, for its failure to regulate, including its failure to provide a remedy."*[1113] Der Verweis auf die ILC-Artikel vermag aber nicht zu überzeugen und hilft für die Herleitung einer Rechtsetzungspflicht aus der EMRK nicht weiter. Die ILC-Artikel sind nach der hier dargestellten Ansicht keine völkerrechtlichen Normen; eine staatliche Verpflichtung kann sich aber selbst nur aus einer völkerrechtlichen Norm begründen.[1114] Für die EMRK würden wir damit wieder am Ausgangspunkt stehen.

1108 *Von Arnauld*, Völkerrecht, § 9 Rn. 608.

1109 *Seck*, Home State Responsibility, Yale H.R. & Dev. L.J. 11 (2008), S. 177–206 (202 f.).

1110 *ILC*, Draft Articles on Prevention of Transboundary Harm from Hazardous Activities, YILC 2001 II, S. 148–170.

1111 *ILC*, Draft Articles on the Allocation of Loss in the Case of Transboundary Harm Arising out of Hazardous Activities, YILC 2006 II, S. 110–182.

1112 *Seck*, Home State Responsibility, Yale H.R. & Dev. L.J. 11 (2008), S. 177–206 (202 f.).

1113 *Seck*, Home State Responsibility, Yale H.R. & Dev. L.J. 11 (2008), S. 177–206 (203 f.).

1114 Selbst wenn man die ersten beiden ILC-Arbeiten als völkerrechtliche Normen anerkennen würde, wie *Seck* dies tut (vgl. *dies.*, S. 202 f.), würde es für die Herleitung

Sornarajah sieht verschiedene Möglichkeiten, wie eine Pflicht zur Kontrolle eigener privater Akteure im Ausland aus dem Völkerrecht begründet werden kann.[1115] Zunächst stützt sie die Verpflichtung auf den allgemeinen Grundsatz *„not to cause harm to other states"*. Die Staaten hätten also dem Grundsatz nach eine Schutzverpflichtung, wenn sie wissen, dass Aktivitäten von Staatsangehörigen oder Staatszugehörigen Schäden in anderen Staaten oder hinsichtlich deren Einwohner verursachen (oder verursachen werden).[1116] Das sogenannte Schädigungsverbot[1117] im Völkerrecht bezieht sich primär auf grenzüberschreitende Umweltbeeinträchtigungen.[1118] Dem Staat obliegen Pflichten zum Schutz der Umwelt und darunter würde auch die Pflicht zur aktiven Schadensvorbeugung fallen, so der ICJ.[1119] *„A State is thus obliged to use all the means at its disposal in order to avoid activities which take place in its territory, or in any area under its*

---

von Verpflichtungen aus der EMRK (einer eigenen völkerrechtlichen Norm) nicht weiterhelfen.

1115 *„The argument is that such a duty* ***can*** *be constructed under present international law."*, *Sornarajah*, The International Law on Foreign Investment, S. 166 (Hervorhebung in anderer Form durch die Autorin); in diese Richtung argumentierend auch *De Schutter*, Regulating Transnational Corporations, S. 5, *„Thus we have witnessed in recent years a gradual strengthening of the extraterritorial duties of States in the area of human rights, including their duties to regulate the activities of corporations whose conduct they can influence."*; und auch *Jägers* denkt über eine Rechtsetzungspflicht bzgl. des Verhaltens eigener Unternehmen nach vgl. *Jägers*, Corporate Human Rights Obligations, S. 165 ff. (insb. 172).

1116 *Sornarajah*, The International Law on Foreign Investment, S. 166; so auch *De Schutter*, Regulating Transnational Corporations, S. 3 f.; *Brownlie*, System of the Law of Nations, S. 165; *Jägers*, Corporate Human Rights Obligations, S. 172, *„that home State responsibility can arise where the home State has not exercised due diligence in controlling parent companies that are effectively under its control"*.

1117 Im Englischen als *„no harm"*-Prinzip bezeichnet. Siehe zu den Begrifflichkeiten *Bäumler*, Das Schädigungsverbot im Völkerrecht, S. 1 und S. 14 ff.

1118 In diesem Zusammenhang wird regelmäßig auf den berühmten Trail Smelter Fall verwiesen, in dem bereits 1941 ein Schiedsgericht die staatliche Pflicht anerkannt hat, Beeinträchtigungen durch Private (in dem Fall ging es um eine privat betriebene Metallschmelze in Kanada, deren Emissionen in den USA zu Schäden führten) zu unterbinden. *Trail Smelter* (*United States* vs. Canada), UNRIAA III 1905–1982, Fall abrufbar unter: http://legal.un.org/riaa/cases/vol_III/1905–1982.pdf (zuletzt abgerufen am 2.10.2017); dazu auch *Bäumler*, Das Schädigungsverbot im Völkerrecht, S. 75 ff., die das Prinzip auf weitere Bereiche ausdehnt.

1119 ICJ, Urt. v. 20.4.2010, *Pulp Mills on the River Uruguay* (*Argentina* vs. Uruguay), ICJ Reports 2010, S. 14, § 101.

jurisdiction, causing significant damage to the environment of another State. This Court has established that this obligation 'is now part of the corpus of international law relating to the environment'. "[1120] Aber auch wenn der ICJ eine staatliche Pflicht ausdrücklich anerkennt, bleibt ungeklärt, in welchen (extraterritorialen) Sachverhalten staatliche Jurisdiktion entsteht („or in any area under its jursidiction") und folglich eine Verpflichtung angenommen werden kann. Fällt es also unter die Jurisdiktion des Heimatstaates einer privat betriebenen Metallschmelze, die aber in einem fremden Staat betrieben wird, die Emissionswerte durch Gesetze zu regulieren? Offen bleibt auch, ob sich das Schädigungsverbot auf den Menschenrechtsschutz übertragen lässt. Denn während es im Umweltrecht auch um den Schutz staatlicher Rechtsgüter geht, folgt der Menschenrechtsschutz aus der Achtung des Menschen.[1121] Die durch die materiellen Garantien Geschützten und Berechtigten sind gerade die Individuen.

Das zweite Argument von *Soranajah* baut auf dem Recht der Staaten auf, dass ihre Staatsangehörigen im Ausland geschützt werden. Daraus würde eine korrespondierende Pflicht folgen, dafür zu sorgen, dass die eigenen Staatsangehörigen und Staatszugehörigen (extraterritorial) im Einklang mit internationalen Normen agieren.[1122] Die Ausführungen bleiben insgesamt vage. Es wird nicht deutlich, ob *Sornarajah* dabei auf das Prinzip des diplomatischen Schutzes verweisen möchte – denn ein solches besteht im Völkerrecht gerade nicht in Gestalt eines Anspruchs auf Schutz.[1123] Oder ob sie damit auf das gewohnheitsrechtliche Fremdenrecht anspielt, welches die Staaten dazu verpflichtet, einen Mindeststandard an Schutz gegenüber jedem fremden Staatsangehörigen zu garantieren, wozu beispielsweise das Recht auf Leben und körperliche Unversehrtheit zählt.[1124] Dieses wird aber wiederum durch das Rechtsprinzip des diplomatischen Schutzes geltend gemacht.[1125] Die korrespondierende Pflicht, bei einer Übertragung auf den menschenrechtlichen Fall, würde damit dem Gaststaat ein Recht zusprechen – beziehungsweise den fremden Staatsangehörigen, deren Recht der Staat dann „adoptieren" würde[1126] – das dem Heimatstaat auferlegt,

---

1120 ICJ, Urt. v. 20.4.2010, *Pulp Mills on the River Uruguay* (*Argentina* vs. Uruguay), ICJ Reports 2010, S. 14, § 101.

1121 *Von Arnauld*, Völkerrecht, § 9 Rn. 604.

1122 *Sornarajah*, The International Law on Foreign Investment, S. 166.

1123 Siehe dazu *Von Arnauld*, Völkerrecht, § 9 Rn. 593 ff.

1124 Für Einzelheiten vgl. *Von Arnauld*, Völkerrecht, § 9 Rn. 590 ff.

1125 *Von Arnauld*, Völkerrecht, § 9 Rn. 593.

1126 So zumindest für den diplomatischen Schutz. Zu diesem Prinzip insgesamt *Von Arnauld*, Völkerrecht, § 9 Rn. 593.

seine privaten Akteure dahingehend zu kontrollieren, dass von diesen keine Schädigungen ausgehen. Bisher existiert jedoch kein umgekehrtes Prinzips des diplomatischen Schutzes.[1127] Selbst wenn sich ein solches etablieren würde, wäre die Anwendung im Menschenrechtsschutz nicht unproblematisch. Über die Umkehrung des Prinzips im menschenrechtlichen Bereich würden, zumindest wenn man das Prinzip des diplomatischen Schutzes und dessen Herkunft ernst nimmt, andere Staaten eine Rechtsposition erhalten. Die Besonderheit im System des internationalen Menschenrechtsschutzes ist jedoch, dass zumindest einige menschenrechtliche Verträge (wie auch die EMRK) dem Einzelnen ein eigenes Recht zuerkennen, seine Rechte geltend zu machen und gerade keine Mediatisierung des Individuums erfolgt.[1128] Fraglich wäre zudem weiterhin, ob die Umkehrung des Prinzips auch einen Anspruch gegenüber den Heimatstaaten begründen würde.

Schließlich sprächen für eine Rechtspflicht nach *Sornarajah* die Vorteile, die der Heimatstaat durch die transnationale Unternehmenstätigkeit erlangt. Die Rückführung der Unternehmensgewinne durch das Investment komme auch dem Heimatstaat zugute, sodass dieser sicherstellen müsse, dass die Gewinne nicht unter Verletzung der Menschenrechte erzielt wurden („*The profits are enhanced by the forced labour that is secured by torture and repression*").[1129]

Die Ansätze, die auf internationaler Ebene für die Begründung einer Rechtspflicht verfolgt werden, helfen für die EMRK nur bedingt weiter. Trotzdem sind sie in ihrer Wirkungskraft nicht zu unterschätzen, weil sie ein Umdenken im rechtswissenschaftlichen Schrifttum verdeutlichen. Dass dieses Umdenken, die Mobilisierung von internationalen und nationalen Menschenrechtsnetzwerken, ein zunehmend öffentlich geführter Diskurs und die Erstarkung von oppositionellen Gruppen in Ländern mit einer schlechten Menschenrechtsbilanz den internationalen Druck auf Staaten erhöhen und Veränderungsprozesse in Gang setzen können, lässt sich nicht zuletzt an der Debatte über die innerstaatliche

---

1127 *Skogly* nimmt das Fehlen eines „*reverse diplomatic protection*" Prinzips an. Das Prinzip des diplomatischen Schutzes würde gegenwärtig nicht angewendet, wenn ein Staat die Rechte eines fremden Staatsangehörigen beeinträchtigt, während dieser sich in seinem Heimatstaat aufhält, *Skogly*, Extraterritoriality, in: *Joseph/McBeth*, Research Handbook on International Human Rights Law, S. 71–96 (88).

1128 Dazu *Von Arnauld*, Völkerrecht, § 9 Rn. 590, 604.

1129 *Sornarajah*, The International Law on Foreign Investment, S. 166.

Umsetzung der Leitprinzipien für Wirtschaft und Menschenrechte der Vereinten Nationen in einen Nationalen Aktionsplan erkennen.[1130]

bb) *Die „normative Kraft des Faktischen" zur Begründung extraterritorialer Staatenpflichten*

Menschenrechte sind die Antwort auf kollektive Unrechtserfahrungen.[1131] Ihre gegenwärtige Wirkungskraft und Bedeutung haben sie durch Kämpfe gegen Unterdrückung, Ungerechtigkeit oder Ungleichheit erhalten.[1132] Kämpfe, die gegen den Staat als Obrigkeit und als freiheitsbeschränkenden Machtapparat geführt wurden. Die normative Grundlage für die rechtliche Begründung von umfassenden extraterritorialen Staatenpflichten ist demnach, so eine Ansicht im Schrifttum, in dem *„universellen Anspruch der Menschenrechte nach Gerechtigkeit und Schutz"* zu sehen.[1133] Durch die Veränderung der Gefährdungslage für Menschenrechte – weg vom Staat und hin zu privaten Akteuren – in Verbindung mit der zunehmenden Expansion der gesellschaftlichen Handlungsräume über alle Staatengrenzen hinweg, richte sich nun der Anspruch der Menschenrechte auf einen Schutz innerhalb und außerhalb staatlicher Grenzen.[1134] Demnach würden die Menschenrechte unabhängig von dem Belegenheitsort der Beeinträchtigung gelten; *„auf die Frage der Ausübung von Hoheitsgewalt kommt es dabei nicht an"*.[1135]

Luhmann beschreibt diesen Mechanismus als *„in den turbulenten Weltverhältnissen unserer Tage und angesichts des Relevanzverlustes klassisch-staatlicher Ordnungen das zeitgemäße Paradox"*, dass Rechte auf internationaler Ebene *„erst durch ihre Verletzung und durch entsprechende Empörung (Durkheims colère publique) in Geltung gesetzt werden"* und nicht wie gewöhnlich durch vorherige

1130 Vgl. dazu *Auswärtiges Amt*, Informationen zum Nationalen Aktionsplan „Wirtschaft und Menschenrechte". Der Nationale Aktionsplan wurde am 21.12.2016 von der Bundesregierung verabschiedet.

1131 *Riedel*, Menschenrechte als Gruppenrechte, in: *Reuter*, Ethik der Menschenrechte, S. 295–319 (295); *Kanalan*, Extraterritoriale Staatenpflichten, AdVR 52 (2014), S. 495–521 (508); dazu auch *Brugger*, Menschenrechte im modernen Staat, AöR 114 (1989), S. 537–588.

1132 *Thornhill*, A Sociology of Constitutions, S. 181 ff.; *Oestreich*, Geschichte der Menschenrechte und Grundfreiheiten, S. 118 ff.

1133 *Kanalan*, Extraterritoriale Staatenpflichten, AdVR 52 (2014), S. 495–521 (509 f.).

1134 *Kanalan*, Extraterritoriale Staatenpflichten, AdVR 52 (2014), S. 495–521 (509).

1135 *Kanalan*, Extraterritoriale Staatenpflichten, AdVR 52 (2014), S. 495–521 (510).

Normsetzung.[1136] Auch wenn der Rekurs auf normativ faktische Kräfte zur Begründung extraterritorialer Staatenpflichten verlockend ist, erscheint es als fraglich, ob ein „*weltgesellschaftliches normatives Erwarten*"[1137] tatsächlich zur Rechts(pflichten)begründung ausreicht.[1138]

Vor diesem Hintergrund hat *Teubner* ein Konzept entwickelt[1139], das davon ausgeht, dass die Gesellschaftsfragmentierung dazu führt, dass es bei dem gegenwärtigen Menschenrechtsschutz um das Verhältnis des Individuums zu vielen einzelnen Funktionssystemen geht.[1140] „*Die spezifische Gefährdung der körperlichen und seelischen Integrität durch eine verselbständigte kommunikative Matrix geht nicht nur von der Politik, sondern im Prinzip von allen autonomisierten Subsystemen aus, die über eine expansive Eigendynamik verfügen.*"[1141] Solche autonomisierten Subsysteme, wie sie *Teubner* bezeichnet, können in allen Lebensbereichen auftreten; „*transnationale Privatakteure*", die nach ihm „*eigene globale Regimes*" aufbauen und damit ganze Lebensbereiche regulieren, würden auch dazu zählen.[1142] Insgesamt würde sich demnach die traditionelle Kategorisierung in ein Individuum, dessen Rechte verletzt wurden, und einem Staat oder einer anderen privaten Person, der beziehungsweise die diese Rechte verletzt hat, völlig auflösen.[1143] Der Expansionsdrang der wirkenden Systeme führe dazu, dass nicht nur die klassische Hoheitsgewalt Menschenrechte beeinträchtige und

---

1136 Zitate von *Luhmann*, Das Recht der Gesellschaft, S. 581; *Teubner*, Verfassungsfragmente, S. 194.

1137 *Ladeur/Viellechner*, Die transnationale Expansion staatlicher Grundrechte, AdVR 46 (2008), S. 42–73 (52) Fn. 62.

1138 *Teubner* verneint eine „rechtsbegründende Kraft" dieser Erwartungshaltung, vgl. *Teubner*, Verfassungsfragmente, S. 194.

1139 Das sogenannte ökologische Menschenrechtskonzept, vgl. *Teubner*, Die anonyme Matrix, Der Staat 45 (2006), S. 161–187 (168 ff.); *Teubner*, Verfassungsfragmente, S. 189 ff.; *Kanalan* möchte dieses Konzept auf die Begründung extraterritorialer Staatenpflichten jenseits der Hoheitsgewalt anwenden, vgl. *Kanalan*, Extraterritoriale Staatenpflichten, AdVR 52 (2014), S. 495–521 (511 ff.).

1140 *Teubner*, Die anonyme Matrix, Der Staat 45 (2006), S. 161–187 (179).

1141 *Teubner*, Die anonyme Matrix, Der Staat 45 (2006), S. 161–187 (176).

1142 *Teubner*, Die anonyme Matrix, Der Staat 45 (2006), S. 161–187 (164).

1143 „*Es gibt nicht die eine Grenze politischer Kommunikation/Mensch, an der die Menschenrechte Wache stehen.*", *Teubner*, Die anonyme Matrix, Der Staat 45 (2006), S. 161–187 (177); „*Die neue polykontexturale Menschenrechtsproblematik [ist so zu verstehen], dass nicht Menschen von Mitmenschen bedroht werden, sondern von anonymen kommunikativen Prozessen, die überhaupt erst einmal identifiziert werden müssen.*", *Teubner*, Verfassungsfragmente, S. 217 f.

dass diese Beeinträchtigung auch nicht an die Kategorie von Staatengrenzen anknüpfe.[1144]

Deshalb seien die klassischen Jurisdiktionskonzepte zur Begründung einer menschenrechtlichen Verantwortlichkeit zu sehr auf das traditionelle Konzept staatlicher Obrigkeit beschränkt. Es gehe nicht mehr nur um das Verhältnis zwischen einem Staat und einem Individuum, sondern um das Verhältnis zwischen einem Individuum und diversen Subsystemen, um in *Teubners* Worten zu sprechen.[1145] Deshalb schlägt *Kanalan* vor, das zu schützende menschenrechtliche Verhältnis *„nicht mehr als Problem zwischen dem Heimatstaat und seinen Bewohner_innen, sondern als das Folgeproblem der Expansion der Funktionssysteme zwischen allen Staaten und allen Weltbewohner_innen [zu begreifen]".*[1146]

Dieser Vorschlag erinnert an die *Kant'sche* Idee eines „Weltbürgertums": *„Da es nun mit der unter den Völkern der Erde einmal durchgängig überhand genommenen (engeren und weiteren) Gemeinschaft so weit gekommen ist, dass die Rechtsverletzung an einem Platz der Erde an allen gefühlt wird: so ist die Idee eines Weltbürgerrechts keine phantastische und überspannte Vorstellungsart des Rechts, sondern eine notwendige Ergänzung des ungeschriebenen Codex […].*"[1147] Der Menschenrechtsschutz würde – im Sinne von *Kant* – das Völkerrecht als Recht der Staaten in ein *„Weltbürgerrecht als ein Recht von Individuen*" umformen.[1148] Der große Unterschied besteht jedoch darin, dass *Kant* trotz Weltbürgerrecht

---

1144 *„[Das] staatsbezogene Grundrechtsmodell funktioniert nur solange, als der Staat mit der Gesellschaft identifiziert oder wenigstens der Staat als Organisationsform der Gesellschaft und die Politik als hierarchische Koordinierung der Gesellschaft angesehen werden kann. Durch die Freisetzung und Autonomisierung anderer hochspezialisierter kommuikativer Medien (Geld, Wissen, Recht, Medizin, Technologie) wird dieses Modell jedoch zunehmend deplausibilisiert. Exakt an dieser Stelle entsteht nun die Problematik der Horizontalwirkung von Grund- und Menschenrechten.*", *Teubner*, Die anonyme Matrix, Der Staat 45 (2006), S. 161–187 (175).

1145 *Teubner*, Die anonyme Matrix, Der Staat 45 (2006), S. 161–187 (175 f.).

1146 *Kanalan*, Extraterritoriale Staatenpflichten, AdVR 52 (2014), S. 495–521 (513), der dieses Konzept in Ansätzen in den Maastrichter Prinzipien umgesetzt sieht.

1147 *Immanuel Kant*, Zum Ewigen Frieden, in: *Kehrbach*, Text der Ausgabe A (1881), S. 1–56 (25). Das Ziel Kants lag in der Schaffung eines Völkerbundes aus souveränen Staaten, um so eine Friedensordnung herzustellen, *„Die vorgesehene Föderation freier Staaten, die im Verkehr untereinander auf das Mittel des Krieges ein für alle Mal verzichten, soll die Souveränität ihrer Mitglieder unangetastet lassen.*", *Habermas*, Kants Idee des Ewigen Friedens, Kritische Jusitz 28 (1995), S. 293–319 (295).

1148 Vgl. dazu *Habermas*, Hat die Konstitutionalisierung des Völkerrechts noch eine Chance?, in: *ders.*, Der gespaltene Westen, S. 113–194 (123).

von der Gegenüberstellung der Bürger und einem jeweils souveränen Oberhaupt ausging[1149] und insofern der *Teubner'sche* Gedanke der Auflösung der Grenzen zwischen Staat und Individuum verloren geht.

Kanalan stützt sich für die Übertragung des ökologischen Menschenrechtskonzepts auf Art. 55 lit. c. der UN-Charta, nach dem die Vereinten Nationen „die allgemeine Achtung und Verwirklichung der Menschenrechte und Grundfreiheiten für alle ohne Unterschied der Rasse, des Geschlechts, der Sprache oder der Religion" fördern. Auch die Präambel der UN-Charta und der Allgemeinen Erklärung der Menschenrechte (AEMR) sowie die Bekenntnisse in den beiden Menschenrechtspakten würden diese Grundsätze widerspiegeln. Es wäre demnach widersprüchlich, *„die Menschenrechte als Grundlage der Gerechtigkeit, Freiheit und Weltfrieden zu deklarieren, zugleich aber eine Beschränkung dahingehend vorzunehmen, dass diese normativen Vorgaben, Prinzipien und Maßstäbe nur im Rahmen der Hoheitsgewalt der Staaten gelten sollen.[…] Warum soll ein Verstoß gegen die Menschenrechte außerhalb der Hoheitsgewalt weniger verwerflich und folglich beispielsweise die Menschenwürde weniger schutzwürdig sein?"*[1150]

Der Verweis auf die Zielsetzungen der UN-Pakte bildet einen sinnvollen gedanklichen Ausganspunkt der Debatte. Ob sie alleine umfassende extraterritoriale Staatenpflichten zu begründen vermögen, erscheint aber als zweifelhaft. Wenn bei *Kanalan* unter Hoheitsgewalt nicht das staatliche Territorium, sondern die Jurisdiktion gemeint ist – und davon ist wohl auszugehen[1151] – dann würde die Forderung nach umfassenden menschenrechtlichen Verpflichtungen jenseits der Hoheitsgewalt die gegenwärtige Unterteilung der (weltlichen) Räume in Staatsgebiete brüchig werden lassen. Dies wäre zwar im Einklang mit dem Ansatz *Teubners,* aber es ist nur schwer vorstellbar, dass die Idee einer Überprüfung anhand der Realität standhalten würde. Der Widerspruch zu den Zielen der Menschenrechtspakte und der UN-Charta, die *Kanalan* in der gegenwärtigen Situation als gegeben ansieht, ist bereits nicht zu erkennen, wenn man Staaten „nur" für Menschenrechte im eigenen Jurisdiktionsbereich verantwortlich macht. Bei einer Verneinung „extrajurisdiktioneller" Menschenrechtspflichten

---

1149 *Habermas*, Hat die Konstitutionalisierung des Völkerrechts noch eine Chance?, in: *ders.*, Der gespaltene Westen, S. 113–194 (123) m.w.N. Die Idee einer *„Weltrepublik"* hat Kant selbst verworfen, *Habermas*, Kants Idee des Ewigen Friedens, Kritische Jusitz 28 (1995), S. 293–319 (295).

1150 *Kanalan*, Extraterritoriale Staatenpflichten, AdVR 52 (2014), S. 495–521 (514).

1151 Vgl. dazu die Ausführungen in *Kanalan*, Die universelle Durchsetzung des Rechts auf Nahrung, S. 160, *„[…] die Geltung der Menschenrechte jenseits territorialer Grenzen und Hoheitsgewalt […]"*.

wäre der Betroffene einer Rechtsverletzung nicht automatisch schutzlos gestellt. Hier ergibt sich vielmehr die Frage, welcher Staat für welche Verletzung zur Verantwortung gezogen werden kann – dies stellt auch die Kernthematik von Art. 1 EMRK dar. Die Situation weitergedacht, wäre des Weiteren die Bedeutung des Souveränitätsprinzips und des Interventionsverbots innerhalb des Konzepts unklar. Denn wenn ein Staat Achtungs-, Schutz-, und Gewährleistungspflichten jenseits seiner eigenen Hoheitsgewalt hätte,[1152] dann könnte er seine Pflichten entweder oftmals nicht erfüllen (wenn Demonstranten auf fremdem Territorium durch ein privates Unternehmen körperlich misshandelt werden, weil sie sich gegen die starken Wasserverschmutzungen durch das Unternehmen zur Wehr setzen, dann könnte kein anderer Staat außer dem Territorialstaat Polizeibeamte zur Beendigung der Misshandlungen einsetzen) oder die gegenwärtigen völkerrechtlichen Prinzipien müssten neu überdacht werden.[1153] Nicht überzeugend wäre es, eine extrajurisdiktionelle Pflicht anzunehmen, die Ausübung derselben aber in den meisten Fällen für unmöglich zu erklären; bei Unmöglichkeit würde aber, nach der hier vertretenen Ansicht, in der Regel bereits keine Pflicht entstehen – insofern beißt sich die Katze in den Schwanz.

Ein weiteres (praktisches) Problem dürfte sich auch bei der Justiziabilität von Menschenrechtsverletzungen stellen. Wenn alle *„Individuen der Weltgesellschaft“* allen Staaten gegenüberstehen würden,[1154] welchen Staat würde ein Opfer einer Menschenrechtsverletzung vor Gericht bringen? Der Theorie nach hätte jeder Staat beispielsweise eine jenseits seiner Hoheitsgewalt bestehende Schutzverpflichtung (und gegebenenfalls ein Staat auch eine Achtungspflicht, wenn die Beeinträchtigung staatlicher Natur ist), sodass sich der Betroffene dann einen Staat aussuchen könnte.[1155] Dem schließt sich eine weitere Ungereimtheit

---

1152 So *Kanalan*, Extraterritoriale Staatenpflichten, AdVR 52 (2014), S. 495–521 (515).

1153 Den Souveränitätsverlust der Staaten sah bereits *Kant* als Problem, weshalb er *„zwischen der Weltherrschaft eines einzigen regierenden Gewaltmonopolisten und dem bestehenden System mehrerer souveräner Staaten“* einen Ausweg in seiner Idee des „Völkerbundes“ suchte, vgl. dazu weiterführend *Habermas*, Hat die Konstitutionalisierung des Völkerrechts noch eine Chance?, in: *ders.*, Der gespaltene Westen, S. 113–194 (126 f.).

1154 *Kanalan*, Extraterritoriale Staatenpflichten, AdVR 52 (2014), S. 495–521 (513).

1155 Das Problem der Justiziabilität sieht auch *Teubner* als „enorm“ an. Er schlägt klassische Klagen gegen private Akteure vor, in denen dann Menschenrechte als *„Rechte von Menschen aus Fleisch und Blut gegen die strukturelle Gewalt der Matrix“* eingeklagt werden, die strukturellen Systemdefizite also in die Entscheidungsfindung miteinbezogen werden, vgl. *Teubner*, Die anonyme Matrix, Der Staat 45 (2006), S. 161–187 (181 ff.); *Teubner*, Verfassungsfragmente, S. 219 ff.

an: Würden die Grundsätze nur für internationale Menschenrechtspakte gelten (wobei auch diese nicht alle Staaten der Weltgemeinschaft ratifiziert haben) oder auch für regionale Abkommen wie der EMRK oder der AMRK? Oder würden die umfassenden Staatenpflichten ausschließlich auf der AEMR beruhen, sodass alle anderen Menschenrechtspakte mithin obsolet werden würden? Die Anerkennung extrajurisdiktioneller Schutzverpflichtungen kann aus den genannten Gründen nicht überzeugen.[1156]

Trotzdem kann der Ansatz für die Begründung einer extraterritorialen Rechtsetzungsverpflichtung der Staaten partiell fruchtbar gemacht werden.[1157] Der zunehmende Einfluss und die Erstarkung transnationaler Wirtschaftsakteure, ist ein seit Jahrzehnten zu beobachtendes Phänomen.[1158] Die traditionellen Strukturen bedürfen einer Anpassung an diese veränderte gesellschaftliche Realität, aber, wenn man so will, in bekannten Bahnen. Sonst bliebe ein umfassender Menschenrechtsschutz wohl eher ein abstrakt formulierter Wunsch als eine praktisch realisierbare Lösung für bestehende menschenrechtliche Konflikte.

cc) Stellvertretende Menschenrechtspflege als Ausdruck menschenrechtlicher Solidarität

> *„States are not only the makers and breakers, but also the guardians of international law, in particular where courts or tribunals lack jurisdiction and competence. They must act as guardians not (only) for their own sake, but for the sake of all those whose interests are protected by international legal rules but who lack either the power or the legal standing to enforce those rights for themselves.“*[1159]

1156 *Kanalan* beschreibt den Umfang der extraterritorialen Schutzpflichten hingegen wieder eher im Einklang mit extraterritorialen, aber innerhalb einer staatlichen Jurisdiktion entstehenden, Schutzpflichten, deren Reichweite sich wohl an völkerrechtlichen Grundsätzen orientiert: *„Zu beachten seien lediglich internationales Recht und Grundsätze wie zum Beispiel staatliche Souveränität.“*, *Kanalan*, Extraterritoriale Staatenpflichten, AdVR 52 (2014), S. 495–521 (515); vergleichbare Vorgehensweise auch bei *Papp*, Extraterritoriale Schutzpflichten, S. 82 ff. und S. 187 ff.

1157 An dieser Stelle sei darauf hingewiesen, dass sich der Vorschlag *Kanalans* nicht auf die Anerkennung einer extraterritorialen Rechtsetzungspflicht beschränkt, sondern er eine umfassende Bindung hinsichtlich aller Menschenrechtsdimensionen begründen möchte.

1158 *Dahm/Delbrück/Wolfrum*, Völkerrecht, Band I/2, § 108 Ziff. I.2.

1159 *Paulus*, Whether Universal Values can Prevail over Bilateralism and Reciprocity, in: *Cassese*, Realizing Utopia, S. 89–104 (103).

Der Zugriff auf eigene Staatsangehörige im Ausland über die Regelungshoheit des Heimatstaates ist ein im internationalen Strafrecht unumstrittener Grundsatz. Das Völkerrecht übernimmt dabei die Rolle eines Kollisions- oder Koordinationsrechts: Es grenzt die souveränen Strafgewalten voneinander ab.[1160] Die Voraussetzungen des aktiven Personalitätsprinzips sind für das deutsche Strafrecht in § 7 Abs. 2 StGB normiert. Demnach muss die Tat am Tatort mit Strafe bedroht sein oder der Tatort darf keiner Strafgewalt unterliegen, um einen Deutschen wegen einer Auslandstat strafrechtliche zur Verantwortung zu ziehen. Das aktive Personalitätsprinzip fußt auf der Solidarität der Staaten zueinander und findet nur Anwendung, wenn der Täter im Ausland für die rechtswidrige Tat entweder nicht verurteilt oder die Strafe nicht vollstreckt wurde; dann kann der eigene Staatsangehörige bei der Anwesenheit im Heimatstaat zur Verantwortung gezogen werden.[1161] Macht der Heimatstaat von der Möglichkeit der Verhaltensregelung eigener Staatsangehöriger und Staatszugehöriger im Ausland Gebrauch, so können die Normen mit gegenläufigen Regelungen des Gaststaates in Konflikt geraten.[1162] Dies führt nicht automatisch zur Völkerrechtwidrigkeit der heimatstaatlichen Norm, sondern stößt nur dort an Grenzen, wo die eigenen Staatsangehörigen und Staatszugehörigen mit ihrem Verhalten in wesentliche Angelegenheiten des Gaststaates eingreifen.[1163] Das aktive Personalitätsprinzip liefert uns damit einen tauglichen Anknüpfungspunkt. Übertragen auf den Menschenrechtsschutz schafft das Prinzip eine fruchtbare Sonderverbindung zwischen Staat und extraterritorialem Sachverhalt. Während die internationale Strafverfolgung jedoch im Ermessen des Heimatstaates liegt („*der Heimatstaat*

1160 *Von Arnauld*, Völkerrecht, § 15 Rn. 1297.

1161 *Oehler*, Theorie des Strafanwendungsrechts, in: *Oehler/Pötz*, Heinrich Grützner zum 65. Geburtstag, S. 110–126 (122); es gibt auch Stimmen, die das Personalitätsprinzip auf ein besonderes Treueverhältnis stützen, bspw. *Meng*, Extraterritoriale Jurisdiktion, S. 507; gegen diese Ansicht vgl. die Ausführungen *Oehlers* (122 f.).

1162 *Seidl-Hohenveldern/Stein*, Völkerrecht, § 66 Rn. 1370 f., die als Beispiel den Fall eines italienischen Gesetzes anführen, welches italienischen Schifffahrtslinien vorschrieb, ihre Mannschaft auch im Ausland mit Wein zu versorgen, obwohl dies im Widerspruch zur Regelung in den USA stand, während der Prohibition keinen Alkohol zu verkaufen. Die Schifffahrtslinien verstießen somit entweder gegen das eine oder das andere Gesetz.

1163 *Seidl-Hohenveldern/Stein*, Völkerrecht, § 66 Rn. 1371, als Beispiel einer völkerrechtswidrigen Regelung wird die Anordnung eine in dem Gaststaat verbotene Uniform zu tragen genannt.

[kann] *sein Strafrecht auf die Tat erstrecken*"[1164]), müsste sich im Menschenrechtsschutz dieses Ermessen auf Null reduzieren lassen, um sich zu einer Regelungspflicht zu verdichten. Deshalb bedarf es eines verpflichtungsbegründenden Moments, der hinzutritt.

Wenn Staaten extraterritoriale Jurisdiktion ausüben, dann lässt sich dafür in der Regel ein eigenes staatliches Interesse ausfindig machen.[1165] Die Staaten sind skeptisch, ob andere Staaten und internationale Institutionen dem heimatstaatlichen Rechtsverständnis ausreichend Rechnung tragen.[1166] Insbesondere im Wirtschaftsrecht sollen über den Weg der extraterritorialen Jurisdiktionsausübung Vorteile gesichert werden, die dem Staat (und seinen Wirtschaftssubjekten) andernfalls bei multilateralen Verhandlungen verloren gehen würden.[1167] Die heimatstaatliche Skepsis wäre gerade auch im Bereich des Menschenrechtsschutzes angebracht. Obwohl die primäre Verpflichtung (eine privatrechtliche Verantwortlichkeit außen vor gelassen) den Gaststaat trifft, dem gegebenenfalls ein eigener Schutzauftrag obliegt, ist dieser oftmals aus vielerlei Gründen nicht in der Lage oder nicht Willens (beispielsweise aus Angst Investitionen zu verlieren), diesem Auftrag auch gerecht zu werden.[1168]

An dieser Stelle kann ein Rückgriff auf eine weitere Figur des internationalen Strafrechts weiterhelfen: Das Prinzip der stellvertretenden Strafrechtspflege.[1169] Das Prinzip findet seinen Ursprung und seine Rechtfertigung im Gedanken der internationalen Solidarität und des weltweiten Rechtsgüterschutzes.[1170] Zwei Prinzipien, die sich geradezu optimal auf den Menschenrechtsschutz übertragen

---

1164 *Oehler*, Theorie des Strafanwendungsrechts, in: *Oehler/Pötz*, Heinrich Grützner zum 65. Geburtstag, S. 110–126 (123).

1165 *Sornarajah*, The International Law on Foreign Investment, S. 165.

1166 *Ryngaert*, Jurisdiction in International Law, S. 188.

1167 *Ryngaert*, Jurisdiction in International Law, S. 188.

1168 *Sornarajah*, Linking State Responsibility, in: *Scott*, Torture as Tort, S. 491–512 (510), der hierin die Schutzlücke sieht.

1169 Das Prinzip der stellvertretenden Strafrechtspflege, welches im deutschen StGB nach wohl einhelliger Meinung in § 7 Abs. 2 Nr. 2 StGB einen Ausdruck findet, ist vom Anknüpfungspunkt des aktiven Personalitätsprinzips im internationalen Strafrecht strikt zu trennen, vgl. dazu *Pappas*, Stellvertretende Strafrechtspflege, S. 17 f. und S. 21.

1170 *Pappas*, Stellvertretende Strafrechtspflege, S. 11 m.w.N; *Oehler*, Theorie des Strafanwendungsrechts, in: *Oehler/Pötz*, Heinrich Grützner zum 65. Geburtstag, S. 110–126 (124).

lassen.[1171] Das Prinzip der stellvertretenden Strafrechtspflege kann aber nicht in seiner strengen und durchaus umstrittenen[1172] strafrechtlichen Dogmatik angewendet werden. Die Übertragung des Prinzips hinkt schon deshalb, weil im Menschenrechtsschutz letztlich die Staaten die Verpflichtungssubjekte sind und gerade nicht Privatpersonen. Das Prinzip fußt auf dem Grundsatz, dass die Strafverfolgungsgewalt durch einen anderen Staat aber in dessen Interesse übernommen wird.[1173] In entsprechenden Fällen besteht keinerlei Verbindung zwischen dem Staat, der die Strafverfolgungsgewalt übernimmt, und der ausländischen Tat, dem Opfer oder dem Täter. Bei der Begründung extraterritorialer positiver Pflichten über die Staatszugehörigkeit des Unternehmens ist aber genau diese Verbindung gegeben (im Strafrecht wäre insofern das aktive Personalitätsprinzip spezieller). Doch die Grundgedanken können auf den Menschenrechtsschutz übertragen werden: Der ausländische Staat (hier also der Gaststaat) muss zunächst an der Durchsetzung seiner Strafgewalt (hier der Menschenrechte) gehindert sein. Das Prinzip der stellvertretenden Strafrechtspflege kann im internationalen Strafrecht nur subsidiär zur Anwendung gelangen, nämlich unter anderem dann, wenn der Staat Desinteresse an der Verfolgung einer Tat zeigt.[1174] Im Menschenrechtsschutz könnte sich dieses Desinteresse im fehlenden Willen der Gaststaaten manifestieren, trotz rechtlicher Bindungen Menschenrechtsverletzungen zu ahnden. Ausschlaggebend für die Anwendbarkeit des Prinzips ist die Übereinkunft der betroffenen Staaten über die *„Strafwürdigkeit bestimmter Rechtsgutverletzungen“*[1175] – übertragen auf den Menschenrechtsschutz muss also ein gemeinsames Interesse des Heimat- und des Gaststaates identifiziert werden können, bestimmte faktische Beeinträchtigungen durch Dritte als Menschenrechtsverletzungen anzusehen und diese als solche zu verfolgen.

Kann aber der Gedanke der Solidarität wirklich auf den Menschenrechtsschutz übertragen werden? Für das internationale Kartellrecht hat *Meessen* deutlich

---

1171 Diesen Gedanken betont auch *Künnemann*: *„It is necessary to return to the original meaning of co-operation as 'working together' in the realisation of human rights for each person.“*, *Künnemann*, Extraterritorial Application of the ICESCR, in: *Coomans/Kamminga*, Extraterritorial Application of Human Rights Treaties, S. 201–231 (212).

1172 *Oehler*, Theorie des Strafanwendungsrechts, in: *Oehler/Pötz*, Heinrich Grützner zum 65. Geburtstag, S. 110–126 (124).

1173 *Dahm/Delbrück/Wolfrum*, Völkerrecht, Band I/3, § 190 Ziff. II.2.

1174 *Pappas*, Stellvertretende Strafrechtspflege, S. 9; *Maurach/Zipf*, Strafrecht AT, S. 147; *Jescheck/Weigend*, Lehrbuch des Strafrechts, S. 170 f., sprechen der stellvertretenden Strafrechtspflege eine „Lückenfüllungsfunktion“ zu.

1175 *Mayer*, Ne-bis-in-idem-Wirkung, S. 159.

gezeigt, dass sich der Solidaritätsgedanke nicht übertragen lässt; die Staaten verfolgen zum einen verschiedenartige Ziele, und zum anderen können die Staaten auch nicht darauf vertrauen, dass der Staat, für den die Durchsetzung am einfachsten wäre, Kartellstraftaten auch tatsächlich verfolgt.[1176] Anders stellt sich die Situation im internationalen Menschenrechtsschutz dar.[1177] Der Ausgangspunkt eines Solidaritätsgedankens kann das Völkergewohnheitsrecht des Menschenrechtsschutzes darstellen, wie die Allgemeine Erklärung der Menschenrechte („*proclaims this Universal Declaration of Human Rights* ***as a common standard of achievement***"), konkretisiert durch die beiden Menschenrechtspakte sowie die regionalen Abkommen zum Schutz fundamentaler Rechte.[1178] Viele völkerrechtlichen Verträge, darunter auch die zum Menschenrechtsschutz, formulieren ein „Staatengemeinschaftsinteresse",[1179] auch wenn an diese Verträge, mangels Ratifikation, nicht alle Staaten der Welt gebunden sind.

Menschenrechtliche Solidarität stößt dabei in zwei Richtungen. Zunächst wäre die Regelung eigener Unternehmen in Bezug auf deren transnationale Tätigkeiten ein Ausdruck von Solidarität den Gaststaaten gegenüber. Die Ratifikation der menschenrechtlichen Verträge durch den Gaststaat lässt den Rückschluss zu, dass dieser das grundlegende Ziel des Schutzes bestimmter Rechtsgüter verfolgt.[1180] Die Gaststaaten sind aber oftmals auf Auslandsinvestitionen angewiesen.[1181] Sie verfolgen die Einhaltung sozialer, ökologischer oder arbeitsrechtlicher Standards deshalb vielleicht nicht im gleichen Maße wie Staaten mit einer

1176 *Meessen*, Völkerrechtliche Grundsätze des internationalen Kartellrechts, S. 98.

1177 In diese Richtung auch *Sornarajah*, Linking State Responsibility, in: *Scott*, Torture as Tort, S. 491–512 (494), der darauf abstellt, dass ein Staat, der von der extraterritorialen Tätigkeit seiner Unternehmen profitiert, auch einen eigenen (menschenrechtlichen) Beitrag leisten sollte.

1178 Auch die EMRK verweist in ihrer Präambel auf die AEMR: „*in der Erwägung, dass diese Erklärung bezweckt, die universelle und wirksame Anerkennung und Einhaltung der in ihr aufgeführten Rechte zu gewährleisten*".

1179 *Frowein*, Konstitutionalisierung des Völkerrechts, in: Berichte der Deutschen Gesellschaft für Völkerrecht 39 (1999), S. 427–447 (428), der auch Verträge zum Umweltrecht oder zu Rüstungsfragen als Ausdruck eines solchen gemeinsamen Interesses ansieht.

1180 Bspw. haben den IPwskR bereits 166 Staaten ratifiziert, Stand der Ratifikationen abrufbar unter: http://indicators.ohchr.org/ (zuletzt abgerufen am 2.10.2017).

1181 *Kaleck/Saage-Maaß*, Transnationale Unternehmen vor Gericht, S. 7, im Hinblick auf Lateinamerika.

besseren Menschenrechtsbilanz.[1182] Ein Heimatstaat, der das Verhalten seiner im Gaststaat tätigen Unternehmen reglementiert, handelt folglich im Interesse des Gaststaates, wenn und soweit die Regelungen dem menschenrechtlichen Niveau entsprechen, welches der Gaststaat durch die Ratifikation von menschenrechtlichen Verträgen selbst festgelegt hat. Solidarität besteht aber auch gegenüber den Bürgern beziehungsweise potenziellen Opfern von Menschenrechtsverletzungen, die von der Anhebung des menschenrechtlichen Standards profitieren würden. So schillernd der Solidaritätsgedanke mithin sein mag – er stößt auch an Grenzen. In der *Soering*-Entscheidung hat der Gerichtshof diese für die EMRK formuliert: Es sei nicht die Aufgabe der Konventionsstaaten, die „Convention standards" anderen Staaten aufzuzwingen.[1183] Der Solidaritätsbegriff bedarf somit einer rechtlichen Ausgestaltung.[1184]

Die aktuelle Menschenrechts(außen-)politik der westlichen Staatengemeinschaft ist weniger Ausdruck eines „menschenrechtlichen Gemeinschaftsinteresses"; vielmehr wird der Eindruck eines unauflösbaren Interessenkonflikts erweckt. Wirtschaftliche Belange konkurrieren mit menschenrechtlichen Interessen und beide stehen in einer Wechselwirkung mit politischen Zielen.[1185]

Wenn man den Solidaritätsgedanken ernst nehmen will, dann sollte jeder Staat, soweit es ihm möglich ist, auf das gemeinsame Ziel des Menschenrechtsschutzes hinwirken.[1186] Für die besondere Konstellation der transnationalen Betätigung eigener Unternehmen gilt dies umso mehr, weil das rechtliche Band der Staatszugehörigkeit zwischen Heimatstaat und Unternehmen in extraterritorialen Sachverhalten nicht abreißt.[1187] Von dieser Verbindung sollten auch

---

1182 *Korten*, When Corporations Rule the World, S. 128; *Burkard*, Zum Spannungsverhältnis von Investitions- und Menschenrechtsschutz, S. 25.

1183 EGMR, *Soering* vs. UK, Urt. v. 7.7.1989, No. 14038/88, § 86., *„nor does it purport to be a means of requiring the Contracting States to impose Convention standards on other States"*.

1184 Hier sei auch an das schwierige Verhältnis des Universalitätsanspruchs der Menschenrechte zur kulturellen Partikularität gedacht, vgl. dazu Kapitel C.II.3.c)cc).

1185 *„Der Vorwurf doppelter Moral in der westlichen Menschenrechtspolitik kommt […] nicht von ungefähr."*, *Risse/Jetschke/Schmitz*, Die Macht der Menschenrechte, S. 46.

1186 *Tomuschat* fordert in diesem Zusammenhang *„praktizierte Solidarität"* der Staatengemeinschaft, *Tomuschat*, Menschenrechtsschutz und innere Angelegenheiten, in: *Tomuschat/Stein/Caflisch*, Eingriff in die inneren Angelegenheiten fremder Staaten, S. 5–20 (20).

1187 Die transnational tätigen Unternehmen können auch regelmäßig eine inländische Regelung bezüglich ihrer ausländischen Aktivitäten erwarten, denn solche lassen sich bereits in anderen Bereichen finden (bspw. Steurrecht, Kartellrecht); vgl. zu

die potenziellen Opfer profitieren. Bildlich veranschaulicht reicht der „Jurisdiktionsarm" des Heimatstaates über die Staatszugehörigkeit in die fremde Hoheitssphäre hinein. Die staatlichen Souveränitätsgrenzen werden hier zugunsten der Menschen permeabel. Entscheidende Frage bleibt jedoch, ob die Opfer dadurch unter die Jurisdiktion des Heimatstaates im Sinne von Art. 1 EMRK gelangen. Denn nicht der Täter, sondern das Opfer muss sich unter der Hoheitsgewalt des Staates befinden, damit eine positive Handlungspflicht (also auch die der jurisdiction to prescribe) überhaupt entstehen kann („shall secure to everyone within their jurisdiction"). Geht man zunächst gedanklich von der Situation aus, dass Unternehmen und Staaten keinerlei transnationale Aktivitäten ausüben, also nur innerhalb ihres eigenen Territoriums wirken, dann könnten Verantwortungsbereiche relativ leicht anhand der Staatengrenzen voneinander abgegrenzt werden. Wenn (fremde) Unternehmen aber nun in diese abgetrennten Bereiche eindringen (und dies gegebenenfalls mit Unterstützung durch den Heimatstaat) und sich bewusst für die Aufrechterhaltung der Sonderverbindung zu ihrem Heimatstaat entscheiden (bereits genannt wurden Gründe wie Steuervorteile und der Vermögensschutz), dann bleibt die Einwirkungsmöglichkeit des Staates auf das Unternehmen permanent bestehen. Der Heimatstaat kann entweder auf das inländische Unternehmen zugreifen, das selbst im Gaststaat tätig wird (durch eine Niederlassung oder die Ausführung eines Auftrags vor Ort). Oder er greift auf das ausländische Tochterunternehmen über die inkorporierte Konzernmutter zu, indem er dem inländischen Mutterunternehmen Pflichten hinsichtlich der Tochtergesellschaften im Ausland auferlegt. Der Heimatstaat greift durch nationale Regelungen immer auf Unternehmen mit inländischer (deutscher) Staatszugehörigkeit zu, die entweder selbst unmittelbar oder durch ausländische Tochterunternehmen im Ausland tätig werden. In dieser Dreieckskonstellation zwischen Heimatstaat, Unternehmen und Opfern von Menschenrechtsverletzungen stellt das Unternehmen dann aber nichts anderes als eine Gefahrenquelle dar, die durch Gesetze und Regeln beherrscht werden kann; unabhängig von einer territorialen oder extraterritorialen Tätigkeit. Es sei an die *Garantenstellung kraft Beherrschung einer Gefahrenquelle* gedacht, die zur „Zähmung des Unternehmens-Leviathan" dienlich sein kann.

Für das deutsche Strafrecht gilt in diesem Zusammenhang, dass derjenige, dem die Rechtsordnung die Sachherrschaft über etwas einräumt, gegenüber anderen durch dieselbe Rechtsordnung auch zum Schutze vor möglichen

---

der unter dem Stichwort „justified expectations" geführten Diskussion bspw. *Meng*, Extraterritoriale Jurisdiktion, S. 89.

Gefahren, die von der Sache ausgehen, verpflichtet werden muss.[1188] Übertragen auf den Menschenrechtsschutz hat der Staat die Pflicht, seine Unternehmen, über die er die Rechtsherrschaft hat, so zu reglementieren, dass von ihnen keine Gefahren für andere Menschen ausgehen. Insoweit erinnert die menschenrechtliche Schutzpflicht an die Figur der deliktsrechtlichen Verkehrssicherungspflicht. Durch die „gefahrabwendenden" Regelungen des Heimatstaates des Unternehmens wird auf das Rechtsverhältnis zwischen dem im Gaststaat tätigen Unternehmen und dem potenziellen Opfer zugegriffen. Entsprechendes gilt aber auch für den umgekehrten Fall der unterlassenen Regelung; auch eine Nicht-Regelung wirkt sich aus. Der Heimatstaat kann folglich auf die rechtliche Beziehung der (juristischen und natürlichen) Personen Einfluss nehmen. Und hierin ist das jurisdiktionsbegründende Moment zu sehen. Innerhalb des (Regelungs-) Bereichs – aber auch nur innerhalb dieses – in welchem die Heimatstaaten Einfluss auf und Kontrolle über ihre eigenen Unternehmen und damit über das Rechtsverhältnis zu möglichen Opfern haben,[1189] entsteht eine staatliche Verpflichtung, die Kontrolle auch auszuüben.[1190] Dieses Rechtsverhältnis – und insoweit auch das potenzielle Opfer selbst – unterfällt dadurch der Jurisdiktion des Heimatstaates im Sinne von Art. 1 EMRK.

Der hier aufgezeigte Weg erinnert an den von Richter *Bonello* vorgeschlagenen „*functionality test*", der auch im Schrifttum auf Zuspruch stößt.[1191] Es

1188 *Kühl*, Strafrecht AT, § 18 Rn. 106 m.w.N.

1189 Der Kontrollbegriff darf an dieser Stelle nicht mit dem der Zurechnungsregeln in Kapitel B.II.1. verwechselt werden; die Kontrollmöglichkeit der unternehmerischen Tätigkeit durch Gesetze führt nicht zu einer Zurechnung des unternehmerischen Handelns.

1190 In diesem Sinne argumentiert auch *Lawson*: „*The extent to which Contracting parties must secure the rights and freedoms of individuals outside their borders is commensurate with their ability to do so – that is: the scope of their obligations depend on the degree of control and authority that they exercise.*", *Lawson*, Life After Bankovic, in: *Coomans/Kamminga*, Extraterritorial Application of Human Rights Treaties, S. 83–123 (84); auch *Jankowska-Gilberg* stellt auf die „*Möglichkeiten des Staates im Hinblick auf die Sicherung des Menschenrechts*" ab, lehnt aber das Entstehen von positiven Verpflichtungen aufgrund der Personalhoheit „*zum gegenwärtigen Stand der Entwicklungen*" ab, vgl. *Jankowska-Gilberg*, Extraterritorialität der Menschenrechte, S. 181.

1191 Wohl nur hinsichtlich militärischer Einsätze vgl. *Oberleitner*, Human Rights in Armed Conflict, S. 167, „*[...] the idea to use the* ***functionality test*** *suggested by Judge Bonello in a way that limits the obligations of states acting extra-territoriality by the degree to which a state can reasonably be said to exercise control* ***seems the most appropriate way forward.***" (Hervorhebungen durch die Verf.); in diese Richtung auch

wurde bereits an anderer Stelle kurz auf das Sondervotum von Richter *Bonello* im Fall *Al-Skeini gegen Großbritannien* aus dem Jahr 2011 verwiesen. Er schlägt darin vor, von dem traditionellen Jurisdiktionsverständnis im Rahmen von Art. 1 EMRK Abstand zu nehmen und ein funktionelles Konzept anzuwenden. Die Einzelfallrechtsprechung des EGMR führe nicht zu sachgerechten Ergebnissen.[1192] Der Verweis auf die universelle Einhaltung der in der Konvention garantierten Menschenrechte, die als gemeinsames Ziel der Gründungsstaaten Eingang in die Präambel der Konvention gefunden hat, würde sich im Rechtsfindungsprozess durch die Straßburger Organe nicht widerspiegeln: *„'Universal' hardly suggests an observance parcelled off by territory on the checkerboard of geography.“*[1193] Deshalb schlägt *Bonello* vor, nach Zweckmäßigkeitsgesichtspunkten zu entscheiden, ob ein Staat Jurisdiktion ausgeübt hat: *„Jurisdiction means no less and no more than ‚authority over' and ‚control of'. In relation to Convention obligations,* ***jurisdiction is neither territorial nor extraterritorial: it ought to be functional*** *– in the sense that when it is within a State's authority and control whether a breach of human rights is, or is not, committed, whether its perpetrators are, or are not, identified and punished, whether the victims of violations are, or are not, compensated, it would be an imposture to claim that, ah yes, that State had authority and control, but ah no, it had no jurisdiction.“*[1194]

An der abweichenden Meinung lässt sich gut erkennen, was inzwischen viele im Schrifttum für den Menschenrechtsschutz der EMRK fordern: Ein Staat soll sich nicht durch bloßen Verweis auf Staatsgrenzen seiner Verantwortlichkeit entziehen können, wenn er Einfluss auf die menschenrechtsbeeinträchtigende Situation hatte.[1195] Der Sachverhalt in der *Al-Skeini*-Entscheidung betraf einen

---

Cerone, Human Rights on the Battlefield, in: *Lagoutte/Sano/Scharff Smith*, Human Rights in Turmoil, S. 97–131 (128); *Von Arnauld*, Völkerrecht, § 9 Rn. 640 Fn. 90.

1192 EGMR, *Al-Skeini a. o.* vs. UK, Urt. v. 7.7.2011, No. 55721/07, Concurring Opinion of Judge Bonello § 6, er zitiert Lord Rodger of Earlsferry in the House of Lords, wenn er sagt: *„the judgments and decisions of the European Court do not speak with one voice“*.

1193 EGMR, *Al-Skeini a. o.* vs. UK, Urt. v. 7.7.2011, No. 55721/07, Concurring Opinion of Judge Bonello, § 9.

1194 EGMR, *Al-Skeini a. o.* vs. UK, Urt. v. 7.7.2011, No. 55721/07, Concurring Opinion of Judge Bonello, § 12 (Hervorhebung durch die Verf.).

1195 So auch *Oberleitner*, Human Rights in Armed Conflict, S. 167 in Bezug auf militärische Einsätze, *„Such a ‚capability approach' needs to reconcile the demand of the universal reach of human rights to avoid double standards (i.e., accepting a higher standard at home while arguing for a lower standard, or no obligation at all, abroad) […]“*; in diese Richtung auch *Von Arnauld*, Völkerrecht, § 9 Rn. 640, *„Diese Bindungen folgen*

Streitkräfteeinsatz im Irak und war somit wieder militärisch geprägt. Trotzdem wird hier der Vorstoß gewagt zu behaupten, dass sich die Aussagen von Richter *Bonello* auch auf andere Fallgestaltungen – die bisher weder Gegenstand von Zulässigkeits- noch von Sachentscheidungen des EGMR waren – übertragen ließen und dass die Befürworter eines funktionalen Jurisdiktionsansatzes insgesamt das Ziel verfolgen, Schutzlücken im Menschenrechtsschutz zu verhindern und die Staaten, soweit sie Einfluss haben, für diesen auch zur Verantwortung zu ziehen.[1196] Es wäre nicht im Einklang mit dem Prinzip der universellen Einhaltung der Konventionsrechte, wenn Heimatstaaten mit einer unumstrittenen Einflussmöglichkeit („authority and control") auf ihre eigenen Staatszugehörigen, diesen Einfluss nicht nutzten, um Menschenrechtsstandards von Unternehmen einzufordern, die sie innerhalb der eigenen Staatengrenzen ohne Zweifel beachten müssen.

b) Inhalt der Schutz- beziehungsweise Regelungspflicht

Auch wenn eine grundlegende Regelungsverpflichtung als Ausfluss menschenrechtlicher Schutzpflichten hergeleitet werden kann, ist damit noch nichts über die konkret geforderte Schutzhandlung des Staates gesagt. Hier kann substanziell auf die bereits gemachten Ausführungen verwiesen werden.[1197] Die extraterritoriale Erfüllungsstruktur könnte jedoch einige Modifikationen erforderlich machen.

Während die Ausübung extraterritorialer präskriptiver Jurisdiktion in Bezug auf eigene Staatsangehörige und Staatszugehörige nach völkerrechtlichen Grundsätzen zulässig ist, kann ein Staat keine Exekutivakte im Ausland

---

vielmehr als rechtsstaatliche Hypothek der Staatsgewalt dorthin, wo immer sich diese manifestiert […]. Eine Wertegemeinschaft kann und darf ihre Werte nicht an den eigenen Staatsgrenzen ablegen […]."; EGMR, *Al-Skeini a. o.* vs. UK, Urt. v. 7.7.2011, No. 55721/07, Concurring Opinion of Judge Bonello, § 18.

1196 Die Ausführen zu den positiven Pflichten lassen sich auf den hier vorgeschlagenen Ansatz gut übertragen: „*Was it within the State's authority and control to see that those positive obligations would be respected? If it was, then the functional jurisdiction of the State would come into play, with all its natural consequences. If, in the circumstances, the State is not in such a position of authority and control as to be able to ensure extraterritorially the fulfilment of any or all of its positive obligations, that lack of functional authority and control excludes jurisdiction, limitedly to those specific rights the State is not in a position to enforce.*", EGMR, *Al-Skeini a. o.* vs. UK, Urt. v. 7.7.2011, No. 55721/07, Concurring Opinion of Judge Bonello, § 19.

1197 Siehe Kapitel B.III.3.b).

vornehmen – nicht gegenüber eigenen und damit erst Recht nicht gegenüber fremden Staatsangehörigen.[1198] Der Mangel an *staatlichem Schutz* bezieht sich mithin (nur) auf die unterlassene Reglementierung eigener extraterritorial tätiger Unternehmen. Die Kehrseite dieser Pflichtverletzung bildet folgerichtig den Inhalt der staatlichen Handlungspflicht, die damit ausschließlich in Form einer *Regelungspflicht* bestehen kann.[1199] Diese zunächst evident wirkende Feststellung konfligiert mit dem wichtigsten Grundsatz konventionsrechtlicher Pflichtenerfüllung: dem Beurteilungsspielraum der Staaten hinsichtlich des „Ob" und des „Wie" einer Regelung.[1200] Insbesondere, wenn sich zwei widerstreitende private Interessen gegenüberstehen, muss der Beurteilungsspielraum der Staaten groß sein.[1201] Auch der Mangel eines gemeinsamen europäischen Standards bezüglich einer Thematik veranlasst den EGMR dazu, den Spielraum so weit wie möglich zu halten.[1202] Trotz dieser elementaren Bedeutung der „margin of appreciation"-Doktrin hat der EGMR durchaus in einigen Fällen eine konkrete Rechtsetzungspflicht angenommen[1203] – teilweise auch als einzig adäquates Mittel.[1204] Der Beurteilungsspielraum des „Ob" einer Regelung wurde damit reduziert. Die konkrete Ausgestaltung der staatlichen Pflicht, das „Wie", verblieb aber weiterhin bei den Konventionsstaaten. Die Rechtsprechungsanalyse hat gezeigt, dass zumeist entweder strafrechtliche Normen geschaffen werden mussten oder solche, die gefährliche Aktivitäten von Unternehmen verbindlich determinieren („*licensing, setting up, operation, security and supervision of the activity and must make it*

1198 *Peters*, Die Anwendbarkeit der EMRK in Zeiten komplexer Hoheitsgewalt, AdVR 48 (2010), S. 1–57 (15).

1199 Vgl. für eine Kategorisierung der diversen positiven Pflichten Kapitel B.III.2.

1200 EGMR *Plattform „Ärzte für das Leben"* vs. Austria, Urt. v. 21.6.1988, No. 10126/82, § 34, „*[They] have a wide discretion in the choice of the means to be used.*"; siehe dazu auch *Dröge*, Positive Verpflichtungen der Staaten, S. 356 ff.; *Wiesbrock*, Internationaler Schutz der Menschenrechte, S. 168 ff.

1201 *Dröge*, Positive Verpflichtungen der Staaten, S. 360 m.w.N.

1202 Insbesondere bei den sog. „Transsexuellen-Fällen", EGMR, *Christine Goodwin* vs. UK, Urt. v. 11.7.2002, No. 28957/95, § 85, „*[…] the lack of such a common approach among forty-three Contracting States with widely diverse legal systems and traditions is hardly surprising*".

1203 EGMR, *Fadeyeva* vs. Russia, Urt. v. 9.6.2005, No. 55723/00, § 89; EGMR, *Köpke* vs. Germany, Ents. v. 5.10.2010, No. 420/07, The Law A. 2.; EGMR, *Brincat a. o.* vs. Malta, Urt. v. 24.7.2014, No. 60908/11 a. o., § 101.

1204 „*[…] in certain circumstances, the State's positive obligation […]* ***is only adequately complied with*** *[…] by legislative provisions […]*", EGMR, *Köpke* vs. Germany, Ents. v. 5.10.2010, No. 420/07, The Law A. 2. (Hervorhebung durch die Verf.).

compulsory for all those concerned to take practical measures to ensure the effective protection“[1205]).[1206]

Eine extraterritoriale Regelungspflicht birgt aber noch eine weitere Schwierigkeit. Der Natur ihrer Sache nach entstehen Schutzpflichten in einem Dreiecksverhältnis und erfordern die Ausgestaltung eines Privatrechtsverhältnisses durch den Staat. Der Staat muss zugunsten eines Privaten Schutz üben und greift damit unweigerlich in die Rechtssphäre des anderen Privaten ein; die verschiedenen Interessen müssen also miteinander in Ausgleich gebracht werden.[1207] In extraterritorialen Sachverhalten kann der Heimatstaat eines Unternehmens über die *jurisdiction to prescribe* jedoch nur auf eigene Staatszugehörige zugreifen. Dadurch kann er jedoch nur deren Rechtsposition mithilfe einer Regelung determinieren – die *Ausgestaltungspflicht* eines privaten Rechtsverhältnisses wandelt sich bei extraterritorialen Sachverhalten mithin zu einer *einseitigen Regelungsverpflichtung* hinsichtlich der transnationalen Tätigkeiten eigener Unternehmen. Aber ist es rechtlich möglich, ausschließlich das Verhalten des eigenen Unternehmens durch Regeln zu lenken, ohne dabei die Rechtsposition der zu schützenden Personen miteinzubeziehen?[1208]

Die Beantwortung der Frage erfordert einen genaueren Blick auf die Rechtsnatur der möglichen Regelungen, die dem Staat zur Pflichtenerfüllung zur Verfügung stehen. Zunächst darf die jurisdiction to prescribe nicht mit der (deutschen) Legislative gleichgesetzt werden. In der deutschen Rechtsordnung kann neben dem Parlament beispielsweise auch die Exekutive über Art. 80 GG rechtsetzend tätig werden. In anderen Ländern sind auch Gerichte zum Normerlass befugt.[1209] Wer die Normen letztendlich setzt, ist folglich nur von untergeordneter Bedeutung, maßgeblich ist das Vorliegen einer Regelung.[1210] Im

---

1205 EGMR, *Brincat a. o.* vs. Malta, Urt. v. 24.7.2014, No. 60908/11 a. o., § 101.

1206 Siehe Kapitel B.III.4.

1207 „*[…] in certain circumstances, the State's positive obligation […] is only adequately complied with if the State safeguards respect for private life in the relations of individuals between themselves* ***by legislative provisions*** *providing a* ***framework for reconciling the various interests which compete for protection*** *in the relevant context.*“, EGMR, *Köpke* vs. Germany, Ents. v. 5.10.2010, No. 420/07, The Law A.2 (Hervorhebungen durch die Verf.).

1208 Diese Frage stellt auch *Cremer*, Verpflichtungsstrukturen der Menschenrechte, in: *Demko/Brudermüller/Seelmann*, Menschenrechte, S. 107–183 (181).

1209 *Meng*, Extraterritoriale Jurisdiktion, S. 7; *Papp*, Extraterritoriale Schutzpflichten, S. 235.

1210 So auch *Papp*, Extraterritoriale Schutzpflichten, S. 235 f., mit dem Verweis darauf, dass das Völkerrecht nicht zwischen Rechtsnormsetzung und Rechtsnormanwendung differenziert; so bereits *Meng*, Extraterritoriale Jurisdiktion, S. 7.

Einzelfall kann es beispielsweise im deutschen Recht aber durchaus erforderlich sein, zwischen Gesetzen der Legislative und Verwaltungsakten zu differenzieren, nämlich dann wenn der wirksame Erlass eines Verwaltungsaktes von einer völkerrechtlich rechtmäßigen Zustellungshandlung abhängt, diese aber nicht ohne Zustimmung des Gaststaates vorgenommen werden darf.[1211] Grundsätzlich entscheidender als die Rechtsqualität einer Regelung ist aber ihr konkreter Inhalt. So kann ein Staat durch strafrechtliche Normen menschliches Verhalten beeinflussen. Die Unterstrafestellung von Diebstahl hindert die Mehrheit der Bevölkerung daran, fremdes Eigentum zu stehlen. Regeln wollen also befolgt werden.[1212] Auch extraterritoriale Jurisdiktionsausübung dient der Verhaltenssteuerung privater Akteure, eine sogenannte *Persuasion* soll erzielt werden.[1213] Die Rechtsnormen beanspruchen ihre Befolgung durch die Adressaten und wirken, gegebenenfalls durch die Androhung von Sanktionen, primär präventiv.[1214] In diesem Sinne befand der EGMR in der Entscheidung *X und Y*, dass die Niederlande strafrechtliche Normen zur Abschreckung schaffen müssten.[1215] Der Gerichtshof konkretisiert die Regelungspflicht hingegen nicht immer. Oftmals fordert er schlicht „legislative provisions", wie auch im arbeitsrechtlichen Fall *Köpke*. Deutschland sollte die Interessen des Eigentümers des Supermarktes und die der Arbeitnehmerin durch gesetzliche Regelungen in Einklang bringen.[1216] Offen bleibt dabei – zur Wahrung des staatlichen Ermessenspielraums – wie dieser Interessenausgleich tatsächlich geregelt werden kann. Die Entscheidung wurde als unzulässig abgewiesen, sodass keine gesetzlichen Regelungen zur Umsetzung geschaffen werden mussten. In den Fällen *Anayo* und *Schneider gegen Deutschland* stellte der EGMR wiederum eine Verletzung von Art. 8 EMRK fest. Die Gerichte hatten das Umgangsrecht leiblicher, aber nicht rechtlicher Väter unter Anwendung der damaligen Gesetzeslage geprüft, die das Interesse der leiblichen Väter unbeachtet ließ.[1217] Daraufhin wurde zur Umsetzung des EGMR-Urteils

1211 *Stelkens*, in: *Stelkens/Bonk/Sachs*, Verwaltungsverfahrensgesetz, § 41 Rn 220 f.

1212 *Meng*, Extraterritoriale Jurisdiktion, S. 81.

1213 Dazu im Ganzen *Meng*, Extraterritoriale Jurisdiktion, S. 82 ff., der Persuasion als *„motivierende Kraft, welche ein Rechtsbefehl auf das Verhalten von Menschen ausübt"* beschreibt.

1214 *Meng*, Extraterritoriale Jurisdiktion, S. 85.

1215 EGMR, *X and Y* vs. The Netherlands, Urt. v. 26.3.1985, No. 8978/80, § 27: *„Effective deterrence is indispensable in this area and it can be achieved only by criminal-law provisions."*.

1216 EGMR, *Köpke* vs. Germany, Ents. v. 5.10.2010, No. 420/07, The Law A. 2.

1217 EGMR, *Anayo* vs. Germany, Urt. v. 21.12.2010, No. 20578/07; EGMR, *Schneider* vs. Germany, Urt. v. 15.9.2011, No. 17080/07.

das Gesetz zur Stärkung der Rechte des leiblichen, nicht rechtlichen Vaters verabschiedet.[1218] Das Gesetz ergänzte die familienrechtlichen Normen um den § 1686a BGB, der nun die Rechtsposition des leiblichen Vaters absichert.[1219] Zivilrechtlichen Regeln ist es aber immanent, dass sie ein privatrechtliches Rechtsverhältnis *ausgestalten*. Dürften die Staaten also beispielsweise Regelungen über das extraterritoriale Arbeitsverhältnis zwischen eigenen Unternehmen und fremden Staatsangehörigen erlassen? Pflichten können sie den fremden Staatsbürgern über die jurisdiction to prescribe gerade nicht auferlegen. Dadurch begrenzt sich aber der Bereich zulässiger Regelungen bereits. Zuletzt können auch öffentlichrechtliche Normen, die auf der einen Seite ausschließlich einen Hoheitsträger berechtigen oder verpflichten,[1220] das Verhalten privater Akteure steuern, wenn man an die Festsetzung von Emissionsgrenzwerten denkt. Neben den Regelungen, die sich direkt auf das im Ausland tätige (Tochter-)Unternehmen beziehen, könnte ein Staat auch Überwachungs- und Berichtspflichten des Mutterunternehmens regeln.

Die Darlegung des konkreten Inhalts einer Regelung zur Erfüllung staatlicher Schutzpflichten ist schier unmöglich. Grund dafür ist der im Völkerrecht mehrheitlich vertretene permissive Jurisdiktionsansatz.[1221] Die Staaten sind in ihrer Hoheitsrechtsausübung weitestgehend frei – also auch im Rahmen der präskriptiven Jurisdiktion. Daraus ergibt sich zwangsläufig, dass der zulässige Inhalt extraterritorialer Jurisdiktion erst durch völkerrechtliche Grenzen bestimmt wird.[1222]

1218 Abgedruckt im Bundesgesetzblatt, Jahrgang 2013, Teil I Nr. 36, S. 2176 f., abrufbar unter: http://www.bundesgerichtshof.de/SharedDocs/Downloads/DE/Bibliothek/Gesetzesmaterialien/17_wp/Staerkung_Rechte_leiblicher_Vaeter/bgbl.pdf; jsessionid = 7D09AB3EF0D2B8367537E7C04056CC65.2_cid344?__blob = publicationFile (zuletzt abgerufen am 2.10.2017).

1219 Siehe dazu *BMJV*, Bericht über die Rechtsprechung des EGMR und die Umsetzung seiner Urteile, 2014, S. 36.

1220 Vgl. dazu insgesamt *Bonk/Neumann*, in: *Stelkens/Bonk/Sachs*, Verwaltungsverfahrensgesetz, § 54 Rn. 74 ff.

1221 Siehe dazu Kapitel C.II.2.a).

1222 So entsprechend für die Kompetenz zur stellvertretenden Strafrechtspflege *Pappas*, Stellvertretende Strafrechtspflege, S. 76.

c) *Grenzen einer Rechtsetzungspflicht – Reichweite der jurisdiction to prescribe*

Die Pflicht zur staatlichen Rechtsetzung stößt auf Grenzen, die sich entweder aus der Sphäre des Heimatstaates ergeben oder ihren Ursprung in allgemeinen völkerrechtlichen Grundsätzen haben können. Zunächst ergeben sich Grenzen dort, wo der Staat trotz der Garantenstellung (kraft Beherrschung einer Gefahrenquelle) in der konkreten Situation keine (Garanten-)Handlungspflicht innehat.[1223] Hier kann im Ausgangspunkt zunächst auf die Ausführungen zum Tatbestand einer Schutzpflicht verwiesen werden.[1224] Die extraterritoriale Situation macht gleichwohl eine Anpassung einzelner Voraussetzungen einer Schutzpflicht erforderlich.

aa) *Modifikationen der Voraussetzungen einer extraterritorialen Schutzpflicht*

Dem Heimatstaat eines Unternehmens obliegt nur eine Schutzpflicht, wenn eine Beeinträchtigung eines Rechtsguts vorliegt oder zumindest höchstwahrscheinlich droht. Bei der Bestimmung des Gefahrenniveaus wurde bisher davon ausgegangen, dass der Staat zu jedem Zeitpunkt Schutzmaßnahmen treffen kann, um entweder präventiv oder kurativ gegen eine Rechtsgutverletzung vorzugehen. Bei extraterritorialen Sachverhalten muss aber in die Gefahrenkonkretisierung miteinbezogen werden, dass für den Staat Abhilfemaßnahmen nur sehr eingeschränkt, wenn nicht sogar unmöglich sind, weil diese auf einem fremden Territorium vorgenommen werden müssten.[1225] In diesen Fällen gebietet es die Wirksamkeit des Menschenrechtsschutzes, dass gerade die Legislative schon zu einem sehr frühen Zeitpunkt – zu dem vielleicht nur eine entfernte Gefahr besteht – präskriptiv eingreifen kann, um das Handlungsdefizit bei der Pflichtenerfüllung bei Auslandssachverhalten auszugleichen. Somit ist es erforderlich, die Anforderungen an das Gefährdungsniveau bei extraterritorialen Sachverhalten zu verringern.[1226]

Nach einer Auffassung soll in die Berechnung der Wahrscheinlichkeit einer Gefahr noch miteinbezogen werden, ob andere Schutzmöglichkeiten existieren.[1227] Demnach sei zu beachten, ob *„der Staat, auf dessen Territorium die*

1223 So andeutend für das deutsche Strafrecht *Rengier*, Strafrecht AT, § 50 Rn. 8.

1224 Siehe dazu Kapitel B.III.3.a).

1225 So auch *Papp*, Extraterritoriale Schutzpflichten, S. 197.

1226 *Papp*, Extraterritoriale Schutzpflichten, S. 197.

1227 *Papp*, Extraterritoriale Schutzpflichten, S. 197; in diese Richtung auch *Lorenz*, Der territoriale Anwendungsbereich der Grund- und Menschenrechte, S. 187.

menschenrechtswidrige Situation entsteht, willens und in der Lage [ist], selbst Schutz zu üben".[1228] Aufgrund einer Rechtspflicht, die aus dem Grundsatz der internationalen Solidarität folgt, obliegt dem Heimatstaat nur dann eine Plicht zum Tätigwerden, wenn der Gaststaat selbst nicht handelt. Dieser ist der eigentlich zum Schutz berufene Staat, aufgrund des (noch) größeren Näheverhältnisses zum Sachverhalt, begründet über das Territorialitätsprinzip. Insoweit reduziert ein menschenrechtlich funktionsfähiger Gaststaat nicht nur die Wahrscheinlichkeit einer Beeinträchtigung eines Rechtsguts, sondern auch die Pflichten des Heimatstaates, stellvertretend tätig werden zu müssen. Die Miteinbeziehung der Schutzmöglichkeiten des Gaststaates überzeugt und begrenzt eine Rechtspflicht des Heimatstaates in sachgerechter Weise.

Worauf sich das Unvermögen oder der Unwillen des Gaststaates Schutz zu üben stützt, kann dabei keine Rolle spielen. Denkbar wären ineffektive Verwaltungs- und Rechtsschutzsysteme genauso wie fehlende Gesetze in der nationalen Rechtsordnung oder politischer Unwille. Wenn beispielsweise ein Gaststaat einen Investitionsschutzvertrag abschließt und darin eine Stabilisierungsklausel enthalten ist, welche die aktuelle Rechtslage im Investitionsstaat zugunsten des Investors sozusagen „einfriert", dann ist es dem Gaststaat nicht möglich Gesetze zu erlassen, die sich negativ auf den Investor auswirken (indem dieser beispielsweise monetär aufwendige Maßnahmen zum Schutz der umliegenden Bevölkerung vornehmen muss), ohne dabei seine Verpflichtungen aus dem Investitionsschutzvertrag zu verletzen.[1229] Eine Situation, die sich zu Lasten des menschenrechtlichen Schutzniveaus im Gaststaat auswirken und die deshalb eine Pflicht zum Tätigwerden des Heimatstaates begründen kann.

Neben der Modifikation des Gefahrenniveaus könnten auch Besonderheiten beim Erfordernis der Quasi-Kausalität zu beachten sein. Der EGMR fordert eine unmittelbare quasi-kausale Verbindung zwischen Verletzungserfolg und dem staatlichen Unterlassen. In der *Banković*-Entscheidung betonte er ausdrücklich, dass es nicht ausreichen würde, wenn jemand „adversely affected" sei.[1230] Konkretisierender äußerte er sich noch in der *Tugar*-Entscheidung, in der er die Quasi-Kausalität zwischen der Nichtregulierung des Waffenhandels und der Verletzung des Beschwerdeführers verneinte. Die Lieferung der Waffen durch

1228 *Papp*, Extraterritoriale Schutzpflichten, S. 197.

1229 Siehe zu dieser Problematik aus dem Internationalen Investitionsrecht bspw. *Metje*, Der Investitionsschutz, S. 66 ff. m.w.N., dort auch zu der Frage der völkerrechtlichen Zulässigkeit solcher Klauseln im Hinblick auf das Souveränitätsprinzip.

1230 EGMR, *Banković a. o.* vs. Belgium & 16 other NATO-States, Ents. v. 12.12.2001, No. 52207/99, § 75.

das italienische Unternehmen stehe in keinem unmittelbaren Zusammenhang zu dem schädigenden Einsatz derselben durch einen anderen Staat.[1231] Die genauen Anforderungen an den Zusammenhang zwischen dem staatlichen Unterlassen und der Konventionsrechtsverletzung bleiben in der Rechtsprechung des EGMR weitestgehend offen, klare Kriterien fehlen. Dies wird in der *Tugar*-Entscheidung deutlich: „*[…] the applicant's injury can not be seen* ***as a direct consequence of the failure of the Italian authorities to legislate on arms transfers****. There is* ***no immediate relationship*** *between the mere supply, even if not properly regulated, of weapons and the possible ‚indiscriminate' use thereof in a third country […].*"[1232] Der Gerichtshof lehnte eine quasi-kausale Verbindung ab, weil der Heimatstaat nicht für Menschenrechtsverletzungen einstehen musste, an deren Ursprung offensichtlich ein anderer Staat stand. Folgern lässt sich aus den Ausführungen des EGMR, dass dieser im Einzelfall durch Wertungen entscheidet, ob der Zusammenhang zwischen staatlichem Unterlassen und Rechtsgutverletzung ausreichend „unmittelbar" ist.

Zuletzt bedarf das Tatbestandsmerkmal der Kenntnis um die Rechtsbeeinträchtigung einer Überprüfung hinsichtlich der extraterritorialen Situation. Nach dem EGMR können positive Pflichten nur entstehen, wenn der Staat von der Rechtsgutgefährdung „*knew or ought to have known*".[1233] Es kann nichts anderes gelten, wenn sich die Menschenrechtsbeeinträchtigung außerhalb des eigenen Territoriums ereignet. Wenn ein deutscher Staatsbürger im Ausland Menschenrechte verletzt (beispielsweise durch einen terroristischen Anschlag auf das Leben anderer Menschen) und die deutschen Behörden davon keinerlei Kenntnis haben und auch bei Ausübung der erforderlichen Sorgfalt nicht haben können, kann keine Verantwortung begründet werden. Durch das Kriterium der Kenntnis wird mithin der Verantwortungsbereich in sachgerechter Weise eingegrenzt.[1234] Nun könnte dem hier vorgeschlagenen Ansatz entgegenhalten werden, dass eine Rechtsetzungspflicht, die einer Menschenrechtsverletzung nachgelagert ist, nicht zum erwünschten Erfolg, nämlich einer Verhinderung der Beeinträchtigung, führt und mithin eine Art „antizipierte Kenntnis" notwendig

---

1231 EKMR, *Tugar* vs. Italy, Ents. v. 18.10.1995, No. 22869/93.

1232 EKMR, *Tugar* vs. Italy, Ents. v. 18.10.1995, No. 22869/93 (Hervorhebung durch die Verf.).

1233 EGMR, *Paul and Audrey Edwards* vs. UK, Urt. v. 14.3.2002, No. 46477/99, § 55; EGMR, *Osman* vs. UK, Urt. v. 28.10.1998, No. 23452/94, § 116; EGMR, *Brincat a. o.* vs. Malta, Urt. v. 24.7.2014, No. 60908/11 a. o., § 105.

1234 So auch *Sornarajah*, The International Law on Foreign Investment, S. 167; a. A. *Papp*, Extraterritoriale Schutzpflichten, S. 202.

sei. Aber auch eine nachfolgende Rechtsetzung kann durchaus im Interesse des Menschenrechtsschutzes sein, indem mögliche noch bevorstehende weitere Beeinträchtigungen dadurch verhindert werden. Hinzu tritt, dass in der Praxis bei transnationaler Unternehmenstätigkeit wohl oftmals die Kenntnis ohnehin vorliegt. Die Staaten unterstützen die Unternehmen regelmäßig bei ihrer transnationalen Tätigkeit durch Elemente der Außenwirtschaftsförderung (beispielsweise durch Bürgschaften und Kredite) oder schließen zugunsten ausländischer Direktinvestitionen Investitionsschutzverträge mit Drittstaaten ab. Somit hat der Staat Kenntnis über die Art der unternehmerischen Tätigkeit (hier sei an die Rechtsprechung des EGMR zu besonders gefährlichen Industrien gedacht) und auch über die gegenwärtige Situation im Investitionsstaat. Spätestens wenn die menschenrechtsbeeinträchtigende Situation eintritt, wird der Heimatstaat darüber regelmäßig Kenntnis erlangen,[1235] mit der Folge der Entstehung positiver Handlungspflichten, soweit die sonstigen Voraussetzungen hierfür vorliegen.

bb) Der Menschenrechtsschutz als „gemeinsame Angelegenheit" der Staaten

Die Ausübung extraterritorialer Jurisdiktion führt zwangsläufig dazu, dass sich staatliche Hoheitsbereiche überlagern. Ein Staat beansprucht den Zugriff auf einen Sachverhalt über das Territorialitätsprinzip, ein anderer Staat beruft sich auf die Personalhoheit als Anknüpfungspunkt. Gleichermaßen kann im Bereich menschenrechtlicher Verpflichtungen die Achtungspflicht mit einer insoweit konkurrierenden Schutzpflicht zusammenfallen und es entsteht eine sich überschneidende Schutzverantwortung. *Meng* zeichnet ein passendes Bild, wenn er von sich *„überschneidenden Kreisen staatlicher Regelungsbefugnis"* spricht.[1236] Es entsteht eine Schnittmenge, die eine ursprünglich innere zu einer gemeinsamen Angelegenheit werden lassen könnte. Andere sprechen davon, dass der Menschenrechtsschutz zu einem *„matter of international concern"* geworden sei.[1237] Die Determination eines gemeinsamen Kreises des Menschenrechtsschutzes steht im Spannungsverhältnis zum Souveränitätsprinzip der Staaten,

---

1235 So auch *Sornarajah*, The International Law on Foreign Investment, S. 167.

1236 Nicht in Bezug auf den Menschenrechtsschutz vgl. *Meng*, Extraterritoriale Jurisdiktion, S. 551.

1237 *Weiß*, Der internationale Menschenrechtsschutz, in: *Sandkühler*, Menschenrechte in die Zukunft denken, S. 145–158 (148); *Klein*, Menschenrechte, S. 23; *Tomuschat* spricht insofern von einem *„weitgespannte[n] Verantwortungszusammenhang, den die Menschenrechte herstellen"*, *Tomuschat*, Menschenrechtsschutz und innere Angelegenheiten, in: *Tomuschat/Stein/Caflisch*, Eingriff in die inneren Angelegenheiten fremder Staaten, S. 5–20 (20).

zum Grundsatz des Interventionsverbots und auch zu Fragen, die den Rang der Menschenrechte in der Völkerrechtsordnung betreffen.

(1) Interventionsverbot

Eine völkerrechtliche Grenze extraterritorialer Jurisdiktionsausübung gleich welcher Art stellt das Interventionsverbot dar.[1238] Dieses untersagt die Einmischung in die Angelegenheiten eines Staates zum Schutz des staatlichen souveränen Willens und ist deshalb Ausfluss des Prinzips der souveränen Gleichheit der Staaten.[1239] Die Einmischung in innere Angelegenheiten des Staates ist jedoch nur in solchen Bereichen verboten, die der ausschließlichen Zuständigkeit des anderen Staates unterfallen, dem sogenannten „domaine réservé".[1240] Aber wie bestimmt sich dieser ausschließliche Hoheitsbereich eines Staates? Entscheidend sind die völkerrechtlichen Bindungen durch Vertrags- und Gewohnheitsrecht. Die Bereiche, in denen keine internationalen Regeln existieren, sind solche des domaine réservé.[1241]

Die Einmischung kann dabei durch die Anwendung oder Androhung von Zwang erfolgen und ist nicht auf die Ausübung von Durchsetzungshoheit beschränkt; auch Regelungen sind dazu geeignet, eine verbotene Intervention darzustellen.[1242] Wenn der Staat nun Regelungen erlässt, die das Verhalten seiner Staatszugehörigen im Ausland steuern sollen, dann liegt dadurch zweifellos ein „Hineinregieren" in die fremde staatliche Sphäre vor.[1243] Die extraterritoriale Jurisdiktionsausübung hinsichtlich eigener Unternehmen, die zu einer Persuasionswirkung in einer fremden Rechtsordnung führt, beeinflusst die Wirtschaftsordnung des Gaststaates.[1244] Folglich ist zu untersuchen, ob dadurch auch das Interventionsverbot verletzt sein könnte.[1245]

1238 Siehe dazu insgesamt *Cassese*, International Law, S. 53 ff.; zu den teilweise unterschiedlich verstandenen Begriffen der Intervention und der Einmischung vgl. *Ziegenhain*, Extraterritoriale Rechtsanwendung, S. 31 ff.

1239 *Von Arnauld*, Völkerrecht, § 4 Rn. 349 f.

1240 *Dahm/Delbrück/Wolfrum*, Völkerrecht, Band I/3, § 168 Ziff. III. 4; *Ziegenhain*, Extraterritoriale Rechtsanwendung, S. 33 f.

1241 Dazu *Dahm/Delbrück/Wolfrum*, Völkerrecht, Band I/3, § 168 Ziff. III. 5; *Schmalenbach*, Multinationale Unternehmen und Menschenrechte, AdVR 39 (2001), S. 57–81 (75 f.); *Kunig*, Prohibition of Intervention, in: Wolfrum, MPEPIL, Rn. 3.

1242 *Volz*, Extraterritoriale Terrorismusbekämpfung, S. 51 f. m.w.N.

1243 Begrifflichkeit von *Meng*, Extraterritoriale Jurisdiktion, S. 71; so auch *Schmalenbach*, Multinationale Unternehmen und Menschenrechte, AdVR 39 (2001), S. 57–81 (75).

1244 *Meng*, Extraterritoriale Jurisdiktion, S. 86.

1245 Gegen diese Annahme *Meng*, Extraterritoriale Jurisdiktion, S. 71.

Einige Stimmen im Schrifttum wollen die Menschenrechte von vornherein aus dem Bereich der inneren Angelegenheiten eines Staates ausschließen, mit der Folge, dass menschenrechtliche Regelungen für das Interventionsverbot nie tatbestandsmäßig sein könnten.[1246] *Skogly* begründet die Irrelevanz des Interventionsverbots damit, dass die Achtungs- und Schutzpflichtendimension der Menschenrechte das eigene staatliche Verhalten reguliert und deshalb keinen Bezug zur Politik eines Drittstaates habe.[1247] Diese Argumentation vermag nicht zu überzeugen. Denn durch die Regelungen, die der Staat bezüglich des Verhaltens eigener Staatszugehöriger im Ausland zur Erfüllung seiner Schutzverpflichtung vornimmt, soll eine Verhaltenssteuerung erreicht werden, die sich dann sehr wohl auswirkt. Vorstellbar ist zudem, dass Materien gegensätzlich oder zumindest nicht in Übereinstimmung normiert werden. Nach welcher Verhaltensnorm muss sich ein Unternehmen richten, wenn der gleiche Sachverhalt durch den Territorialstaat anders geregelt wird als durch den Heimatstaat, mithin eine echte Normenkonkurrenz entsteht?

Nach mehrheitlich vertretener Ansicht bedarf eine verbotene Intervention der Ausübung oder Androhung von Zwang.[1248] Deshalb wird die Diskussion um eine Einmischung in innere Angelegenheiten eines anderen Staates zum Schutz der Menschenrechte auch primär im Zusammenhang mit humanitären Interventionen geführt oder allgemeiner in Bezug auf die Durchsetzung bestimmter Menschenrechtsstandards mit Gewalt.[1249] Zum Verhältnis von extraterritorialer Rechtsetzung zum Zwecke des Menschenrechtsschutzes zu einer unrechtmäßigen Einmischung findet man im Schrifttum gegenwärtig nur wenige

---

1246 *Skogly*, Beyond National Borders, S. 80; *Schmalenbach*, Multinationale Unternehmen und Menschenrechte, AdVR 39 (2001), S. 57–81 (75); *Weiß*, Der internationale Menschenrechtsschutz, in: *Sandkühler*, Menschenrechte in die Zukunft denken, S. 145–158 (147 f.); *Stein/Von Buttlar/Kotzur*, Völkerrecht, § 36 Rn. 639 f.; *Klein*, Menschenrechte, S. 23 m.w.N.; *Tomuschat* erkennt eine faktische Entwicklung dahingehend vgl. *Tomuschat*, Menschenrechtsschutz und innere Angelegenheiten, in: *Tomuschat/Stein/Caflisch*, Eingriff in die inneren Angelegenheiten fremder Staaten, S. 5–20 (9 f.).

1247 *Skogly*, Beyond National Borders, S. 80.

1248 *Stein/Von Buttlar/Kotzur*, Völkerrecht, § 36 Rn. 644; so auch der ICJ im Nicaragua Fall: *„Intervention is wrongful when it uses methods of coercion in regard to such choices which must remain free ones"*, ICJ, *Nicaragua* vs. United States of America, Urt. v. 27.6.1986, ICJ Reports 1986, S. 14, Ziff. 205. Wobei der ICJ damit keine Aussage darüber getroffen hat, welche der Entscheidungen solche sind, die frei getroffen werden sollen.

1249 Vgl. bspw. *Papp*, Extraterritoriale Schutzpflichten, S. 282 ff. m.w.N.

Stellungnahmen. Die Grenze zulässiger Einmischung soll wohl dann erreicht sein, wenn der Heimatstaat dem Unternehmen unter Strafandrohung Pflichten auferlegt, durch deren Erfüllung es gegen völkerrechtskonforme Gesetze des Gaststaates verstößt.[1250]

Ursprünglich sah man insbesondere das politische, wirtschaftliche, soziale und kulturelle staatliche System als ausschließlich für die inländische Rechtsordnung vorgesehene Regelungsmaterie an.[1251] Gegenwärtig wäre es wohl kaum widerspruchsfrei erklärbar, weshalb die Staaten durch Freihandelsabkommen oder Investitionsverträge ihre heimische Wirtschaft öffnen, aber gleichzeitig die Entwicklung und die Regelung der heimischen Wirtschaft Bereiche des domaine réservé sein sollen.[1252] Auch der Verweis auf die Menschenrechte als innere Angelegenheit geht fehl, wenn und soweit ein Staat die einschlägigen internationalen Menschenrechtsverträge ratifiziert hat. Trotzdem verstehen insbesondere die sozialistischen Staaten die Beschäftigung mit konkreten Menschenrechtsfragen immer noch als Einmischung von außen.[1253]

An dieser Stelle soll der Anfangsgedanke der sich überlappenden Kreise aufgegriffen werden. Wie in der folgenden Grafik erkennbar ist, kann das Gemeinschaftsinteresse durchaus unterschiedliche Prägungen annehmen. Das Gemeinschaftsinteresse lässt sich als „gemeinsamer Nenner" von mindestens zwei Staaten verstehen. Das gemeinsame Interesse kann dabei wie folgt konstruiert werden: Ausgangspunkt sind die völkerrechtlichen Bindungen des Gaststaates an Menschenrechtsnormen. Im Bereich, indem sich die menschenrechtlichen Bindungen des Gaststaates mit dem Gewährleistungsgehalt der EMRK oder den völkerrechtlichen Bindungen des EMKR-Staates an Menschenrechtsnormen decken, überlappen sich die Verantwortungs- und Interessenkreise – ein Gemeinschaftsinteresse entsteht. Im Bereich des *allgemeinen Völkergewohnheitsrechts* besteht dieser Kreis der gemeinsamen Verantwortung hinsichtlich der Menschenrechtsnormen mit erga-omnes-Wirkung, zu deren Einhaltung

---

1250 *Schmalenbach*, Multinationale Unternehmen und Menschenrechte, AdVR 39 (2001), S. 57–81 (76); *Seck*, Home State Responsibility, Yale H.R. & Dev. L.J. 11 (2008), S. 177–206 (193); *Meng*, Extraterritoriale Jurisdiktion, S. 71; *Wengler*, Völkerrecht, Band II, S. 1042, der sich damit aber nur auf „fremde Staatsbürger" bezieht.

1251 *Kunig*, Prohibition of Intervention, in: Wolfrum, MPEPIL, Rn. 3; *Stein/Von Buttlar/Kotzur*, Völkerrecht, § 35 Rn. 633.

1252 A. A. *Stein/Von Buttlar/Kotzur*, Völkerrecht, § 36 Rn. 639.

1253 *Tomuschat*, Menschenrechtsschutz und innere Angelegenheiten, in: *Tomuschat/Stein/Caflisch*, Eingriff in die inneren Angelegenheiten fremder Staaten, S. 5–20 (14).

der Gaststaat gegenüber jedem anderen Staat verpflichtet ist.[1254] Im Bereich des *Völkervertragsrechts* entsteht dort eine gemeinsame Verantwortung des Gaststaates und des EMRK-Staates, wo beide Staaten an den jeweiligen völkerrechtlichen Vertrag gebunden sind (beispielsweise wenn beide Staaten den Zivil- oder Sozialpakt ratifiziert haben). In dieser Situation könnte der EMRK-Staat von dem Gaststaat auf Grundlage der bindenden vertraglichen Beziehung gemäß Art. 26 WVK verlangen, dass dieser seine menschenrechtlichen Verpflichtungen aus dem Vertrag auch einhält.[1255] Durch die gemeinsame Schnittmenge an menschenrechtlichen Bindungen werden der Gaststaat und der EMRK-Staat völkerrechtlich „verklammert".

Es liegt nahe, dass zwei europäische Staaten eine größere gemeinsame Schnittmenge teilen als ein europäischer und ein asiatischer Staat. Hier zeigt sich auch die Flexibilität des Systems der gemeinsamen Angelegenheit, denn die Regelungsbefugnis des Heimatstaates (und die damit verbundende Einflussnahme auf eine andere Rechts- und Wirtschaftsordnung) variiert anhand des Grades der Überschneidungen. Aus Perspektive der EMRK ist es deshalb angebracht, zwischen EMRK und Nicht-EMRK-Staaten, also Drittstaaten, zu differenzieren. Die gleiche Analyse könnte auch aus Sicht der AMRK, der AfCRMV oder der beiden internationalen Menschenrechtspakte vorgenommen werden.

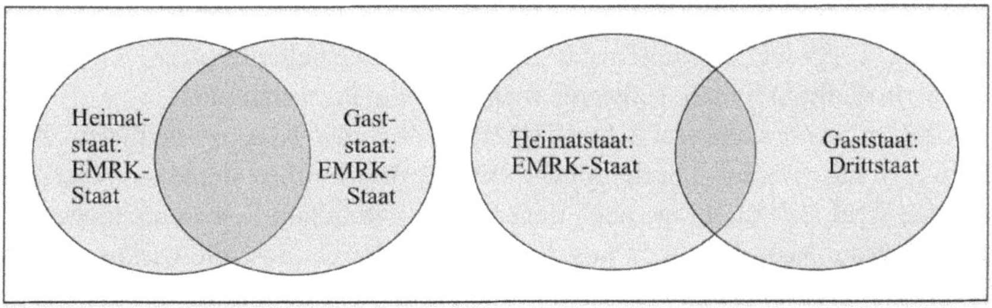

Abbildung 2: Das Gemeinschaftsinteresse der Staaten im Menschenrechtsschutz[1256]

Die dunklen Stellen der Grafik kennzeichnen den Kreis der gemeinsamen Angelegenheit. Die Schnittmenge ist bei zwei EMRK-Staaten sichtbar größer.

1254 *Von Arnauld*, Völkerrecht, § 3 Rn. 291, hierzu zählen vor allem auch alle ius-cogens-Normen.

1255 *Vitzthum*, Begriff, Geschichte und Rechtsquellen des Völkerrechts, in: *Vitzthum/Proelß*, Völkerrecht, S. 44 f. Rn. 118.

1256 Eigene Darstellung.

Hier kommt zum Ausdruck, was die Gründerstaaten in der Präambel der Konvention festhielten: *„Als Regierungen europäischer Staaten, die vom gleichen Geiste beseelt sind und ein gemeinsames Erbe an geistigen Gütern, politischen Überlieferungen, Achtung der Freiheit und Vorherrschaft des Gesetzes besitzen."* Im Umkehrschluss ergibt sich daraus auch, dass das Schutzniveau bei Regelungen, die einen Drittstaat betreffen, niedriger ausfallen muss.

Die Grafik verdeutlicht, dass auf den Kreis der gemeinsamen Angelegenheit mindestens zwei Staaten berechtigten Zugriff haben. Es liegt auf der Hand, dass dadurch (Präskriptions-)Konflikte entstehen können, wenn sowohl Heimat- als auch Gaststaat die Regelungsbefugnis über den Sachverhalt beanspruchen. Im extremsten Fall könnte der private Akteur, hier das transnational tätige Unternehmen, in einen Befolgungskonflikt geraten, wenn sich heimatstaatliche und gaststaatliche Regelung widersprechen. Eine eindeutige Kollisionsregel stellt das Völkerrecht nicht auf – insbesondere kommt dem Territorialitätsprinzip, also der Regelungshoheit, die durch den Gaststaat ausgeübt wird, keine uneingeschränkte Geltung zu.[1257]

Dennoch sollte der Territorialstaat als primär Verpflichteter angesehen werden. Hier tritt der Gedanke der stellvertretenden Menschenrechtspflege gegenüber den Gaststaaten in den Vordergrund. Der Heimatstaat soll *unterstützend* regelnd eingreifen, vor allem, wenn dieser seinen menschenrechtlichen Verpflichtungen nicht selbst nachkommen kann. Signalisiert der Gaststaat hingegen seinen Unwillen, die Menschenrechte auf seinem Territorium ausreichend zu schützen, überwiegt die Solidarität gegenüber potenziellen Opfern, dann kann die Territorialhoheit nicht schwerer wiegen als die Personalhoheit.

Somit ergeben sich zwei Schwierigkeiten, die einer Klärung bedürfen. Zum einen ist fraglich, wann überhaupt ein Präskriptionskonflikt denkbar wäre. Zum anderen stellt sich die Frage nach dem in den staatlichen Regeln anzulegenden Schutzniveau. Man darf nicht aus dem Auge verlieren, dass die Diskussion um Anknüpfungskonflikte und um einen mehrfachen jurisdiktionellen Zugriff auf einen Sachverhalt bisher in anderen Rechtsmaterien als dem Menschenrechtsschutz geführt wurde. Hier bietet sich ein pragmatischer Blick an: Auch wenn es für die Universalitätsidee der Menschenrechte ein fernliegender Traum sein könnte, in der Realität werden sich wohl kaum zwei Staaten darum streiten, wer nun die (völkerrechtliche) Kompetenz zum Erlass menschenrechtlicher Regeln innehat. Die Diskussion um Präskriptionskonflikte und deren Auflösung ist

---

1257 *Rudolf*, Territoriale Grenzen der staatlichen Rechtsetzung, in: BDGV 11 (1973), S. 7–45 (18).

somit im Menschenrechtsschutz gegenwärtig von theoretischer Natur.[1258] Viel wahrscheinlicher wird es um die „Abwehr" heimatstaatlicher Rechtsetzung gehen, aus Angst vor Einmischung in die eigene Wirtschaftsordnung und der Verschlechterung von Investitionsbedingungen. Da aber ein genereller Verweis auf das Einmischungsverbot für den Gaststaat, wie dargelegt, nicht zulässig sein wird, erlangt die Frage des anzulegenden Schutzstandards in den heimatstaatlichen Regelungen elementare Bedeutung.

(aa) Der Gaststaat ist EMRK-Staat

Die Situation ist vergleichsweise einfach, wenn sowohl der Heimat- als auch der Gaststaat eines transnational tätigen Unternehmens Mitgliedstaaten der Konvention sind. Denn dann geben die materiellen Verbürgungen der EMRK den anzulegenden Schutzstandard, mithin die gemeinsame Angelegenheit vor. Zudem sollte auch kein echter Konflikt entstehen, denn die menschenrechtlichen Zielvorstellungen sind grundsätzlich die gleichen, sodass entgegenstehende Regelungen nur schwer vorstellbar sind. Zudem wird auch in den meisten Fällen die heimatstaatliche Pflicht durch die alternative Schutzmöglichkeit reduziert, die in Form des EMRK-Gaststaates besteht.[1259] Die möglichen Opfer einer Menschenrechtsverletzung können Beschwerde direkt gegen den jeweiligen Staat erheben, was den Regelfall der positiven Pflichtverletzungen darstellt, über die der Gerichtshof entscheidet. Präskriptive Jurisdiktionsausübung aufgrund zwischenstaatlicher Solidarität ist hier von vornherein in der Mehrheit der Fälle nicht notwendig, wenn auch dennoch grundsätzlich geboten.

Der einzig vorstellbare Normenkonflikt könnte dadurch entstehen, dass der Heimatstaat bei der Reglementierung seiner Unternehmen über das durch die EMRK geschützte Mindestmaß hinausgeht, der Gaststaat aber ein niedrigeres Schutzniveau in der inländischen Rechtsordnung vorsieht. Im Einzelfall kann es sehr diffizil sein, den genauen Schutzumfang zu bestimmen, den die Konvention fordert. Heimatstaatliche Regeln würden dann an ihre Grenzen stoßen, wenn sie nicht im Einklang mit der EMRK oder sonstigem Völkerrecht stünden oder wenn sie inhaltlich weit über das Schutzniveau der Konventionsgarantien hinausgingen. Der EGMR legt einheitliche Standards an die Zusicherung der Konventionsgarantien an und dieses Schutzniveau ist maßgeblich. Realistisch

---

1258 Eingehend zu den vertretenen Ansätzen *Papp*, Extraterritoriale Schutzpflichten, S. 246 ff. m.w.N.; vgl. auch *Bleckmann*, The Personal Jurisdiction, C.M.L.Rev. 17 (1980), S. 467–485 (471 f.).

1259 Siehe dazu Kapitel C.II.3.c)aa).

betrachtet ist es sehr unwahrscheinlich, dass ein Staat solche überschießenden Regelungen erlassen würde, wenn man bedenkt, dass die gegenwärtige Diskussion darum kreist, ob er überhaupt präskriptiv tätig werden muss.

(bb) Der Gaststaat ist Drittstaat

Ist der Gaststaat kein EMRK-Staat, stellt sich die Frage nach dem zu regelnden Schutzstandard wesentlich eindringlicher; der Sachverhalt, auf den die Konvention angewendet werden soll, liegt schließlich außerhalb des *espace juridique*. Nun könnte gefordert werden, dass der Regelungsmaßstab nicht niedriger als im EMRK-Gebiet sein könne, weil die Nichtratifikation menschenrechtlicher Verträge durch den Gaststaat nicht dazu führen dürfe, dass sich auch der Heimatstaat nur an niedrigeren Grundsätzen messen lassen müsse. Dies trifft vor allem dann zu, wenn man an Fälle der militärischen Gebietsbesetzung denkt. An welche völkerrechtlichen Verpflichtungen ist der extraterritorial handelnde Staat gebunden? An die eigenen, an die des Gaststaates[1260] oder kumulativ an beide?[1261] Ausgehend von der Prämisse, dass der extraterritorial handelnde Staat ein EMRK-Staat ist und der besetzte Staat prinzipiell geringeren menschenrechtlichen Bindungen unterliegt, scheint zunächst die Annahme des heimatstaatlichen Schutzniveaus als sachgerecht. Würde aber umgekehrt der Gaststaat den Heimatstaat besetzen, müsste sich dann im Umkehrschluss der Gaststaat nur an seine niedrigeren Verpflichtungen halten mit der Folge, dass die Bevölkerung nicht mehr in den Schutz der EMRK-Rechte gelangen könnte?[1262] Der EGMR hat die Frage zumindest in eine Richtung hin beantwortet – besetzt ein EMRK-Staat fremdes Territorium, so gelangt die dortige Bevölkerung vollumfassend in den Schutzbereich der Konvention.[1263] Mithin liegt die Schlussfolgerung nahe, dass der gebietsbesetzende Konventionsstaat in diesem Umfang auch alle positiven Pflichten im Zusammenhang mit unternehmerischer Tätigkeit innehat, die der Gerichtshof für das eigene Territorium vorsieht.

1260 So nur *Lorenz*, Der territoriale Anwendungsbereich der Grund- und Menschenrechte, S. 185, der im Falle einer Besetzung eine doppelte Bindung „*aufgrund des Gedankens der funktionalen Staatennachfolge*" annimmt, wodurch „*auch die menschenrechtlichen Pflichten des verdrängten Hoheitsträgers materiell anwendbar bleiben*".

1261 Diese Fragen stellt auch *Künzli*, Zwischen Rigidität und Flexibilität, S. 122.

1262 So auch *Künzli*, Zwischen Rigidität und Flexibilität, S. 122 f., der deshalb ein „feststehende[s] Set von Normen" verlangt, das der Bevölkerung in einem Staat zukommen solle.

1263 EGMR, *Al-Skeini a. o.* vs. UK, Urt. v. 7.7.2011, No. 55721/07, § 138.

Besteht hingegen keine Gebietskontrolle durch den EMRK-Staat, unterfällt das heimatstaatliche Unternehmen der inländischen Rechtsordnung des Gaststaates und auch dessen menschenrechtlichen Bindungen. Hinzu treten rechtliche Bindungen, die der Heimatstaat dem Unternehmen über das Prinzip der Personalhoheit auferlegt. Der Heimatstaat hat ebenfalls menschenrechtliche Bindungen, denen er durch sein Handeln, auch und gerade durch Legislativakte, gerecht werden muss. Folglich entsteht ein Spannungsfeld, für dessen Auflösung das Völkerrecht keine eindeutigen Regeln aufstellt.[1264]

Das transnational tätige Unternehmen wird sich womöglich zwei gegenläufigen gesetzlichen Regeln ausgesetzt sehen, die er befolgen müsste. Der Heimatstaat des Unternehmens will durch die Regelungen seinen Verpflichtungen aus der EMRK nachkommen. Es wäre nicht im Sinne des Menschenrechtsschutzes, das Schutzniveau so weit abzusenken, dass die heimatstaatlichen Regelungen inhaltlich mehr oder weniger denen des Gaststaates entsprechen würden – es ist gerade das Telos extraterritorialer Staatenpflichten, dass „bessere" Schutzstandards exportiert werden. Gleichzeitig kann nicht unberücksichtigt bleiben, welchen Menschenrechtsstandard der Gaststaat seiner Bevölkerung garantiert. Denn durch die verhaltenslenkende extraterritoriale Rechtsetzung wird in die fremde Hoheitssphäre eingegriffen. Auch wenn die Berufung auf das Verbot der Einmischung in innere Angelegenheiten den Gaststaaten in der Regel verwehrt bleiben wird, so erscheint es im Hinblick auf das Ziel der Gewährung eines hohen menschenrechtlichen Schutzniveaus durch die Gaststaaten selbst als nicht zielführend, die EMRK-Standards „mit Biegen und Brechen" in einer fremdstaatlichen Rechtsordnung mittelbar durchsetzen zu wollen. Hinzu tritt ein Effektivitätsargument, da es kaum vorstellbar ist, dass ein Staat riskieren würde, durch heimatstaatliche Gesetzgebung diplomatische Beziehungen zu anderen Staaten zu gefährden.

Die Feststellung der „gemeinsamen Angelegenheit" bietet für diesen Konflikt eine sachgerechte Lösung.[1265] Die gemeinsame Schnittmenge setzt sich aus den jeweiligen völkerrechtlichen Verpflichtungen des Heimat- und des Gaststaates zusammen. Konstituierend ist dafür die Ratifikation einschlägiger Menschenrechtsabkommen, wozu zunächst der Zivil- und der Sozialpakt zählen. Hinzu kommen Verträge wie die Rassendiskriminierungskonvention, ILO-Konventionen und auch regionale Menschenrechtspakte. Den Minimalkonsens aller

---

1264 *Bleckmann*, The Personal Jurisdiction, C.M.L.Rev. 17 (1980), S. 467–485 (471).

1265 Hier zeigt sich erneut die Parallele zur stellvertretenden Strafrechtspflege, die eine identische Tatortnorm als Ausdruck des „Stellvertretergedankens" fordert, *Pappas*, Stellvertretende Strafrechtspflege, S. 94 ff.

Staaten bildet dabei das allgemeine Völkergewohnheitsrecht, vor allem die ius-cogens-Verpflichtungen, die den Staaten gerade unabhängig von etwaigen vertraglichen Bindungen obliegen.[1266] Hierzu zählen allgemein das Gewaltverbot, das Verbot der Sklaverei und des Völkermordes, das Verbot der Apartheid sowie elementare Gewährleistungen im Menschenrechtsschutz.[1267] Im Überschneidungsbereich kann der Heimatstaat präskriptiv tätig werden, denn zum einen hat der Gaststaat durch die Ratifikation des jeweiligen Vertrages sein Interesse an der Gewährleistung eines bestimmten Menschenrechts dargelegt. Zum anderen wären den jeweiligen Menschenrechtsverträgen entgegenstehende Regelungen des Gaststaates grundsätzlich nach Art. 27 der WVK völkerrechtswidrig und mithin keine geeignete Grundlage, um heimatstaatliche Regelungen abwehren zu können.[1268] Vielmehr könnte der Heimatstaat die Einhaltung und Erfüllung des bindenden völkerrechtlichen Vertrages von dem entsprechenden Gaststaat verlangen.[1269]

Ein konkretes Beispiel soll das Dargestellte verdeutlichen: Angenommen ein deutsches Unternehmen fertigt in Bangladesch Kleidung. Aufgrund der schlechten Schutzstandards in den Fertigungshallen wollen sich die Näherinnen gemeinsam organisieren, um für bessere Arbeitsbedingungen im Kollektiv eintreten zu können. Um der Verpflichtung aus Art. 11 EMRK nachzukommen, regelt der deutsche Gesetzgeber deshalb, dass die deutschen Unternehmen Gewerkschaftsbildung respektieren und vor allem nicht sanktionieren dürfen und dass die Arbeiter vor der Gründung nicht das Einverständnis der Unternehmensleitung einholen müssen. Wäre der deutsche Gesetzgeber zulässig präskriptiv tätig geworden? Bangladesch hat im Jahr 2013, als Reaktion auf den Gebäudeeinsturz einer Textilfabrik und auf Druck der internationalen Gemeinschaft eine Gesetzesänderung beschlossen, die eine Gewerkschaftsgründung ohne vorherige Genehmigung festschreibt und auch weitere Dinge hinsichtlich unternehmerischer Sicherheitsmaßnahmen und Arbeitsunfälle regelt.[1270] Bangladesch ratifizierte zudem im Jahr 1972, Deutschland bereits im Jahr 1957, die

1266 *Von Arnauld*, Völkerrecht, § 3 Rn. 287.

1267 Siehe hierzu eingehend *Von Arnauld*, Völkerrecht, § 3 Rn. 287 ff.

1268 *Vitzthum,* Begriff, Geschichte und Rechtsquellen des Völkerrechts, in: *Vitzthum/Proelß*, Völkerrecht, S. 44 f. Rn. 118.

1269 *Vitzthum,* Begriff, Geschichte und Rechtsquellen des Völkerrechts, in: *Vitzthum/Proelß*, Völkerrecht, S. 44 f. Rn. 118.

1270 Bangladesh Labour (Amendment) Act No. 30, 22.7.2013, unofficial english translation, abrufbar unter: http://www.ilo.org/aids/legislation/WCMS_229274/lang--en/index.htm (zuletzt abgerufen am 2.10.2017).

ILO Konvention *on Freedom of Association and Protection of the Right to Organise.*[1271] Art. 2 der Konvention bestimmt, dass sich Vereinigungen *„without previous authorisation"* gründen können sollen. Vor der Gesetzesänderung mussten die Arbeiter noch die Erlaubnis des Fabrikbesitzers einholen. Damit hätte ein deutsches Gesetz vor 2013, welches eine freie Gewerkschaftsbildung vorgesehen hätte, dem Recht in Bangladesch widersprochen. Aufgrund der Ratifizierung der einschlägigen ILO Konvention durch Bangladesch und Deutschland wäre es aber widersprüchlich und nicht im Einklang mit den Verpflichtungen aus dem völkerrechtlichen Vertrag, wenn sich Bangladesch auf das Einmischungsverbot berufen würde, obwohl Deutschland Regelungen getroffen hätte, die im Einklang mit der gemeinsamen Angelegenheit stünden. Die Regelung Deutschlands wäre in dem hiesigen Beispiel und nach dem hier vertretenen Ansatz völkerrechtlich zulässig und würde keine Einmischung in die inneren Angelegenheiten von Bangladesch darstellen.

Eine praktische Gefahr des Ansatzes liegt in einem möglichen Rückzug der Staaten mit einer schlechten Menschenrechtsbilanz aus internationalen Pakten, um das gemeinsame Interesse und damit den Bereich zulässiger heimatstaatlicher Regelungen zu verringern. Damit wäre dem internationalen Menschenrechtsschutz kein großer Gefallen getan. Diese Gefahr würde aber wohl jeder Versuch in sich tragen, Heimatstaaten stärker in ihre menschenrechtliche Verantwortung zu rufen. Die Idee des gemeinsamen Interesses möchte diese Rückzugstendenzen gerade dadurch verhindern, dass den Gaststaaten kein westliches Schutzniveau aufgezwungen wird, das sie nicht selbst als eigenen Standard durch Ratifikation der einschlägigen Verträge angenommen haben.

(2) Menschenrechtsschutz und Souveränitätsprinzip

Die *„Durchbrechung des Souveränitätspanzers"* hat sich zu einem geflügelten Begriff in der menschenrechtlichen Diskussion entwickelt.[1272] Gemeint ist damit eine zunehmende Permeabilität staatlicher Souveränität zugunsten

---

1271 Convention on Freedom of Association and Protection of the Right to Organise No. 87, 1948, abrufbar unter: http://www.ilo.org/dyn/normlex/en/f?p = NORMLEX-PUB:12100::: NO:12100: P12100_ILO_CODE: C087: NO (zuletzt abgerufen am 2.10.2017).

1272 *Tomuschat*, Menschenrechtsschutz und innere Angelegenheiten, in: *Tomuschat/Stein/Caflisch*, Eingriff in die inneren Angelegenheiten fremder Staaten, S. 5–20 (8); *Papp*, Extraterritoriale Schutzpflichten, S. 234; so schon *Bleckmann*, Grundgesetz und Völkerrecht, S. 308; *Weiß*, Der internationale Menschenrechtsschutz, in: *Sandkühler*, Menschenrechte in die Zukunft denken, S. 145–158 (148).

internationaler menschenrechtlicher Vorgaben. In den vergangenen Jahren hat in diesem Zusammenhang das Konzept der *responsibilty to protect* große Bedeutung erlangt.[1273] Die Idee dazu wurde durch die International Commission on Intervention and State Sovereignty (ICISS) eingebracht und sollte die Probleme lösen, die sich bei humanitären Interventionen im Zusammenhang mit der Souveränität der Staaten immer wieder gestellt haben.[1274] Ein Staat hat folglich als Ausfluss seiner Souveränität eine Schutzverantwortung gegenüber der eigenen Bevölkerung. Er soll diese vor Völkermord, Kriegsverbrechen, ethnische Säuberungen und Verbrechen gegen die Menschlichkeit schützen.[1275] Die ICISS spricht in ihrem Bericht von einer „*necessary re-characterization […]: from sovereignty as control to sovereignty as responsibility in both internal functions and external duties*"[1276] Primär liegt der Schutzauftrag bei jedem souveränen Staat, erst in einem nächsten Schritt bietet die Staatengemeinschaft ihre Unterstützung an. In einem dritten ultima-ratio-Schritt kann schließlich über eine mögliche Intervention nachgedacht werden. Anhand der abgestuften Vorgehensweise tritt deutlich hervor, dass auch hinter dem Konzept der *responsibility to protect* aus Sichtweise der Staatengemeinschaft die (subsidiäre) internationale Solidarität zum Tragen kommt – zugunsten der betroffenen Bevölkerung.[1277]

Die Staaten legen selbst einen doppelten Standard an das Souveränitätsprinzip an, wenn sie dieses auf der einen Seite als protektionistisches Schutzschild verwenden, aber auf der anderen Seite ihre eigene Souveränität „privatisieren", indem sie beispielsweise Teile ihres Staatsgebiets an private Unternehmen verkaufen oder sich durch Stabilisierungsklauseln in Investitionsschutzverträgen ihrer Handlungsfreiheit teilweise selbst berauben. Das gegenwärtige Souveränitätsverständnis fußt auf Opportunitätsüberlegungen. Den Staaten kann fast schon Anachronismus vorgeworfen werden, wenn sie sich in Zeiten zunehmender Entstaatlichung immer noch auf das tradierte Souveränitätsprinzip stützen.[1278] Ein Blick auf die Entwicklung der Europäischen Union als supranationale Organisation und die damit verbundene Übertragung von Hoheitsrechten auf

---

1273 Siehe dazu bspw. *Stein/Von Buttlar/Kotzur*, Völkerrecht, § 30 Rn. 519 ff.

1274 *Von Arnauld*, Völkerrecht, § 4 Rn. 313.

1275 *Stein/Von Buttlar/Kotzur*, Völkerrecht, § 30 Rn. 520a.

1276 *ICISS*, Report 2001, S. 13.

1277 *Stein/Von Buttlar/Kotzur*, Völkerrecht, § 30 Rn. 519a sprechen insoweit von der „*Unterstützung durch die Staatengemeinschaft*".

1278 *Oeter*, Souveränität, in: *Cremer/Giegerich/Richter/Zimmermann*, FS für Helmut Steinberger, S. 259–290 (259); in diese Richtung auch *Von Arnauld*, Völkerrecht, § 9 Rn. 640.

europäische Institutionen durch die Mitgliedstaaten substanziiert den Vorwurf. Jetzt könnte der Einwand lauten, dass die Europäische Union ein regional begrenztes Konzept sei und Staaten wie China, Nordkorea oder Russland ein sehr viel stärkeres souveränes Staatskonzept verfolgen. Die Permeabilität eigener Staatsgrenzen (insbesondere hinsichtlich wirtschaftlicher Entwicklungen) können aber auch diese Staaten nicht abstreiten.[1279]

Die Entwicklung des internationalen Menschenrechtsschutzes führt dazu, dafür ist die EMRK das Paradebeispiel, dass das Souveränitätsverständnis vermehrt vom Menschen aus gedacht wird.[1280] Eine Idee, die bereits klassischen Souveränitätsansätzen innewohnt.[1281] An dieser Stelle soll keine allgemeine Auseinandersetzung mit dem völkerrechtlichen Souveränitätsprinzip im Spannungsverhältnis zum internationalen Menschenrechtsschutz erfolgen.[1282] Vielmehr soll die gegenwärtige Entwicklung aufgezeigt werden, die den „Souveränitätspanzer" zugunsten des Menschenrechtsschutzes öffnet. Führt man sich erneut die Kreise sich überlappender Hoheitssphären vor Augen, so kann man sich die Kreise als gestrichelt vorstellen. Der Kreis – der Staat als Souverän – bleibt weiterhin bestehen, ist aber insgesamt durchlässiger.

(3) Hierarchisierung der Völkerrechtsmaterien – zur Neuausrichtung des Menschenrechtsschutzes

An dieser Stelle soll das Augenmerk auf eine Thematik gelenkt werden, die nur sehr langsam Einzug in völkerrechtliche Diskussionen erhält. In nationalen Rechtsordnungen bestimmt die Verfassung die Hierarchie der Rechtsnormen. In

---

1279 So auch *Tomuschat*, Menschenrechtsschutz und innere Angelegenheiten, in: *Tomuschat/Stein/Caflisch*, Eingriff in die inneren Angelegenheiten fremder Staaten, S. 5–20 (20), der davon spricht, dass *„die staatliche Souveränität keinen Kokon [bildet], in den man sich einspinnen und verkriechen könnte und der für andere Regierungen eine Tabuzone darstellen würde"*. Es darf aber auch nicht unerwähnt bleiben, dass gegenwärtig ein zunehmender Protektionismus einiger Staaten erkennbar ist, bspw. für China *Neuhaus/Ning*, Kritik an Chinas Protektionismus (Der Tagesspiegel online).

1280 *Kotzur*, Der Europäische Gerichtshof für Menschenrechte, in: *Hoffmann*, Universalität der Menschenrechte, S. 41–63 (45); *Von Arnauld*, Völkerrecht, § 9 Rn. 640, der davon spricht dass es *„[widersinnig sei] ausgerechnet Rechte, die vom Menschen aus gedacht sind, vom Staat und seinem Staatsgebiet her zu denken"*.

1281 *Fabri*, Human Rights and State Sovereignty, in: *Alston/Macdonald*, Human Rights, S. 33–86 (33 f.).

1282 Siehe für eine eingehende Auseinandersetzung bspw. *Fabri*, Human Rights and State Sovereignty, in: *Alston/Macdonald*, Human Rights, S. 33–86; *Oeter*, Souveränität, in: *Cremer/Giegerich/Richter/Zimmermann*, FS für Helmut Steinberger, S. 259–290.

Deutschland beispielsweise steht das Grundgesetz zwingend über jeder einfach gesetzlichen Regelung. Im Völkerrecht ist eine solche Rangordnung gerade nicht vorgesehen – die horizontalen Verpflichtungen stehen nebeneinander.[1283] Deshalb ist oftmals entscheidend, inwieweit menschenrechtliche Normen mit Normen anderer Rechtsmaterien bestmöglich in Ausgleich gebracht werden können.

Anhand des bereits oben angesprochenen Falls *Hirsi Jamaa* können die Schwierigkeiten aufgezeigt werden, die sich durch die rein horizontale Ausrichtung der Völkerrechtsordnung ergeben.[1284] Die italienischen Behörden argumentierten in dem Fall, dass die Rückführung der somalischen und eritreischen Flüchtlinge auf der Grundlage eines bilateralen Abkommens mit Libyen stattgefunden habe, welches dazu habe führen sollen, die illegale Einwanderung in den Griff zu bekommen.[1285] Denn diese sogenannte „push-back-policy" diene dazu, kriminelle Gruppen vom Menschenschmuggel abzuhalten und so das Leben Vieler zu retten.[1286] Genauso wie das militärische Vorgehen von Staaten im Rahmen von internationalen Mandaten, ist auch die Frage des Umgangs mit Flüchtlingen im europäischen Raum ein hochpolitisches Thema. Das Verhältnis von internationalem Menschenrechtsschutz und internationalem Flüchtlingsrecht ist ebenso wie das Verhältnis zum humanitären Völkerrecht weitestgehend ungeklärt.[1287] Der EGMR hat eine Positionierung bezüglich dieser Problematik vermieden, obwohl die bisher vor dem EGMR geltend gemachten Fälle die Wichtigkeit von klaren (Kollisions-)Regeln verdeutlichen.[1288] Insbesondere in der

---

1283 *Vidmar*, Norm Conflicts and Hierarchy, in: *De Wet/Vidmar*, Hierarchy in International Law, S. 13–41 (13).

1284 Siehe für den Sachverhalt Kapitel C.II.2.c)bb).

1285 EGMR, *Hirsi Jamaa a. o.* vs. Italy, Urt. v. 23.2.2012, No. 27765/09, § 13.

1286 EGMR, *Hirsi Jamaa a. o.* vs. Italy, Urt. v. 23.2.2012, No. 27765/09, § 13.

1287 So sieht das auch Richter Pinto De Albuquerque in seiner abweichenden Meinung zu EGMR, *Hirsi Jamaa a. o.* vs. Italy, Urt. v. 23.2.2012, No. 27765/09 (concurring opinion). Für weitergehende Ausführungen zum Verhältnis des Menschenrechtsschutzes zum humanitären Völkerrecht sei auf die umfangreiche Literatur zu der Thematik verwiesen, bspw. *Salomon*, Die Anwendung von Menschenrechten im bewaffneten Konflikt, AdVR 53 (2015), S. 322–359; *Oberleitner*, Human Rights in Armed Conflict; *Arnold/Quénivet*, International Humanitarian Law and Human Rights Law; *Schäfer*, Zum Verhältnis Menschenrechte und humanitäres Völkerrecht.

1288 *Salomon*, Die Anwendung von Menschenrechten im bewaffneten Konflikt, AdVR 53 (2015), S. 322–359 (327 f.): „*Die Rechtsprechung zu der Frage nach dem materiellen Verhältnis zwischen EMRK und humanitärem Völkerrecht ist denselben Turbulenzen des Einzelfalls unterworfen, wie die zu der Frage nach der extraterritorialen Anwendbarkeit der EMRK.*".

Entscheidung *Banković* hätte er sich zum Verhältnis der EMRK zum humanitären Völkerrecht äußern können. Aufgrund der Unzulässigkeit der Beschwerde konnte jedoch eine materiell-rechtliche Auseinandersetzung mit der Thematik umgangen werden – obwohl hierin vermutlich der viel schlüssigere Ansatzpunkt für eine Lösung des Falles gelegen hätte.[1289]

Diese Kollisionsproblematik stellt sich aber auch in weiteren Bereichen wie der Entwicklungspolitik, dort diskutiert unter dem Begriff des *human rights based approach*[1290], dem Welthandelsrecht[1291] oder dem Investitionsschutzrecht[1292]. Beispielsweise müssten Staaten bei der Verhängung von Importbeschränkungen von unter menschenrechtswidrigen Bedingungen hergestellten Waren WTO Recht beachten, welches sie durch eine solche Regelung verletzen könnten.[1293] Es handelt sich mithin um eine grundsätzliche Frage, ob der Menschenrechtsschutz eine übergeordnete Stellung einnimmt und man eine Hierarchisierung der Völkerrechtsordnung vornehmen möchte oder ob ein rein horizontales Verhältnis angenommen wird, das auf einen bestmöglichen Ausgleich und ein Nebeneinander der Rechtsmaterien angelegt ist.[1294] Voraussetzung für eine hierarchische Ordnung wäre, so eine Ansicht im Schrifttum, ein zugrundeliegendes Wertesystem, aus dem sich eine Überordnung ergeben könnte. Ius-cogens-Normen und erga-omnes-Verpflichtungen als Symbole eines internationalen Wertesystems, in dem bestimmte Normen eine so grundlegende Bedeutung haben, dass ihre Verletzung die gesamte Staatengemeinschaft betrifft, ebnen diesen Weg

---

1289 *Salomon*, Die Anwendung von Menschenrechten im bewaffneten Konflikt, AdVR 53 (2015), S. 322–359 (330); *Von Arnauld*, Völkerrecht, § 9 Rn. 640.

1290 Vgl. dazu *OHCHR*, FAQ's on a Human Rights-Based Approach, 2006.

1291 Vgl. dazu bspw. *Petersmann*, Human Rights and International Economic Law in the 21st Century, JIEL 2001, S. 3–39.

1292 *Burkard*, Zum Spannungsverhältnis von Investitions- und Menschenrechtsschutz, insb. S. 181 ff.

1293 Vgl. dazu bspw. die Bemühungen zur Bekämpfung von Kinderarbeit durch Importbeschränkungen und die damit verbundenen rechtlichen Probleme hinsichtlich des GATT in einer kleinen Anfrage an die Bundesregierung 2011, BT-Drucksache 17/6662, S. 2, abrufbar unter: http://dipbt.bundestag.de/dip21/btd/17/066/1706662.pdf (zuletzt abgerufen am 2.10.2017).

1294 Für eine Hierarchie wohl *Teubner*, Verfassungsfragmente, S. 189: *„Die Alternative wäre der schwer erträgliche Widerspruch, Grundrechte zwar im nationalstaatlichen Recht ‚ihrer Natur nach' als höherrangiges Verfassungsrecht zu begreifen, aber die gleichen Grundrechte in den verschiedenen transnationalen Menschenrechtsvereinbarungen nur als einfaches Recht zu qualifizieren, dem dann kein Geltungsvorrang gegenüber anderen einfachen Rechtsnormen zukäme."*.

bereits.[1295] Und auch die Diskussion im Schrifttum um eine „Konstitutionalisierung des Völkerrechts" weist in diese Richtung.[1296]

Doch anders als in nationalen Rechtsordnungen, in denen eine Normenhierarchie fest etabliert ist, fehlt dem Völkerrecht ein einzelner übergeordneter Gesetzgeber.[1297] Das Völkerrecht ist das Recht der Staaten, in dem der einzelne Mensch zum gegenwärtigen Zeitpunkt nicht als umfassendes Völkerrechtssubjekt anerkannt ist. Ob die Menschenrechte, wörtlich als Recht der Menschen, es vermögen, sich hierarchisch über das Recht der Staaten zu stellen, bleibt abzuwarten.[1298] Und so gilt gegenwärtig nichts anderes als: *„The fact that a state breaches its human rights obligations if it complies with another international binding norm results in its responsibility but does not override the other rule. The same is true the other way round."*[1299]

1295 *Vidmar*, Norm Conflicts and Hierarchy, in: *De Wet/Vidmar*, Hierarchy in International Law, S. 13–41 (14). An dieser Stelle sei auf die Diskussion um eine Hierarchie innerhalb der Menschenrechte verwiesen, dazu bspw. *Klein*, A Symposium on Constitutional Rights and International Human Rights, Isr. L. Rev. 41 (2008), S. 477–488 (480 ff.); *Meron*, On a Hierarchy of International Human Rights, AJIL 80 (1986), S. 1–23 (4).

1296 *Teubner*, Verfassungsfragmente, S. 189, *„der transnationale Konstitutionalismus [hat] die höchste Plausibilität"*; *Frowein*, Konstitutionalisierung des Völkerrechts, in: Berichte der Deutschen Gesellschaft für Völkerrecht 39 (1999), S. 427–447; *Habermas*, Hat die Konstitutionalisierung des Völkerrechts noch eine Chance?, in: *ders.*, Der gespaltene Westen, S. 113–194; *Ladeur/Viellechner*, Die transnationale Expansion staatlicher Grundrechte, AdVR 46 (2008), S. 42–73.

1297 *Meron*, On a Hierarchy of International Human Rights, AJIL 80 (1986), S. 1–23 (3).

1298 Eine eingehende Auseinandersetzung mit der viel diskutierten und umfangreichen Thematik kann in dieser Arbeit nicht erfolgen. Daher sei auf andere Werke verwiesen. So bereits grundlegend *Weil*, Towards Relative Normativity in International Law, AJIL 77 (1983), S. 413–442; *Meron*, On a Hierarchy of International Human Rights, AJIL 80 (1986), S. 1–23; *Klein*, A Symposium on Constitutional Rights and International Human Rights, Isr. L. Rev. 41 (2008), S. 477–488; *Shelton*, Normative Hierarchy in International Law, AJIL 100 (2006), S. 291–323; *Teraya*, Emerging Hierarchy in International Human Rights, EJIL 12 (2001), S. 917–941; *Vidmar*, Norm Conflicts and Hierarchy, in: *De Wet/Vidmar*, Hierarchy in International Law, S. 13–41.

1299 *Klein*, A Symposium on Constitutional Rights and International Human Rights, Isr. L. Rev. 41 (2008), S. 477–488 (480).

cc) (Kein) Universalitätsanspruch der EMRK? Die Bedeutung des „espace juridique"

Einen abschließenden rechtlichen Aspekt haben die Ausführungen bisher unberücksichtigt gelassen: den regionalen Charakter der EMRK. Die Regionalität ist bereits im geläufigeren Namen der Konvention („europäische") angelegt und beschäftigt Rechtsprechung und Schrifttum gleichermaßen.[1300] Der EGMR hat sich in der *Banković*-Entscheidung zu einer möglichen regionalen Begrenzung des Anwendungsbereichs der Konvention geäußert, indem er den regionalen Charakter der EMRK und die Geltung insbesondere im *espace juridique* (legal space) der Mitgliedstaaten betonte. Die Konvention sei nie dafür konzipiert worden, auf der ganzen Welt Anwendung zu finden, sondern sei ein Instrument des europäischen *ordre public.*[1301] Und auch das Argument der Beschwerdeführer, dass kein „Vakuum" im Menschenrechtsschutz entstehen dürfe, wies er ab. Im Gegensatz zu den Einwohnern Nordzyperns, die sich ohne die militärische Besetzung durch türkische Truppen auf die Konventionsrechte hätten berufen können, stand das ehemalige Jugoslawien nie unter dem Schutz der EMRK.[1302] Folglich könne eine Nichtanwendung der EMRK im Falle der Bombardierung der Radiostation auch nicht zu einem „bedauerlichen Vakuum" führen.

Deshalb wurde im Schrifttum überlegt, ob die Entscheidung im Fall *Banković* – bei sonst identischem Sachverhalt – anders ausgefallen wäre, wenn sich die Situation im EMRK-Gebiet ereignet hätte. Mit dieser Annahme würde aber die Regionalität der EMKR, also der *espace juridique*, zum Merkmal von Jurisdiktion im Sinne von Art. 1 EMRK erklärt.[1303] Konkret würde das bedeuten, dass die anerkannten Ausnahmen zur territorialen Jurisdiktion nur innerhalb des EMRK-Gebiets zur Anwendung gelangen könnten. Vereinzelt stieß der Ansatz auf Zuspruch, und zwar mit der Begründung, dass ein „Menschenrechtsimperialismus" abzulehnen sei.[1304] Die große Mehrheit stellt sich jedoch gegen die

---

1300 Offiziell lautet der Name „Convention for the Protection of Human Rights and Fundamental Freedoms", in dem also der europäische Bezug fehlt.

1301 EGMR, *Banković a. o.* vs. Belgium & 16 other NATO-States, Ents. v. 12.12.2001, No. 52207/99, § 80.

1302 EGMR, *Banković a. o.* vs. Belgium & 16 other NATO-States, Ents. v. 12.12.2001, No. 52207/99, § 80.

1303 So auch *Jankowska-Gilberg*, Extraterritorialität der Menschenrechte, S. 145.

1304 House of Lords, *Al-Skeini a. o.* vs. Secretary of State for Defence, Urt. v. 13.6.2007, Lord Rodger of Earlsferry, Ziff. 78.

regionale Begrenzung der Konvention.[1305] Art. 1 EMRK enthalte dem Wortlaut nach keine Beschränkung.[1306] Zudem stehe die rein regionale Anwendung der Konvention nicht im Einklang mit dem universellen Anerkennungs- und Einhaltungsanspruch, wie er in der Präambel formuliert ist.[1307]

Die Post-*Banković*-Rechtsprechung deutet auch in diese Richtung. So argumentierte der Gerichtshof in *Issa*, dass Art. 1 EMRK nicht dahingehend zu verstehen ist, als dass er einem Staat erlaubt, Menschenrechte auf fremdem Territorium zu verletzen, die er auf seinem eigenen nicht verletzen darf.[1308] Der Fall ereignete sich auf irakischem Staatsgebiet und trotzdem finden sich keine Ausführungen zu einer daraus resultierenden Nichtanwendbarkeit der Konvention – obwohl er die Beschwerde, wäre die Regionalität Bestandteil von Art. 1 EMRK, als unzulässig hätte abweisen können. Noch deutlicher wurde der Gerichtshof in *Mansur Pad*: „*Accordingly, a State may be held accountable for violations of the Convention rights and freedoms of persons who are in the territory of another State* ***which does not necessarily fall within the legal space of the Contracting States*** *[...].*"[1309] Damit müssten wohl auch die letzten Befürworter einer regionalen Beschränkung der EMRK ihre Argumentationsgrundlage verloren haben. Folglich könnte man den Verweis des Gerichtshofs in der *Banković*-Entscheidung auf den in den Zypern-Fällen hervorgebrachten „Vakuum-Gedanken" eher als Auseinandersetzung mit einem Argument der Beschwerdeführer verstehen, das eben nur greifen kann, wenn der besetzte Staat auch Mitgliedstaat der EMRK ist, welches aber selbständig keine Jurisdiktion zu begründen vermag – damit hätte der EGMR eben nur auf ein Argument reagiert und keine Grundsatzaussage zur Reichweite der EMRK getroffen.[1310] Mit diesem Verständnis wäre zumindest

---

1305 *Bothe*, Die Anwendung der EMRK in bewaffneten Konflikten, ZaöRV 2005, S. 615–623 (619); kritisch zu der regionalen Begrenzung auch *Orakhelashvili*, Restrictive Interpretation of Human Rights Treaties, EJIL 14 (2003), S. 529–568 (550); *Schäfer*, Der Fall Banković, MRM 3 (2002), S. 149–163 (158); dazu auch *Jankowska-Gilberg*, Extraterritorialität der Menschenrechte, S. 143 ff.; *Von Arnauld*, Das (Menschen-)Recht im Auslandseinsatz, in: *Weingärtner*, Streitkräfte und Menschenrechte, S. 61–90 (64).

1306 *Lorenz*, Der territoriale Anwendungsbereich der Grund- und Menschenrechte, S. 120.

1307 *Jankowska-Gilberg*, Extraterritorialität der Menschenrechte, S. 144.

1308 EGMR *Issa a. o.* vs. Turkey, Urt. v. 16.11.2004, No. 31821/96, § 71.

1309 EGMR, *Mansur Pad a. o.* vs. Turkey, Ents. v. 28.6.2007, No. 60167/00, § 53 (Hervorhebung durch die Verf.).

1310 *Gondek*, Extraterritorial Application of the European Convention on Human Rights, NILR 52 (2005), S. 349–387 (376 f.); *Lorenz*, Der territoriale Anwendungsbereich

kein offensichtlicher Widerspruch in der Rechtsprechung des Gerichtshofs erkennbar.

Auch wenn damit dem *espace juridique* der EMRK kein anwendungsbeschränkender Inhalt zugesprochen wird, gewinnt der Regionalitätsgedanke noch in einem anderen Zusammenhang an Bedeutung. Durch die Anwendung der EMRK außerhalb der Territorien ihrer Mitgliedstaaten „exportiert" man insofern den europäischen Menschenrechtsstandard, insbesondere bei der Annahme positiver extraterritorialer Staatenpflichten. Deshalb stellt sich die Frage, inwieweit die Konvention einen Anspruch auf Universalität in sich trägt und vor allem, ob die nicht-europäischen Staaten diesen (hohen) Standard überhaupt wollen. Der EGMR sagte selbst, dass *„the Convention does not govern the actions of States not Parties to it, nor does it purport to be a means of requiring the Contracting States* ***to impose Convention standards on other States.*** *"*[1311]

Der ehemalige Präsident des Bundesverfassungsgerichts, Hans-Jürgen Papier, warnte sogar davor, über einen gemeinsamen europäischen Mindeststandard im Menschenrechtsschutz durch den EGMR hinauszugehen. Dies würde *„dauerhaft zu bedrohlichen Erschütterungen der Akzeptanz und der Befolgungsbereitschaft führen."*[1312] So hat Russland dem Gerichtshof bereits mehrmals vorgeworfen, er würde mit seiner Judikatur Recht und Politik verwechseln.[1313] Ein Grund hierfür ist sicherlich in der dynamisch-evolutiven Auslegung der Konventionsgarantien durch den EGMR und die damit einhergehende Rechtsfortbildung zu sehen.[1314] Eine noch gravierendere Entwicklung vollzieht sich gegenwärtig in diesem Zusammenhang auf internationaler Ebene. Nachdem zum ersten Mal seit Bestehen zunächst die afrikanischen Staaten Südafrika, Burundi und Gambia den Internationalen Strafgerichtshof in Den Haag verlassen haben, hat zuletzt Russland im November dieses Jahres den Rückzug erklärt. Die afrikanischen Staaten begründeten ihren Austritt mit einer Voreingenommenheit des Gerichtshofs, primär die Staaten ihres Kontinents anzuklagen und westliche Staaten zu verschonen.[1315] Russland erklärte hingegen nur, dass der ICC die Erwartungen nicht erfüllen konnte. Kritiker sehen hingegen das Vorgehen

---

der Grund- und Menschenrechte, S. 119; *Lawson*, Life After Bankovic, in: *Coomans/Kamminga*, Extraterritorial Application of Human Rights Treaties, S. 83–123 (114).

1311 EGMR, *Soering* vs. UK, Urt. v. 7.7.1989, No. 14038/88, § 86.

1312 *Papier*, Dokumentation, EuGRZ 37 (2010), S. 368.

1313 *Wildhaber,* Der Menschenrechtsgerichtshof für Europa, in: 9. Hermann und Marianne Straniak-Vorlesung 2011, S. 9–26 (12).

1314 *Grosche*, Rechtsfortbildung im Unionsrecht, S. 61 f.

1315 *Kuypers*, Gambia will Strafgerichtshof verlassen (Zeit Online).

Russlands in der Ukraine Krise als wirkliche Ursache an, deren Umstände der Gerichtshof zurzeit überprüft.[1316] Die Abkehr von der Akzeptanz internationaler Instanzen ist beunruhigend und mahnt diese, ihre teilweise rasante Entwicklung nicht ohne ihre Mitglieder vollziehen zu können.

Es existiert noch ein weiterer Aspekt, der bei Universalitätsüberlegungen zur EMRK berücksichtigt werden sollte. Die EMRK hat keinen „globalen Geltungsanspruch"; das Universelle an der EMRK ist vielmehr die Anknüpfung ihres Schutzes an das Menschsein.[1317] Und dennoch greift die Konvention in Folge extraterritorialer Jurisdiktionsausübung in andere Werteordnungen ein – das Schlagwort der „kulturellen Pluralität" fällt.[1318] Bei heimatstaatlicher Regelung transnationaler Unternehmenstätigkeit erhebt man unweigerlich den Anspruch, Konventionsstandards in andere Kulturräume zu übertragen und den Gaststaat dadurch möglicherweise auch vor den Kopf zu stoßen.[1319]

Dennoch scheint der Vorschlag eines „Gemeinschaftsinteresses", insoweit durchaus zu verstehen als Mindestschutzniveau, der kulturellen Diversität zumindest in Ansätzen gerecht zu werden. Denn es ist gerade der gemeinsame Nenner,[1320] der die Regelungsmöglichkeiten vorgibt. Für die EMRK ist die „margin of appreciation"-Doktrin Ausdruck der kulturellen Vielfalt auch und gerade innerhalb der Mitgliedstaaten und gleichzeitig Mittel, um der Diversität in der Rechtsprechung gerecht zu werden. Der Gerichtshof kann dadurch seine Kontrolldichte anpassen, um auf einzelstaatliche Vorstellungen in bestimmten Lebensbereichen Rücksicht zu nehmen.[1321]

d) Faktische Probleme der Reglementierung eigener Unternehmen

Das größte Problem bei der heimatstaatlichen Regelung transnationaler Wirtschaftsaktivitäten stellt der eingeschränkte Zugriff auf die Unternehmen dar, die im Ausland operieren. Vergleichsweise einfach ist die Situation, wenn ein deutsches Unternehmen eigene Mitarbeiter ins Ausland schickt, um vor Ort einen

1316 *Nienhuysen/Pfaff*, Russland tritt Rückzug aus Den Haag an (Süddeutsche Zeitung online).

1317 *Bielefeldt*, Menschenrechtlicher Universalismus ohne eurozentrische Verkürzung, in: *Nooke/Lohmann/Wahlers*, Gelten Menschenrechte Universal, S. 98–141 (101).

1318 Vgl. hierzu bspw. *Bielefeldt*, Universale Menschenrechte, in: *Reuter*, Ethik der Menschenrechte, S. 43–73.

1319 *De Schutter*, Extraterritorial Jurisdiction, S. 21.

1320 Siehe zur Bestimmung dieses gemeinsamen Nenners Kapitel C.II.3.c)bb)(1).

1321 *Kotzur*, Der Europäische Gerichtshof für Menschenrechte, in: *Hoffmann*, Universalität der Menschenrechte, S. 41–63 (54).

Auftrag zu erfüllen. Genauso verhält es sich, wenn ein Unternehmen in einem anderen Staat eine Niederlassung eröffnet. Hier kann der Staat über nationale Normen Einfluss auf die im Ausland tätigen Akteure ausüben. Wenn aber im Ausland Tochterunternehmen mit eigener Rechtpersönlichkeit nach dem Recht des Gaststaates gegründet werden oder es sich um ein assoziiertes Unternehmen[1322] oder sogar nur um einen lokalen Zulieferer handelt, liegt die Regelungshoheit ausschließlich bei dem Gaststaat (soweit die jeweiligen Gesellschaften nach dortigem Recht gegründet beziehungsweise ihren Sitz in diesem Staat haben). Lediglich der Zugriff auf das Mutterunternehmen verbleibt in der ersten Variante beim Heimatstaat, der das Mutterunternehmen zur Regelung seiner Tochterunternehmen gesetzlich verpflichten kann.[1323] Das ist aber auch nur so lange möglich, wie das Tochterunternehmen unter beherrschendem Einfluss[1324] der Muttergesellschaft steht.[1325] Diese Darstellung – die bezüglich möglicher gesellschaftsrechtlicher Ausgestaltungen von transnationalen Unternehmen nur fragmentarisch an der Oberfläche kratzt – verdeutlicht im Ansatz die Schwierigkeiten, transnationale Unternehmen durch gesetzliche Regelungen zu erfassen.[1326]

Deshalb wäre es essenziell, eine international anerkannte Regel zur Bestimmung der Staatszugehörigkeit eines Unternehmens zu finden; denn keine der

1322 Ein assoziiertes Unternehmen ist ein Konzernunternehmen, auf welches das Mutterunternehmen einen maßgeblichen aber keinen beherrschenden Einfluss hat. Im Gegensatz dazu hat das Mutterunternehmen auf ein Tochterunternehmen beherrschenden Einfluss und in der Regel eine Mehrheitsbeteiligung, vgl. dazu *Wallace*, The Multinational Enterprise and Legal Control, S. 102 f.

1323 Dazu *Zerk*, Multinationals and Corporate Social Responsibility, S. 106 ff. (insb. 108); diesen Ansatz verwenden will *De Schutter*, Extraterritorial Jurisdiction, S. 31, „*In this case, it maybe more appropriate, to overcome this problem, to impose on the ‚controlling' parent corporation an obligation to monitor the behavior of the subsidiaries which it is in a position to influence ([…]* ***parent-based extraterritorial regulation****) without directly imposing obligations on the foreign subsidiaries themselves […].*" (Hervorhebung in anderer Form durch den Autor).

1324 Eine Beherrschung liegt vor, wenn das Mutterunternehmen die Finanz- und Geschäftspolitik des Tochterunternehmens dauerhaft bestimmen kann, um aus dessen Tätigkeit Nutzen zu ziehen, so die Definition im Sinne von § 290 HGB in BT-Drucksache 16/12407, 24.3.2009, S. 89.

1325 Siehe dazu auch *Seck*, Home State Responsibility, Yale H.R. & Dev. L.J. 11 (2008), S. 177–206 (187 f.) m.w.N.

1326 *Korten*, When Corporations Rule the World, S. 126 f.; vgl. dazu auch die allgemeinen Ausführungen in Kapitel A.

drei Theorien (Gündungs-, Sitz- und Kontrolltheorie) hat es bisher vermocht, sich durchzusetzen, wobei der Gründungstheorie bislang die meisten Staaten folgen.[1327] Zum jetzigen Zeitpunkt könnten also unterschiedliche Staaten die Regelungshoheit über ein (transnationales) Unternehmen beanspruchen; ein Staat aufgrund der Bestimmung der Staatszugehörigkeit nach der Gründungstheorie und ein anderer aufgrund der Sitztheorie, weil der effektive Verwaltungssitz in einen anderen als den Gründungsstaat verlegt wurde. Im Schrifttum wurden bereits Vorschläge entwickelt, um die praktischen Problemen der drei Theorien zu umgehen. So will *Seck* auf die Verbindungen zum Heimatstaat über das zu regelnde Verhalten abstellen.[1328] Diese Verbindungen zwischen unternehmerischem Verhalten und einem Staat würden in Form von Institutionen bestehen, ohne die das Unternehmen die Handlungen nicht vornehmen könnte; also beispielsweise Aktienbörsen, Finanzinstitutionen oder Unterstützungsmechanismen durch Kreditagenturen.[1329]

Eine andere Frage ist sicherlich, ob die internationale Staatengemeinschaft ein gesellschaftsrechtliches und auch ein indirektes menschenrechtliches *forum shopping* verhindern möchte.[1330] Dann müssten Ansätze entwickelt werden, transnationale Konzerne in ihren diversen Ausformungen bündeln zu können und sie zu Verpflichtungsadressaten von nationalen – oder weiter gedacht von völkerrechtlichen – Normen machen zu können. Dass die Staatengemeinschaft aus Angst vor Machtverlust daran kein zu großes Interesse haben dürfte, wurde bereits im Anfangsteil dieser Arbeit dargestellt.

Eine weitere Schwierigkeit ergibt sich hinsichtlich des Schutzniveaus heimatstaatlicher Regelungen. Der vorgeschlagene Weg stößt womöglich an kapazitive Grenzen, wenn der heimatstaatliche Gesetzgeber lediglich im Bereich der gemeinsamen Schnittmenge präskriptiv tätig werden darf. Denn dann müsste der Gesetzgeber antizipieren, gegenüber welchem Staat welcher Schutzstandard angemessen wäre. Vorstellbar sind abgestufte Regelungen, welche an die Ratifikation bestimmter Menschenrechtsverträge durch die Gaststaaten anknüpfen

---

1327 *Kropholler*, Internationales Privatrecht, S. 575 f.

1328 *„[…] to focus on territorial points of control linking the home state with the conduct being regulated"*, *Seck*, Home State Responsibility, Yale H.R. & Dev. L.J. 11 (2008), S. 177–206 (188 f.).

1329 *Seck*, Home State Responsibility, Yale H.R. & Dev. L.J. 11 (2008), S. 177–206 (189).

1330 Siehe zum Begriff des „forum shopping" *Von Hoffmann/Thorn*, Internationales Privatrecht, § 1 Rn. 48 f.; vgl. oben Fn. 879.

würden. Den Zivilpakt haben beispielsweise 168 Staaten ratifiziert, den Sozialpakt 164.[1331]

Ein letzter, aber nicht minder schwerwiegender Aspekt heimatstaatlicher Regelungen liegt in deren materiellem Gehalt. Auch wenn die EMRK das beste Rechtsschutzsystem für die Betroffenen bieten würde, enthält die Konvention viele Verbürgungen nicht, die gerade bei transnationaler Unternehmenstätigkeit relevant werden. Arbeitsbedingungen werden kaum geschützt,[1332] kulturelle Rechte überhaupt nicht, die beim sogenannten „land grabbing"[1333] durch große Konzerne oftmals verletzt werden. Vorstellbar wären hingegen verstärkt Regelungen in den Schutzbereichen der Art. 2, Art. 8 und Art. 11 EMRK, die den Schutz der anliegenden Bevölkerung vor gefährlichen Emissionen oder den der Arbeitnehmer vor lebensgefährlichen Arbeitsbedingungen (beispielsweise durch einsturzgefährdete Fabrikhallen) beinhalten könnten.

III. Ergebnis

Die extraterritoriale Anwendbarkeit der EMRK ist eine in der Rechtsprechung und im Schrifttum kontrovers diskutierte Thematik. Der gegenwärtige Stand der Forschung ist noch weit davon entfernt, eine einheitliche Linie gefunden zu haben. Auch innerhalb der Rechtsprechung des EGMR, der maßgeblich an der Rechtsfortbildung beteiligt ist, zeigen sich Unregelmäßigkeiten, die nicht zuletzt der Einzelfallbezogenheit der Entscheidungen geschuldet sind. Der Gerichtshof hat sich in einer Vielzahl von Fällen zur extraterritorialen Anwendbarkeit der Konvention geäußert. Die Grundsätze, die der EGMR diesbezüglich entwickelt hat, sind durch militärische Fallgestaltungen geprägt. Der Gerichtshof versteht den Jurisdiktionsbegriff in Art. 1 EMRK im Sinne des allgemeinen Völkerrechts primär territorial. Nur in eng umgrenzten Ausnahmefällen erkennt der EGMR extraterritoriale Jurisdiktion an. Er hat diesbezüglich zwei Fallgruppen entwickelt. Die Kontrolle über Personen („state agent authority and control") und die effektive Kontrolle über ein Gebiet („effective control over an area") durch einen Mitgliedstaat der Konvention. In diesen Fällen ist es für die Begründung einer

1331 Für eine Übersicht der Ratifkationen der unterschiedlichen menschenrechtlichen Verträge vgl. *OHCHR*, Status of Ratifications, abrufbar unter: http://indicators.ohchr.org/ (zuletzt abgerufen am 2.10.2017).

1332 Zu möglichen Tendenzen diesbezüglich vgl. *Lörcher*, Soziale Menschenrechte im individuellen Arbeitsrecht, AuR 59 (2011), S. 88–92.

1333 Zur Terminologie und weiterführend vgl. *Opel*, Ausländische Agrarinvestitionen, S. 18 ff.

menschenrechtlichen Verantwortung nach der EMRK irrelevant, ob die Jurisdiktionsausübung rechtmäßig oder rechtswidrig war. Der Schutzbereich der Konvention ist nach der Rechtsprechung des Gerichtshofs dabei nicht auf den *espace juridique* der EMRK beschränkt. Zudem können die Konventionsrechte situativ angepasst werden und müssen nicht mehr nach einem „Alles-oder-nichts"-Prinzip angewendet werden. Weiterhin unklar bleibt die Bewertung von einzelnen extraterritorialen Hoheitsakten durch den EGMR. Obwohl er sich in einigen Entscheidungen ausdrücklich gegen eine Überprüfbarkeit der Einzelakte anhand der Konvention ausgesprochen hat, existieren auch gegenläufige Entscheidungen. Es bleibt abzuwarten, ob der EGMR dazu in kommenden Urteilen Stellung nehmen wird. Bis zum jetzigen Zeitpunkt besteht noch keine Rechtsprechung zur extraterritorialen Anwendbarkeit der EMRK im Zusammenhang mit transnationalem unternehmerischem Verhalten. Es existiert dafür eine umfangreiche Judikatur zu territorialen Staatenpflichten bei faktischen Menschenrechtsverletzungen durch Unternehmen. Aus der bisherigen Rechtsprechung des EGMR kann jedoch die Schlussfolgerung gezogen werden, dass ein Mitgliedstaat im Falle einer effektiven Gebietsbesetzung die Konventionsrechte der Bevölkerung vollumfänglich zusichern muss – also auch in Bezug auf schädigendes unternehmerisches Verhalten. In diesen Fällen würde jedoch der Gedanke der heimatstaatlichen Unternehmen in den Hintergrund treten, weil der Besetzerstaat in dem besetzten Gebiet schädigendes Verhalten von allen Unternehmen verhindern müsste.

Im rechtswissenschaftlichen Schrifttum wurde auf unterschiedliche Weise versucht, eine konsequente und zur Rechtsprechung des EGMR widerspruchsfreie Theorie für die extraterritoriale Anwendbarkeit der EMRK zu entwickeln. Dabei differenziert ein Großteil des Schrifttums zwischen dem Jurisdiktionsbegriff im Sinne von Art. 1 EMRK und dem allgemeinen völkerrechtlichen Jurisdiktionsbegriff. Insbesondere wird dabei immer wieder betont, dass der allgemein völkerrechtliche Jurisdiktionsbegriff faktische Hoheitsakte außer Acht lasse. Für einen wirksamen Menschenrechtsschutz müssten diese Hoheitsakte aber gleichermaßen anhand der EMRK überprüfbar sein. Diese Ansicht kann überzeugen.

Einige Stimmen in der Literatur wollen den Jurisdiktionsbegriff in Art. 1 EMRK ausschließlich als Verweis auf die Regeln der Staatenverantwortlichkeit verstehen. Demnach wäre derjenige Staat für eine Menschenrechtsverletzung verantwortlich, dem die schädigende Handlung nach den ILC-Normen zugerechnet werden könnte. Die Ansicht verkennt jedoch, dass Jurisdiktion und Zurechnung zwei voneinander getrennt zu betrachtende Zulässigkeitsvoraussetzungen sind. Auch der EGMR hat sich ausdrücklich gegen die Annahme ausgesprochen, Jurisdiktion erschöpfe sich in den Regeln der Staatenverantwortlichkeit. Dieser Ansatz ist mithin abzulehnen.

Einige wenige wollen die Jurisdiktion in Art. 1 EMRK als begründet ansehen, wenn ein „direct and immediate link" zwischen dem schädigenden Staat und dem Opfer vorliegt. Demnach wäre ein Staat für alle Sachverhalte verantwortlich, auf die er Kontrolle ausüben kann. Dieses Kriterium stimmt in weiten Teilen mit dem Erfordernis einer kausalen beziehungsweise quasi-kausalen Verbindung überein, welches Grundvoraussetzung für jede staatliche Haftung darstellt. Der „direct and immediate link"-Test ist uferlos und kann daher den Jurisdiktionsbegriff in Art. 1 EMRK nicht in sachgerechter Weise eingrenzen.

Auch die Ansicht, welche die extraterritoriale Anwendbarkeit durch eine Differenzierung der Rechtsdimensionen erreichen möchte, kann nicht überzeugen. Demnach ist das Jurisdiktionserfordernis in Art. 1 EMRK nur in Bezug auf positive Staatenpflichten zu verstehen („shall secure to everyone within their jurisdiction"). Der Staat müsste die Konventionsrechte gegenüber jeder Person achten (negative Staatenpflichten), aber nur den Personen unter seiner Hoheitsgewalt auch zusichern (positive Staatenpflichten). Die Ansicht ist abzulehnen, da sie bereits nicht im Einklang mit der Rechtsprechung des EGMR steht.

Ein gangbarer Weg, um extraterritoriale Jurisdiktion, insbesondere im Zusammenhang mit unternehmerischem Verhalten, zu begründen, stellt das aktive Personalitätsprinzip dar. Bei transnationaler unternehmerischer Tätigkeit wird, wenn die Voraussetzungen vorliegen, die positive Pflichtendimension der Konventionsrechte aktiviert. Nach dem Prinzip, dass ein Staat für nichts Unmögliches verantwortlich gemacht werden kann, fallen bei der Reglementierung eigener Unternehmen zwei Jurisdiktionsaspekte zusammen. Zum einen müsste der Staat durch die Unterlassung der Reglementierung im Inland belegener Unternehmen extraterritoriale Jurisdiktion im Sinne von Art. 1 EMRK ausgeübt haben. Zum anderen müsste ihm die extraterritoriale Pflichtenerfüllung auch möglich, mithin völkerrechtlich zulässig, sein. Nach einhelliger Meinung ist die *jurisdiction to prescribe*, also die präskriptive Jurisdiktionsausübung, die Art der Hoheitsgewalt, die am umfangreichsten extraterritorial ausgeübt werden kann. So ist es nur folgerichtig, über die präskriptive Jurisdiktion eine heimatstaatliche Verpflichtung herzuleiten. Der Begründungsansatz für eine Rechtspflicht zur Rechtsetzung findet sich im *Gedanken der internationalen Solidarität.* Der Heimatstaat kann und muss seine im Inland belegenen Unternehmen reglementieren, wenn diese transnational tätig sind und der Gaststaat nicht Willens oder nicht in der Lage dazu ist, die Menschenrechte angemessen zu gewährleisten. Dadurch spiegelt sich der Solidaritätsgedanke in zweifacher Weise wider: zunächst gegenüber den Gaststaaten, die aus faktischen, politischen oder wirtschaftlichen Gründen nicht dazu in der Lage sind, menschenrechtliche Vorschriften zu erlassen oder durchzusetzen. Der Grund dafür liegt zumeist darin, dass die Gaststaaten ihren Investitionsstandort für ausländische Unternehmen attraktiv gestalten möchten und niedrige Standards bei arbeitsrechtlichen oder ökologischen Bestimmungen hierfür zweckdienlich sind. Die Solidarität wird aber auch gegenüber den potenziellen Opfern einer Menschenrechtsverletzung ausgeübt. Die möglichen Opfer einer Menschenrechtsverletzung gelangen unter die Jurisdiktion der Heimatstaaten, indem diese es pflichtwidrig unterlassen, ihre eigenen Unternehmen und dadurch das Rechtsverhältnis von diesen zu potenziellen Opfern gefahrabwendend zu reglementieren. In diesem Sinne kann die staatliche Pflicht als *Garantenstellung kraft Beherrschung einer Gefahrenquelle* verstanden werden. Der Inhalt einer Rechtsetzungspflicht für die EMRK-Staaten in Bezug auf unternehmerisches Verhalten kann nur schwer abstrakt bestimmt werden. Der Gerichtshof überlässt den Staaten bei der Erfüllung ihrer Verpflichtungen einen weiten Beurteilungsspielraum. Dennoch hat der EGMR in einigen Fällen konkrete Pflichten anerkannt, beispielsweise gefährliche Industriezweige ausreichend zu reglementieren. Diese Entscheidungen lassen sich gut auf extraterritoriale Sachverhalte übertragen.

Die Rechtsetzungspflicht der Heimatstaaten darf insgesamt nicht uferlos sein. Insbesondere müssen unterschiedliche Schutzstandards hinsichtlich menschenrechtlicher Gewährleistungen in den Gaststaaten beachtet werden. Ein wirksamer Menschenrechtsschutz kann nur erreicht werden, wenn sich die Gaststaaten nicht von den zumeist westlichen Heimatstaaten überrannt fühlen. Das Aufzwingen von Menschenrechtsstandards wird nicht zielführend sein und wäre demnach dem Anliegen einer weltweiten Anhebung des menschenrechtlichen Schutzstandards gegenläufig. Ein sachgerechter Lösungsweg liegt in der Annahme einer *„gemeinsamen Angelegenheit des Menschenrechtsschutzes"*. Der Kreis der gemeinsamen Angelegenheit kann anhand sich überlappender Kreise staatlicher Hoheitssphären versinnbildlicht werden. Im Bereich der gemeinsamen Schnittmenge der Staaten können die Heimatstaaten extraterritoriale Regelungen erlassen, ohne dass sich der Gaststaat auf eine Einmischung in innere Angelegenheiten berufen kann. Die Schnittmenge ist größer, wenn sowohl der Heimat- als auch der Gaststaat Mitgliedstaaten der EMRK sind. Der sich überschneidende Bereich verkleinert sich hingegen, wenn der Gaststaat ein Drittstaat ist. Dann setzt sich der gemeinsame Kreis aus der AEMR, internationalen und regionalen Menschenrechtspakten zusammen, wenn der Gaststaat (und der Heimatstaat) diese ratifiziert hat; wobei der „kleinste gemeinsame Nenner" die ius-cogens-Verpflichtungen darstellen, die jeder Staat unabhängig von etwaigen vertraglichen Verpflichtungen gewährleisten muss. Insgesamt ist im Völkerrecht eine zunehmende Permeabilität staatlicher Grenzen zu beobachten. Das zunehmend aufgeweichte Souveränitätsverständnis und die Diskussionen um eine Konstitutionalisierung des Völkerrechts veranschaulichen diesen Prozess. Im Sinne dieser Entwicklung ist es nur konsequent, wenn die Heimatstaaten verstärkt in ihre menschenrechtliche Verantwortlichkeit berufen werden. Über eine Pflicht zur Reglementierung der transnationalen Tätigkeit von im Inland belegenen Unternehmen über die *jurisdiction to prescribe* kann dies in sachgerechter Weise erreicht werden.

D. Zusammenfassende Thesen und Schlussbetrachtung

I. Einordnung des Einführungsbeispiels

Am Ende dieser Untersuchung soll erneut auf das Einführungsbeispiel Bezug genommen werden. In diesem ging es um den Bau der beiden Kraftwerke *Medupi* und *Kusile* in Südafrika, an dem zahlreiche deutsche Unternehmen beteiligt waren. Geprüft werden sollte, inwieweit die EMRK in diesem Fall dazu geeignet ist, um Menschenrechtsverletzungen durch die beteiligten Unternehmen zu verfolgen und den Heimatstaat Deutschland in die Verantwortung zu nehmen.

Die Kraftwerke wurden in Südafrika gebaut. Da Südafrika nicht Mitgliedstaat der EMRK ist, handelt es sich nach der in dieser Arbeit vorgenommenen Kategorisierung um einen Drittstaat. Somit kann bereits die Feststellung getroffen werden, dass sich der Kreis der gemeinsamen Angelegenheit im Menschenrechtsschutz auf die Menschenrechte beschränkt, die sowohl Deutschland als auch Südafrika durch die Ratifikation von Abkommen anerkannt haben.

Die Kraftwerke werden durch Eskom, einem staatlichen Unternehmen betrieben. Das Unternehmen Hitachi Power Europe (HPE), das seinen Sitz in Duisburg hat, war für die Beschaffung und die Montage sowie für die Inbetriebnahme der Kessel verantwortlich. HPE hat Unteraufträge an deutsche Unternehmen wie Siemens vergeben. Zeitweise waren sechzehn Siemens Mitarbeiter vor Ort um beim Kraftwerksbau zu helfen. Beim Bau der Kraftwerke soll durch die Verschmutzung des Grundwassers das Recht auf Wasser und Nahrung verletzt worden sein. Zudem sei das Recht auf Gesundheit verletzt worden, weil das verschmutze Wasser zu Hautausschlägen, Hautverätzungen und Schäden am Gehirn geführt hat. Die Arbeiter und die Bewohner der umliegenden Siedlungen würden darüber hinaus an der sogenannten Staublunge leiden. Die Kohlepartikel könnten zudem zu Krebs, Schlaganfällen und Herzerkrankungen führen. Zuletzt wurden nach Ansicht der Bevölkerung kulturelle Rechte verletzt, weil die Kraftwerke auf einem Gebiet errichtet wurden, auf dem sich Grabstätten befanden.[1334]

Die Untersuchung hat gezeigt, dass die Konventionsgarantien der EMRK den betroffenen Personen nur unzureichenden Schutz vermitteln. So könnten die Betroffenen weder das Recht auf Wasser und Nahrung noch eine Verletzung

---

1334 Für eine detaillierte Darstellung des Sachverhalts vgl. Kapitel A.II.

von kulturellen Rechten nach der EMRK geltend machen. Somit würde sich der Kreis möglicherweise verletzter Konventionsverbürgungen auf das Recht der Gesundheit beschränken, welches über Art. 2 EMRK geltend gemacht werden könnte. Hierfür müssten die betroffenen Personen jedoch darlegen können, dass ihre gesundheitliche Beeinträchtigung die unmittelbare Folge einer unterlassenen Handlung des deutschen Staates ist. Oder anders formuliert, dass die Gesundheitsbeeinträchtigung nicht eingetreten wäre, wenn Deutschland gehandelt hätte. Ein fast unmögliches Unterfangen, denn gerade bei Krebs oder bei Herzkrankheiten führt in der Regel eine Kombination aus verschiedenen Ursachen zu einer Erkrankung. Zudem ist äußerst fraglich, ob der Handlungsbeitrag der deutschen Unternehmen die relevante faktische Menschenrechtsverletzung darstellt, oder ob nicht Eskom, als Kraftwerksbetreiber, die Hauptverantwortung trägt. Die faktische Beeinträchtigung der betroffenen Rechtsgüter müsste durch das deutsche Unternehmen verursacht worden sein, was im vorliegenden Beispiel wohl eher verneint werden muss. Daneben ist es realitätsfern anzunehmen, dass ein deutscher Komponentenlieferant, aufgrund unzureichender Schutzmaßnahmen durch das beauftragende Unternehmen, die Annahme eines Auftrags verweigern würde.

Nichtsdestotrotz spricht die Beteiligung Deutschlands am Bau der Kraftwerke durch die Zurverfügungstellung von Exportgarantien dafür, eine deutsche Verantwortlichkeit nicht vorschnell abzulehnen. Durch die umfangreiche Absicherung und Unterstützung der privaten Unternehmen könnte der deutsche Staat eine Verpflichtung gehabt haben, eine umfangreiche Untersuchung in Form von Impact Assesments vor Bewilligung der Mittel der Außenwirtschaftsförderung durchzuführen. Die menschenrechtliche Verantwortlichkeit eines Mitgliedstaates im Zusammenhang mit der Außenwirtschaftsförderung war jedoch nicht Gegenstand dieser Untersuchung, sodass diesbezüglich keine gesicherte Feststellung getroffen werden kann.

Die Übertragung der Ergebnisse auf das Fallbeispiel verdeutlicht, dass die EMRK nur unzureichend dafür geeignet ist, Menschenrechtsverletzungen bei transnationalen unternehmerischen Tätigkeiten zu verfolgen. Die Ursachen hierfür liegen einerseits in dem begrenzten Kreis der materiellen Garantien der Konvention. Andererseits besteht das größere Problem in den vielschichtigen und teilweise undurchsichtigen Verursachungs- und Verantwortungsstrukturen.

II. Zusammenfassende Thesen

(1) Die menschenrechtliche Gefährdungslage hat sich seit der Entstehung der EMRK, der zunehmenden militärischen Involvierung der Staatengemeinschaft, aber auch seit der Erstarkung der transnationalen Wirtschaftsunternehmen als politische Akteure verändert und sie unterliegt weiterhin einem stetigen Wandel. Die gegenwärtige menschenrechtliche Lage im Zusammenhang mit transnationaler unternehmerischer Tätigkeit verdeutlicht die Notwendigkeit von verbindlichen und durchsetzbaren Regeln. Regelungsadressaten sollten sowohl die Staaten als auch die transnational agierenden Unternehmen selbst sein. Eine Anhebung des menschenrechtlichen Schutzniveaus wird nur auf der Grundlage von freiwilligen Verhaltenkodizes und Empfehlungen nicht nachhaltig genug erfolgen.

(2) Die EMRK garantiert primär Rechte der ersten Generation. Die staatsbürgerlichen Rechte eignen sich aber nur bedingt dazu, die menschenrechtliche Situation für Opfer von faktischen Menschenrechtsverletzungen durch Unternehmen zu verbessern.

(3) Die EMRK nimmt im Vergleich zu den übrigen Menschenrechtsabkommen auf regionaler und internationaler Ebene eine exponierte Stellung ein. In der obligatorischen Gerichtsbarkeit liegt eine echte Chance für den Menschenrechtsschutz, weil sich die Staaten den Urteilen des Gerichtshofs wesentlich schwerer entziehen können als bei den Entscheidungen im Rahmen sonstiger Beschwerdemechanismen. Der Druck auf die (Heimat-) Staaten könnte das menschenrechtliche Schutzniveau insgesamt anheben, wenn diese, um eine Verurteilung zu verhindern, auf ihre Unternehmen einwirken würden.

(4) Unternehmerisches Handeln nimmt in der Judikatur des EGMR eine stetig wachsende Rolle ein. Zu unterscheiden sind rein privatwirtschaftliche Unternehmen von staatsnahen Unternehmen. Erstere treten im internationalen Kontext in der Regel faktisch als sogenannte transnationale Unternehmen auf. Transnationale Unternehmen sind alle nicht einem maßgeblichen staatlichen Einfluss unterliegenden, primär auf Gewinnerzielung ausgerichteten Wirkungseinheiten, die über in der Regel mehrere, aber mindestens eine rechtlich selbständige Gesellschaft (die Tochterunternehmen) mit Sitz in mindestens einem anderen Staat verfügen, welche durch die Möglichkeit einer zentralisierten Kontrolle (einheitliche Leitung) durch ein Entscheidungszentrum (dem Mutterunternehmen) miteinander verbunden sind. Staatsnahe Unternehmen bestehen in Form von öffentlich-rechtlichen oder

privatrechtlichen Unternehmen; nur letztere wurden in der Abhandlung untersucht. Privatrechtliche Unternehmen können entweder in Gestalt von staatlichen Eigengesellschaften bestehen, das heißt, dass das Unternehmen unter der alleinigen Kontrolle des Staates steht. Oder das privatrechtliche Unternehmen setzt sich gemischt-wirtschaftlich zusammen mit staatlicher Mehr- oder Minderheitsbeteiligung. Ihre Gemeinsamkeit besteht in der eigenen Rechtspersönlichkeit, die sie besitzen und mit der sie im Wirtschaftsleben als (eigene) juristische Personen auftreten.

(5) Der Gerichtshof prüft in Fällen privaten unternehmerischen Handelns, in denen Anhaltspunkte für eine Verbindung des privaten Akteurs zum Staat bestehen, die Staatsnähe des Unternehmens. Er prüft dies entweder bereits im Rahmen der Beschwerdebefugnis (Art. 34 EMRK), weil nur nichtstaatliche Organisationen wirksam Beschwerde einlegen können. Oder er prüft eine mögliche Handlungszurechnung an den Staat. Dabei bezieht er sich teilweise ausdrücklich auf die Regeln der Staatenverantwortlichkeit, die im ILC-Entwurf zusammengefasst sind. Die Kriterien des EGMR für eine Zurechnung variieren dabei von den Voraussetzungen, die andere Rechtsprechungsorgane (unter anderem das Bundesverfassungsgericht) aufgestellt haben. Für den EGMR sind vor allem eine institutionelle Unabhängigkeit und tatsächliche Beeinflussungsmöglichkeiten durch den Staat von Bedeutung. Das Bundesverfassungsgericht entscheidet ausschließlich nach Unternehmensanteilen. Sobald mehr als 50% der Anteile in staatlicher Hand (auch staatlichem Streubesitz) liegen, ist das Unternehmen Grundrechtsverpflichteter.

(6) Der EGMR unterscheidet staatliche Pflichten in zwei Kategorien, die negativen und die positiven Verpflichtungen. Während die negative Konventionsrechtsdimension der grundrechtlichen Achtungspflicht entspricht und einen Eingriff des Staates in geschützte Rechtspositionen verhindern möchte, sind unter der positiven Rechtsdimension alle aktiven Handlungen zu subsumieren, die der Staat aufgrund konventionsrechtlicher Pflichten vornehmen muss. Die Prüfungsstruktur durch den EGMR ist stark einzelfallbezogen.

(7) Die Rechtsprechung des EGMR zu positiven Staatenpflichten im Kontext von unternehmerischer Tätigkeit hat seit Beginn des 21. Jahrhunderts stark zugenommen. Der Gerichtshof spricht ausschließlich von positiven Pflichten und meint damit alle staatlichen Pflichten, die eine aktive Handlungskomponente umfassen. Um herauszufinden, ob ein Fall einer (deutschen) Schutzpflichtverletzung entspricht, muss das streitige Rechtsverhältnis

untersucht werden. Voraussetzung hierfür ist das Vorliegen eines „Rechtsdreiecks" zwischen dem schädigenden Privaten, dem Opfer und dem Staat. Der Gerichtshof nimmt in Über-/Unterordnungsverhältnissen zwischen Privaten an, dass der Staat zwischen den Privaten Waffengleichheit („equality of arms") herstellen muss. Die Anerkennung einer Schutzverpflichtung des Staates kann verstärkt in Fällen beobachtet werden, bei denen zwischen Privatrechtssubjekten und deren Interessen ein Ungleichgewicht besteht. Der EGMR muss zwischen widerstreitenden Interessen einen angemessenen Ausgleich vornehmen (*fair-balance*-Test). Dieser Test wird bei positiven und negativen Pflichten vorgenommen. Insbesondere bei der Annahme von positiven Pflichten des Staates in Bezug auf ein Privatrechtsverhältnis erlangt der Abwägungsvorgang eine wichtige Bedeutung für die Feststellung einer Rechtsverletzung. Im Rahmen der negativen Pflichten wird der *fair-balance*-Test als Schrankenklausel bei der Rechtfertigung geprüft. Der Gerichtshof wägt nicht nur private Interessen gegeneinander ab, sondern bezieht öffentliche Interessen gleichermaßen in die Abwägung mit ein. Auch hierin spiegelt sich die Aussage des EGMR wider, dass er keine Theorie zu den positiven Staatenpflichten aufstellen möchte und einzelfallbezogen entscheidet.

(8) Die Rechtsprechungsanalyse zeigt deutlich, dass die bisherigen Fälle im Zusammenhang mit unternehmerischer Tätigkeit primär umweltrechtliche Belange zum Gegenstand hatten. Der EGMR hat Schutzpflichten im Zusammenhang mit unternehmerischer Tätigkeit bisher in Bezug auf Art. 2, Art. 8, Art. 9, Art. 10 und Art. 11 EMRK anerkannt. Die Sachverhalte sind aber fast ausschließlich in den Schutzbereichen der Art. 2 und Art. 8 EMRK verortet. Insbesondere bei industriellen Aktivitäten, die von Natur aus gefährlich sind, obliegt den Staaten die Verpflichtung, Schutzmaßnahmen (im Hinblick auf Art. 2 und Art. 8 EMRK) vorzunehmen. Zu den sonstigen Konventionsgarantien existiert bis zum jetzigen Zeitpunkt noch keine Rechtsprechung im unternehmerischen Kontext.

(9) Der EGMR entwickelt aus den Konventionsrechten einen sehr weitreichenden Schutz. Auch wenn die Garantien einer dynamischen Auslegung und Entwicklung unterliegen, kann durchaus gefragt werden, ob die Interpretation noch dem Willen der Vertragsparteien entspricht oder ob der EGMR in seinen Entscheidungen zurückhaltender werden sollte, um nicht an Autorität und die Befolgungsbereitschaft der Mitgliedstaaten zu verlieren.

(10) Art. 1 EMRK bestimmt den Anwendungsbereich der Konvention. Entscheidend für die Eröffnung des Schutzbereichs der Konvention ist der Begriff der Jurisdiktion. Dieser ist nach der Rechtsprechung des Gerichtshofs primär im Sinne des allgemeinen völkerrechtlichen Jurisdiktionsbegriffs zu verstehen. Die große Mehrheit im Schrifttum möchte den Begriff hingegen autonom auslegen, um dem Verpflichtungsgedanken der Menschenrechte gerecht zu werden. Der Jurisdiktionsbegriff des allgemeinen Völkerrechts findet seinen Ausgangspunkt im Territorialitätsprinzip. Demnach wird Jurisdiktion primär im eigenen Staatsgebiet ausgeübt. Der EGMR lässt deshalb nur wenige Ausnahmen für eine extraterritoriale Jurisdiktionsbegründung zu. Er hat zwei Fallgruppen entwickelt: Die Kontrolle über Personen („state agent authority and control") und die effektive Kontrolle über ein Gebiet („effective control over an area") durch einen Mitgliedstaat der Konvention. Beim Bestehen einer territorialen Kontrolle durch einen Staat muss dieser alle Rechte der EMRK gewährleisten; also sowohl die negative als auch die positive Menschenrechtsdimension. Im Gegenzug muss ein Territorialstaat, dessen Gebiet besetzt ist, (nur) seinen positiven Konventionspflichten gerecht werden, indem er alle möglichen Maßnahmen unternimmt (beispielweise politische und diplomatische Einflussmöglichkeiten nutzt), um die Rechte zu wahren. Wenn ein Staat die Kontrolle über eine Person oder Personengruppe hat („state agent authority and control"), dann können die jeweils betroffenen Konventionsrechte situativ angewendet werden. Es besteht kein „Alles-oder-nichts"-Prinzip mehr hinsichtlich der zu gewährenden Rechte.

Der EGMR hat in einigen Entscheidungen betont, dass es für die Begründung einer menschenrechtlichen Verantwortung nach der EMRK irrelevant ist, ob die Jurisdiktionsausübung des Mitgliedstaates rechtmäßig oder rechtswidrig war. Der Schutzbereich der Konvention ist nach der Rechtsprechung des Gerichtshofs auch nicht auf den *espace juridique* der EMRK beschränkt. Auch außerhalb des *espace juridique* kann die EMRK zur Anwendung gelangen.

Weiterhin unklar bleibt die Bewertung von einzelnen extraterritorialen Hoheitsakten durch den EGMR. Obwohl er sich in einigen Entscheidungen ausdrücklich gegen eine Überprüfbarkeit von Einzelakten anhand der Konvention ausgesprochen hat, existieren auch gegenläufige Entscheidungen. Strittig ist vor allem, ob eine vorherige Regimeentfaltung des Mitgliedstaates stattfinden muss, um das Jurisdiktionserfordernis des Art. 1 EMRK zu erfüllen. Es bleibt abzuwarten, ob der EGMR dazu in kommenden Urteilen Stellung nehmen wird.

(11) Art. 1 EMRK enthält nach der hier vertretenen Ansicht keine räumliche Beschränkung. Die EMRK ist mithin nicht in ihrem Anwendungsbereich territorial beschränkt. EMRK-Rechte können somit auch zugunsten von Menschen Schutz entfalten, die sich außerhalb des *espace juridique* der Konvention aufhalten, soweit sie der Jurisdiktion eines Konventionsstaates unterstehen. Folglich existiert auch kein Prüfungspunkt der „Vereinbarkeit der Beschwerde *ratione loci*" im Rahmen der Zulässigkeit einer Individualbeschwerde, nach der hier vertretenen Ansicht. Genau genommen handelt es sich selbst bei der Kolonialklausel Art. 56 EMRK nicht um die Regelung der örtlichen Anwendbarkeit – denn die Verantwortlichkeit des Vertragsstaates wird dadurch begründet, dass dieser das abhängige Gebiet so stark kontrolliert, dass eine Erstreckung der staatlichen Verantwortlichkeit angemessen ist. Nach der hier vertretenen Ansicht regelt damit aber auch Art. 56 EMRK nicht den örtlichen Anwendungsbereich der EMRK, sondern die sachliche Verantwortlichkeit des Staates unter der Konvention. Sowohl die „Unterstellung einer Person unter die Jurisdiktion eines Staates nach Art. 1 EMRK" als auch Art. 56 EMRK sind nach der hier vertretenen Ansicht Aspekte der Vereinbarkeit der Beschwerde *ratione personae.*

(12) Einige Stimmen in der Literatur wollen den Jurisdiktionsbegriff in Art. 1 EMRK ausschließlich als Verweis auf die Regeln der Staatenverantwortlichkeit verstehen. Demnach ist derjenige Staat für eine Menschenrechtsverletzung verantwortlich, dem die schädigende Handlung nach den ILC-Normen zugerechnet werden kann. Die Ansicht verkennt jedoch, dass Jurisdiktion und Zurechnung zwei voneinander getrennt zu betrachtende Zulässigkeitsvoraussetzungen sind. Auch der EGMR hat sich ausdrücklich gegen die Annahme ausgesprochen, Jurisdiktion erschöpfe sich in den Regeln der Staatenverantwortlichkeit. Dieser Ansatz ist mithin abzulehnen.

Einige wenige wollen die Jurisdiktion in Art. 1 EMRK als begründet ansehen, wenn ein „direct and immediate link" zwischen dem schädigenden Staat und dem Opfer vorliegen würde. Demnach ist ein Staat für alle Sachverhalte verantwortlich, auf die er Kontrolle ausüben kann. Dieses Kriterium stimmt in weiten Teilen mit dem Erfordernis einer kausalen beziehungsweise quasi-kausalen Verbindung überein, welches Grundvoraussetzung für jede staatliche Haftung darstellt. Der „direct and immediate link"-Test ist uferlos und kann daher den Jurisdiktionsbegriff in Art. 1 EMRK nicht in sachgerechter Weise eingrenzen.

Auch die Ansicht, welche die extraterritoriale Anwendbarkeit durch eine Differenzierung der Rechtsdimensionen erreichen möchte, kann nicht überzeugen. Demnach ist das Jurisdiktionserfordernis in Art. 1 EMRK nur in Bezug auf positive Staatenpflichten zu verstehen („shall secure to everyone within their jurisdiction"). Der Staat muss die Konventionsrechte gegenüber jeder Person achten (negative Staatenpflichten), aber nur den Personen unter seiner Hoheitsgewalt auch zusichern (positive Staatenpflichten). Diese Ansicht ist abzulehnen, da sie bereits nicht im Einklang mit der Rechtsprechung des EGMR steht.

(13) Im rechtswissenschaftlichen Schrifttum wurde auf unterschiedliche Weise versucht, eine konsequente und zur Rechtsprechung des EGMR widerspruchsfreie Theorie für die extraterritoriale Anwendbarkeit der EMRK zu entwickeln. Dabei differenziert ein Großteil des Schrifttums zwischen dem Jurisdiktionsbegriff im Sinne von Art. 1 EMRK und dem allgemeinen völkerrechtlichen Jurisdiktionsbegriff. Insbesondere wird dabei immer wieder betont, dass der allgemein völkerrechtliche Jurisdiktionsbegriff faktische Hoheitsakte außer Acht lassen würde. Für einen wirksamen Menschenrechtsschutz müssen diese Hoheitsakte aber gleichermaßen anhand der EMRK überprüfbar sein. Diese Ansicht kann überzeugen, auch wenn sie in einem gewissen Widerspruch zur Rechtsprechung des EGMR steht, der insbesondere extraterritoriale staatliche Einzelakte zum gegenwärtigen Zeitpunkt wohl nicht für konventionsrelevant hält.

(14) Ein gangbarer Weg, um extraterritoriale Jurisdiktion, insbesondere im Zusammenhang mit unternehmerischem Verhalten, zu begründen, stellt das aktive Personalitätsprinzip dar. Bei transnationaler unternehmerischer Tätigkeit wird, wenn die Voraussetzungen vorliegen, die positive Pflichtendimension der Konventionsrechte aktiviert. Nach einhelliger Meinung ist die *jurisdiction to prescribe*, also die präskriptive Jurisdiktionsausübung, die Art der Hoheitsgewalt, die am umfangreichsten extraterritorial ausgeübt werden kann. So ist es nur folgerichtig, über die präskriptive Jurisdiktion eine heimatstaatliche Verpflichtung herzuleiten. Der Begründungsansatz für eine Rechtspflicht zur Rechtsetzung findet sich im Prinzip der stellvertretenden Strafrechtspflege auf Grundlage des Gedankens der internationalen Solidarität, der seinen Ursprung im internationalen Strafrecht hat. Der Gaststaat ist unter Umständen nicht Willens oder nicht in der Lage dazu, die Menschenrechte angemessen zu gewährleisten. Der Heimatstaat kann und muss in Folge seine im Inland belegenen Unternehmen unter bestimmten Voraussetzungen reglementieren, wenn diese transnational tätig sind. Dadurch spiegelt sich der Solidaritätsgedanke in zweifacher Weise wider: zunächst gegenüber den Gaststaaten, die aus faktischen, politischen oder wirtschaftlichen Gründen nicht dazu in der

Lage sind, menschenrechtliche Vorschriften zu erlassen oder durchzusetzen. Die Solidarität wird aber auch gegenüber den potenziellen Opfern einer Menschenrechtsverletzung ausgeübt. Die Anerkennung einer Verpflichtung zum Erlass von Gesetzen kann jedoch nur begründet werden, wenn zwischen der (unterlassenen) Rechtsetzung und der Verletzung der Konventionsrechte der Betroffenen eine „quasi-ursächliche" Verbindung (Quasi-Kausalität) besteht. Durch das pflichtwidrige Unterlassen der Heimatstaaten ihre eigenen Unternehmen von Schädigungen abzuhalten und durch die dadurch nur unzureichende Einwirkung auf das Rechtsverhältnis zwischen Unternehmen und möglichen Opfern, gelangt dieses Rechtsverhältnis und damit die möglichen Opfer unter die Jurisdiktion der Heimatstaaten. In diesem Sinne kann die staatliche Pflicht als *Garantenstellung kraft Beherrschung einer Gefahrenquelle* verstanden werden. Der Inhalt einer Rechtsetzungspflicht für die EMRK-Staaten in Bezug auf unternehmerisches Verhalten kann nur schwer abstrakt bestimmt werden. Der Gerichtshof überlässt den Staaten bei der Erfüllung ihrer Verpflichtungen einen weiten „margin of appreciation". Dennoch hat der EGMR in einigen Fällen konkrete Pflichten anerkannt, beispielsweise gefährliche Industriezweige ausreichend gesetzlich zu reglementieren.

(15) Nach der hier vertretenen Ansicht besteht eine Rechtsetzungspflicht der EMRK-Staaten zur Reglementierung im Inland belegener Unternehmen bei deren transnationalen Aktivitäten. Die Rechtsetzungspflicht der Heimatstaaten darf insgesamt aber nicht uferlos sein. Insbesondere müssen unterschiedliche Schutzstandards hinsichtlich menschenrechtlicher Gewährleistungen in den Gaststaaten beachtet werden. Ein wirksamer Menschenrechtsschutz kann nur erreicht werden, wenn sich die Gaststaaten nicht von den zumeist westlichen Heimatstaaten überrannt fühlen. Ein sachgerechter Lösungsweg liegt in der Annahme einer *„gemeinsamen Angelegenheit des Menschenrechtsschutzes"*, die sich aus den bestehenden völkerrechtlichen Bindungen der Staaten an Menschenrechtsnormen ergibt. Der Kreis der gemeinsamen Angelegenheit kann anhand sich überlappender Kreise staatlicher Hoheitssphären versinnbildlicht werden. Im Bereich der gemeinsamen Schnittmenge der Staaten können die Heimatstaaten extraterritoriale Regelungen erlassen, ohne dass sich der Gaststaat auf eine Einmischung in innere Angelegenheiten berufen könnte. Der Kreis der gemeinsamen Angelegenheit bestimmt sich im Ausgangspunkt durch die völkerrechtlichen Bindungen des Gaststaates an Menschenrechtsnormen. Im Bereich, in dem sich die menschenrechtlichen Bindungen des Gaststaates mit dem Gewährleistungsgehalt der EMRK oder den völkerrechtlichen

Bindungen des EMKR-Staates an Menschenrechtsnormen decken, besteht ein Gemeinschaftsinteresse. Die Schnittmenge ist größer, wenn sowohl der Heimat- als auch der Gaststaat Mitgliedstaaten der EMRK sind. Der sich überschneidende Bereich verkleinert sich hingegen, wenn der Gaststaat ein Drittstaat ist. Dann setzt sich der gemeinsame Kreis aus der AEMR, internationalen und regionalen Menschenrechtspakten zusammen, wenn der Gaststaat und der Heimatstaat diese ratifiziert haben; wobei der „kleinste gemeinsame Nenner" die ius-cogens-Verpflichtungen darstellen, die jeder Staat unabhängig von etwaigen vertraglichen Verpflichtungen gewährleisten muss.

(16) Insgesamt ist im Völkerrecht eine zunehmende Permeabilität staatlicher Grenzen zu beobachten. Das zunehmend aufgeweichte Souveränitätsverständnis und die Diskussionen um eine Konstitutionalisierung des Völkerrechts veranschaulichen diesen Prozess. Im Sinne dieser Entwicklung ist es nur konsequent, wenn die Heimatstaaten verstärkt in ihre menschenrechtliche Verantwortlichkeit berufen werden. Über eine Pflicht zur Reglementierung der transnationalen Tätigkeit von im Inland belegenen Unternehmen über die *jurisdiction to prescribe* kann dies in sachgerechter Weise erreicht werden.

III. Schlussbetrachtung und Ausblick

Die Untersuchung hat gezeigt, dass die extraterritoriale Anwendbarkeit der EMRK eine kontrovers diskutierte und vielschichtige Thematik darstellt. Eine klare Linie ist dabei nur in Ansätzen zu erkennen. Offensichtlich wurde durch die Rechtsprechungsanalyse, dass die bisher vom EGMR entschiedenen Fälle in einem militärischen Kontext angesiedelt waren. Es bleibt abzuwarten, ob sich der Gerichtshof in den nächsten Jahren und Jahrzehnten auch mit anderen extraterritorialen Fallgestaltungen konfrontiert sieht; beispielsweise mit transnationaler Unternehmenstätigkeit. Die Vorkommnisse während der Flüchtlingskrise und die gegenwärtigen politischen Spannungen in der Türkei lassen aber die Vermutung zu, dass sich der EGMR weiterhin primär mit der Beeinträchtigung von politischen und bürgerlichen Rechten befassen wird.

Gleichfalls ungewiss bleiben die Entwicklungen nach einem Beitritt der Europäischen Union zur EMRK. Insbesondere könnten sich im unternehmerischen Kontext spannende Fragen ergeben, wenn man an die Bedeutung der Europäischen Aktiengesellschaft im europäischen Raum denkt.

Für den Menschenrechtsschutz im Zusammenhang mit unternehmerischer Tätigkeit sollte in Zukunft über die Schaffung einer Kollektivklagemöglichkeit vor dem EGMR nachgedacht werden. Dadurch könnten NGO's in Vertretung der Opfer beim Gerichtshof Beschwerde einreichen. Für die Opfer extraterritorialer Menschenrechtsverletzungen könnte die Situation erheblich vereinfacht werden, wenn diese nicht mehr als einzelne Personen vor Gericht ziehen müssten. Denn in der Praxis ist durch unternehmerisches Verhalten in der Regel eine Vielzahl an Menschen gleichzeitig betroffen. Deren Rechtsposition würde gestärkt, wenn diese sich als Kollektiv zur Wehr setzen könnten.

Menschenrechtliche Aspekte könnten darüber hinaus in Investitionsschutzverträge aufgenommen werden. Hier könnte an Beschwerdemöglichkeiten der potenziellen Opfer von Menschenrechtsverletzungen gedacht werden. Zuletzt könnte über die Schaffung eines nationalen oder auch völkerrechtlichen Unternehmensstrafrechts nachgedacht werden, um die schädigenden Aktivitäten transnationaler Unternehmen rechtlich erfassen zu können.

Eine positive Entwicklung ist sicherlich, dass die Bundesregierung nach langen Verhandlungen im Dezember 2016 endlich den Nationalen Aktionsplan Wirtschaft und Menschenrechte im Bundeskabinett verabschiedet hat,[1335] womit die Leitprinzipien der Vereinten Nationen für Wirtschaft und Menschenrechte umgesetzt werden. Erstmalig werden dadurch global einheitliche Standards mit dem Ziel festgelegt, die menschenrechtliche Lage entlang der gesamten Liefer- und Wertschöpfungskette weltweit zu verbessern.[1336] Der Aktionsplan blieb insgesamt jedoch hinter den Erwartungen zurück. Ein politischer Wille für allgemein verbindliche Regeln für transnational tätige Unternehmen sei, laut dem *Deutschen Institut für Menschenrechte*, darin nicht zu erkennen.[1337] Es bleibt abzuwarten, ob die Zielvorgabe des Aktionsplans auch tatsächlich erreicht wird, dass bis zum Jahr 2020 mindestens die Hälfte aller Unternehmen in Deutschland mit mehr als 500 Beschäftigten die menschenrechtlichen Sorgfaltspflichten in ihre Unternehmensprozesse integriert haben.[1338]

1335 *Auswärtiges Amt*, Nationaler Aktionsplan, abrufbar unter: http://www.auswaertiges-amt.de/cae/servlet/contentblob/771376/publicationFile/231065/NAP_Wirtschaft_Menschenrechte.pdf (zuletzt abgerufen am 2.10.2017).

1336 *Auswärtiges Amt*, Informationen zum Nationalen Aktionsplan „Wirtschaft und Menschenrechte".

1337 *Deutsches Institut für Menschenrechte*, Stellungnahme zur Verabschiedung des deutschen Nationalen Aktionsplans, S. 12.

1338 *Auswärtiges Amt*, Nationaler Aktionsplan, S. 28.

Die EMRK kann grundsätzlich zu einer Anhebung des menschenrechtlichen Schutzniveaus bei transnationaler Unternehmenstätigkeit beitragen. Die bisher entschiedenen Fälle, die Ausgestaltung des Rechtsschutzsystems, aber vor allem die Schwierigkeiten hinsichtlich der Erfassung aller gesellschaftsrechtlichen Konstellationen und wirtschaftlichen Zusammenhänge machen es jedoch fast unmöglich, einzelstaatlich vorzugehen. Deshalb wäre die Schaffung von verbindlichen völkerrechtlichen Regeln der effektivste Weg, den Menschenrechtsverletzungen durch transnationale Unternehmen zu begegnen. Zum gegenwärtigen Zeitpunkt bleibt ungewiss, wie sich der Menschenrechtsschutz im Bereich transnationaler unternehmerischer Aktivitäten entwickeln wird.

Literaturverzeichnis

Ago, Roberto: Second report on State Responsibility, in: Yearbook of the International Law Commission 1970 Vol. II, S. 177–197 (UN Doc. A/CN.4/233) (zitiert: *Ago*, YILC 1970 II, S. 177–197)

Akandji-Kombe, Jean-Francois: Positive obligations under the European Convention on Human Rights. A guide to the implementation of the European Convention on Human Rights, Human Rights Handbooks No. 7, Council of Europe, Belgien 2007, abrufbar unter: https://rm.coe.int/168007ff4d (zuletzt abgerufen am 2.10.2017) (zitiert: *Akandji-Kombe*, Positive obligations under the European Convention on Human Rights)

Alexy, Robert: Theorie der Grundrechte, Baden-Baden 1985 (zitiert: *Alexy*, Theorie der Grundrechte)

Altiparmak, Kerem: *Bankovic:* An Obstacle to the Application of the European Convention on Human Rights in Iraq?, in: Journal of Conflict and Security Law Vol. 9 No. 2 (2004), S. 213–251 (zitiert: *Altiparmak*, Bankovic, Journal of Conflict & Security Law 9 (2004), S. 213–251)

Ambos, Kai: Internationales Strafrecht, Strafanwendungsrecht – Völkerstrafrecht – Europäisches Strafrecht – Rechtshilfe, München, 4. Auflage 2014 (zitiert: *Ambos*, Internationales Strafrecht)

Arnauld, Andreas von: Das (Menschen-)Recht im Auslandseinsatz. Rechtsgrundlagen zum Schutz von Grund- und Menschenrechten, in: Dieter Weingärtner, Streitkräfte und Menschenrechte, Baden-Baden 2008, S. 61–82 (zitiert: *Von Arnauld*, Das (Menschen-)Recht im Auslandseinsatz, in: *Weingärtner*, Streitkräfte und Menschenrechte, S. 61–90)

– Völkerrecht, Heidelberg, 3. Auflage 2016 (zitiert: *Von Arnauld*, Völkerrecht)

Arnold, Roberta/*Quénivet*, Noelle: International Humanitarian Law and Human Rights Law: Towards a New Merger in International Law, Leiden/Boston 2008 (zitiert: *Arnold/Quénivet*, International Humanitarian Law and Human Rights Law)

AuslandsGeschäftsAbsicherung der Bundesrepublik Deutschland (AGA): Exportkreditgarantien – Interministerieller Ausschuss (IMA), Informationsseite abrufbar unter: https://www.agaportal.de/main-navigation/schnellzugriff-aga-konsortium/ima-termine-aga-konsortium (zuletzt abgerufen am 2.10.2017) (zitiert: *AGA-Portal*, Exportkreditgarantien und IMA)

Auswärtiges Amt: Informationen zum Nationalen Aktionsplan „Wirtschaft und Menschenrechte", Informationen auf der Internetseite, abrufbar unter: http://www.auswaertiges-amt.de/DE/Aussenpolitik/Themen/Aussenwirtschaft/

Wirtschaft-und-Menschenrechte/Aktuelles/161221_NAP_Kabinett_node.html (zuletzt abgerufen am 2.10.2017) (zitiert: *Auswärtiges Amt*, Informationen zum Nationalen Aktionsplan „Wirtschaft und Menschenrechte")

– Nationaler Aktionsplan. Umsetzung der VN-Leitprinzipien für Wirtschaft und Menschenrechte 2016–2020, September 2016, abrufbar unter: http://www.auswaertiges-amt.de/cae/servlet/contentblob/771376/publicationFile/231065/NAP_Wirtschaft_Menschenrechte.pdf (zuletzt abgerufen am 2.10.2017) (zitiert: *Auswärtiges Amt*, Nationaler Aktionsplan)

Baade, Björnstjern: Der Europäische Gerichtshof für Menschenrechte als Diskurswächter. Zur Methodik, Legitimität und Rolle des Gerichtshofs im demokratisch-rechtsstaatlichen Entscheidungsprozess, Berlin 2017 (zitiert: *Baade*, Der Europäische Gerichtshof für Menschenrechte als Diskurswächter)

Baumeister, Peter: Effektiver Individualrechtsschutz im Gemeinschaftsrecht, in: Europarecht 40 (2005), S. 1–35 (zitiert: *Baumeister*, Effektiver Individualrechtsschutz im Gemeinschaftsrecht, EuR 40 (2005), S. 1–35)

Bäumler, Jelena: Das Schädigungsverbot im Völkerrecht. Eine Untersuchung anhand des Umwelt-, Welthandels- und Finanzvölkerrechts, Heidelberg 2017 (zitiert: *Bäumler*, Das Schädigungsverbot im Völkerrecht)

Bernhardt, Rudolf: Die Auslegung völkerrechtlicher Verträge, insbesondere in der neueren Rechtsprechung internationaler Gerichte, Köln/Berlin 1963 (zitiert: *Bernhardt*, Die Auslegung völkerrechtlicher Verträge)

Bernstorff, Jochen von: Extraterritoriale menschenrechtliche Staatenpflichten und Corporate Social Responsibility. Wie weit geht die menschenrechtliche Verantwortung des Staates für das Verhalten eigener Unternehmen im Ausland?, in: Archiv des Völkerrechts 49 (2011), S. 34–63 (zitiert: *Von Bernstorff*, Extraterritoriale menschenrechtliche Staatenpflichten, AdVR 49 (2011), S. 34–63)

Besch, Morris: Schutz von Auslandsinvestitionen – Risikovorsorge durch Investitionsverträge, Frankfurt am Main 2008 (zitiert: *Besch*, Schutz von Auslandsinvestitionen)

Besson, Samantha: The Extraterritoriality of the European Convention on Human Rights: Why Human Rights Depend on Jurisdiction and What Jurisdiction Amounts to, in: Leiden Journal of International Law 25 (2012), S. 857–884 (zitiert: *Besson*, The Extraterritoriality of the European Convention on Human Rights, LJIL 25 (2012), S. 857–884)

Bielefeldt, Heiner: Menschenrechtlicher Universalismus ohne eurozentrische Verkürzung, in: Günter Nooke/Georg Lohmann/Gerhard Wahlers, Gelten Menschenrechte Universal? Begründungen und Infragestellungen, Freiburg 2008, S. 98–141 (zitiert: *Bielefeldt*, Menschenrechtlicher Universalismus ohne eurozentrische Verkürzung, in: *Nooke/Lohmann/Wahlers*, Gelten Menschenrechte Universal, S. 98–141)

– Universale Menschenrechte angesichts der Pluralität der Kulturen, in: Hans-Richard Reuter, Ethik der Menschenrechte. Zum Streit um die Universalität einer Idee I, Tübingen 1999, S. 43–73 (zitiert: *Bielefeldt*, Universale Menschenrechte, in: *Reuter*, Ethik der Menschenrechte, S. 43–73)

Bleckmann, Albert: Die Entwicklung staatlicher Schutzpflichten aus den Freiheiten der Europäischen Menschenrechtskonvention, in: Ulrich Beyerlin/Michael Bothe/Rainer Hofman/Ernst-Ulrich Petersmann, Recht zwischen Umbruch und Bewahrung, Festschrift für Rudolf Bernhardt, Heidelberg 1995, S. 309–321 (zitiert: *Bleckmann*, Die Entwicklung staatlicher Schutzpflichten, in: *Beyerlin/Bothe/Hofmann/Petersmann*, FS für Rudolf Bernhardt, S. 309–321)

– Völkerrecht, Baden-Baden, 1. Auflage 2001 (zitiert: *Bleckmann*, Völkerrecht)

– The Personal Jurisdiction of the European Community, in: Common Market Law Review 17 (1980), S. 467–485 (zitiert: *Bleckmann*, The Personal Jurisdiction, C.M.L.Rev. 17 (1980), S. 467–485)

– Grundgesetz und Völkerrecht, Berlin 1975 (zitiert: *Bleckmann*, Grundgesetz und Völkerrecht)

– Grundprobleme und Methoden des Völkerrechts, Freiburg/München 1982 (zitiert: *Bleckmann*, Grundprobleme und Methoden des Völkerrechts)

Bonk, Joachim/*Neumann*, Werner: Zulässigkeit des öffentlich-rechtlichen Vertrags (§ 54), in: Paul Stelkens/Heinz Joachim Bonk/Michael Sachs, Verwaltungsverfahrensgesetz Kommentar, München, 8. Auflage 2014 (zitiert: *Bonk/Neumann*, in: *Stelkens/Bonk/Sachs*, Verwaltungsverfahrensgesetz)

Bothe, Michael: Die Anwendung der Europäischen Menschenrechtskonvention in bewaffneten Konflikten – eine Überforderung?, in: Zeitschrift für ausländisches öffentliches Recht und Völkerrecht, 65 (2005), S. 615–623 (zitiert: *Bothe*, Die Anwendung der Europäischen Menschenrechtskonvention in bewaffneten Konflikten, ZaöRV 65 (2005), S. 615–623)

Böckenförde, Ernst-Wolfgang: Staat, Nation, Europa. Studien zur Staatslehre, Verfassungstheorie und Rechtsphilosophie, Frankfurt am Main, 2. Auflage 2000 (zitiert: *Böckenförde*, Staat, Nation, Europa)

Brankamp, Hauke: Die OECD-Leitsätze für multinationale Unternehmen: Funktionsweise und Umsetzung, in: MenschenRechtsMagazin Heft 1 (2010), S. 41–50 (zitiert: *Brankamp*, Die OECD-Leitsätze für multinationale Unternehmen, MRM 2010, S. 41–50)

Bremmer, Ian: State Capitalism Comes of Age – The End of the Free Market?, in: Foreign Affairs Vol. 88 (No. 3) 2009, S. 40–55 (zitiert: *Bremmer*, State Capitalism Comes of Age, Foreign Affairs 88 (2009), S. 40–55)

Breuer, Marten: Völkerrechtliche Implikationen des Falles Öcalan. Anmerkungen zum Urteil des EGMR vom 12. März 2003, in: Europäische Grundrechte Zeitschrift 30 (2003), S. 449–454 (zitiert: *Breuer*, Völkerrechtliche Implikationen des Falles Öcalan, EuGRZ 30 (2003), S. 449–454)

Brownlie, Ian: System of the Law of Nations: State Responsibility, Part I, Oxford 1983 (zitiert: *Brownlie*, System of the Law of Nations)

Brugger, Winfried: Menschenrechte im modernen Staat, in: Archiv des öffentlichen Rechts 114. Band (1989), S. 537–588 (zitiert: *Brugger*, Menschenrechte im modernen Staat, AöR 114 (1989), S. 537–588)

Bumke, Christian/*Voßkuhle*, Andreas: Casebook Verfassungsrecht, Tübingen, 7. Auflage 2015 (*Bumke/Voßkuhle*, Casebook Verfassungsrecht)

Bundesministerium für Justiz und für Verbraucherschutz: Bericht über die Rechtsprechung des EGMR und die Umsetzung seiner Urteile in Verfahren gegen die Bundesrepublik Deutschland 2014, abrufbar unter: http://www.bmjv.de/SharedDocs/Downloads/DE/PDF/Bericht_ueber_die_Rechtssprechung_des_EGMR_2014_DE.pdf?__blob=publicationFile&v=2 (zuletzt abgerufen am 2.10.2017) (zitiert: *BMJV*, Bericht über die Rechtsprechung des EGMR und die Umsetzung seiner Urteile, 2014)

– Bericht über die Rechtsprechung des EGMR und die Umsetzung seiner Urteile in Verfahren gegen die Bundesrepublik Deutschland 2013, abrufbar unter: http://www.bmjv.de/SharedDocs/Archiv/Downloads/20140814_EGMR-Rechtssprechungsbericht%202013%20(gegen%20Deutschland).pdf?__blob=publicationFile&v=4 (zuletzt abgerufen am 2.10.2017) (zitiert: *BMJV*, Bericht über die Rechtsprechung des EGMR und die Umsetzung seiner Urteile, 2013)

– Bericht über die Rechtsprechung des EGMR und die Umsetzung seiner Urteile in Verfahren gegen die Bundesrepublik Deutschland 2012, abrufbar unter: http://www.bmjv.de/SharedDocs/Archiv/Downloads/Bericht_ueber_die_Rechtsprechung_des_EGMR_2012_deutsche_Faelle.pdf?__blob=publicationFile&v=4 (zuletzt abgerufen am 2.10.2017) (zitiert: *BMJV*, Bericht über die Rechtsprechung des EGMR und die Umsetzung seiner Urteile, 2012)

Bundesministerium für Wirtschaft und Energie: OECD und Nationale Kontaktstellen, abrufbar unter: http://www.bmwi.de/Redaktion/DE/Textsammlungen/Aussenwirtschaft/nationale-kontaktstelle-nks.html?cms_artId=584716 (zuletzt abgerufen am 2.10.2017) (zitiert: *BMWi*, Informationsseite zur OECD und zu Nationalen Kontaktstellen)

– Finanzierung und Absicherung von Auslandsgeschäften, Exportkreditgarantien, abrufbar unter: http://www.bmwi.de/Redaktion/DE/Textsammlungen/

Aussenwirtschaft/finanzierung-und-absicherung-von-auslandsgeschaeften.html (zuletzt abgerufen am 2.10.2017) (zitiert: *BMWi*, Exportkreditgarantien)

Burkard, Eva-Maria: Zum Spannungsverhältnis von Investitions- und Menschenrechtsschutz. Verantwortlichkeiten im Bereich bilateraler Investitionsschutzabkommen für menschenrechtliche Standards, Baden-Baden (2013) (zitiert: *Burkard*, Zum Spannungsverhältnis von Investitions- und Menschenrechtsschutz)

Business & Human Rights Resource Centre: Texaco/Chevron lawsuits (re Ecuador), Artikel abrufbar unter: http://business-humanrights.org/en/texacochevron-lawsuits-re-ecuador#c9332 (zuletzt abgerufen am 2.10.2017) (zitiert: *Business & Human Rights Ressource Centre*, Texaxo/Chevron lawsuits)

Buß, Thomas: Grenzen der dynamischen Vertragsauslegung im Rahmen der EMRK, in: Die öffentliche Verwaltung 51 (1998), Heft 8, S. 323–330 (zitiert: *Buß*, Grenzen der dynamischen Vertragsauslegung, in: DÖV 51 (1998), S. 323–330)

Cassese, Antonio: International Law, New York, 2. Auflage 2005 (zitiert: *Cassese*, International Law)

Cerone, John: Human Rights on the Battlefield, in: Stéphanie Lagoutte/Hans-Otto Sano/Peter Scharff Smith: Human Rights in Turmoil. Facing Threats, Consolidating Achievements, Leiden/Boston 2007, S. 97–131 (zitiert: *Cerone*, Human Rights on the Battlefield, in: *Lagoutte/Sano/Scharff Smith*, Human Rights in Turmoil, S. 97–131)

CESCR: The Right to the Highest Attainable Standard of Health (Art. 12), General Comment No. 14, 11.8.2000, UN Doc. E/C.12/2000/4, abrufbar unter: http://www.refworld.org/docid/4538838d0.html (zuletzt abgerufen am 2.10.2017) (zitiert: CESCR, General Comment No. 14 (2000), UN Doc. E/C.12/2000/4)

Charney, Jonathan I.: Transnational Corporations and Developing Public International Law, in: Duke Law Journal 4 (1983), S. 748–788 (zitiert: *Charney*, Transnational Corporations, DLJ 4 (1983), S. 748–788)

Chirwa, Danwood Mzikenge: The Doctrine of State Responsibility as a Potential Means of Holding Private Actors Accountable for Human Rights, in: Melbourne Journal of International Law, Vol. 5 (2004), S. 1–36 (zitiert: *Chirwa*, The Doctrine of State Responsibility, Melbourne J. of Int'l Law 5 (2004), S. 1–36)

Christiansen, Hans: Size and Composition of the SOE Sector in OECD Countries, OECD Corporate Governance Working Papers No. 5 (2011), OECD Publishing, abrufbar unter: http://www.oecd.org/daf/ca/oecdcorporategovernanceworkingpapers.htm (zuletzt abgerufen am 2.10.2017) (zitiert: *Christiansen*, Size and Composition of the SOE Sector)

Chrysostomides, Kypros: „Competence“ and „Incompatibility“ in the Jurisprudence of the European Commission on Human Rights, in: Zeitschrift für ausländisches öffentliches Recht und Völkerrecht, 33 (1973), S. 449–488 (zitiert: *Chrysostomides*, „Competence“ and „Incompatibility“ in the Jurisprudence of the European Commission on Human Rights, ZaöRV 33 (1973), S. 449–488)

Clapham, Andrew: Human Rights in the Private Sphere, Oxford 1993 (zitiert: *Clapham*, Human Rights in the Private Sphere)

– The ‚Drittwirkung‘ of the Convention, in: Ronald St. John Macdonald, The European System for the Protection of Human Rights, Dordrecht 1993, S. 163–206 (zitiert: *Clapham*, The ‚Drittwirkung‘ of the Convention, in: *Macdonald*, The European System, S. 163–206)

Coni-Zimmer, Melanie/*Flohr*, Annegret: Transnationale Unternehmen: Problemverursacher und Lösungspartner?, Bundeszentrale für politische Bildung, bpb online, Artikel v. 19.12.2013, abrufbar unter: http://www.bpb.de/apuz/175496/transnationale-unternehmen-problemverursacher-und-loesungspartner?p=all (zuletzt abgerufen am 2.10.2017) (zitiert: *Coni-Zimmer/Flohr*, Transnationale Unternehmen)

Coomans, Fons: Die Verortung der Maastrichter Prinzipien zu den extraterritorialen Staatenpflichten im Bereich der wirtschaftlichen, sozialen und kulturellen Rechte, in: Zeitschrift für Menschenrechte, 2 (2012), S. 27–47 (zitiert: *Coomans*, Die Verortung der Maastrichter Prinzipien, ZfMR 2 (2012), S. 27–47)

Council of Europe: Collected Edition of the „Travaux Préparatoires“ of the European Convention on Human Rights, Volume I, Preparatory Commission of the Council of Europe, Committee of Ministers, Consultative Assembly 11.5-8.9.1949, The Hague 1975 (zitiert: *Council of Europe*, Collected Edition of the „Travaux Préparatoires“ of the ECHR, Vol. I 1975)

– Collected Edition of the „Travaux Préparatoires“ of the European Convention on Human Rights, Volume III, Committee of Experts, 2.2-10.3.1950, The Hague 1976 (zitiert: *Council of Europe*, Collected Edition of the „Travaux Préparatoires“ of the ECHR, Vol. III 1976)

Craven, *Matthew*: Some Thoughts on the Emergent Right to Water, in: Eibe Riedel/Peter Rothen, The Human Right to Water, Berlin 2006, S. 37–47 (zitiert: *Craven*, in: *Riedel/Rothen*, The Human Right to Water)

Crawford, James: The International Law Commission's Articles on State Responsibility. Introduction, Text and Commentaries, Cambridge 2002 (zitiert: *Crawford*, Commentaries)

– State Responsibility. The General Part, Cambridge 2013 (zitiert: *Crawford*, State Responsibility)

– First Report on State Responsibility by Mr. James Crawford, Special Rapporteur, 1998, UN Doc. A/CN.4/490, abrufbar unter: http://legal.un.org/ilc/documentation/english/a_cn4_490.pdf (zuletzt abgerufen am 2.10.2017) (zitiert: *Crawford*, First Report on State Responsibility (1998), UN Doc. A/CN.4/490)

Cremer, Hans-Joachim: Der Schutz vor den Auslandsfolgen aufenthaltsbeendender Maßnahmen. Zugleich ein Beitrag zur Bestimmung der Reichweite grundrechtlicher Verantwortung für die Folgewirkungen deutscher Hoheitsakte, Baden-Baden 1994 (zitiert: *Cremer*, Der Schutz vor den Auslandsfolgen aufenthaltsbeendender Maßnahmen)

– Human Rights and the Protection of Privacy in Tort Law. A Comparison between English and German Law, New York 2011 (zitiert: *Cremer*, Human Rights and the Protection of Privacy in Tort Law)

– Freiheitsentzug und Zwangsbehandlung in einer Privatklinik, Rechtskraftdurchbrechung und (mittelbare) Drittwirkung der EMRK. Der Fall Waltraud Storck vor dem Europäischen Gerichtshof für Menschenrechte, in: Europäische Grundrechte Zeitschrift 35 (2008), S. 562–581 (zitiert: *Cremer*, Freiheitsentzug und Zwangsbehandlung in einer Privatklinik, EuGRZ 35 (2008), S. 562–581)

– Wirtschaftliche, soziale und kulturelle Rechte – eine sinnvolle Normkategorie?, in: Thomas Giegerich/Andreas Zimmermann/Ursula E. Heinz, Wirtschaftliche, soziale und kulturelle Rechte im globalen Zeitalter, Berlin (2008), S. 35–70 (zitiert: *Cremer*, in: *Giegerich/Zimmermann/Heinz*, wsk-Rechte im globalen Zeitalter, S. 35–70)

– Fünf Thesen zur subjektiven Rechtsqualität völkerrechtlich gewährleisteter Menschenrechte, in: Dirk Hanschel/Sebastian Graf Kielmansegg/Uwe Kischel/Christian Koenig/Ralph Alexander Lorz, Mensch und Recht, Festschrift für Eibe Riedel zum 70. Geburtstag, Berlin 2013, S. 33–48 (zitiert: *Cremer*, Fünf Thesen zur subjektiven Rechtsqualität, in: *Hanschel/Kielmansegg/Kischel/Koenig/Lorz*, FS für Eibe Riedel, S. 33–48)

– Verpflichtungsstrukturen der Menschenrechte der Europäischen Menschenrechtskonvention, in: Daniela Demko/Gerd Brudermüller/Kurt Seelmann, Menschenrechte: Begründung – Bedeutung – Durchsetzung, Würzburg 2015, S. 107–183 (zitiert: *Cremer*, Verpflichtungsstrukturen der Menschenrechte, in: *Demko/Brudermüller/Seelmann*, Menschenrechte, S. 107–183)

– Kapitel 4: Regeln der Konventionsinterpretation, in: Oliver Dörr/Rainer Grote/Thilo Marauhn, EMRK/GG Konkordanzkommentar zum europäischen und deutschen Grundrechtsschutz, Tübingen, 2. Auflage 2013, Band I (Kapitel 1–19) (zitiert: *Cremer*, Konventionsinterpretation, in: *Dörr/Grote/Marauhn*, EMRK/GG, Band I)

– Kapitel 32: Entscheidung und Entscheidungswirkung, in: Oliver Dörr/Rainer Grote/Thilo Marauhn, EMRK/GG Konkordanzkommentar zum europäischen und deutschen Grundrechtsschutz, Tübingen, 2. Auflage 2013, Band II (Kapitel 20–33) (zitiert: *Cremer*, in: *Dörr/Grote/Marauhn*, EMRK/GG, Band II)

Dahm, Georg/*Delbrück*, Jost/*Wolfrum*, Rüdiger: Völkerrecht, Band I/1: Die Grundlagen, die Völkerrechtssubjekte, Berlin, 2. Auflage 1989 (zitiert: *Dahm/Delbrück/Wolfrum*, Völkerrecht, Band I/1)

– Völkerrecht, Band I/2: Der Staat und andere Völkerrechtssubjekte, Räume unter internationaler Verwaltung, Berlin, 2. Auflage 2002 (zitiert: *Dahm/Delbrück/Wolfrum*, Völkerrecht, Band I/2)

– Völkerrecht, Band I/3: Die Formen des völkerrechtlichen Handelns, die inhaltliche Ordnung der internationalen Gemeinschaft, Berlin, 2. Auflage 2002 (zitiert: *Dahm/Delbrück/Wolfrum*, Völkerrecht, Band I/3)

De Hoogh, André J.J.: Articles 4 and 8 of the 2001 ILC Articles on State Responsibility, The Tadić Case and Attribution of Acts of Bosnian Serb Authorities to the Federal Republic of Yugoslavia, in: The British Yearbook of International Law 72 (2002), S. 255–292 (zitiert: *De Hoogh*, Articles 4 and 8, BYIL 72 (2002), S. 255–292)

Dereje, Jonas: Staatsnahe Unternehmen. Die Zurechnungsproblematik im Internationalen Investitionsrecht und weiteren Bereichen des Völkerrechts, Baden-Baden/Zürich/Wien 2016 (zitiert: *Dereje*, Staatsnahe Unternehmen)

Deutsches Global Compact Netzwerk (DGCN): Leitprinzipien für Wirtschaft und Menschenrechte. Umsetzung des Rahmens der Vereinten Nationen „Schutz, Achtung und Abhilfe“, 2. Auflage 2014, abrufbar unter: http://www.auswaertiges-amt.de/cae/servlet/contentblob/690490/publicationFile/198919/UN-Leitprinzipien-DE.pdf (zuletzt abgerufen am 2.10.2017) (zitiert: *DGCN*, Leitprinzipien für Wirtschaft und Menschenrechte)

Deutsches Institut für Menschenrechte: „Zögerliche Umsetzung“, Der politische Wille reicht nicht weiter: Deutschland setzt die UN-Leitprinzipien um – mit kleinen Schritten. Stellungnahme zur Verabschiedung des deutschen Nationalen Aktionsplans für Wirtschaft und Menschenrechte vom 21.12.2016, Berlin, abrufbar unter: http://www.institut-fuer-menschenrechte.de/fileadmin/user_upload/Publikationen/Stellungnahmen/Stellungnahme_Verabschiedung_NAP_Wirtschaft_und_Menschenrechte.pdf (zuletzt abgerufen am 2.10.2017) (zitiert: *Deutsches Institut für Menschenrechte*, Stellungnahme zur Verabschiedung des deutschen Nationalen Aktionsplans)

Dijk, Pieter van: „Positive Obligations“ implied in the European Convention on Human Rights: are the States still the „Masters“ of the Convention?, in: Monique Castermans-Hollemann/ Fried van Hoof/ Jacqueline Smith, The Role of the Nation-State in the 21th century – Human Rights, International Organisations and Foreign Policy. Essays in Honour of Peter Baehr, The Hague/Boston/London 1998, S. 17–33 (zitiert: *Van Dijk*, Positive Obligations, in: *Castermans-Hollemann/Van Hoof/Smith*, Essays in Honour of Peter Baehr, S. 17–33)

Dijk, Pieter van/*Hoff*, Godofridus J. van: Theory and practice of the European Convention on Human Rights, Deventer, 2. Auflage 1990 (zitiert: *Van Dijk/van Hoof*, Theory and Practice of the European Convention on Human Rights)

Doehring, Karl: Völkerrecht, Heidelberg, 2. Auflage (2004) (zitiert: *Doehring*, Völkerrecht)

Dreier, Horst: Vorbemerkungen vor Artikel 1 GG, in: Horst Dreier, Grundgesetz Kommentar, Band I (Artikel 1–19), Tübingen, 2. Auflage 2004 (zitiert: *Dreier*, in: *Dreier*, GG, Band I)

Dröge, Cordula: Positive Verpflichtungen der Staaten in der Europäischen Menschenrechtskonvention, Berlin 2003 (zitiert: *Dröge*, Positive Verpflichtungen der Staaten)

ECCHR: Bauen ohne Rücksicht: Das Unternehmen Lahmeyer und die Vertreibungen beim Staudammbau in Sudan, Artikel abrufbar unter: https://www.ecchr.eu/de/unsere-themen/wirtschaft-und-menschenrechte/lahmeyer.html (zuletzt abgerufen am 2.10.2017) (zitiert: *ECCHR*, Das Unternehmen Lahmeyer und die Vertreibungen beim Staudammbau)

– Die Ermordung des Nestlé-Arbeiters Romero in Kolumbien, Artikel abrufbar unter: https://www.ecchr.eu/de/unsere-themen/wirtschaft-und-menschenrechte/nestle.html (zuletzt abgerufen am 2.10.2017) (zitiert: *ECCHR*, Die Ermordung des Nestlé-Arbeiters Romero)

– Der Preis der Katastrophen in der Textilindustrie Südasiens, Artikel und Pressemitteilung abrufbar unter: https://www.ecchr.eu/de/unsere-themen/wirtschaft-und-menschenrechte/arbeitsbedingungen-in-suedasien/pakistan-kik.html (zuletzt abgerufen am 2.10.2017) (zitiert: *ECCHR*, Der Preis der Katastrophen in der Textilindustrie Südasiens)

ECOSOC: Report of the sessional working group on the working methods and activities of transnational corporations on its third session, UN Doc. E/CN.4/Sub.2/2001/9, 14.8.2001, abrufbar unter: http://www.un.org/en/ga/search/view_doc.asp?symbol=E/CN.4/Sub.2/2001/9 (zuletzt abgerufen am 2.10.2017) (zitiert: *ECOSOC*, UN Doc. E/CN.4/Sub.2/2001/9)

– Norms on the Responsibility of Transnational Corporations and Other Business Enterprises with Regard to Human Rights, Commission on Human Rights Sub-Commission on the Promotion and Protection of Human Rights,

26.8.2003, E/CN.4/Sub.2/2003/12/Rev.2, abrufbar unter: https://documents-dds-ny.un.org/doc/UNDOC/GEN/G03/160/08/PDF/G0316008.pdf?OpenElement (zuletzt abgerufen am 2.10.2107 (zitiert: *ECOSOC*, Norms on the Responsibility of Transnational Corporations, E/CN.4/Sub.2/2003/12/Rev.2)

Ehlers, Dirk: Allgemeine Lehren der EMRK (§ 2), in: Dirk Ehlers, Europäische Grundrechte und Grundfreiheiten, Berlin/Boston, 4. Auflage 2015, S. 25–95 (zitiert: *Ehlers*, in: *Ehlers*, Europäische Grundrechte und Grundfreiheiten)

Elbing, Gunther: Zur Anwendbarkeit der Grundrechte bei Sachverhalten mit Auslandsbezug, Berlin 1992 (zitiert: *Elbing*, Zur Anwendbarkeit der Grundrechte)

Emmerich, Volker: § 18 AktG Konzern und Konzernunternehmen, in: Emmerich/Habersack, Aktien- und GmbH-Konzernrecht, München, 8. Auflage 2016 (zitiert: *Emmerich*, in: *Emmerich/Habersack*, Aktien- und GmbH-Konzernrecht)

Emmerich-Fritsche, Angelika: Zur Verbindlichkeit der Menschenrechte für transnationale Unternehmen, in: Archiv des Völkerrechts 45 (2007), S. 541–565 (zitiert: *Emmerich-Fritsche*, Zur Verbindlichkeit der Menschenrechte, AdVR 45 (2007), S. 541–565)

Engel, Christoph: Die Bedeutung des Völkerrechts für die Anwendung in- und ausländischen Wirtschaftsrechts: Problemskizze und Diskussionsbericht zum Symposium „Extraterritoriale Anwendung von Wirtschafsrecht", Hamburg 1986, in: Rabels Zeitschrift für ausländisches und internationales Privatrecht 52 (1988), S. 271–302 (zitiert: *Engel*, Die Bedeutung des Völkerrechts, RabelsZ 52 (1988), S. 271–302)

Engle, Eric: Private Law Remedies for Extraterritorial Human Rights Violations, Bremen 2006 (zitiert: *Engle*, Private Law Remedies for Extraterritorial Human Rights Violations)

Epiney, Astrid: Die völkerrechtliche Verantwortlichkeit von Staaten für rechtswidriges Verhalten im Zusammenhang mit Aktionen Privater, Baden-Baden 1992 (zitiert: *Epiney*, Die völkerrechtliche Verantwortlichkeit von Staaten)

Epping, Volker: Grundrechte, Heidelberg/Dordrecht/London/New York, 6. Auflage 2014 (zitiert: *Epping*, Grundrechte)

Erberich, Ute: Auslandseinsätze der Bundeswehr und Europäische Menschenrechtskonvention, Köln/Berlin/München 2004 (zitiert: *Erberich*, Auslandseinsätze der Bundeswehr und Europäische Menschenrechtskonvention)

Eskom Holdings SOC Ltd.: Medupi Power Station – Final Impact Assessment Report, abrufbar unter: http://www.eskom.co.za/OurCompany/SustainableDevelopment/EnvironmentalImpactAssessments/Pages/Medupi_Final_Impact_Assessment_Report.aspx (zuletzt abgerufen am 2.10.2017) (zitiert: *Eskom*, Medupi Final Impact Assessment)

– Kusile Environmental Impact Report, abrufbar unter: http://www.eskom.co.za/OurCompany/SustainableDevelopment/EnvironmentalImpactAssessments/Pages/Kusile.aspx (zuletzt abgerufen am 2.10.2017) (zitiert: *Eskom*, Kusile Environmental Impact Report)

European Commission: Commission Staff Working Document on Implementing the UN Guiding Principles on Business and Human Rights – State of Play, Doc. SWD(2015) 144 final, Brüssel 14.7.2015, abrufbar unter: http://ec.europa.eu/DocsRoom/documents/11621/attachments/1/translations (zuletzt abgerufen am 2.10.2017) (zitiert: *European Commission*, Commission Staff Working Document on Implementing the UN Guiding Principles, Doc. SWD(2015) 144 final)

– Corporate social responsibility in practice, National Action Plans on Business and Human Rights in EU countries, abrufbar unter: http://ec.europa.eu/growth/industry/corporate-social-responsibility/in-practice_en (zuletzt abgerufen am 2.10.2017) (zitiert: *European Commission*, Corporate social responsibility in practice, National Action Plans)

European Court of Human Rights: In Facts & Figures 2015, März 2016, abrufbar unter: http://www.echr.coe.int/Documents/Facts_Figures_2015_ENG.pdf (zuletzt abgerufen am 2.10.2017) (zitiert: *ECHR*, In Facts & Figures 2015)

– Press Country Profile Germany, September 2017, abrufbar unter: http://www.echr.coe.int/Documents/CP_Germany_ENG.pdf (zuletzt abgerufen am 2.10.2017) (zitiert: *ECHR*, Press Country Profile Germany)

Fabri, Hélène Ruiz: Human Rights and State Sovereignty: Have the Boundaries been Significantly Redrawn?, in: Philip Alston/Euan Macdonald, Human Rights, Intervention, and the Use of Force, New York 2008, S. 33–86 (zitiert: *Fabri*, Human Rights and State Sovereignty, in: *Alston/Macdonald*, Human Rights, S. 33–86)

Fassbender, Bardo: Wissen als Grundlage staatlichen Handelns (§ 76), in: Josef Isensee/Paul Kirchhof, Handbuch des Staatsrechts, Band IV, Aufgaben des Staates, Heidelberg 3. Auflage 2006, S. 243–312 (zitiert: *Fassbender*, Wissen als Grundlage staatlichen Handelns, in: *Isensee/Kirchhof*, HStR Band IV)

FIAN (ETO Consortium): Die Maastrichter Prinzipien zu den Extraterritorialen Staatenpflichten im Bereich der Wirtschaftlichen, Sozialen und Kulturellen Rechte, Mai 2012, abrufbar unter: http://www.etoconsortium.org/nc/en/main-navigation/library/maastricht-principles/?tx_drblob_pi1%5BdownloadUid%5D=62 (zuletzt abgerufen am 2.10.2017) (zitiert: *FIAN*, Die Maastrichter Prinzipien zu den Extraterritorialen Staatenpflichten)

Fleiner, Thomas/*Basta Fleiner*, Lidija R.: Allgemeine Staatslehre. Über die konstitutionelle Demokratie in einer multikulturellen globalisierten Welt, Berlin, 3. Auflage 2004 (zitert: *Fleiner/Basta Fleiner*, Allgemeine Staatslehre)

Freund, Georg: § 13, in: Münchener Kommentar zum Strafgesetzbuch, Band 1, §§ 1–37, München, 3. Auflage 2017 (zitiert: *Freund*, in: MünchKomm, StGB)

Frey, Barbara: Obligations to Protect the Right to Life: Constructing a Rule of Transfer Regarding Small Arms and Light Weapons, in: Mark Gibney/Sigrun Skogly, Universal Human Rights and Extraterritorial Obligations, Philadelphia 2010, S. 30–54 (zitiert: *Frey*, Obligations to Protect the Right to Life, in: *Gibney/Skogly*, Universal Human Rights, S. 30–54)

Frowein, Jochen A.: Konstitutionalisierung des Völkerrechts, in: Völkerrecht und Internationales Privatrecht in einem sich globalisierenden internationalen System – Auswirkungen der Entstaatlichung transnationaler Rechtsbeziehungen, Berichte der Deutschen Gesellschaft für Völkerrecht, Band 39 (1999), S. 427–447 (zitiert: *Frowein*, Konstitutionalisierung des Völkerrechts, in: BDGV 39 (1999), S. 427–447)

Frowein, Jochen A./*Peukert*, Wolfgang: Europäische Menschenrechtskonvention: EMRK-Kommentar, Kehl am Rhein, 3. Auflage 2009 (zitiert: *Bearbeiter*, in: *Frowein/Peukert*, Europäische Menschenrechtskonvention)

Gaedtke, Jens-Christian: Der US-amerikanische Alien Tort Claims Act und der Fall Doe. Unocal: Auf dem Weg zu einer Haftung transnationaler Unternehmen für Menschenrechtsverletzungen?, in: Archiv des Völkerrechts 42 (2004), S. 241–260 (zitiert: *Gaedtke*, Der US-amerikanische Alien Tort Claims Act, AdVR 42 (2004), S. 241–260)

Geldermann, Heiner: Völkerrechtliche Pflichten multinationaler Unternehmen, Baden-Baden 2009 (zitiert: *Geldermann*, Völkerrechtliche Pflichten multinationaler Unternehmen)

Gerontas, Angelos S.: Europäisierung und Internationalisierung des Verwaltungshandelns – Am Beispiel der einwanderungsrechtlichen Rückführungspolitik, Baden-Baden 2011 (zitiert: *Gerontas*, Europäisierung und Internationalisierung des Verwaltungshandelns)

Giegerich, Thomas: Grund- und Menschenrechte im globalen Zeitalter: Neubewertung ihrer territorialen, personalen und internationalen Dimension in Deutschland, Europa und den USA, in: Europäische Grundrechte Zeitschrift 31 (2004), S. 758–777 (zitiert: *Giegerich*, Grund- und Menschenrechte im globalen Zeitalter, EuGRZ 31 (2004), S. 758–777)

Gollwitzer, Walter: Menschenrechte im Strafverfahren, MRK und IPBPR Kommentar, 25. Auflage, Berlin 2005 (zitiert: *Gollwitzer*, Menschenrechte im Strafverfahren)

Gondek, Michael: Extraterritorial Application of the European Convention on Human Rights, Territorial Focus in the Age of Globalization?, in: Netherlands International Law Review 52 (2005), S. 349–387 (zitiert: *Gondek*,

Extraterritorial Application of the European Convention on Human Rights, NILR 52 (2005), S. 349–387)

Grabenwarter, Christoph/*Pabel*, Katharina: Europäische Menschenrechtskonvention, ein Studienbuch, München, 6. Auflage 2016 (zitiert: *Grabenwarter/Pabel*, Europäische Menschenrechtskonvention)

Griebel, Jörn: Transnationale Unternehmen, in: Burkhard Schöbener, Völkerrecht, Lexikon zentraler Begriffe und Themen, Heidelberg/München/Landsberg/Frechen/Hamburg 2014, S. 472–474 (zitiert: *Griebel*, Transnationale Unternehmen, in: *Schöbener*, Völkerrecht)

– Die Zurechnungskategorie der de facto-Organe im Recht der Staatenverantwortlichkeit, Münster 2004 (zitiert: *Griebel*, Die Zurechnungskategorie der de-facto Organe)

Grosche, Nils: Rechtsfortbildung im Unionsrecht. Eine Untersuchung zum Phänomen richterlicher Rechtsfortbildung durch den Gerichtshof der Europäischen Union, Tübingen 2011 (zitiert: *Grosche*, Rechtsfortbildung im Unionsrecht)

Grossfeld, Bernhard: Praxis des Internationalen Privat- und Wirtschaftsrechts. Rechtsprobleme multinationaler Unternehmen, Hamburg 1975 (zitiert: *Grossfeld*, Praxis des internationalen Privat- und Wirtschaftsrechts)

Grote, Rainer: Kapitel 1: Entstehungs- und Rezeptionsgeschichte der EMRK, in: Oliver Dörr/Rainer Grote/Thilo Marauhn, EMRK/GG Konkordanzkommentar zum europäischen und deutschen Grundrechtsschutz, Tübingen, 2. Auflage 2013, Band I (Kapitel 1–19) (zitiert: *Grote*, in: *Dörr/Grote/Marauhn*, EMRK/GG, Band I)

Gusy, Christoph: Wirkungen der Rechtsprechung des Europäischen Gerichtshofs für Menschenrechte in Deutschland, in: Juristische Arbeitsblätter 6 (2009), S. 406–410 (zitiert: *Gusy*, Wirkungen der Rechtsprechung des Europäischen Gerichtshofs für Menschenrechte, JA 6 (2009), S. 406–410)

Habermas, Jürgen: Hat die Konstitutionalisierung des Völkerrechts noch eine Chance?, in: ders., Der gespaltene Westen, Kleine Politische Schriften X, Frankfurt am Main 2004, S. 113–194 (zitiert: *Habermas*, Hat die Konstitutionalisierung des Völkerrechts noch eine Chance?, in: *ders.*, Der gespaltene Westen, S. 113–194)

– Kants Idee des Ewigen Friedens – aus dem historischen Abstand von 200 Jahren, in: Kritische Justiz, Vol. 28 No. 3 (1995), S. 293–319 (zitiert: *Habermas*, Kants Idee des Ewigen Friedens, Kritische Jusitz 28 (1995), S. 293–319)

Hailbronner, Kay: Völkerrechtliche und staatsrechtliche Überlegungen zu Verhaltenskodizes für transnationale Unternehmen, in: Ingo von Münch, Staatsrecht-Völkerrecht-Europarecht, Festschrift für Hans-Jürgen Schlochauer,

Berlin 1981, S. 329–362 (zitiert: *Hailbronner*, Völkerrechtliche und staatsrechtliche Überlegungen zu Verhaltenskodizes, in: *Münch*, FS für Hans-Jürgen Schlochauer, S. 329–362)

– Art. 3 EMRK – ein neues europäisches Konzept der Schutzgewährung?, in: Die öffentliche Verwaltung 52 (1999), S. 617–624 (zitiert: *Hailbronner*, Art. 3 EMRK, DÖV 52 (1999), S. 617–624)

Haß, Solveig: Die Urteile des Europäischen Gerichtshofs für Menschenrechte, Charakter, Bindungswirkung und Durchsetzung, Frankfurt am Main 2006 (zitiert: *Haß*, Die Urteile des Europäischen Gerichtshofs für Menschenrechte)

Henkin, Louis: The Age of Rights, New York 1990 (zitiert: *Henkin*, The Age of Rights)

Herdegen, Matthias: Völkerrecht, München, 16. Auflage 2017 (zitiert: *Herdegen*, Völkerrecht)

Higgins, Rosalyn: Problems and Process, International Law And How We Use It, Oxford 1994 (zitiert: *Higgins*, Problems and Process)

Hobe, Stephan: Einführung in das Völkerrecht, Tübingen/Stuttgart, 10. Auflage 2014 (zitiert: *Hobe*, Einführung in das Völkerrecht)

Hoffmann, Bernd von/*Thorn*, Karsten: Internationales Privatrecht, München, 9. Auflage 2007 (zitiert: *Von Hoffmann/Thorn*, Internationales Privatrecht)

Hofstetter, Karl A.: Sachgerechte Haftungsregeln für multinationale Konzerne. Zur zivilrechtlichen Verantwortlichkeit von Muttergesellschaften im Kontext internationaler Märkte, Tübingen 1995 (zitiert: *Hofstetter*, Sachgerechte Haftungsregeln für multinationale Konzerne)

Holoubek, Michael: Grundrechtliche Gewährleistungspflichten. Ein Beitrag zu einer allgemeinen Grundrechtsdogmatik, Wien 1997 (zitiert: *Holoubek*, Grundrechtliche Gewährleistungspflichten)

HRC: Human rights and transnational corporations and other business enterprises, UN Doc. A/HRC/17/L.17/Rev.1, 15.6.2011, abrufbar unter: https://documents-dds-ny.un.org/doc/UNDOC/LTD/G11/141/87/PDF/G1114187.pdf?OpenElement (zuletzt abgerufen am 2.10.2017) (zitiert: *HRC*, Human rights and transnational corporations and other business enterprises, UN Doc. A/HRC/17/L.17/Rev.1)

– Elaboration of an international legally binding instrument on transnational corporations and other business enterprises with respect to human rights, A/HRC/RES/26/9, 14.7.2014, abrufbar unter: https://documents-dds-ny.un.org/doc/UNDOC/GEN/G14/082/52/PDF/G1408252.pdf?OpenElement (zuletzt abgerufen am 2.10.2017) (zitiert: *HRC*, Elaboration of an international legally binding instrument, A/HRC/RES/26/9)

Humanrights.ch/MERS: Amerikanische Menschenrechtskonvention – AMRK, Informationsplattform abrufbar unter: https://www.humanrights.ch/de/internationale-menschenrechte/regionale/amerika/amrk/ (zuletzt abgerufen am 2.10.2017) (zitiert: *Humanrights.ch/MERS*, Amerikanische Menschenrechtskonvention)

IfM Bonn: KMU-Definition des IfM Bonn, abrufbar unter: http://www.ifm-bonn.org/definitionen/kmu-definition-des-ifm-bonn/ (zuletzt abgerufen am 2.10.2017) (zitiert: *IfM Bonn*, KMU-Definition)

International Commission on Intervention and State Sovereignty: The Responsibility to Protect, Report December 2001, abrufbar unter: http://responsibilitytoprotect.org/ICISS%20Report.pdf (zuletzt abgerufen am 2.10.2017) (zitiert: *ICISS*, Report 2001)

International Labour Conference (ILC): Reports of the Committee on Decent Work in Global Supply Chains: Summary of proceedings, ILC105-PR14-2(Rev.), 10.6.2016, abrufbar unter: http://www.ilo.org/wcmsp5/groups/public/---ed_norm/---relconf/documents/meetingdocument/wcms_489117.pdf (zuletzt abgerufen am 2.10.2017) (zitiert: *ILC*, Reports of the Committee on Decent Work, ILC105-PR14-2(Rev.))

– Report of the Committee on Decent Work in Global Supply Chains: Resolution and conclusions submitted for adoption by the Conference, ILC105-PR14-1, 10.6.2016, abrufbar unter: http://www.ilo.org/wcmsp5/groups/public/---ed_norm/---relconf/documents/meetingdocument/wcms_489115.pdf (zuletzt abgerufen am 2.10.2017) (zitiert: *ILC*, Resolution and conclusions, ILC105-PR14-1)

International Law Commission (ILC): Report of the International Law Commission on the work of its twenty-seventh session, in: Yearbook of the International Law Commission 1975 Vol. II, S. 47–187 (UN Doc. A/10010/Rev.1) (zitiert: *ILC*, YILC 1975 II, S. 47–187)

– Draft Articles on Responsibility of States for Internationally Wrongful Acts, with commentaries, fifty-third session in 2001, in: Yearbook of the International Law Commission, 2001, Vol. II Part Two, S. 31–143 (UN Doc. A/56/10) (zitiert: *ILC*, Draft Articles with Commentaries, YILC 2001 II, S. 31–143)

– Draft Articles on Prevention of Transboundary Harm from Hazardous Activities, with commentaries, 2001, in: Yearbook of the International Law Commission, 2001, Vol. II, Part Two, S. 148–170 (UN Doc. A/56/10) (zitiert: *ILC*, Draft Articles on Prevention of Transboundary Harm from Hazardous Activities, YILC 2001 II, S. 148–170)

– Draft Articles on the Allocation of Loss in the Case of Transboundary Harm Arising out of Hazardous Activities, with commentaries, 2006, in: Yearbook of the International Law Commission, 2006, Vol. II, Part Two, S. 110–182 (UN Doc. A/61/10) (zitiert: *ILC*, Draft Articles on the Allocation of Loss in the Case of Transboundary Harm Arising out of Hazardous Activities, YILC 2006 II, S. 110–182)

- Report of the International Law Commission, Fifty-third session, 23.4.-1.6. und 2.7.-10.8.2001, General Assembly of the United Nations, UN-RES A 56/10, abrufbar unter http://www.un.org/documents/ga/docs/56/a5610.pdf (zuletzt abgerufen am 2.10.2017) (zitiert: *ILC*, UN-RES A 56/10)

Ipsen, Knut: Völkerrecht, München, 6. Auflage 2014 (zitiert: *Ipsen*, Völkerrecht)

Isensee, Josef: Die vielen Staaten in der einen Welt – eine Apologie, in: Zeitschrift für Staats- und Europawissenschaften 1 (2003), S. 7–31 (zitiert: *Isensee*, Die vielen Staaten in der einen Welt, ZSE 1 (2003), S. 7–31)

- Das Grundrecht als Abwehrrecht und als staatliche Schutzpflicht (§ 191), in: Josef Isensee/Paul Kirchhof, Handbuch des Staatsrechts der Bundesrepublik Deutschland, Band IX, Allgemeine Grundrechtslehren, Heidelberg 3. Auflage 2011, S. 413–568 (zitiert: *Isensee*, Das Grundrecht, in: *Isensee/Kirchhof*, HStR Band IX)

- Das Grundrecht auf Sicherheit. Zu den Schutzpflichten des freiheitlichen Verfassungsstaates, Vortrag gehalten vor der Berliner Juristischen Gesellschaft am 24.11.1982, Berlin/New York 1983 (zitiert: *Isensee*, Das Grundrecht auf Sicherheit)

Jaeckel, Liv: Schutzpflichten im deutschen und europäischen Recht. Eine Untersuchung der deutschen Grundrechte, der Menschenrechte und Grundfreiheiten der EMRK sowie der Grundrechte und Grundfreiheiten der Europäischen Gemeinschaft, Baden-Baden 2001 (zitiert: *Jaeckel*, Schutzpflichten im deutschen und europäischen Recht)

- Gefahrenabwehrrecht und Risikodogmatik. Moderne Technologien im Spiegel des Verwaltungsrechts, Tübingen 2010 (zitiert: *Jaeckel*, Gefahrenabwehrrecht und Risikodogmatik)

Jägers, Nicola: Corporate Human Rights Obligations: In Search of Accountability, Utrecht 2002 (zitiert: *Jägers*, Corporate Human Rights Obligations)

Jankowska-Gilberg, Magdalena: Extraterritorialität der Menschenrechte. Der Begriff der Jurisdiktion im Sinne von Art. 1 EMRK, Baden-Baden 2008 (zitiert: *Jankowska-Gilberg*, Extraterritorialität der Menschenrechte)

- Das Al-Skeini-Urteil des Europäischen Gerichtshofs für Menschenrechte – eine Abkehr von Bankovic?, in: Archiv des Völkerrechts 50 (2012), S. 61–74 (zitiert: *Jankowska-Gilberg*, Das Al-Skeini-Urteil des Europäischen Gerichtshofs für Menschenrechte, AdVR 50 (2012), S. 61–74)

Jellinek, Georg: System der subjektiven öffentlichen Rechte, Aalen, 2. Auflage 1964 (zitiert: *Jellinek*, System der subjektiven öffentlichen Rechte)

– Allgemeine Staatslehre, Bad Homburg v. d. Höhe, 3. Auflage 1966 (zitiert: *Jellinek*, Allgemeine Staatslehre)

Jennings, Robert/*Watts*, Arthur: Oppenheim's International Law: Volume 1 Peace, Harlow, 9. Auflage 2008 (zitiert: *Jennings/Watts*, Oppenheim's International Law)

Jescheck, Hans-Heinrich/*Weigend*, Thomas: Lehrbuch des Strafrechts, Allgemeiner Teil, Berlin, 5. Auflage 1996 (zitiert: *Jescheck/Weigend*, Lehrbuch des Strafrechts)

Johann, Christian: Art. 1 EMRK, in: Ulrich Karpenstein/Franz C. Mayer, EMRK, Konvention zum Schutz der Menschenrechte und Grundfreiheiten, Kommentar, München, 2. Auflage 2015 (zitiert: *Johann*, in: *Karpenstein/Mayer*, EMRK)

Johnson, Kaki J.: Kiobel v. Royal Dutch Petroleum Co.: The Alien Tort Statute's Presumption Against Extraterritoriality, in: Loyola Law Review 60 (2014), S. 171–203 (zitiert: *Johnson*, Kiobel v. Royal Dutch Petroleum Co., LLR 60 (2014), S. 171–203)

Jones, Oliver R.: Implausible Deniability: State Responsibility for the Actions of Private Military Firms, in: Connecticut Journal of International Law 24 (2009), S. 239–289 (zitiert: *Jones*, Implausible Deniability: State Responsibility, Conn. J. Int'l L. 24 (2009), S. 239–289)

Joseph, Sarah: Taming the Leviathans: Multinational Enterprises and Human Rights, in: Netherlands International Law Review 46 (1999), S. 171–203 (zitiert: *Joseph*, Taming the Leviathans, NILR 46 (1999), S. 171–203)

Kadelbach, Stefan: Kapitel 30: Internationale Durchsetzung, in: Oliver Dörr/Rainer Grote/Thilo Marauhn, EMRK/GG Konkordanzkommentar zum europäischen und deutschen Grundrechtsschutz, Tübingen, 2. Auflage 2013, Band II (Kapitel 20–33) (zitiert: *Kadelbach*, in: *Dörr/Grote/Marauhn*, EMRK/GG, Band II)

Kaleck, Wolfgang/*Saage-Maaß*, Miriam: Transnationale Unternehmen vor Gericht. Über die Gefährdung der Menschenrechte durch europäische Firmen in Lateinamerika, Studie des European Center for Constitutional and Human Rights, Band 4 der Reihe Demokratie, Berlin 2008, abrufbar unter: https://www.boell.de/sites/default/files/TransnationaleUvG-i.pdf (zuletzt abgerufen am 2.10.2017) (zitiert: *Kaleck/Saage-Maaß*, Transnationale Unternehmen vor Gericht)

Kälin, Walter/*Künzli*, Jörg: The Law of International Human Rights Protection, Oxford 2009 (zitiert: *Kälin/Künzli*, The Law of International Human Rights Protection)

– Universeller Menschenrechtsschutz. Der Schutz des Individuums auf globaler und regionaler Ebene, Basel, 3. Auflage 2013 (zitiert: *Kälin/Künzli*, Universeller Menschenrechtsschutz)

Kamchibekova, Damira: State Responsibility for Extraterritorial Human Rights Violations, in: Buffalo Human Rights Law Review 13 (2007), S. 87–149 (zitiert: *Kamchibekova*, State Responsibility, Buff. Hum. Rts. L. Rev.13 (2007), S. 87–149)

Kamminga, Menno T.: Extraterritoriality, in: Rüdiger Wolfrum, Oxford Public International Law, Max Planck Encyclopedia of Public International Law, November 2012, abrufbar unter: http://opil.ouplaw.com/view/10.1093/law:epil/9780199231690/law-9780199231690-e1040?rskey=ev56xS&result=1&prd=EPIL (zuletzt abgerufen am 2.10.2017) (zitiert: *Kamminga*, Extraterritoriality, in: *Wolfrum*, MPEPIL)

Kanalan, Ibrahim: Extraterritoriale Staatenpflichten jenseits der Hoheitsgewalt: Ein neues Konzept für umfassende extraterritoriale Staatenpflichten, in: Archiv des Völkerrechts 52 (2014), S. 495–521 (zitiert: *Kanalan*, Extraterritoriale Staatenpflichten, AdVR 52 (2014), S. 495–521)

– Die universelle Durchsetzung des Rechts auf Nahrung gegen transnationale Unternehmen, Tübingen 2015 (zitiert: *Kanalan*, Die universelle Durchsetzung des Rechts auf Nahrung)

Kant, Immanuel: Zum Ewigen Frieden, in: Karl Kehrbach, Text der Ausgabe A (1795) unter Berücksichtigung des Manuskriptes, der Ausgaben Aa (1795) und B (1796), Leipzig 1881, S. 1–56 (zitiert: *Immanuel Kant*, Zum Ewigen Frieden, in: *Kehrbach*, Text der Ausgabe A (1881), S. 1–56)

Kau, Marcel: Der Staat und der Einzelne als Völkerrechtssubjekte, in: Wolfgang Graf Vitzthum/Alexander Proelß, Völkerrecht, Berlin/Boston, 7. Auflage 2016, S. 133–246 (zitiert: *Kau*, Der Staat und der Einzelne als Völkerrechtssubjekte, in: *Vitzthum/Proelß*, Völkerrecht)

Kaufmann, Annelie: Wenn Unrecht weit weg ist – Klagen gegen internationale Unternehmen, Artikel der Legal Tribune Online v. 4.7.2014, abrufbar unter: http://www.lto.de/recht/hintergruende/h/internationale-strafverfolgung-unternehmen-ecchr-studie/ (zuletzt abgerufen am 2.10.2017) (zitiert: *Kaufmann*, Klagen gegen internationale Unternehmen)

Kees, Alexander: Responsibilty of States for Private Actors, in: Rüdiger Wolfrum, Oxford Public International Law, Max Planck Encyclopedia of Public International Law, März 2011, abrufbar unter: http://opil.ouplaw.com/view/10.1093/law:epil/9780199231690/law-9780199231690-e1092?rskey=gWzkXs&result=1&prd=EPIL (zuletzt abgerufen am 2.10.2017) (zitiert: *Kees*, Responsibility of States for Private Actors, in: *Wolfrum*, MPEPIL)

– Privatisierung im Völkerrecht. Zur Verantwortlichkeit der Staaten bei der Privatisierung von Staatsaufgaben, Berlin 2008 (zitiert: *Kees*, Privatisierung im Völkerrecht)

Kempen, Bernhard/*Hillgruber*, Christian: Völkerrecht, München, 2. Auflage 2012 (zitiert: *Kempen/Hillgruber*, Völkerrecht)

Kindhäuser, Urs: Strafrecht Allgemeiner Teil, Baden-Baden, 7. Auflage 2015 (zitiert: *Kindhäuser*, Strafrecht AT)

Kindt, Anne: Menschenrechte und Souveränität. Diskutiert anhand der internationalen Strafrechtspflege, Berlin 2009 (zitiert: *Kindt*, Menschenrechte und Souveränität)

King, Hugh: The Extraterritorial Human Rights Obligations of States, in: Human Rights Law Review 9 (2009), S. 521–556 (zitiert: *King*, The Extraterritorial Human Rights Obligations of States, HRLR 9 (2009), S. 521–556)

Kirchhof, Paul: Mittel staatlichen Handelns, in: in: Josef Isensee/Paul Kirchhof, Handbuch des Staatsrechts, Band V, Rechtsquellen, Organisation, Finanzen, Heidelberg 3. Auflage 2007, S. 3–133 (zitiert: *Kirchhof*, Mittel staatlichen Handelns, in: *Isensee/Kirchhof*, HStR Band V)

Klatt, Matthias: Positive Obligations under the European Convention on Human Rights, in: Zeitschrift für ausländisches öffentliches Recht und Völkerrecht 71 (2011), S. 691–718 (zitiert: *Klatt*, Positive Obligations, ZaöRV 71 (2011), S. 691–718)

Klein, Eckart: Menschenrechte im Spiegel der Globalisierung, in: MenschenRechtsMagazin 10 (2005), S. 125–135 (zitiert: *Klein*, Menschenrechte im Spiegel der Globalisierung, MRM 10 (2005), S. 125–135)

– A Symposium on Constitutional Rights and International Human Rights Honoring Professor David Kretzmer: Establishing a Hierarchy of Human Rights: Ideal Solution or Fallacy?, in: Israel Law Review 41 (2008), S. 477–488 (zitiert: *Klein*, A Symposium on Constitutional Rights and International Human Rights, Isr. L. Rev. 41 (2008), S. 477–488)

– Menschenrechte: Stille Revolution des Völkerrechts und Auswirkungen auf die innerstaatliche Rechtsanwendung, Baden-Baden 1997 (zitiert: *Klein*, Menschenrechte)

Kleinlein, Thomas/*Rabenschlag*, David: Auslandsschutz und Staatsangehörigkeit, in: Zeitschrift für ausländisches öffentliches Recht und Völkerrecht 67 (2007), S. 1277–1337 (zitiert: *Kleinlein/Rabenschlag*, Auslandsschutz und Staatsangehörigkeit, ZaöRV 67 (2007), S. 1277–1337)

Kling, Michael/*Thomas*, Stefan: Kartellrecht, München, 2. Auflage 2016 (zitiert: *Kling/Thomas*, Kartellrecht)

Klinke, Robert: Bestimmungsmerkmale von Hoheitsgewalt im Völkerrecht, Frankfurt am Main 1999 (zitiert: *Klinke*, Bestimmungsmerkmale von Hoheitsgewalt im Völkerrecht)

Knox, John H.: The Myth and Reality of Transboundary Environmental Impact Assessment, in: The American Journal of International Law 96 (2002), S. 291–319 (zitiert: *Knox*, The Myth and Reality of Transboundary Environmental Impact Assessment, AJIL 96 (2002), S. 291–319)

Koch, Hannes: Als Dörfer einfach überflutet wurden – Prozess gegen deutsche Firma Lahmeyer, Artikel in der taz.de v. 3.12.2015, abrufbar unter: http://www.taz.de/!5252971/ (zuletzt abgerufen am 2.10.2017) (zitiert: *Koch*, Prozess gegen deutsche Firma Lahmeyer)

Kochenov, Dimitry: EU Law of the Overseas. Outermost Regions, Associated Overseas Countries and Territories, Territories Sui Generis, Alphen aan den Rijn 2011 (zitiert: *Kochenov*, EU Law of the Overseas)

Koenen, Thomas: Wirtschaft und Menschenrechte. Staatliche Schutzpflichten auf der Basis regionaler und internationaler Menschenrechtsverträge, Berlin 2012 (zitiert: *Koenen*, Wirtschaft und Menschenrechte)

Koppensteiner, Hans-Georg: Internationale Unternehmen im deutschen Gesellschaftsrecht, Frankfurt am Main 1971 (zitiert: *Koppensteiner*, Internationale Unternehmen im deutschen Gesellschaftsrecht)

Korten, David C.: When Corporations Rule the World, Bloomfield/San Francisco, 2. Auflage 2001 (zitiert: *Korten*, When Corporations Rule the World)

Köster, Constantin: Die völkerrechtliche Verantwortlichkeit privater (multinationaler) Unternehmen für Menschenrechtsverletzungen, Berlin 2010 (zitiert: *Köster*, Die völkerrechtliche Verantwortlichkeit privater Unternehmen)

Kotzur, Markus: Der Europäische Gerichtshof für Menschenrechte: Ein Regionaler Akteur im Dienste Universeller Menschenrechte, in: Bernd von Hoffmann: Universalität der Menschenrechte. Kulturelle Pluralität, Frankfurt am Main 2009, S. 41–63 (zitiert: *Kotzur*, Der Europäische Gerichtshof für Menschenrechte, in: *Hoffmann*, Universalität der Menschenrechte, S. 41–63)

Krajewski, Markus: Menschenrechte und transnationale Unternehmen, in: Karl Möseneder, Menschenrechte, Erlanger Universitätstage 2012, Erlangen 2013, S. 49–74 (zitiert: *Krajewski*, Menschenrechte und transnationale Unternehmen, in: *Möseneder*, Menschenrechte, S. 49–74)

– Völkerrecht, Baden-Baden, 1. Auflage 2017 (zitiert: *Krajewski*, Völkerrecht)

Krajewski, Markus/*Bozorgzad*, Marzieh/*Heß*, Ronja: Menschenrechtliche Pflichten von multinationalen Unternehmen in den OECD-Leitsätzen: Taking Human Rights More Seriously?, in: Zeitschrift für ausländisches öffentliches

Recht und Völkerrecht 76 (2016), S. 309–340 (zitiert: *Krajewski/Bozorgzad/Heß*, Menschenrechtliche Pflichten von multinationalen Unternehmen, ZaöRV 76 (2016), S. 309–340)

Kramer, Rolf: Das Unternehmen zwischen Globalisierung und Nachhaltigkeit. Sozialethische Überlegungen, Berlin 2002 (zitiert: *Kramer*, Unternehmen zwischen Globalisierung und Nachhaltigkeit)

Kranz, Jerzy: Die völkerrechtliche Verantwortlichkeit für die Anwendung militärischer Gewalt, Maßstäbe der Zurechenbarkeit, in: Archiv des Völkerrechts 48 (2010), S. 281–337 (zitiert: *Kranz*, Die völkerrechtliche Verantwortlichkeit, AdVR 48 (2010), S. 281–337)

Krebs, Walter: Verwaltungsorganisation (§ 108), in: Josef Isensee/Paul Kirchhof, Handbuch des Staatsrechts, Band V, Rechtsquellen, Organisation, Finanzen, Heidelberg 3. Auflage 2007, S. 457–520 (zitiert: *Krebs*, Verwaltungsorganisation, in: *Isensee/Kirchhof*, HStR Band V)

Krieger, Heike: Die Verantwortlichkeit Deutschlands nach der EMRK für seine Streitkräfte im Auslandseinsatz, in: Zeitschrift für ausländisches öffentliches Recht und Völkerrecht 62 (2002), S. 669–702 (zitiert: *Krieger*, Die Verantwortlichkeit Deutschlands nach der EMRK, ZaöRV 62 (2002), S. 669–702)

– Positive Verpflichtungen unter der EMRK: Unentbehrliches Element einer gemeineuropäischen Grundrechtsdogmatik, leeres Versprechen oder Grenze der Justiziabilität?, in: Zeitschrift für ausländisches öffentliches Recht und Völkerrecht 74 (2014), S. 187–213 (zitiert: *Krieger*, Positive Verpflichtungen unter der EMRK, ZaöRV 74 (2014), S. 187–213)

– Kapitel 6: Funktionen von Grund- und Menschenrechten, in: Oliver Dörr/Rainer Grote/Thilo Marauhn, EMRK/GG Konkordanzkommentar zum europäischen und deutschen Grundrechtsschutz, Tübingen, 2. Auflage 2013, Band I (Kapitel 1–19) (zitiert: *Krieger*, in: *Dörr/Grote/Marauhn*, EMRK/GG, Band I)

Kropholler, Jan: Internationales Privatrecht einschließlich der Grundbegriffe des Internationalen Zivilverfahrensrechts, Tübingen, 6. Auflage 2006 (zitiert: *Kropholler*, Internationales Privatrecht)

Kruse, Alfred: Aussenwirtschaft. Die internationalen Wirtschaftsbeziehungen, Berlin 1972 (zitiert: *Kruse*, Aussenwirtschaft)

Kühl, Kristian: Strafrecht Allgemeiner Teil, München, 8. Auflage 2017 (zitiert: *Kühl*, Strafrecht AT)

Kunig, Philip: Prohibition of Intervention, in: Rüdiger Wolfrum, Oxford Public International Law, Max Planck Encyclopedia of Public International Law, April 2008, abrufbar unter: http://opil.ouplaw.com/view/10.1093/law:epil/9780199231690/law-9780199231690-e1434?rskey=4EvAnT&result=1&prd=EPIL (zuletzt abgerufen am 2.10.2017) (zitiert: *Kunig*, Prohibition of Intervention, in: Wolfrum, MPEPIL)

Künnemann, Rolf: Extraterritorial Application of the International Covenant on Economic, Social and Cultural Rights, in: Fons Coomans/Menno T. Kamminga, Extraterritorial Application of Human Rights Treaties, Antwerpen 2004, S. 201–231 (zitiert: *Künnemann*, Extraterritorial Application of the ICESCR, in: *Coomans/Kamminga*, Extraterritorial Application of Human Rights Treaties, S. 201–231)

Künzli, Jörg: Zwischen Rigidität und Flexibilität: der Verpflichtungsgrad internationaler Menschenrechte. Ein Beitrag zum Zusammenspiel von Menschenrechten, humanitärem Völkerrecht und dem Recht der Staatenverantwortlichkeit, Berlin 2001 (zitiert: *Künzli*, Zwischen Rigidität und Flexibilität)

Kuypers, Valerie: Gambia will Strafgerichtshof verlassen, Zeit Online (dpa), Artikel v. 26.10.2016, abrufbar unter: http://www.zeit.de/politik/ausland/2016-10/internationaler-strafgerichtshof-gambia-rueckzug (zuletzt abgerufen am 2.10.2017) (zitiert: *Kuypers*, Gambia will Strafgerichtshof verlassen)

Ladeur, Karl-Heinz/*Viellechner*, Lars: Die transnationale Expansion staatlicher Grundrechte. Zur Konstitutionalisierung globaler Privatrechtsregimes, in: Archiv des Völkerrechts 46 (2008), S. 42–73 (zitiert: *Ladeur/Viellechner*, Die transnationale Expansion staatlicher Grundrechte, AdVR 46 (2008), S. 42–73)

Laursen, Andreas: NATO, The War Over Kosovo, And The ICTY Investigation, in: American University International Law Review 17 (2002), S. 765–814 (zitiert: *Laursen*, NATO, The War Over Kosovo and The ICTY Investigations, AUILR 17 (2002), S. 765–814)

Lawson, Rick: Life after Bankovic: On the Extraterritorial Application of the European Convention on Human Rights, in: Fons Coomans/Menno T. Kamminga, Extraterritorial Application of Human Rights Treaties, Antwerpen 2004, S. 83–123 (zitiert: *Lawson*, Life After Bankovic, in: *Coomans/Kamminga*, Extraterritorial Application of Human Rights Treaties, S. 83–123)

Leipold, Klaus: Unternehmensstrafrecht – Eine rechtspolitische Notwendigkeit?, in: Zeitschrift für Rechtspolitik 46 (2013), S. 34–37 (zitiert: *Leipold*, Unternehmensstrafrecht, ZRP 46 (2013), S. 34–37)

Leistikow, Michael W.: § 44 Gesellschafts- und Unternehmensrecht, in: Benno Heussen/Christoph Hamm, Beck'sches Rechtsanwalts-Handbuch, München, 11. Auflage 2016 (zitiert: *Leistikow*, in: *Heussen/Hamm*, BeckRA-HdB)

Lenaerts, Koen: Die EU-Grundrechtecharta: Anwendbarkeit und Auslegung, in: Europarecht 1 (2013), S. 3–17 (zitiert: *Lenaerts*, Die EU-Grundrechtecharta, EuR 1 (2012), S. 3–17)

Lörcher, Klaus: Soziale Menschenrechte im individuellen Arbeitsrecht nach Demir und Baykara – am Beispiel von Art. 8 EMRK, in: Arbeit und Recht,

Deutsches und Europäisches Arbeitsrecht, 59 (2011), S. 88–92 (zitiert: *Lörcher*, Soziale Menschenrechte im individuellen Arbeitsrecht, AuR 59 (2011), S. 88–92)

Lorenz, Dirk: Der territoriale Anwendungsbereich der Grund- und Menschenrechte. Zugleich ein Beitrag zum Individualschutz in bewaffneten Konflikten, Berlin 2005 (zitiert: *Lorenz*, Der territoriale Anwendungsbereich der Grund- und Menschenrechte)

Luhmann, Niklas: Das Recht der Gesellschaft, Frankfurt am Main 1995 (zitiert: *Luhmann*, Das Recht der Gesellschaft)

Maaßen, Hans-Georg: Die Rechtsstellung des Asylbewerbers im Völkerrecht. Überlegungen zu den völkerrechtlichen Rahmenbedingungen einer europäischen Asylrechtsharmonisierung, Frankfurt am Main 1997 (zitiert: *Maaßen*, die Rechtsstellung des Asylbewerbers im Völkerrecht)

Mann, Frederick Alexander: The Doctrine of Jurisdiction in International Law, in: The Hague Academy of International Law, Recueil des Cours 111 Band I (1964), S. 1–158 (zitiert: *Mann*, The Doctrine of Jurisdiction in International Law, RdC 111 I (1964), S. 1–162)

– The Doctrine of International Jurisdiction Revisited After Twenty Years, in: The Hague Academy of International Law, Recueil des Courts 186 Band III (1984), S. 13–115 (zitiert: *Mann*, The Doctrine of International Jurisdiction, RdC 186 III (1984), S. 9–115)

Mansel, Heinz-Peter: Verpflichtung zur Leistung (§ 241), in: Othmar Jauernig, Bürgerliches Gesetzbuch, Kommentar, München, 16. Auflage 2015 (zitiert: *Mansel*, in: *Jauernig*, Kommentar zum BGB)

Matscher, Franz: Die Bemerkungen zur extraterritorialen oder indirekten Wirkung der EMRK, in: Andreas Donatsch/Marc Forster/Christian Schwarzenegger, Strafrecht, Strafprozessrecht und Menschenrechte. Festschrift für Stefan Trechsel zum 65. Geburtstag, Zürich/Basel/Genf 2002, S. 25–45 (zitiert: *Matscher*, Die Bemerkungen zur extraterritorialen oder indirekten Wirkung der EMRK, in: *Donatsch/Forster/Schwarzenegger*, FS für Stefan Trechsel, S. 25–45)

Maurach, Reinhart/*Zipf*, Heinz: Strafrecht Allgemeiner Teil, Teilband 1 Grundlehren des Strafrechts und Aufbau der Straftat, ein Lehrbuch, Heidelberg, 8. Auflage 1992 (zitiert: *Maurach/Zipf*, Strafrecht AT)

Maurer, Hartmut/*Waldhoff*, Christian: Allgemeines Verwaltungsrecht, München, 19. Auflage 2017 (zitiert: *Maurer/Waldhoff*, Allgemeines Verwaltungsrecht)

Mayer, Markus: Ne-bis-in-idem-Wirkung europäischer Strafentscheidungen, Frankfurt am Main 1992 (zitiert: *Mayer*, Ne-bis-in-idem-Wirkung)

McCorquodale, Robert/*Simons*, Penelope: Responsibility Beyond Borders: State Responsibility for Extraterritorial Violations by Corporations of International Human Rights Law, in: The Modern Law Review 70 (4) (2007), S. 598–625 (zitiert: *McCorquodale/Simons*, Responsibility Beyond Borders, MLR 70 (2007), S. 598–625)

McGoldrick, Dominic: Extraterritorial Application of the International Covenant on Civil and Political Rights, in: Fons Coomans/Menno T. Kamminga, Extraterritorial Application of Human Rights Treaties, Antwerpen 2004, S. 41–72 (zitiert: *McGoldrick*, Extraterritorial Application of the International Covenant on Civil and Political Rights, in: *Coomans/Kamminga*, Extraterritorial Application of Human Rights Treaties, S. 41–72)

Meessen, Karl Matthias: Völkerrechtliche Grundsätze des internationalen Kartellrechts, Baden-Baden 1975 (zitiert: *Meessen*, Völkerrechtliche Grundsätze des internationalen Kartellrechts)

Meng, Werner: Extraterritoriale Jurisdiktion im öffentlichen Wirtschaftsrecht. Extraterritorial jurisdiction in public economic law, Berlin 1994 (zitiert: *Meng*, Extraterritoriale Jurisdiktion)

Meron, Theodor: On a Hierarchy of International Human Rights, in: The American Journal of International Law 80 (1986), S. 1–23 (zitiert: *Meron*, On a Hierarchy of International Human Rights, AJIL 80 (1986), S. 1–23)

Metje, Tim Martin: Der Investitionsschutz im internationalen Anlagenbau. Eine Untersuchung unter besonderer Berücksichtigung internationaler BOT-Projekte, Tübingen 2008 (zitiert: *Metje*, Der Investitionsschutz)

Meyer-Ladewig, Jens/*Nettesheim*, Martin/*Raumer*, Stefan von: EMRK. Europäische Menschenrechtskonvention, Baden-Baden, 4. Auflage 2017 (zitiert: *Bearbeiter*, in: *Meyer-Ladewig/Nettesheim/Raumer*, EMRK)

Milanovic, Marko: From Compromise to Principle. Clarifying the Concept of State Jurisdiction in Human Rights Treaties, in: Human Rights Law Review 8 (3) (2008), S. 411–448 (zitiert: *Milanovic*, From Compromise to Principle, HRLR 8 (2008), S. 411–448)

– Extraterritorial Application of Human Rights Treaties: Law, Principles and Policy, Oxford 2011 (zitiert: *Milanovic*, Extraterritorial Application of Human Rights Treaties)

Miller, Sarah: Revisiting Extraterritorial Jurisdiction: A Territorial Justification for Extraterritorial Jurisdiction under the European Convention, in: The European Journal of International Law Vol. 20 (4) (2009), S. 1223–1246 (zitiert: *Miller*, Revisiting Extraterritorial Jurisdiction, EJIL 20 (2009), S. 1223–1246)

Morris-Take, Berit Kristina: Die extraterritoriale Anwendbarkeit der Rassendiskriminierungskonvention, Berlin 2015 (zitiert: *Morris-Take*, Die extraterritoriale Anwendbarkeit der Rassendiskriminierungskonvention)

Mosler, Hermann: Völkerrecht als Rechtsordnung, in: Zeitschrift für ausländisches öffentliches Recht und Völkerrecht 36 (1976), S. 6–49 (zitiert: *Mosler*, Völkerrecht als Rechtsordnung, ZaöRV 36 (1976), S. 6–49)

Mowbray, Alastair: An Examination of the European Court of Human Rights' Approach to Overruling its Previous Case Law, in: Human Rights Law Review 9 (2) (2009), S. 179–201 (zitiert: *Mowbray*, The European Court of Human Rights' Approach to Overruling its Previous Case Law, HRLR 9 (2009), S. 179–201)

Müller, Melanie/*Paasch*, Armin: Wenn nur die Kohle zählt – Deutsche Mitverantwortung für Menschenrechte im südafrikanischen Kohlesektor, Studie des Bischöflichen Hilfswerks MISEREOR e.V., April 2016, abrufbar unter: https://www.misereor.de/fileadmin/publikationen/studie-wenn-nur-die-kohle-zaehlt.pdf (zuletzt abgerufen am 2.10.2017) (zitiert: *Müller/Paasch*, Wenn nur die Kohle zählt, Studie von April 2016)

Murswiek, Dietrich: Grundrechte als Teilhaberechte, soziale Grundrechte (§192), in: Josef Isensee/Paul Kirchhof, Handbuch des Staatsrechts der Bundesrepublik Deutschland, Band IX, Allgemeine Grundrechtslehren, Heidelberg 3. Auflage 2011, S. 569–620 (zitiert: *Murswiek*, Grundrechte als Teilhaberechte, in: *Isensee/Kirchhof*, HStR Band IX)

– Die Pflicht des Staates zum Schutz vor Eingriffen Dritter nach der EMRK, in: Hans-Joachim Konrad, Grundrechtsschutz und Verwaltungsverfahren: unter besonderer Berücksichtigung des Asylrechts. Internationaler Menschenrechtsschutz: Referate der 23. Tagung der wissenschaftlichen Mitarbeiter der Fachrichtung „Öffentliches Recht" v. 22.-26.2.1983, Berlin 1985, S. 213–242 (zitiert: *Murswiek*, Die Pflicht des Staates zum Schutz vor Eingriffen Dritter nach der EMRK, in: *Konrad*, Internationaler Menschenrechtsschutz, S. 213–242)

Netzwerk Menschenrechte: UN-Sozialpakt, Entstehung des Sozialpakts, Artikel abrufbar unter: https://www.sozialpakt.info/entstehung-des-sozialpaktes-3164/ (zuletzt abgerufen am 2.10.2017) (zitiert: *Netzwerk Menschenrechte*, Entstehung des UN-Sozialpakts)

Neuhaus, Carla/*Wang*, Ning: Kritik an Chinas Protektionismus, Der Tagesspiegel online, Artikel v. 31.10.2016, abrufbar unter: http://www.tagesspiegel.de/wirtschaft/vor-gabriels-china-reise-kritik-an-chinas-protektionismus/14764592.html (zuletzt abgerufen am 2.10.2017) (zitiert: *Neuhaus/Ning*, Kritik an Chinas Protektionismus)

Neuhold, Hanspeter: Diskussion zum Referat Wildhaber, in: Berichte der Deutschen Gesellschaft für Völkerrecht, Internationalrechtliche Probleme multinationaler Korporationen, Heft 18 (1978), S. 397–399 (zitiert: *Neuhold*, BDGV Heft 18 (1978), S. 397–399)

Nienhuysen, Frank/*Pfaff*, Isabel: Russland tritt Rückzug aus Den Haag an, Süddeutsche Zeitung online, Artikel v. 16.11.2016, abrufbar unter: http://www.sueddeutsche.de/politik/icc-russland-tritt-rueckzug-aus-den-haag-an-1.3252202 (zuletzt abgerufen am 2.10.2017) (zitiert: *Nienhuysen/Pfaff*, Russland tritt Rückzug aus Den Haag an)

Nowrot, Karsten: Normative Ordnungsstruktur und private Wirkungsmacht. Konsequenzen der Beteiligung transnationaler Unternehmen an den Rechtssetzungsprozessen im internationalen Wirtschaftssystem, Berlin 2006 (zitiert: *Nowrot*, Normative Ordnungsstruktur und private Wirkungsmacht)

– Steuerungssubjekte und –mechanismen im Internationalen Wirtschaftsrecht (einschließlich regionale Wirtschaftsintegration) (§ 2), in: Christian Tietje, Internationales Wirtschaftsrecht, Berlin 2009 (zitiert: *Nowrot*, in: *Tietje*, Internationales Wirtschaftsrecht)

Oberleitner, Gerd: Human Rights in Armed Conflict. Law, Practice, Policy, Cambridge 2015 (zitiert: *Oberleitner*, Human Rights in Armed Conflict)

OECD: Corporate Governance of State-Owned Enterprises – A Survey of OECD Countries, Paris 2005, abrufbar unter: http://www.oecd.org/daf/ca/corporategovernanceofstate-ownedenterprises/45885543.pdf (zuletzt abgerufen am 2.10.2017) (zitiert: *OECD*, Corporate Governance of State-Owned Enterprises, 2005)

– OECD Declaration and Decisions on International Investment and Multinational Enterprises, Adhering Countries, abrufbar unter: http://www.oecd.org/investment/investment-policy/oecddeclarationanddecisions.htm (zuletzt abgerufen am 2.10.2017) (zitiert: *OECD*, Declaration on Multinational Enterprises, Adhering Countries)

– OECD-Leitsätze für multinationale Unternehmen, Ausgabe 2011, abrufbar unter: http://www.oecd.org/corporate/mne/48808708.pdf (zuletzt abgerufen am 2.10.2017) (zitiert: *OECD*, Leitsätze für multinationale Unternehmen, 2011)

Oehler, Dietrich: Theorie des Strafanwendungsrechts, in: Dietrich Oehler/Paul-Günter Pötz, Aktuelle Probleme des Internationalen Strafrechts, Beiträge zur Gestaltung des Internationalen und eines Supranationalen Strafrechts, Heinrich Grützner zum 65. Geburtstag, Hamburg 1970, S. 110–126 (zitiert: *Oehler*, Theorie des Strafanwendungsrechts, in: *Oehler/Pötz*, Heinrich Grützner zum 65. Geburtstag, S. 110–126)

Oestreich, Gerhard: Geschichte der Menschenrechte und Grundfreiheiten im Umriß, Berlin, 2. Auflage 1978 (zitiert: *Oestreich*, Geschichte der Menschenrechte und Grundfreiheiten)

Oeter, Stefan: Souveränität – ein überholtes Konzept?, in: Hans-Joachim Cremer/Thomas Giegerich/Dagmar Richter/Andreas Zimmermann, Tradition und Weltoffenheit des Rechts, Festschrift für Helmut Steinberger, Berlin 2002, S. 259–290 (zitiert: *Oeter*, Souveränität, in: *Cremer/Giegerich/Richter/Zimmermann*, FS für Helmut Steinberger, S. 259–290)

OHCHR: Frequently Asked Questions on a Human Rights-Based Approach to Development Cooperation, 2006, Doc. HR/PUB/06/8, abrufbar unter: http://www.ohchr.org/Documents/Publications/FAQen.pdf (zuletzt abgerufen am 2.10.2017) (zitiert: *OHCHR*, FAQ's on a Human Rights-Based Approach, 2006)

Ohler, Christoph: Die Entwicklung eines Internationalen Verwaltungsrechts als Aufgabe der Rechtswissenschaft, in: Das Deutsche Verwaltungsblatt, Ausgabe 17 (2007), S. 1083–1093 (zitiert: *Ohler*, Die Entwicklung eines Internationalen Verwaltungsrechts, DVBl 17 (2007), S. 1083–1093)

– Die Kollisionsordnung des Allgemeinen Verwaltungsrechts, Strukturen des deutschen Internationalen Verwaltungsrechts, Tübingen 2005 (zitiert: *Ohler*, Die Kollisionsordnung des Allgemeinen Verwaltungsrechts)

Opel, Anna: Ausländische Agrarinvestitionen, „Land-Grabbing" im Spannungsfeld zwischen Menschenrechtsschutz und Investitionsschutzrecht, Berlin 2016 (zitiert: *Opel*, Ausländische Agrarinvestitionen)

Orakhelashvili, Alexander: Restrictive Interpretation of Human Rights Treaties in the Recent Jurisprudence of the European Court of Human Rights, in: The European Journal of International Law Vol. 14 (3) (2003), S. 529–568 (zitiert: *Orakhelashvili*, Restrictive Interpretation of Human Rights Treaties, EJIL 14 (2003), S. 529–568)

Oxman, Bernhard H.: Jurisdiction of States, in: Rüdiger Wolfrum, Oxford Public International Law, Max Planck Encyclopedia of Public International Law, November 2007, abrufbar unter: http://opil.ouplaw.com/view/10.1093/law:epil/9780199231690/law-9780199231690-e1436?rskey=CnP9Pl&result=8&prd=EPIL (zuletzt abgerufen am 2.10.2017) (zitiert: *Oxman*, Jurisdiction of States, in: *Wolfrum*, MPEPIL)

Palchetti, Paolo: De Facto Organs of a State, in: Rüdiger Wolfrum, Oxford Public International Law, Max Planck Encyclopedia of Public International Law, November 2010, abrufbar unter: http://opil.ouplaw.com/view/10.1093/law:epil/9780199231690/law-9780199231690-e1394?rskey=srgbWr&result=1&prd=EPIL (zuletzt abgerufen am 2.10.2017) (zitiert: *Palchetti*, De Facto Organs of a State, in: *Wolfrum*, MPEPIL)

Palombo, Dalia: Chandler v. Cape: An Alternative to Piercing the Corporate Veil Beyond Kiobel v. Royal Dutch Shell, in: British Journal of American Legal Studies 4 (1) (2015), S. 453–471 (zitiert: *Palombo*, Chandler v. Cape, BJALS 4 (2015), S. 453–471)

Papier, Hans-Jürgen: Scheidender BVerfG-Präsident H.-J. Papier warnt EGMR vor bedrohlichen Erschütterungen der Akzeptanz seiner Urteile und der Befolgungsbereitschaft, Dokumentation in: Europäische Grundrechte Zeitschrift 37 (2010), S. 368 (zitiert: *Papier*, Dokumentation, EuGRZ 37 (2010), S. 368)

Papp, Andreas: Extraterritoriale Schutzpflichten. Völkerrechtlicher Menschenrechtsschutz und die deutsche Außenwirtschaftsförderung, Köln 2013 (zitiert: *Papp*, Extraterritoriale Schutzpflichten)

Pappas, Claudia: Stellvertretende Strafrechtspflege. Zugleich ein Beitrag zur Ausdehnung deutscher Strafgewalt nach § 7 Abs. 2 Nr. 2 StGB, Freiburg im Breisgau 1996 (zitiert: *Pappas*, Stellvertretende Strafrechtspflege)

Partsch, Karl Josef: Die Entstehung der europäischen Menschenrechtskonvention, in: Zeitschrift für ausländisches öffentliches Recht und Völkerrecht 15 (1953), S. 631–660 (zitiert: *Partsch*, Die Entstehung der europäischen Menschenrechtskonvention, ZaöRV 15 (1953), S. 631–660)

Paulus, Andreas: Whether Universal Values can Prevail over Bilateralism and Reciprocity, in: Antonio Cassese, Realizing Utopia? The Future of International Law, Oxford 2012, S. 89–104 (zitiert: *Paulus*, Whether Universal Values can Prevail over Bilateralism and Reciprocity, in: *Cassese*, Realizing Utopia, S. 89–104)

Pedersen, Morten Peschardt: Territorial Jurisdiction in Article 1 of the European Convention on Human Rights, in: Nordic Journal of International Law 73 (2004), S. 279–305 (zitiert: *Pedersen*, Territorial Jurisdiction in Article 1, NJIL 73 (2004), S. 279–305)

Peters, Anne: Elemente einer Theorie der Verfassung Europas, Berlin 2001 (*Peters*, Elemente einer Theorie der Verfassung Europas)

- Wie funktioniert Völkerrecht?, in: Basler Juristische Mitteilungen 1 (2004), S. 1–24 (zitiert: *Peters*, Wie funktioniert Völkerrecht?, BJM 1 (2004), S. 1–24)
- Das subjektive internationale Recht, in: Jahrbuch des Öffentlichen Rechts der Gegenwart, Band 59 (2011), S. 411–456 (zitiert: *Peters*, Das subjektive internationale Recht, JöR 59 (2011), S. 411–456)
- Jenseits der Menschenrechte. Die Rechtsstellung des Individuums im Völkerrecht, Tübingen 2014 (zitiert: *Peters*, Jenseits der Menschenrechte)
- Die Anwendbarkeit der EMRK in Zeiten komplexer Hoheitsgewalt und das Prinzip der Grundrechtstoleranz, in: Archiv des Völkerrechts 48 (2010),

S. 1–57 (zitiert: *Peters*, Die Anwendbarkeit der EMRK in Zeiten komplexer Hoheitsgewalt, AdVR 48 (2010), S. 1–57)

Peters, Anne/*Altwicker*, Tilmann: Die Verfahren beim EGMR (§ 13), in: Stefan Leible/Jörg Philipp Terhechte, Europäisches Rechtsschutz- und Verfahrensrecht, Band 3 der Enzyklopädie Europarecht, Baden-Baden, 1. Auflage 2014, S. 403–429 (zitiert: *Peters/Altwicker*, in: *Leible/Terhechte*, Europäisches Rechtsschutz- und Verfahrensrecht)

– Europäische Menschenrechtskonvention: mit rechtsvergleichenden Bezügen zum deutschen Grundgesetz, München, 2. Auflage 2012 (zitiert: *Peters/Altwicker*, Europäische Menschenrechtskonvention)

Petersmann, Ernst-Ulrich: Human Rights and International Economic Law in the 21st Century. The Need To Clarify Their Interrelationships, in: Journal of International Economic Law 2001, S. 3–39 (zitiert: *Petersmann*, Human Rights and International Economic Law in the 21st Century, JIEL 2001, S. 3–39)

Petrochilos, Georgios: Attribution (Chapter 13), in: Katia Yannaca-Small, Arbitration under International Investment Agreements. A Guide to the Key Issues, New York 2010, S. 287–322 (zitiert: *Petrochilos*, Attribution, in: *Yannaca-Small*, Arbitration under International Investment Agreements, S. 287–322)

Rainey, Bernadette/*Wicks*, Elizabeht/*Ovey*, Clare: The European Convention on Human Rights, Oxford, 6. Auflage 2014 (zitiert: *Rainey/Wicks/Ovey*, The European Convention on Human Rights)

Rau, Markus: Schadensersatzklagen wegen extraterritorial begangener Menschenrechtsverletzungen: der US-amerikanische Alien Tort Claims Act, in: Praxis des Internationalen Privat- und Verfahrensrechts 20 (6) 2000, S. 558–560 (zitiert: *Rau*, Schadensersatzklagen wegen extraterritorial begangener Menschenrechtsverletzungen, IPRax 20 (2000), S. 558–560)

Raumer, Stefan von: Zulässigkeit einer Individualbeschwerde beim Europäischen Gerichtshof für Menschenrechte, in: Anwaltsblatt 5 (2009), S. 324–325 (zitiert: *Raumer*, Zulässigkeit einer Individualbeschwerde, AnwBl 5 (2009), S. 324–325)

Reich, Robert B.: The Work of Nations. Preparing Ourselves For 21st-Century Capitalism, New York 1991 (zitiert: *Reich*, The Work of Nations)

Rengier, Rudolf: Strafrecht, Allgemeiner Teil, München, 8. Auflage 2016 (zitiert: *Rengier*, Strafrecht AT)

Ress, Georg: State Responsibility for Extraterritorial Human Rights Violations. The Case of Bankovic, in: Zeitschrift für Europarechtliche Studien 1 (2003), S. 73–89 (zitiert: *Ress*, State Responsibility for Extraterritorial Human Rights Violations, ZEuS 1 (2003), S. 73–89)

- The Duty to Protect and to Ensure Human Rights Under the European Convention on Human Rights, in: Eckard Klein, The Duty to Protect and to Ensure Human Rights, Colloquium Potsdam, 1.-3. July 1999, Berlin 2000, S. 165–205 (zitiert: *Ress*, The Duty to Protect and to Ensure, in: *Klein*, Colloquium, S. 165–205)

Richter, Dagmar: Kapitel 20: Das Recht auf wirksame Beschwerde, in: Oliver Dörr/Rainer Grote/Thilo Marauhn, EMRK/GG Konkordanzkommentar zum europäischen und deutschen Grundrechtsschutz, Tübingen, 2. Auflage 2013, Band II (Kapitel 20–33) (zitiert: *Richter*, in: *Dörr/Grote/Marauhn*, EMRK/GG, Band II)

Riedel, Eibe: Menschenrechte der dritten Dimension, in: Europäische Grundrechte Zeitschrift 16 (1989), S. 9–21 (zitiert: *Riedel*, Menschenrechte der dritten Dimension, EuGRZ 16 (1989), S. 9–21)

- Universeller Menschenrechtsschutz – vom Anspruch zur Durchsetzung, in: Christian Koenig/Ralph Alexander Lorz, Die Universalität der Menschenrechte. Philosophische Grundlagen, nationale Gewährleistungen, internationale Garantien, Berlin 2003, S. 105–137 (zitiert: *Riedel*, Universeller Menschenrechtsschutz, in: *Koenig/Lorz*, Die Universalität der Menschenrechte, S. 105–137)

- Zur Durchsetzung wirtschaftlicher, sozialer und kultureller Rechte im Völkerrecht, in: Thomas Giegerich/Andreas Zimmermann, Wirtschaftliche, soziale und kulturelle Rechte im globalen Zeitalter, Berlin 2008, S. 71–93 (zitiert: *Riedel*, Zur Durchsetzung, in: *Giegerich/Zimmermann*, wsk-Rechte im globalen Zeitalter, S. 71–93)

- Theorie der Menschenrechtsstandards. Funktion, Wirkungsweise und Begründung wirtschaftlicher und sozialer Menschenrechte mit exemplarischer Darstellung der Rechte auf Eigentum und Arbeit in verschiedenen Rechtsordnungen, Berlin 1986 (zitiert: *Riedel*, Theorie der Menschenrechtsstandards)

- Menschenrechte als Gruppenrechte auf der Grundlage kollektiver Unrechtserfahrungen, in: Hans-Richard Reuter, Ethik der Menschenrechte. Zum Streit um die Universalität einer Idee I, Tübingen 1999, S. 295–319 (zitiert: *Riedel*, Menschenrechte als Gruppenrechte, in: *Reuter*, Ethik der Menschenrechte, S. 295–319)

Riedel, Eibe/*Rothen*, Peter: The Human Right to Water, Berlin 2006 (zitiert: *Riedel/Rothen*, The Human Right to Water)

Risse, Thomas/*Jetschke*, Anja/*Schmitz*, Hans Peter: Die Macht der Menschenrechte. Internationale Normen, kommunikatives Handeln und politischer Wandel in den Ländern des Südens, Baden-Baden 2002 (zitiert: *Risse/Jetschke/Schmitz*, Die Macht der Menschenrechte)

Röben, Volker: Kapitel 5: Grundrechtsberechtigte und – verpflichtete, Grundrechtsgeltung, in: Oliver Dörr/Rainer Grote/Thilo Marauhn, EMRK/GG Konkordanzkommentar zum europäischen und deutschen Grundrechtsschutz, Tübingen, 2. Auflage 2013, Band I (Kapitel 1–19) (zitiert: *Röben*, in: *Dörr/Grote/Marauhn*, EMRK/GG, Band I)

Rosencranz, Armin/*Louk*, David: Doe v. Unocal: Holding Corporations Liable for Human Rights Abuses on Their Watch, in: Chapman Law Review 8 (2005), S. 135–152 (zitiert: *Rosencranz/Louk*, Doe v. Unocal, Chap. L. Rev. 8 (2005), S. 135–152)

Roxin, Claus: Täterschaft und Tatherrschaft, Berlin, 9. Auflage 2015 (zitiert: *Roxin*, Täterschaft und Tatherrschaft)

Roxstrom, Erik/*Gibney*, Mark/*Einarsen*, Terje: The NATO Bombing Case (Bankovic et al. v. Belgium et al.) and the Limits of Western Human Rights Protection, in: Boston University International Law Journal 55 (2005), S. 55–136 (zitiert: *Roxstrom/Gibney/Einarsen*, The NATO Bombing Case, BUILJ 55 (2005), S. 55–136)

Rudolf, Walter: Territoriale Grenzen der staatlichen Rechtsetzung, Referat der 12. Tagung der Deutschen Gesellschaft für Völkerrecht in Bad Godesberg vom 14.-16. Juni 1971, in: Berichte der Deutschen Gesellschaft für Völkerrecht Heft 11 (1973), S. 7–45 (zitiert: *Rudolf*, Territoriale Grenzen der staatlichen Rechtsetzung, in: BDGV 11 (1973), S. 7–45)

Ruffert, Matthias: Die Globalisierung als Herausforderung an das Öffentliche Recht, Stuttgart 2004 (zitiert: *Ruffert*, Die Globalisierung als Herausforderung)

Ruggie, John: Report of the Special Representative of the Secretary-General on the issue of human rights and transnational corporations and other business enterprises. Guiding Principles on Business and Human Rights: Implementing the United Nations „Protect, Respect and Remedy" Framework, UN Doc. A/HRC/17/31, 21. März 2011, abrufbar unter: http://www.ohchr.org/Documents/Issues/Business/A-HRC-17-31_AEV.pdf (zuletzt abgerufen am 2.10.2017) (zitiert: *Ruggie*, Guiding Principles on Business and Human Rights 2011, A/HRC/17/31)

– Promotion and Protection of all Human Rights: Civil, Political, Economic, Social and Cultural Rights, including the Right to Development. Towards operationalizing the ‚protect, respect and remedy' framework, UN Doc. A/HRC/11/13, 22. April 2009, abrufbar unter: http://www2.ohchr.org/english/bodies/hrcouncil/docs/11session/A.HRC.11.13.pdf (zuletzt abgerufen am 2.10.2017) (zitiert: *Ruggie*, Promotion and Protection of all Human Rights 2009, A/HRC/11/13)

Rüth, Alexandra/*Trilsch*, Mirja: Bankovic v. Belgium (Admissibility), App. No. 52207/09, in: The American Journal of International Law 97 (1) (2003), S. 168–172 (zitiert: *Rüth/Trilsch*, Bankovic v. Belgium, AJIL 97 (2003), S. 168–172)

Ryngaert, Cedric: Jurisdiction in International Law, Oxford 2008 (zitiert: *Ryngaert*, Jurisdiction in International Law)

Saage-Maaß, Miriam: Transnationale Unternehmen im nationalen und internationalen Recht, in: Zeitschrift für Menschenrechte 2 (2009), S. 102–122 (zitiert: *Saage-Maaß*, Transnationale Unternehmen, ZfMR 2 (2009), S. 102–122)

– Unternehmen zur Verantwortung ziehen. Erfahrungen aus transnationalen Menschenrechtsklagen, Studie von MISEREOR, Brot für die Welt und dem European Center for Constitutional and Human Rights (ECCHR), Juni 2014, abrufbar unter: https://www.misereor.de/fileadmin/publikationen/studie-unternehmen-zur-verantwortung-ziehen-2014.pdf (zuletzt abgerufen am 2.10.2017) (zugleich: Deutscher Bundestag, Ausschuss für wirtschaftliche Zusammenarbeit und Entwicklung, Ausschussdrucksache 18(19)201 a, 15.04.2015) (zitiert: *Saage-Maaß*, Unternehmen zur Verantwortung ziehen)

– Deutsches Zivilrecht – Mittel gegen Menschenrechtsverletzungen im Ausland?, in: Amnesty International/Oxfam Deutschland: Dokumentation des Fachgesprächs: Wirtschaft und Menschenrechte in einer globalisierten Welt. Welche verbindlichen Regeln für Unternehmen und ihre Zulieferer bietet das deutsche Recht?, März 2009, S. 27–33, abrufbar unter: http://www.cora-netz.de/cora/wp-content/uploads/fachgesprach-dokumentation.pdf (zuletzt abgerufen 2.10.2017) (zitiert: *Saage-Maaß*, Deutsches Zivilrecht, in: *Amnesty International/Oxfam*, Fachgespräch Wirtschaft und Menschenrechte, 2009, S. 27–33)

– Arbeitsbedingungen in der globalen Zulieferkette. Wie weit reicht die Verantwortung deutscher Unternehmen?, Politikanalyse für das Referat Globale Politik und Entwicklung der Friedrich-Ebert-Stiftung, November 2011, abrufbar unter: http://library.fes.de/pdf-files/iez/08651.pdf (zuletzt abgerufen am 2.10.2017) (zitiert: *Saage-Maaß*, Arbeitsbedingungen in der globalen Zulieferkette)

Sachs, Michael: Ermessen (§ 40), in: Paul Stelkens/Heinz Joachim Bonk/Michael Sachs, Verwaltungsverfahrensgesetz Kommentar, München, 8. Auflage 2014 (zitiert: *Sachs*, in: *Stelkens/Bonk/Sachs*, Verwaltungsverfahrensgesetz)

Salomon, Tim René: Die Anwendung von Menschenrechten im bewaffneten Konflikt: Normative Grundlagen, neue Entwicklungen und Anwendungsmodalitäten, in: Archiv des Völkerrechts 53 (2015), S. 322–359 (zitiert: *Salomon*,

Die Anwendung von Menschenrechten im bewaffneten Konflikt, AdVR 53 (2015), S. 322–359)

Sasson, Monique: Substantive Law in Investment Treaty Arbitration. The Unsettled Relationship between International and Municipal Law, Alphen aan den Rijn 2010 (zitiert: *Sasson*, Substantive Law in Investment Treaty Arbitration)

Sauer, Heiko: Jurisdiktionskonflikte in Mehrebenensystemen. Die Entwicklung eines Modells zur Lösung von Konflikten zwischen Gerichten unterschiedlicher Ebenen in vernetzten Rechtsordnungen, Berlin/Heidelberg/New York 2008 (zitiert: *Sauer*, Jurisdiktionskonflikte in Mehrebenensystemen)

Schäfer, Bernhard: Der Fall Banković oder Wie eine Lücke geschaffen wird, in: MenschenRechtsMagazin 3 (2002), S. 149–163 (zitiert: *Schäfer*, Der Fall Banković, MRM 3 (2002), S. 149–163)

– Zum Verhältnis Menschenrechte und humanitäres Völkerrecht: zugleich ein Beitrag zur extraterritorialen Geltung von Menschenrechtsverträgen, Potsdam 2006 (zitiert: *Schäfer*, Zum Verhältnis Menschenrechte und humanitäres Völkerrecht)

Schäfer, Carsten: Gesellschaftsrechtliche Implikationen bei der Durchsetzung einer menschenrechtskonformen Geschäftspolitik im Konzern, in: Amnesty International/Oxfam Deutschland: Dokumentation des Fachgesprächs: Wirtschaft und Menschenrechte in einer globalisierten Welt. Welche verbindlichen Regeln für Unternehmen und ihre Zulieferer bietet das deutsche Recht?, März 2009, S. 6–18, abrufbar unter: http://www.cora-netz.de/cora/wp-content/uploads/fachgesprach-dokumentation.pdf (zuletzt abgerufen 2.10.2017) (zitiert: *Schäfer*, Gesellschaftsrechtliche Implikationen bei der Durchsetzung einer menschenrechtskonformen Geschäftspolitik im Konzern, in: *Amnesty International/Oxfam*, Fachgespräch Wirtschaft und Menschenrechte, 2009, S. 6–18)

Scheinin, Martin: Extraterritorial Effect of the International Covenant on Civil and Political Rights, in: Fons Coomans/Menno T. Kamminga, Extraterritorial Application of Human Rights Treaties, Antwerpen 2004, S. 73–81 (zitiert: *Scheinin*, Extraterritorial Effect of the International Covenant on Civil and Political Rights, in: *Coomans/Kamminga*, Extraterritorial Application of Human Rights Treaties, S. 73–81)

Schellenberg, Frank: Das Verfahren vor der Europäischen Kommission und dem Europäischen Gerichtshof für Menschenrechte, Frankfurt am Main 1983 (zitiert: *Schellenberg*, Das Verfahren)

Schenke, Wolf-Rüdiger: Polizei- und Ordnungsrecht, Heidelberg, 9. Auflage 2016 (zitiert: *Schenke*, Polizei- und Ordnungsrecht)

Schicho, Luca: State Entities in International Investment Law, Baden-Baden 2012 (zitiert: *Schicho*, State Entities)

Schilling, Theodor: Internationaler Menschenrechtsschutz. Das Recht der EMRK und des IPbpR, Tübingen, 2. Auflage 2010 (zitiert: *Schilling*, Internationaler Menschenrechtsschutz)

Schlette, Volker: Das neue Rechtsschutzsystem der Europäischen Menschenrechtskonvention. Zur Reform des Kontrollmechanismus durch das 11. Protokoll, in: Zeitschrift für ausländisches öffentliches Recht und Völkerrecht 56 (1996), S. 905–976 (zitiert: *Schlette*, Das neue Rechtsschutzsystem der Europäischen Menschenrechtskonvention, ZaöRV 56 (1996), S. 905–976)

Schmalenbach, Kirsten: Multinationale Unternehmen und Menschenrechte, in: Archiv des Völkerrechts 39 (2001), S. 57–81 (zitiert: *Schmalenbach*, Multinationale Unternehmen und Menschenrechte, AdVR 39 (2001), S. 57–81)

Schmidt, Karsten: Gesellschaftsrecht, Köln, 4. Auflage 2002 (zitiert: *Schmidt*, Gesellschaftsrecht)

Schöbener, Burkhard: Verantwortlichkeit, völkerrechtliche, in: Burkhard Schöbener, Völkerrecht, Lexikon zentraler Begriffe und Themen, Heidelberg/München/Landsberg/Frechen/Hamburg 2014, S. 483–490 (zitiert: *Schöbener*, Völkerrechtliche Verantwortlichkeit, in: *ders.*, Völkerrecht)

Schutter, Olivier de: International Human Rights Law. Cases, Materials, Commentary, Cambridge 2010 (zitiert: *De Schutter*, International Human Rights Law)

– Extraterritorial Jurisdiction as a tool for improving the Human Rights Accountability of Transnational Corporations, Hintergrundbericht für ein Seminar des Sonderbeauftragten John Ruggie vom 3.-4. November 2006, abrufbar unter: https://business-humanrights.org/sites/default/files/reports-and-materials/Olivier-de-Schutter-report-for-SRSG-re-extraterritorial-jurisdiction-Dec-2006.pdf (zuletzt abgerufen am 2.10.2017) (zitiert: *De Schutter*, Extraterritorial Jurisdiction)

– Regulating Transnational Corporations: A Duty under International Human Rights Law. Contribution of the Special Rapporteur on the right to food, Mr. Olivier De Schutter, to the workshop „Human Rights and Transnational Corporations: Paving the way for a legally binding instrument“ convened by Ecuador, 11–12 March 2014, during the 25th session of the Human Rights Council, abrufbar unter: http://www.srfood.org/images/stories/pdf/otherdocuments/20140311_Ecuador.pdf (zuletzt abgerufen am 2.10.2017) (zitiert: *De Schutter*, Regulating Transnational Corporations)

Schutter, Olivier de/*Eide*, Asbjorn/*Khalfan*, Ashfaq/*Orellana*, Marcos/*Salomon*, Margot/*Seiderman*, Ian: Commentary to the Maastricht Principles on Extraterritorial Obligations of States in the Area of Economic, Social and Cultural Rights, in: Human Rights Quarterly 34 (2012), S. 1084–1169 (zitiert: *De Schutter/Eide/Khalfan/Orellana/Salomon/Seiderman*, Commentary to the

Maastricht Principles on Extraterritorial Obligations of States, HRQ 34 (2012), S. 1084–1169)

Schwabe, Jürgen: Die sogenannte Drittwirkung der Grundrechte. Zur Einwirkung der Grundrechte auf den Privatrechtsverkehr, München 1971 (zitiert: *Schwabe*, Die sogenannte Drittwirkung der Grundrechte)

Schwarze, Jürgen: Die Jurisdiktionsabgrenzung im Völkerrecht. Neuere Entwicklungen im internationalen Wirtschaftsrecht, Baden-Baden 1994 (zitiert: *Schwarze*, Die Jurisdiktionsabgrenzung im Völkerrecht)

Schweisfurth, Theodor: Völkerrecht, Tübingen 2006 (zitiert: *Schweisfurth*, Völkerrecht)

Seck, Sara L.: Home State Responsibility and Local Communities: The Case of Global Mining, Symposium Corporate Social Responsibility in the Extractive Industries, Yale Law School, März 2008, in: Yale Human Rights & Development Law Journal 11 (2008), S. 177–206 (zitiert: *Seck*, Home State Responsibility, Yale H.R. & Dev. L.J. 11 (2008), S. 177–206)

Seibert-Fohr, Anja: United States Alien Tort Statute, in: Rüdiger Wolfrum, Oxford Public International Law, Max Planck Encyclopedia of Public International Law, Oktober 2015, abrufbar unter: http://opil.ouplaw.com/view/10.1093/law:epil/9780199231690/law-9780199231690-e743?rskey=52DYlE&result=1&prd=EPIL (zuletzt abgerufen am 2.10.2017) (zitiert: *Seibert-Fohr*, United States Alien Tort Statute, in: *Wolfrum*, MPEPIL)

– Die völkerrechtliche Verantwortung des Staates für das Handeln von Privaten: Bedarf nach Neuorientierung?, in: Zeitschrift für ausländisches öffentliches Recht und Völkerrecht 73 (2013), S. 37–60 (zitiert: *Seibert-Fohr*, Die völkerrechtliche Verantwortung des Staates, ZaöRV 73 (2013), S. 37–60)

Seidel, Gerd: Die Völkerrechtsordnung an der Schwelle zum 21. Jahrhundert, in: Archiv des Völkerrechts 38 (2000), S. 23–47 (zitiert: *Seidel*, Die Völkerrechtsordnung, AdVR 38 (2000), S. 23–47)

Seidl-Hohenveldern, Ignaz/*Stein*, Thorsten: Völkerrecht, Köln/Berlin/Bonn/München, 10. Auflage 2000 (zitiert: *Seidl-Hohenveldern/Stein*, Völkerrecht)

Shelton, Dinah L.: The Boundaries of Human Rights Jurisdiction in Europe, in: Duke Journal of Comparative and International Law, Vol. 13 (2003), S. 95–153 (zitiert: *Shelton*, The Boundaries of Human Rights Jurisdiction, Duke J. Comp. & Int'l L. 13 (2003), S. 95–153)

– Normative Hierarchy in International Law, in: The American Journal of International Law 100 (2006), S. 291–323 (zitiert: *Shelton*, Normative Hierarchy in International Law, AJIL 100 (2006), S. 291–323)

Simma, Bruno: The Examination of State Reports: International Covenant on Economic, Social and Cultural Rights, in: Eckart Klein, The monitoring system of human rights treaty obligations, Colloquium Potsdam, 22./23. November 1996, Berlin 1998, S. 31–48 (zitiert: *Simma*, The Examination of State Reports, in: *Klein*, The monitoring system of human rights treaty obligations, S. 31–48)

– Grundfragen der Staatenverantwortlichkeit in der Arbeit der International Law Commission, in: Archiv des Völkerrechts 24 (1986), S. 357–407 (zitiert: *Simma*, Grundfragen der Staatenverantwortlichkeit, AdVR 24 (1986), S. 357–407)

– Self-contained regimes, in: Netherlands Yearbook of International Law 16 (1985), S. 111–136 (zitiert: *Simma*, Self-contained regimes, NYIL 16 (1985), S. 111–136)

Skogly, Sigrun I.: Extraterritoriality: universal human rights without universal obligations?, in: Sarah Joseph und Adam McBeth, Research Handbook on International Human Rights Law, Cheltenham/Northampton 2010, S. 71–96 (zitiert: *Skogly*, Extraterritoriality, in: *Joseph/McBeth*, Research Handbook on International Human Rights Law, S. 71–96)

– Beyond National Borders: States' Human Rights Obligations in International Cooperation, Antwerpen/Oxford 2006 (zitiert: *Skogly*, Beyond National Borders)

Sornarajah, M.: The International Law on Foreign Investment, Cambridge, 3. Auflage 2010 (zitiert: *Sornarajah*, The International Law on Foreign Investment)

– Linking State Responsibility for Certain Harms Caused by Corporate Nationals Abroad to Civil Recourse in the Legal Systems of Home States, in: Craig Scott, Torture as Tort. Comparative Perspectives on the Development of Transnational Human Rights Litigation, Oxford/Portland 2001, S. 491–513 (zitiert: *Sornarajah*, Linking State Responsibility, in: *Scott*, Torture as Tort, S. 491–512)

Stahl, Sandra: Schutzpflichten im Völkerrecht – Ansatz einer Dogmatik, Heidelberg/Dordrecht/London/New York 2012 (zitiert: *Stahl*, Schutzpflichten im Völkerrecht)

Stein, Torsten/*Buttlar*, Christian von/*Kotzur*, Markus: Völkerrecht, 14. Auflage, München 2017 (zitiert: *Stein/Von Buttlar/Kotzur*, Völkerrecht)

Stelkens, Paul: Bekanntgabe des Verwaltungsaktes (§ 41), in: Paul Stelkens/Heinz Joachim Bonk/Michael Sachs, Verwaltungsverfahrensgesetz Kommentar, München, 8. Auflage 2014 (zitiert: *Stelkens*, in: *Stelkens/Bonk/Sachs*, Verwaltungsverfahrensgesetz)

Stree, Walter/*Bosch*, Nikolaus: § 13 Begehen durch Unterlassen, in: Adolf Schönke/Horst Schröder, Strafgesetzbuch Kommentar, München, 29. Auflage 2014 (zitiert: *Stree/Bosch*, in: *Schönke/Schröder*, StGB)

Streuer, Wibke: Die positiven Verpflichtungen des Staates. Eine Untersuchung der positiven Verpflichtungen des Staates aus den Grund- und Menschenrechten des Grundgesetzes und der Europäischen Menschenrechtskonvention, Baden-Baden 2003 (zitiert: *Streuer*, Die positiven Verpflichtungen des Staates)

Strüwer, Elisabeth: Zum Zusammenspiel von humanitärem Völkerrecht und den Menschenrechten am Beispiel des Targeted Killing, Frankfurt am Main 2010 (zitiert: *Strüwer*, Zum Zusammenspiel von humanitärem Völkerrecht und den Menschenrechten)

Szczekalla, Peter: Die sogenannten grundrechtlichen Schutzpflichten im deutschen und europäischen Recht. Inhalt und Reichweite einer „gemeineuropäischen Grundrechtsfunktion", Berlin 2002 (zitiert: *Szczekalla*, Die sogenannten grundrechtlichen Schutzpflichten)

Szydlo, Marek: Extra-Territorial Application of the European Convention on Human Rights after Al-Skeini and Al-Jedda, in: International Criminal Law Review 12 (2012), S. 271–291 (zitiert: *Szydlo*, Extra-Territorial Application of the European Convention on Human Rights after Al-Skeini and Al-Jedda, ICLR 12 (2012), S. 271–291)

Talmon, Stefan: Der Begriff der „Hoheitsgewalt" in Zeiten der Überwachung des Internet- Telekommunikationsverkehrs durch ausländische Nachrichtendienste, in: Juristenzeitung 69 (No. 15) (2014), S. 783–787 (zitiert: *Talmon*, Der Begriff der „Hoheitsgewalt", JZ 69 (2014), S. 783–787)

– The Responsibility of Outside Powers for Acts of Secessionist Entities, in: International and Comparative Law Quarterly, Volume 58 Issue 3 (2009), S. 493–517 (zitiert: *Talmon*, The Responsibilty of Outside Powers, ICLQ 58 (2009), S. 493–517)

Tax, Daniel: Die Europäische Aktiengesellschaft. Gesellschafts- und steuerrechtliche Rahmenbedingungen der Societas Europaea (SE), Hamburg 2010 (zitiert: *Tax*, Die Europäische Aktiengesellschaft)

Teraya, Koji: Emerging Hierarchy in International Human Rights and Beyond: From the Perspective of Non-derogable Rights, in: The European Journal of International Law Vol. 12, No. 5 (2001), S. 917–941 (zitiert: *Teraya*, Emerging Hierarchy in International Human Rights, EJIL 12 (2001), S. 917–941)

Teubner, Gunther: Verfassungsfragmente. Gesellschaftlicher Konstitutionalismus in der Globalisierung, Berlin 2012 (zitiert: *Teubner*, Verfassungsfragmente)

– Die Anonyme Matrix: Zu Menschenrechtsverletzungen durch „Private“ transnationale Akteure, in: Der Staat, Zeitschrift für Staatslehre und Verfassungsgeschichte, Deutsches und Europäisches Öffentliches Recht 45 (2006), S. 161–187 (zitiert: *Teubner*, Die anonyme Matrix, Der Staat 45 (2006), S. 161–187)

Thallinger, Gerhard: Grundrechte und extraterritoriale Hoheitsakte. Auslandseinsätze des Bundesheeres und Europäische Menschenrechtskonvention, Wien 2008 (zitiert: *Thallinger*, Grundrechte und extraterritoriale Hoheitsakte)

The World Bank (Inspection Panel): Investigation Report, South Africa: Eskom Investment Support Project (Report No. 64977-ZA), 21.11.2011, abrufbar unter: http://siteresources.worldbank.org/EXTINSPECTIONPANEL/Resources/Eskom_IPN_Investigation_Report_11.21.11.pdf (zuletzt abgerufen am 2.10.2017) (zitiert: *The World Bank*, Investigation Report Eskom Investment)

Thornhill, Chris: A Sociology of Constitutions. Constitutions and State Legitimacy in Historical-Sociological Perspective, Cambridge 2011 (zitiert: *Thornhill*, A Sociology of Constitutions)

Thrul, Julia/*Heydenreich*, Cornelia/*Lincoln*, Sarah: Menschenrechtliche Sorgfalt ist machbar. Recherche zur Umsetzbarkeit menschenrechtlicher Sorgfalt in deutschen und europäischen Unternehmen, Kurzrecherche hrsg. Von Brot für die Welt e.V. und Germanwatch e.V., März 2016, abrufbar unter: https://germanwatch.org/de/download/14730.pdf (zuletzt abgerufen am 2.10.2017) (zitiert: *Thrul/Heydenreich/Lincoln*, Menschenrechtliche Sorgfalt ist machbar (2016))

Tietje, Christian: Grundstrukturen und aktuelle Entwicklungen des Rechts der Beilegung internationaler Investitionsstreitigkeiten, Arbeitspapiere aus dem Institut für Wirtschaftsrecht (Schriftenreihe), Halle (Saale), Heft 10 (2003) (zitiert: *Tietje*, Grundstrukturen und aktuelle Entwicklungen des Rechts der Beilegung internationaler Investitionsstreitigkeiten)

– Begriff, Geschichte und Grundlagen des Internationalen Wirtschaftssystems und Wirtschaftsrechts (§ 1), in: Christian Tietje, Internationales Wirtschaftsrecht, Berlin 2009 (zitiert: *Tietje*, in: *Tietje*, Internationales Wirtschaftsrecht)

Tomuschat, Christian: Menschenrechte, Individualbeschwerde, in: Rüdiger Wolfrum, Handbuch Vereinte Nationen Nr. 74, München, 2. Auflage 1991, S. 551–558 (zitiert: *Tomuschat*, Menschenrechte, in: *Wolfrum*, Handbuch Vereinte Nationen 74 (1991), S. 551–558)

– Human Rights. Between idealism and realism, Oxford, 3. Auflage 2014 (zitiert: *Tomuschat*, Human Rights)

– Menschenrechtsschutz und innere Angelegenheiten, in: Christian Tomuschat/Torsten Stein/Lucius Caflisch, Eingriff in die inneren Angelegenheiten fremder Staaten zum Zwecke des Menschenrechtsschutzes, Deutsche Sektion der Internationalen Juristen-Kommission, Jahrestagung 2000, Heidelberg 2002, S. 5–20 (zitiert: *Tomuschat*, Menschenrechtsschutz und innere Angelegenheiten, in: *Tomuschat/Stein/Caflisch*, Eingriff in die inneren Angelegenheiten fremder Staaten, S. 5–20)

Uerpmann-Wittzack, Robert: Höchstpersönliche Rechte und Diskriminierungsverbot (§ 3), in: Dirk Ehlers, Europäische Grundrechte und Grundfreiheiten, Berlin/Boston, 4. Auflage 2015 (zitiert: *Uerpmann-Wittzack*, in: *Ehlers*, Europäische Grundrechte und Grundfreiheiten)

UNCTAD: Transnational Corporations and the Infrastructure Challenge, World Investment Report, Geneva 2008, abrufbar unter: http://unctad.org/en/Docs/wir2008_en.pdf (zuletzt abgerufen am 2.10.2017) (zitiert: UNCTAD, World Investment Report 2008)

– Investor Nationality: Policy Challenges, World Investment Report, Geneva 2016, abrufbar unter: http://unctad.org/en/PublicationsLibrary/wir2016_en.pdf (zuletzt abgerufen am 2.10.2017) (zitiert: UNCTAD, World Investment Report 2016)

UN General Assembly: The human right to water and sanitation, Resolution adopted on 28. July 2010, UN Doc. A/RES/64/292, 3. August 2010, abrufbar unter: http://www.un.org/es/comun/docs/?symbol=A/RES/64/292&lang=E (zuletzt abgerufen am 2.10.2017) (zitiert: *UN General Assembly*, UN Doc. A/RES/64/292)

Velu, Jacques/*Ergec*, Rusen: La Convention Européenne des droits de l'homme, Brüssel 1990 (zitiert: *Velu/Ergec*, La Convention Européenne des Droits de l'Homme)

Verdross, Alfred/*Simma*, Bruno: Universelles Völkerrecht, Theorie und Praxis, Berlin, 3. Auflage 1984 (zitiert: *Verdross/Simma*, Universelles Völkerrecht)

Vidmar, Jure: Norm Conflicts and Hierarchy in International Law: Towards a Vertical International Legal System?, in: Erika de Wet/Jure Vidmar, Hierarchy in International Law: The Place of Human Rights, Oxford 2012, S. 13–41 (zitiert: *Vidmar*, Norm Conflicts and Hierarchy, in: *De Wet/Vidmar*, Hierarchy in International Law, S. 13–41)

Vitzthum, Wolfgang Graf: Begriff, Geschichte und Rechtsquellen des Völkerrechts, in: Wolfgang Graf Vitzthum/Alexander Proelß, Völkerrecht, Berlin/Boston, 7. Auflage 2016, S. 1–60 (zitiert: *Vitzthum*, Begriff, Geschichte und Rechtsquellen des Völkerrechts, in: *Vitzthum/Proelß*, Völkerrecht)

Vogler, Theo: The scope of extradition in the light of the European Convention on Human Rights, in: Franz Matscher/Herbert Petzold, Protecting human rights: the European dimension, Studies in honour of Gérard J. Wiarda, Köln

1988, S. 663–671 (zitiert: *Vogler*, The scope of extradition, in: *Matscher/Petzold*, Studies in honour of Gérard J. Wiarda 1988, S. 663–671)

Volz, Markus: Extraterritoriale Terrorismusbekämpfung, Berlin 2007 (zitiert: *Volz*, Extraterritoriale Terrorismusbekämpfung)

Vranes, Erich: Die extraterritoriale Durchsetzung politischer Interessen im Wege der Ausübung extraterritorialer Jurisdiktion und unilateralen Drucks. Ein Rahmenansatz, erläutert am Beispiel der US-amerikanischen Außenpolitik, in: Journal für Rechtspolitik 16 (2008), S. 38–49 (zitiert: *Vranes*, Die extraterritoriale Durchsetzung politischer Interessen, JRP 16 (2008), S. 38–49)

Wagner, Gerhard: § 826 BGB, in: Münchener Kommentar zum Bürgerlichen Gesetzbuch, Band 6, Schuldrecht – Besonderer Teil IV, München, 7. Auflage 2017 (zitiert: *Wagner*, in: MünchKomm, BGB)

Wallace, Cynthia Day: The Multinational Enterprise and Legal Control. Host State Sovereignty in an Era of Economic Globalization, The Hague 2002 (zitiert: *Wallace*, The Multinational Enterprise and Legal Control)

Weber, Antje: Die rechtliche und politische Dimension von extraterritorialen Staatenpflichten bei Menschenrechtsverstößen durch transnationale Konzerne, ein Literaturbericht, INEF Forschungsreihe: Menschenrechte, Unternehmensverantwortung und Nachhaltige Entwicklung, Duisburg, Februar 2009, abrufbar unter: http://www.humanrights-business.org/files/literaturbericht.pdf (zuletzt abgerufen am 2.10.2017) (zitiert: *Weber*, Die rechtliche und politische Dimension von extraterritorialen Staatenpflichten, INEF 2009)

Weil, Prosper: Towards Relative Normativity in International Law?, in: The American Journal of International Law, Vol. 77, No. 3 (1983), S. 413–442 (zitiert: *Weil*, Towards Relative Normativity in International Law, AJIL 77 (1983), S. 413–442)

Weilert, Katarina: Transnationale Unternehmen im rechtsfreien Raum? Geltung und Reichweite völkerrechtlicher Standards, in: Zeitschrift für ausländisches öffentliches Recht und Völkerrecht 69 (2009), S. 883–917 (zitiert: *Weilert*, Transnationale Unternehmen im rechtsfreien Raum, ZaöRV 69 (2009), S. 883–917)

Weiß, Norman: Der internationale Menschenrechtsschutz zu Beginn des 21. Jahrhunderts: Ausgangslage, Herausforderungen und Trends, in: Hans Jörg Sandkühler, Menschenrechte in die Zukunft denken. 60 Jahre Allgemeine Erklärung der Menschenrechte, Baden-Baden 2009, S. 145–158 (zitiert: *Weiß*, Der internationale Menschenrechtsschutz, in: *Sandkühler*, Menschenrechte in die Zukunft denken, S. 145–158)

Weller, Marc-Philippe/*Kaller*, Luca/*Schulz*, Alix: Haftung deutscher Unternehmen für Menschenrechtsverletzungen im Ausland, in: Archiv für die civilistische Praxis, Vol. 216 (2016), S. 387–420 (zitiert: *Weller/Kaller/Schulz*, Haftung deutscher Unternehmen für Menschenrechtsverletzungen im Ausland, AcP 216 (2016), S. 387–420)

Wengler, Wilhelm: Völkerrecht, Band II Dritter Teil, Berlin/Göttingen/Heidelberg 1964 (zitiert: *Wengler*, Völkerrecht, Band II)

Weschka, Marion: Human Rights and Multinational Enterprises: How Can Multinational Enterprises Be Held Responsible for Human Rights Violations Committed Abroad?, in: Zeitschrift für ausländisches öffentliches Recht und Völkerrecht 66 (2006), S. 625–661 (zitiert: *Weschka*, Human Rights and Multinational Enterprises, ZaöRV 66 (2006), S. 625 -661)

Wessels, Johannes/*Beulke*, Werner/*Satzger*, Helmut: Strafrecht Allgemeiner Teil. Die Straftat und ihr Aufbau, Heidelberg, 46. Auflage 2016 (zitiert: *Wessels/Beulke/Satzger*, Strafrecht AT)

Wiesbrock, Katja: Internationaler Schutz der Menschenrechte vor Verletzungen durch Private, Berlin 1999 (zitiert: *Wiesbrock*, Internationaler Schutz der Menschenrechte)

Wildhaber, Luzius: Der Menschenrechtsgerichtshof für Europa – überlastet, überlastend oder gerade richtig?, Vortrag gehalten im Rahmen der 9. Hermann und Marianne Straniak-Vorlesung des Österreichischen Instituts für Menschenrechte, 3. Dezember 2010, Salzburg 2011, S. 9–26 (zitiert: *Wildhaber*, Der Menschenrechtsgerichtshof für Europa, in: 9. Hermann und Marianne Straniak-Vorlesung 2011, S. 9–26)

Wolf, Joachim: Zurechnungsfragen bei Handlungen von Privatpersonen, in: Zeitschrift für ausländisches öffentliches Recht und Völkerrecht 45 (1985), S. 232–264 (zitiert: *Wolf*, Zurechnungsfragen bei Handlungen von Privatpersonen, ZaöRV 45 (1985), S. 232–264)

– Die Haftung der Staaten für Privatpersonen nach Völkerrecht, Berlin 1997 (zitiert: *Wolf*, Die Haftung der Staaten für Privatpersonen)

Wolfrum, Rüdiger: Das internationale Recht für den Austausch von Waren und Dienstleistungen, in: Reiner Schmidt, Öffentliches Wirtschaftsrecht, Besonderer Teil Band 2, Berlin 1996, S. 546–656 (zitiert: *Wolfrum*, Das internationale Recht für den Austausch von Waren und Dienstleistungen, in: *Schmidt*, Öffentliches Wirtschaftsrecht Besonderer Teil 2, S. 546–656)

Wolfrum, Rüdiger/*Seibert-Fohr*, Anja: Die einzelstaatliche Durchsetzung völkerrechtlicher Mindeststandards gegenüber transnationalen Unternehmen, in: Archiv des Völkerrechts 43 (2005), S. 153–186 (zitiert: *Wolfrum/Seibert-Fohr*, Die einzelstaatliche Durchsetzung völkerrechtlicher Mindeststandards, AdVR 43 (2005), S. 153–186)

World Coal Association: Informationen zu Coal Mining, abrufbar unter: http://www.worldcoal.org/coal/coal-mining (zuletzt abgerufen am 2.10.2017) (zitiert: *World Coal Association*, Coal Mining Informations)

Zerk, Jennifer A.: Multinationals and Corporate Social Responsibility. Limitations and Opportunities in International Law, Cambridge/New York 2006 (zitiert: *Zerk*, Multinationals and Corporate Social Responsibility)

Ziegenhain, Hans-Jörg: Extraterritoriale Rechtsanwendung und die Bedeutung des Genuine-Link-Erfordernisses. Eine Darstellung der deutschen und amerikanischen Staatenpraxis, München 1992 (zitiert: *Ziegenhain*, Extraterritoriale Rechtsanwendung)

Studien zum Internationalen, Europäischen und Öffentlichen Recht

Herausgegeben von Eibe Riedel

Band 1 Christian Jutzi: Das Brandwaffenprotokoll. Regelungen und Verbindlichkeit. 1997.

Band 2 Jutta Schumann: Faktische Gleichberechtigung. Die Grundgesetzerweiterung des Art. 3 II S. 2. 1997.

Band 3 Christian Keim: Der institutionelle Rahmen im Wettbewerbsrecht der Europäischen Union und mögliche Reformmodelle. Eine Darstellung des europäischen institutionellen Gefü- ges und eine Entwicklung eines neuen Modells durch Vergleich mit dem institutionellen Rahmen in den USA, Deutschland, Großbritannien und Frankreich. 1998.

Band 4 Andreas Torka: Nichtnavigatorische Wassernutzungen. Mechanismen der Internationalen Zusammenarbeit. Von der Konfrontation über die Kooperation zu koadministrativen Formen der Zusammenarbeit. 1999.

Band 5 Markus Reimann: Die nicht-navigatorische Nutzung internationaler Süßwasserressourcen im Umweltvölkerrecht. 1999.

Band 6 Felix William Stoecker: NGOs und die UNO. Die Einbindung von Nichtregierungsorganisationen (NGOs) in die Strukturen der Vereinten Nationen. 2000.

Band 7 Torsten Weigt: Die ökologische Aktion zur Vermeidung und Bekämpfung transnationaler Umweltkatastrophen. Ein Beitrag zu Möglichkeiten und Problemen der Durchsetzung umweltschützender Verpflichtungen im Völkerrecht. 2000.

Band 8 Markus Tjaden: Genanalyse als Verfassungsproblem. Zulässigkeit genanalytischer Anwendungen im Lichte von Menschenwürde und genetischem Selbstbestimmungsrecht. 2001.

Band 9 Thorsten Wagner: Funktion und praktische Auswirkungen der richterlichen Vorlagen an den Gerichtshof der Europäischen Gemeinschaften. Dargestellt an Beispielen aus der Rechtsprechung zur Anwendung und Auslegung der Richtlinie 77/187/EWG und deren Einfluss auf das deutsche Recht. 2001.

Band 10 Thomas F. Kremer: Die „wissenschaftliche Rechtsphilosophie" Carl Magnus Bergbohms. Versuch einer analytisch-kritischen Rekonstruktion. 2001.

Band 11 Hüseyin Özcan: Rundfunkfreiheit in Deutschland und in der Türkei. Unter Berücksichtigung der Staatsferne des Rundfunks. 2002.

Band 12 Valentin Aichele: Nationale Menschenrechtsinstitutionen. Ein Beitrag zur nationalen Implementierung von Menschenrechten. 2003.

Band 13 Seong-Woo Ji: Die Ausgestaltung der Rundfunkfreiheit im dualen System. Eine rechtsvergleichende Untersuchung zum deutschen und koreanischen Verfassungsrecht. 2004.

Band 14 Andreas Blüthner: Welthandel und Menschenrechte in der Arbeit. The Compatibility of Human Rights at Work with the WTO-System. 2004.

Band 15 Christoph Steiner: Das Recht auf soziale Gesundheitsversorgung. Unter besonderer Berücksichtigung des Artikel 9 ICESCR. 2004.

Band 16 Joachim Spalcke: Arzneimittelzulassungsverfahren in der Europäischen Union und den Vereinigten Staaten von Amerika. Entwicklung und Harmonisierung. 2004.

Band 17 Bernd Neumann: Zeugnisverweigerungsrechte und strafprozessuale Ermittlungsmaßnahmen. 2005.

Band 18 Randolf Straky: Das Privatleben Prominenter als Verfassungsproblem. Ein Rechtsvergleich mit Frankreich und England unter Einbezug von Internetpublikationen. 2006.

Band 19 Fabian Böhm: Strukturen internationalen Subventionsrechts. EG-Beihilfenrecht und WTO-Subventionsrecht aus rechtsvergleichender Perspektive. 2007.

Band 20 Katharina Engbruch: Das Menschenrecht auf einen angemessenen Lebensstandard. Ernährung, Wasser, Bekleidung, Unterbringung und Energie als Elemente des Art. 11 (1) IPWSKR. 2008.

Band 21 Sandra Reinheimer: Das Verbindungskonzept der Bundeswasserstraßenverwaltung. 2008.

Band 22 Danny Reinhold: Der Schutz der Umwelt in der Binnenschifffahrt unter besonderer Berücksichtigung ausgewählter zukünftiger Handlungsansätze auf dem Weg zu einer ökologischen Binnenschifffahrtspolitik. 2009.

Band 23 Katrin Träbert: Sanktionen der Europäischen Union gegen ihre Mitgliedstaaten. Die Sanktionsverfahren nach Art. 228 Abs. 2 EGV und Art. 7 EUV. 2010.

Band 24 Ana Maria Suárez Franco: Die Justiziabilität wirtschaftlicher, sozialer und kultureller Menschenrechte. Eine Untersuchung über den aktuellen Zustand in Lateinamerika, unter Beachtung der völkerrechtlichen Menschenrechtsstandards. Kolumbien als Beispiel. 2010.

Band 25 Robert Kessel: Die Kontrolldichte der Normenkontrolle in Skandinavien aus deutscher Sicht. Eine rechtsvergleichende Untersuchung der richterlichen Überprüfung der Verfassungsmäßigkeit von Gesetzen in Dänemark, Norwegen und Schweden. 2011.

Band 26 Stephan Fehrentz: Rechtliche Grenzen von Privatisierungen im Strafvollzug. Unter besonderer Beachtung des Gesetzes über elektronische Aufsicht im Vollzug der Freiheitsstrafe. 2013.

Band 27 Anne-Kathrin Rühr: Instrumente des individuellen Grundrechtsschutzes in der Russischen Föderation. Eine rechtsvergleichende Betrachtung. 2016.

Band 28 Dennis-N. Warman: Energie als Menschenrecht. Ein Recht auf Zugang zur Grundversorgung mit Energie als Menschenrecht nach dem Internationalen Pakt über wirtschaftliche, soziale und kulturelle Rechte. 2017.

Band 29 Annika Bleier: Die extraterritoriale Anwendbarkeit der EMRK. Zugleich ein Beitrag zur menschenrechtlichen Verantwortlichkeit der Mitgliedstaaten für das transnationale Verhalten im Inland belegener Unternehmen. 2019

www.peterlang.com

www.ingramcontent.com/pod-product-compliance
Ingram Content Group UK Ltd.
Pitfield, Milton Keynes, MK11 3LW, UK
UKHW021834290926
8980IPUK00004B/437

9 783631 788851